"十三五"国家重点图书出版规划项目

上海高校服务国家重大战略出版工程

毕业后医学教育出版工程

Legal Ability and Professional Ethics Construction

CASE STUDY

名誉总主编　王振义 汤钊猷

总 主 编　黄 红 李宏为

执行总主编　张 勘

住院医师规范化培训示范案例丛书

住院医师
法律能力与职业道德实践

本册主编：陈云芳

组织编写：上海市卫生与计划生育委员会

上海市医药卫生发展基金会

上海市住院医师规范化培训事务中心

上海交通大学出版社
SHANGHAI JIAO TONG UNIVERSITY PRESS

内容提要

本书分两篇，分别为总论和各论，共 21 章，包含 70 个案例。全书紧密围绕医师执业，针对医师执业和医疗卫生行业履职特点，从繁多的法律法规和规章文本中，精心选取了医师最关心、最实用的内容，围绕执业资格准入与注册、权利义务、行为规范、定期考核与培训、法律责任等方面编写。本书涉及面广，语言精练、易懂，引用的案例贴近实际，便于读者学习掌握。本书供住院医师培训使用，对于临床医生或者律师朋友也有一定帮助。

图书在版编目(CIP)数据

住院医师法律能力与职业道德实践/陈云芳主编. —上海：上海交通大学出版社，2016

(住院医师规范化培训示范案例丛书)

ISBN 978-7-313-15051-6

Ⅰ.①住… Ⅱ.①陈… Ⅲ.①卫生法–中国–岗位培训–自学参考资料②医生–职业道德–岗位培训–自学参考资料 Ⅳ.①D922.16②R192.3

中国版本图书馆 CIP 数据核字(2016)第 110450 号

住院医师法律能力与职业道德实践

主　　编：陈云芳

出版发行：上海交通大学出版社

地　　址：上海市番禺路 951 号

邮政编码：200030

电　　话：021-64071208

出 版 人：郑益慧

印　　制：苏州市越洋印刷有限公司

经　　销：全国新华书店

开　　本：889mm×1194mm　1/16

印　　张：17.75

字　　数：522 千字

版　　次：2016 年 10 月第 1 版

印　　次：2016 年 10 月第 1 次印刷

书　　号：ISBN 978-7-313-15051-6/D

定　　价：88.00 元

“住院医师规范化培训示范案例”

丛书编委会名单

序

Forword

住院医师规范化培训是毕业后医学教育的第一阶段，是医生成长的必由之路，是提高医疗技术和服务水平的需要，也是提升基层医疗机构服务能力，为基层培养好医生，有效缓解“看病难”的重要措施之一，是深化医药卫生体制改革的重要基础性工作。

自2010年以来，在市政府和国家卫计委的大力支持和指导下，上海根据国家新一轮医改精神，坚持顶层设计，探索创新，率先实施与国际接轨的住院医师规范化培训制度，并把住院医师规范化培训合格证书作为全市各级公立医院临床岗位聘任和晋升临床专业技术职称的必备条件之一。经过6年多的探索实践，上海市已构建了比较完善的组织管理、政策法规、质控考核、支撑保障等四大体系，在培养同质化、高水平医师队伍方面积累了一定的经验，也取得了初步成效。

因一直立足于临床一线，对医生的培养特别是住院医师规范化培训工作有切身体验，我曾希望编写一套关于“住院医师规范化培训”的教材。如今，由上海市卫生计生委牵头组织编写的这套“住院医师规范化培训示范案例”丛书书稿已出炉，不觉欣然。丛书以住培期间临床真实案例为载体，按照诊疗流程展开，强调临床思维能力的培养，病种全、诊疗方案科学严谨、图文并茂，是不可多得的临床诊疗参考读物，相信会对住院医师临床思维能力和技能培训有很大帮助。这套图书是上海医疗界相关专家带教经验的传承，也是上海6年来住院医师培养成果的集中展示。我想这是上海住院医师规范化培训工作向国家交出的一份阶段性答卷，也是我们与其他兄弟省市交流的载体；它是对我们过去医学教育工作的一种记录和总结，更是对未来工作的启迪和激励。

借此机会，谨向所有为住院医师规范化培训工作做出卓越贡献的工作人员和单位，表示衷心的感谢，同时也真诚希望这套丛书能够得到学界的认可和读者的喜爱。我期待并相信，随着时间的流逝，住院医师规范化培训的成果将以更加丰富多彩的形式呈现给社会各界，也将愈发彰显出医学教育功在当代、利在千秋的重大意义。

是为序。

王振义

2016年3月

前言

Preface

2013年7月5日，国务院7部委发布《关于建立住院医师规范化培训制度的指导意见》，要求全国各省市规范培训实施与管理工作，加快培养合格临床医师。到2020年，在全国范围内基本建立住院医师规范化培训制度，形成较为完善的政策体系和培训体系，所有新进医疗岗位的本科及以上学历临床医师均接受住院医师规范化培训，使全国各地新一代医师的临床诊疗水平和综合能力得到切实提高与保障，造福亿万人民群众。

上海自2010年起在全市层面统一开展住院医师规范化培训工作，在全国先试先行，政府牵头、行业主导、高校联动，进行了积极的探索，积累了大量的经验，夯实了上海市医药卫生体制改革的基础，并积极探索上海住院医师规范化培训为全国服务的途径，推动了全国住院医师规范化培训工作的开展。同时，上海还探索住院医师规范化培训与临床医学硕士专业学位研究生教育相衔接，推动了国家医药卫生体制和医学教育体制的联动改革。上海的住院医师规范化培训制度在2010年高票入选年度中国十大最具影响力医改新举措，引起社会广泛关注。

医疗水平是关系国人身家性命的大事，而住院医师规范化培训是医学生成长为合格医生的必由阶段，这一阶段培训水平的高低直接决定了医生今后行医执业的水平，因此其重要性不言而喻，它肩负着为我国卫生医疗事业培养大批临床一线、具有良好职业素养的医务人员的历史重任。要完成这一历史重任，除了构建合理的培养体系外，还需要与之相配套的文本载体——教材，才能保证目标的实现。目前国内关于住院医师规范化培训方面的图书尚不多见，成系统的、以临床能力培养为导向的图书基本没有。为此，我们在充分调研的基础上，及时总结上海住院医师规范化培训的经验，编写一套有别于传统理论为主的教材，以适应住院医师规范化培训工作的需要。

本套图书主要围绕国家和上海市出台的《住院医师规范化培训细则》规定的培训目标和核心能力要求，结合培训考核标准，以《细则》规定的相关病种为载体，强调住院医师临床思维能力的构建。

本套图书具有以下特点：

(1) 体系科学完整。本套图书合计23册，不仅包括内、外、妇、儿等19个学科(影像分为超声、放射、核医学3本)，还包括《住院医师法律职业道德》和《住院医师科研能力培养》这两本素质教育读本，体现了临床、科研与医德培养紧密结合的顶层设计思路。

(2) 编写阵容强大。本套图书的编者队伍集聚了全上海的优势临床医学资源和医学教育资源,包括瑞金医院、中山医院等国家卫生计生委认定的“住院医师规范化培训示范基地”,复旦大学“内科学”等15个国家临床重点学科,以及以一批从医30年以上的医学专家为首的、包含1000多名临床医学专家的编写队伍,可以说是上海各大医院临床教学科研成果的集中体现。

(3) 质量保障严密。本套图书编写由上海市医师协会提供专家支持,上海市住院医师规范化培训专家委员会负责审核把关,构成了严密的质量保障体系。

(4) 内容严谨生动,可读性强。每本图书都以病例讨论形式呈现,涵盖病例资料、诊治经过、病例分析、处理方案和基本原则、要点与讨论、思考题以及推荐阅读文献,采取发散性、启发式的思维方式,以《住院医师规范化培训细则》规定的典型临床病例为切入点,详细介绍了临床实践中常见病和多发病的标准诊疗过程和处理规范,致力于培养住院医师“密切联系临床,举一反三”的临床思维推理和演练能力;图书彩色印刷,图文并茂,颇具阅读性。

本套图书的所有案例都来自参编各单位日常所积累的真实病例,相关诊疗方案都经过专家的反复推敲,丛书的出版将为广大住院医师提供实践学习的范本,以临床实例为核心,临床诊疗规范为基础,临床思维训练为导向,培养年轻医生分析问题、解决问题的能力,培养良好的临床思维方法,养成人文关怀情操,必将促进上海乃至国内住院医师临床综合能力的提升,从而为我国医疗水平的整体提升打下坚实的基础。

本套图书的编写得到了国家卫生与计划生育委员会刘谦副主任、上海市浦东新区党委书记沈晓明教授的大力支持,也得到了原上海第二医科大学校长王一飞教授,王振义院士,汤钊猷院士,戴尅戎院士的悉心指导,上海市医药卫生发展基金会彭靖理事长和李宣海书记为丛书的出版给予了大力支持,此外,上海市卫生与计划生育委员会科教处、上海市住院医师规范化培训事务中心以及各住院医师规范化培训基地的同事都为本套图书的出版做出了卓越贡献,在此一并表示感谢!

本套图书是上海医疗卫生界全体同仁共同努力的成果,是集体智慧的结晶,也是上海多年住院医师规范化培训成效的体现。在住院医师规范化培训已全国开展并日渐广为接受的今天,相信这套图书的出版会在培养优秀的临床应用型人才中发挥应有的作用,为我国卫生事业发展做出积极的贡献。

“住院医师规范化培训示范案例”编委会

编写说明

Instructions

改革开放30多年来，中国经济取得了令世界瞩目的巨大成就，人们生活水平比改革开放前也有了很大的改观，这一成就有目共睹。

在改革开放的进程中，医疗行业作为国计民生的一个重要领域，也在不断改革创新。但几经周折，可以说仍在摸索中前行。随着经济结构的转型，医疗行业产生了许多新的需求。医学科技的发展和医疗技术的提高，为国民健康带来了很多福音，但毋庸讳言，也产生了许多亟待解决的新问题。这些新问题在医疗实践中具体表现为失调的医患关系，特别是近十多年来，医患矛盾越来越凸显。虽然解决这些新问题的方法可以到国外或历史中寻找先例，但这些先例仅可作为参照，不宜照搬。

通过多年的医疗实践，社会各界形成了一个基本共识，就是医生在提高医疗技术的同时，也必须提高自己的法律能力和职业道德建设。

法律能力提升的必要性众所周知，但在今天全民感到道德困惑的大环境下，应该通过怎样的途径去建立符合现代化的道德信仰，并为即将独立担当医疗职责的广大住院医师所接受并愿意在实践中贯彻，确实是一个全新的课题，而要找出解决这些问题的方法，是不可能从头脑中发明出来的，而应从广大医务工作者的医疗实践中发现总结而成。受上海卫计委领导和上海交大出版社之托，根据多年从事医疗法律工作的经验，我在本书中通过一个个具体的案例剖析，阐述解决相关问题的方法。

法律和道德的关系是一个承接关系，法律以道德为基础，道德以法律为准绳。法律的目的是社会和谐，道德的目的也是社会和谐，它们共同的指向则是促进社会幸福。法律规范的完善和细化可以使社会公认的道德准则在现实中容易实现，然而法律也不可能涵盖所有的细节，在这些细节问题上就需要用我们的道德认识去处理。比如，平心静气地看待问题和心平气和地讨论问题是每个人应有的美德，而在现实中，却偏偏有很多人喜欢大声争吵，认为“声大有理”。又如，各种偏见往往都是因为只从自己出发，而忘记他人的利益，其实改正这种偏见也不难做到……不一而足。

住院医师，是医疗领域的新生力量，这支力量要成为将来医疗行业和医疗改革的中坚力量，就应该学习以往不熟悉的新知识，包括前人没有提供给我们的现成知识，在专业知识扎实的基础上，使自己的观念与时代同步。这些在执业前应该掌握的，在学校专业学业中没有系统学习的知识，就是法律能力和职业道德建设，住院医师要在学习中提升自己的评判性思维能力、流畅的表达能力和解决复杂问题的能力。评判性思维能力帮助我们在医疗实践中能全面看待每一个具体病例，了解它与其他学科的联系，正确定位病情并作出精准诊治；流畅的表达能力包括口头和书面两方面，口头表达能力有利于我们与患者以及其他医务人员有效沟通，从而减少误解，书面表达能力有利于我们正确熟练地书写病历、病案，有效地保存原始资料；解决复杂问题的能力则对住院医师提出更高的要求——培养应急处置能力，因为医疗过程中可能出现的一些情况往往是突发的。这些能力的培养看似与专业无关，却是对专业有着指导性的意义。

对于住院医师来说，把专业当做一种事业来做，并能成为一个专家型医师的话，具备以上能力则是不可或缺的。而要具备这些能力，则要打好这方面的知识基础，提高我们的文化素养和道德素养，虽然这些素养不能像我们的专业技能一样能直接治愈疾病，但它能改变人，而人能改变一切。

愿以此和大家共勉！

陈云芳

2016 年 8 月 31 日

目录

第一篇

总　　论

第一章 住院医师法律能力概述

第一节 综　　述

住院医师是每一位从医者的必经历程，是医师的入门级和基础层。在这个阶段获得的知识和技能，将决定住院医师未来的职业和事业发展。善始则功成一半。所以，思考好、定位好、实践好，非常重要。那么，什么是住院医师呢？

根据国家住院医师规范化培训的相关规定和精神，住院医师是指在医疗机构内从事基本医疗工作，对患者进行全程诊疗的一线基础医师，工作内容包括收治患者，书写病历，在上级医师指导下完成医嘱，进行某些医疗操作，全程观察患者，及时请求支持等。通常而言，住院医师是患者就诊或住院时接触的第一位医师，工作偏于基础、细节，甚至有些琐碎。然而，住院医师给患者留下的第一印象，常常影响患者对医疗服务的满意度和体验感，甚至会影响患者的治疗效果。所以，住院医师并不“人微言轻”。

作为一名住院医师，要具备一定的知识结构与能力结构。知识结构包括医学知识、法学知识、社会学知识等。只有具备完整的知识结构，才能为提出问题、分析问题、解决问题打下扎实的基础。能力则是指为完成一项目标或者任务所体现出来的素质。住院医师的能力结构包括哪些呢？

一、善于交流沟通的能力

交流沟通包括询问和倾听。“视触叩听问”是医师的基本功。患者就诊，主诉非常重要，需要医师耐心倾听并仔细询问，以把握阳性指征，梳理诊疗思路，抓住病症的主要矛盾。若有疏忽，可能会发生严重的后果。

例如，某女性患者，21 岁，因“胸闷、气急”急诊，心率 120 次/分，心电图检查提示有室上性心动过速。当班住院医师开具医嘱：心律平 70 mg＋10％GS10 ml 静推，护士缓慢静推。快结束时，患者突然心跳停止，呼吸骤停，立即抢救，但经抢救无效死亡。后来在处理事件的过程中医方才得知，该患者 2 年前也因为室上速到另一家医院就诊，抢救时静推异搏定，当时患者出现了严重的休克，那时医师怀疑患者药物过敏，但是具体原因并未查清，最终不了了之。此次事件，医方怀疑也与药物过敏有关。可是此次就诊时，患者怎么不说呢？原来，这位患者是一名外来务工人员，此次陪同来诊的是其男友，主要由其男友陈述病情，患者胸闷心慌不愿说话，男友并不知悉以前的情况，而患者本人没有主动诉说既往史，医师也没有想到询问既往史，最终导致严重后果，医院因此承担了一定的赔偿责任。医师不能理解的是，假如由于患者隐瞒病史，不管出于主观或客观原因，最终造成了损害后果，如果都要医方承担，那医师还怎么当啊？这确实是一个非常现实的问题，怎么办呢？这就涉及风险防控能力。

二、有效识别风险的能力

我们知道，医学是一门经验科学，有一定的局限性，不可能治愈所有疾病，必然有一部分患者最终的结局是恶化甚至死亡。所以，识别风险，化解风险，控制风险，对于医患双方同等重要。以上述“心律平事件”为例，首先，医师必须要有风险意识，要认识到抢救性药物既可能是救命药也可能是致命药。《孙子兵法》云：“不尽知用兵之害者，则不能尽知用兵之利也。”也就是说，如果对一件事情坏的一面考虑不清楚，没有预案，就不可能充分获得事情好的一面的支持。是药三分毒，何况抢救性药品。其次，作为一名医师，要养成随时阅读药品说明书、《药典》的习惯，注意其中的用量用法、注意事项、禁忌证等，制定预案，及时规避相关风险。本例医师如果仔细询问病史，询问患者是否有药物过敏史，是否有类似病史，再仔细查看一下心电图(事后发现患者有Ⅰ°房室传导阻滞，这是心律平的禁忌证)，或许可以避免患者死亡。可是现实是，医师在实际工作中由于受时间、精力或条件所限，来不及详细询问，就必须快速投入抢救中。怎么办？这就涉及对风险的化解能力。

三、正确化解风险的能力

临床风险无处不在。包括用药、手术、其他治疗风险等。具备风险意识后，必须有风险化解、风险防范的预案和措施。再以上述“心律平事件”为例。首先，医师必须意识到此患者属于高风险人群，疾病属于急症，心律平属于高风险用药，必须启动危急重症抢救流程。虽然如此，临床经验告诉我们，患者仍有一定的等候空间，此时，医师可以启动相关预案，可以请求上级医师增加援助力量，请心电图医师专业读图，请护士注意患者的生命体征变化，同时对患方进行高危谈话，思考患者是否有替代方案，等等。不过，这一系列复杂的措施和流程需要平时训练成熟，方能运用自如。所谓“养兵千日用兵一时”，作为一名医师，要如“养兵”一般，对自己的能力训练常抓不懈。而能力训练的前提在于思路正确，核心就是循证思维。

四、严格循证思维的能力

医学的对象为人的生命健康，绝无小事。所以，任何时候都需要医师具备科学严谨的思维能力和习惯，其中，循证思维的能力无疑是根本。因为循证依据是基于前人的经验和遗产所得，无论诊疗常规还是专家共识，无一不是在前人思考或试错的基础上凝练而成。无论是中国传统医学还是世界现代医学，都是在不断积累的基础上发展壮大的。

在美国麻省总医院博物馆有一张图片，反映的是1846年美国麻省总医院医生Morton为一位颈部肿块患者实施乙醚全麻，之后成功摘除肿块的过程。我们知道，这是医学史上第1例乙醚全麻手术。周围人都好奇地围观着。如果用现代医学的眼光来审视，这根本不符合消毒隔离制度，但它就是医学发展史。

中医从神农尝百草开始，到李时珍跋涉千里采药试药，再到屠呦呦口服疟原虫及青蒿素以身试药，这种精神值得我们后人敬仰和敬畏。因为我们是踏过先人的鲜血才走到了今天，这其中有我们业界的前辈，也有大量无名的患者。

所以，只有怀着敬畏之心对待诊疗常规、临床路径、文献参考、专家共识，我们才会找到释疑解惑的钥匙。当然，自身在此基础上的积累也很重要，通过不断总结提炼，把自己的经验也上升为专家共识，为后人提供更多的指导。诚如孔德所言：“爱为原则，秩序为基础，进步为目的。”

第二节　住院医师基本法律能力

每个人骨子里兼具感性与理性，而医师恰是感性与理性的综合典范。作为一名医师，看到患者既要有“见彼苦恼，若己有之”的同情心，同时又要有“置身事外，平心静气”的理智力。显然，对于医师而言，了解法律基本概念和掌握法律基本能力非常重要。

一、法律是什么

法律是指由一定的物质生活条件所决定的，由国家制定或认可并由国家强制力保证实施的，具有普遍效力的，调整人们的行为或社会关系的规范体系，其目的在于维护、巩固和发展一定的社会关系和社会秩序。法律具有指引、评价、教育、预测和强制作用。

法律根据其内涵和外延可以分为广义之法和狭义之法。广义之法包括宪法、法律、法规、规范性文件等。狭义之法则单指全国人大或全国人大常委会制定的法律。法律的层级如图 1.1 所示：

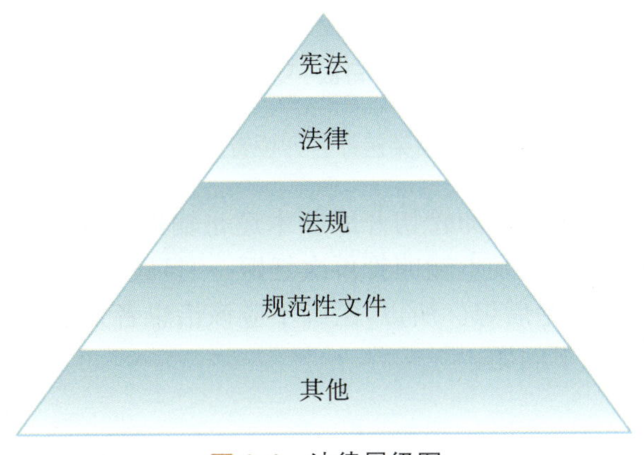

图 1.1　法律层级图

第一层：宪法，我国的根本大法，是一切法律法规的重要渊源。

第二层：法律，有广义和狭义之分。广义的法律指包含所有法律、法规、规章等的规范性文件。狭义的法律单指全国人大及其常委会制定颁布的规范性文件，如《民法通则》《民事诉讼法》《侵权责任法》《执业医师法》等。

第三层：法规，国务院及其所属机关制定颁布的规范性文件。如国务院颁布的《护士条例》《医疗机构管理条例》等。

第四层：规范性文件，如国家卫生和计划生育委员会颁布的规范性文件，各地方性规范性文件。

第五层：其他，具体到医疗界，包括诊疗常规、操作规程、临床路径等技术性规范。

向下延伸，还可包括第六层，如医院规章制度与岗位职责等。

就法律效力而言，上位法优于下位法，特殊法优于普通法。比如，当行政法规与法律相冲突的时候，以法律规定为准。当《妇女权益保障法》与《民法通则》相冲突的时候，以《妇女权益保障法》为准。

二、与医师有关的法律有哪些

首先要梳理与医师有关的社会关系。医师涉及的社会关系如图 1.2 所示。

与医师有关的社会关系主要是医患关系。医患关系是平等的民事法律关系。调整医患关系的法律有民事法律、行政法规、诊疗常规、临床路径、专家共识等。

这些法律法规可分为技术性规范和社会性规范两类。技术性规范是规定人们支配和使用自然力、劳动工具、劳动对象的行为规则，如《药品管理法》、《医疗器械监督管理条例》、诊疗常规、临床路径等；社会性规范是调整人们行为和社会关系的规则，如《执业医师法》《侵权责任法》《母婴保健法》《护士条例》《医疗机构管理条例》等。为什么要对此进行分类？因为医学已经迈入“生物-心理-社会”医学模式，要求医师在诊治时不能局限于病，更要关注人，包括患者的心理及社会关系等。

例如，当患者被诊断为“输卵管壶腹部妊娠流产型”时，常规治疗手段为输卵管切除术。虽然患者已经生育，但是其仍有生育要求，这时医师就应该结合患者的需求，告知其保守疗法和手术疗法。如果患

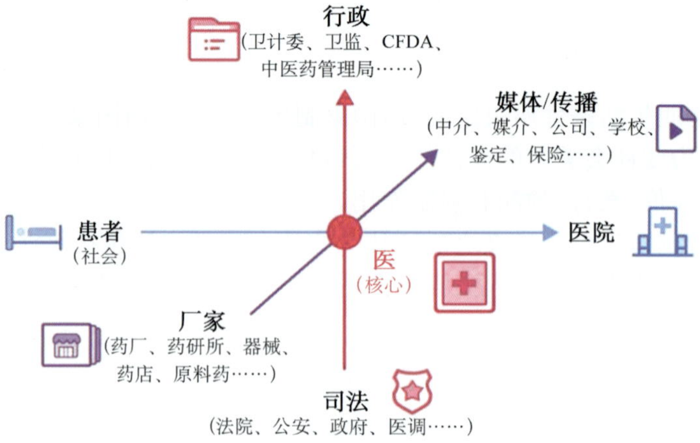

行政
（卫计委、卫监、CFDA、中医药管理局……）
媒体/传播
（中介、媒介、公司、学校、鉴定、保险……）
患者
（社会）
医院
医
（核心）
厂家
（药厂、药研所、器械、药店、原料药……）
司法
（法院、公安、政府、医调……）

图 1.2　相关医疗各方位置关系图

者考虑手术疗法，要让患者选择是采用输卵管切开取胚术还是输卵管切除术。有些医师会认为临床经验提示保守或取胚术效果不好，最终会发生输卵管再次妊娠，一旦破裂，患者反而责怪，所以还是行输卵管切除术为上策，可以一劳永逸，永绝后患。所以，医师不应该给患者太多的建议。谁对谁错？

针对这个案例，请大家分析以下问题：

（1）医师诊治的对象是谁？

（2）医学的目的是什么？

（3）医师的专业考虑如何与患者的非专业顾虑对接？

（4）为什么要尊重患者的知情同意权和选择权？

这些问题看似简单，实际上揭示出医师在学习进程中如果缺少“以人为本”的理念和意识，一不小心就会触犯法律而不知，甚至有时还要为此付出代价。本例医师如果没有对患者进行替代方案的告知和选择，则侵犯了患者的知情同意权，为此要承担相应的法律责任。所以，我们必须熟悉和掌握社会性规范。

除了医患关系，医师还与其他医师、医院其他人员产生内部法律关系，与媒体人员、法院、政府部门等产生外部法律关系。调整这些社会关系的法律有《民法通则》《执业医师法》《合同法》《刑法》等。

三、住院医师需要具备的基本法律能力有哪些

（一）厘清主体的能力

住院医师进入临床，需要接触患者，就会发现这些现象：询问病史时，家属代为陈述；患者不来，却有家属代表患者前来询问或配药；16 岁的高中生单独前来人流；孩子患病，家人四五个，人人都陈述，人人都签字；抑郁症患者单独前来就诊；阿尔茨海默病患者住院孤身一人，没有家属陪伴；患者有五六个子女，相互推诿，等等。这一系列问题怎么办？这就涉及主体问题。我是谁？你是谁？我有哪些责权利？你有哪些责权利？我与医院的关系是什么？概念清晰，医师才能有的放矢，不至于陷入一团乱麻。针对主体问题，请读者参考第三章“医方与患方”。

（二）掌握证据的能力

随着社会的发展，人们的法律意识越来越强，医患关系也不例外。我们知道一句法言法语“以事实为根据，以法律为准绳”，怎么理解？现实中有哪些事实与法律相互纠结的地方？怎么办？比如：患者家属拿着录音笔、摄像头，对医师的诊疗过程录音录像，这是否违法？有些患者到医院后，不挂号，直接找医师看病，医师也给患者看了，有病历卡，事后患者出现不良情况，在这种情况下，医患关系是否已经成立？医师用电脑打印病历，卡纸了，重新打印一页，粘贴在病历卡上，这是否算伪造病历？患者只有一张收费单，和医院交涉，说病历卡在医院，但是病历卡找不到，这种情况怎么办？患者家属要求调取病理切

片，怎么办？这一系列问题都与证据有关。所谓证据，是能够证明案件真实情况的各种资料。根据《民事诉讼法》规定，证据可分为以下几种："①当事人的陈述；②书证；③物证；④视听资料；⑤电子数据；⑥证人证言；⑦鉴定意见；⑧勘验笔录"。住院医师有必要了解和掌握这些证据概念吗？非常有必要。因为，医师的行为是否正确需要有证据支持。审查医疗行为是否正确，依据的就是病历、病理切片、影像学资料等证据。所以，医师必须时刻注意病历资料书写完整、正确、规范，同时注意特殊情况下的救济手段，这样才能既保护患者又保护自己。针对证据问题请参考第四章"病历与证据"。

（三）重视程序的能力

患者死亡，医疗行为正确，医方是否有责任？这个问题就涉及程序问题。自 1989 年 11 月中华人民共和国卫生部发布《关于实施医院分级管理的通知》和《综合医院分级管理标准（试行草案）》后，医院等级评审与分级管理工作正式启动。等级医院评审的目的是促进医院做好质量建设和管理，因为质量与安全是医院永恒的任务。在多年以评促建后，医院管理逐渐暴露了一些问题，那就是侧重于硬件基础设施建设，忽略人文内涵建设，医师"见病不见人"，忽略人际交流与人文关怀，忽视患者的体验感，重结果不重过程。如果结果好，患者能对过程中的不满忽略；如果结果不好，则所有不满瞬间爆发，导致矛盾升级、冲突加剧。显然，重视体验，注重流程，已经成了新一代医院建设和医师自身的任务和重点。

自 20 世纪起，国内医院管理开始引入 JCI（Joint Comission Internation，国际联合委员会）评审，医院管理理念不断更新改变。JCI 以 Patient Tracer（患者追踪法）为基本管理手段，以患者为中心，重视过程，与患者协作，促进医患友好合作。这不仅关乎医德，更多是法律理念的体现，而要真正实现，则需要医师具备相应的法律能力。

例如，一老年患者肺气肿就诊，氧饱和度只有 85%，医师考虑需要上呼吸机，但是家属却认为患者年迈病重已拖延日久，经常出现这种情况，使用氧气袋吸氧就行了，拒绝使用呼吸机。最终患者因呼吸衰竭而死亡。之后，家属不满意，产生纠纷。孰是孰非？需要分析以下问题：

（1）患者是否具备上呼吸机的指征？

（2）患者的病因是什么？

（3）患者的完整治疗方案有哪些？

（4）如何与患者及家属沟通？

（5）如果患方拒绝，需要履行哪些手续？需要承担哪些后果？

经过分析讨论，认为上呼吸机是有指征的，医师的建议正确。在患者家属拒绝上呼吸机后，医师详细记录并让患者家属签字，同时医师对患者仍然施行了符合诊疗规范的措施，患者最终死亡是由于疾病本身原因所致。虽然家属与医方产生争端，但医方没有承担责任。

通过这个案例，可以发现，临床上的问题错综复杂，作为一名医师，一定要有清晰的思路，掌握疾病的病因、诊断、治疗原则，同时又有娴熟的法律处理能力，才能正确处置。

（四）法律管理的能力

法律管理是指什么？要回答这个问题，必须先明确管理是指什么。所谓管理就是管理者组织并运用各种要素，如人、财、物、信息、时空等，借助管理手段，完成相应目标的过程，也就是使用工具手段完成目标。法律管理就是指管理者运用法律解决问题的能力。在医患关系中，就是指医务人员运用法律解决实际问题的能力。比如，是否遵循首诊负责制？是否及时启动会诊程序？手术分级制度是否掌握正确？等等。为什么要遵循法律制度？因为医学是一门经验科学，医师在诊治疾病的过程中，需要运用循证思维，不断探索，同时运用医院有利条件，最大限度地为患者服务，这时就需要有规范制度来进行指导和约束，这就是法律管理的作用。如果发生风险，法律规范就是衡量医疗行为是否正确的标准。所以，任何一名医师，都要具备严谨的法律管理能力。

例如，患者心绞痛，因为路途遥远，到医院已经两个多小时了，经过一系列诊断为不稳定性心绞痛。医师给予患者 PCI 介入治疗，最终费用超出患者预期，患者出现了一些并发症，患者有意见，对医师的行为提出异议。这时，就要分析患者的疾病情况、相关诊疗常规、医师的操作能力等。经过分析，医疗行为正确，患者的并发症是现有医学科学技术条件难以避免难以防范的，医方没有责任。

所以，在每一个诊疗行为中，医师都要自觉运用循证思维，具有娴熟的法律管理能力。

思路决定出路，实力决定未来。医师唯有有效学习，勇于实践，才能正确分析问题，解决问题，才能既保护患者，又保护自己。

第二章

住院医师职业道德概述

第一节 道德综述

医学的本意是什么？医学为什么要恪守伦理道德？怎样理解和掌握住院医师的职业道德？住院医师怎样规划自己的职业、事业和人生？这些问题看似务虚，其实务实。

我们知道，自人类社会有历史记载开始，医学就伴随人类的进步而发展。从巫医、萨满教、砭石、针灸、草药开始，医学帮助人类逐步走向文明。医学是如此的伟大和重要，以至于我们无法想象离开医师怎么办？医学是什么？简单的定义就是治病救人，而更高的目标是探索人类疾病的发生和发展规律，研究预防和治疗对策，最终目的是使人类健康生活。在科技不断发展和创新之下，医学距离这个目标越来越近，但只能无限接近，不能有限达到，这是为什么？答案就是人的体验感存在差异，这就是科技不能达到的这个无限点，这个点，需要伦理道德来疏解。

什么是伦理道德？伦理道德是指人与人相处的各种准则和规范。按照老子《道德经》本意，"道"即事物运动变化必须遵循的普遍规律，而"德"即按照这个规律去办事。道德的内涵随着历史的发展不断与时俱进。无论是希波克拉底誓言，还是孙思邈的大医精诚准则，均提出为医之道乃精诚、仁爱、慎独、内敛，医者乃知行完备、至善至真的圣人也。道德准则是医者自修自省的准则，人无德不立，如果没有核心价值观，任何一个人都不可能走得长远，更何况是终生与生命健康为伍的医师了。一个人可以通过努力掌握一门绝技，但是，如果没有修行没有德行，则不可能永远辉煌。《周易》曰："天行健，君子以自强不息；地势坤，君子以厚德载物。"我国传统文化对君子的修养可概括为"仁义礼智信"。作为一名医师，如何做好这五个基本点，特别是现代版的"仁义礼智信"呢？

一、"仁"

医，仁心仁术。我们现在怎么看待"仁"？推己及人为仁。孔子曰："克己复礼为仁"。也就是克制自己，一切都照着礼（规则）的要求去做，就能到达仁的境界。可是现实版呢？我们有不妥协的文化传统，两人争吵，必要争得脸红耳赤，在争端处理上，也是"不到黄河心不死"，导致个人、家庭、社会成本极高，有时付出极大代价还是不能解决问题。显然，人与人相处，需要有原则，也需要有情感。医患之间更是如此，患者焦虑无助，若得不到医务人员的关怀和支持，有时难免会怪怨和冲撞，如果医务人员忍不住，发生冲突则会"双输"，所以医师要有仁爱之心。有医师要问："一味让我忍，我也是人哪，我又不是出气筒，凭什么？!"是的，要做到仁爱克己，有时是一种煎熬，那怎么办呢？需要多管齐下。很多医院建筑设计过于简单，在门诊大厅没有充足的坐位，急诊室局促狭窄，病房内没有扶手，似乎就诊的患者就是健康人，不需要任何帮助，患者到了医院要跑上跑下，疲惫不堪。医院没有想患者所需，管理还停留在"朝南坐"的角色上，导致患者不满。似乎医院设置与医师无关，其实不然，作为医院的员工，要时时刻刻想着

"我是谁","医院是谁","医院为谁而设立",换位思考,推己及人,必能对医院建言献策,不断改善外环境,最终改善的也是自己工作的微环境,进而减轻患者对自己的某些压力。如果没有仁爱之心,温州医科大学附属第一医院的现代网络挂号系统不可能建立,因为起因就是院长要给来院的患者基本的尊严,不希望自己医院的门急诊大厅像菜市场一样无序闹哄。事在人为,如果我们能想患者所想,急患者所急,有感同身受之心,那我们的一言一行、一举一动,都会透露出人性的温暖,我们也会收获患者的回报。

二、"义"

怎么看待"义"?人们之所以爱看武侠小说,是因为里面有侠客义士,江湖义气,说明人人心中都有义气,希望社会正义当道,而非暴戾横行。改革开放数十年后的今天,人们摆脱了短缺经济,但是思想却并未完全走出洼地,以至于"穿着西服却拖着辫子"的现象比比皆是。比如:有患者到医院不要看病,直接要求医师开药,医师告知无指征不能随便开药,患者开口即指责;有家属把年老体弱的患者滞留医院,自己关机不予理睬;有患者看到需要排队等待,缺乏耐心,与周围患者或医师产生冲撞;有时,家属未到,医师就会催促患者快做决定,很不耐烦;有时患者身上有异味,医师捂着鼻子蹙着眉头,等等。产生这些问题的根本原因是缺乏契约精神和规则意识,任性而为。所以"义"的本意为规则、原则,也就是价值观。作为一名受生命所托的医师,遵守规则,尊重原则,应是安身立命的根本。首先,我们要自己做到;其次,通过一切途径和宣传,让患方也做到。大家都具有规则意识,才能保护各方。

例如,一名阿尔茨海默病的老年患者,家属将其送入院后,旋即离开,医师多次打电话通知家属前往,家属不是不接听就是关机,导致很多治疗无法进行,风险很大。医院报警,警方也联系家属,但情况照旧。最终,患者死亡,家属此时出现了,与医院交涉。那最终怎么解决的呢?医患双方委托鉴定,鉴定认定医方无责,此事结束。看到此景,医师定会气愤至极!家属都不管了,我们还管什么?!如果这样,我们会失去冷静,该检查未检查,该治疗未治疗,最终还要承担责任。那医师会问了,我们到底怎么办?此时就需要有一颗正义之心。知道我们应遵守的规则是什么?如何控制患者的风险确保其安全?如何防范和处置患者家属的不仁不义?如何严格按照诊疗规范诊治患者?如何留下证据防控患者家属?这一系列的措施就是现代版正义观。相信在不久的将来,这样的家属也会付出法律代价。

三、"礼"

现在怎么看待"礼"?中国乃礼仪之邦。但是,近代以来,人们对礼仪逐渐陌生。可是,如果再要求我们遵循三跪九叩的礼仪,估计什么事也做不了。那什么是现代意义上的礼仪?我们有必要遵循礼仪吗?在临床上常看到这一幕幕:门诊医师检查患者,众目睽睽之下,掀起患者的上衣听诊,而此时患者内衣毕露;B超室女患者正在检查,另一男家属推门而入;口腔科医师检查患者牙齿,开口就说,你怎么不刷牙就来看牙;妇产科医师检查患者身体,其他男家属就在边上;医师开始查房,上来就说,把裤子褪下;医师穿着运动衣,脚蹬球鞋查房……

从小到大,人们对基本礼仪似乎越来越陌生,以至于人与人之间缺乏尊重,举手投足缺少涵养。我们会认为,患者到医院来就是看病的,何必在乎这些多余的礼节?事实说明并非如此:

有一名男士到医院胸透体检,当时有一个单位体检的员工,大家都挤在放射室内,医师把这名男士也安排在其中。最终,这名男士向报社投诉,认为医院不尊重患者,侵犯患者隐私,而且让患者受射线辐射。

这一系列的事情反映医方缺乏对患者的尊重,缺少人文精神。这就需要我们重新拾起温良恭俭让,重视礼仪,一旦形成,良好的修养必然会获得患者的尊重和赞赏。

四、"智"

人们现在怎么看待"智"?做一个有知识有智慧的人,相信是很多人的目标。知识是存量,而智慧是将这些存量发挥到极致的能力。作为一名医师,无时无刻不在与患者的疾病和风险打交道,如何诊治疾病，如何控制风险，考量的就是医师的知识存量和智慧能力。例如：

患者腹腔镜阑尾切除术后高热，医师考虑术后感染，使用抗生素，待2天后才发现患者已咳嗽1周了，此时拍片，提示患者肺部严重感染。患者由于病情严重，治疗无效死亡，死亡原因考虑为呼吸衰竭。此事最终鉴定为一级甲等医疗损害，医方承担次要责任。这起事件是典型的漏诊漏治。当事医师事后分析，由于腹腔镜手术需要使用全身麻醉，所以术后咳嗽是许多患者会出现的情况，再加上患者阑尾已穿孔感染，所以将高热考虑为术后感染是常规思维，没想到这个患者太特殊了。

通过这位医师的陈述，我们会发现惯性思维的影响力。惯性思维是一种思维定势，优点是能应用已掌握的知识迅速解决问题，而缺点是遇到特殊情况时会产生束缚的消极后果，以致应变不足。医师常规思维是惯性思维，因为患者的疾病具有类似性，所以才会形成诊疗规范，然而，一旦遇到特殊情况，如果受惯性思维束缚，则会处置不当。了解这个特点，我们就要有意识地训练自己的智慧力，既掌握正向思维，也擅长逆向思维，既能遵循常规，又能随机处置，不断突破自己，才能应对万变。

五、“信”

我们现在怎么看待“信”？人无信不立。我们很难想象与不诚信的人和平共处。信任是积累的产物。在临床很多医师言语不多，但是患者非常信任，无论医师制定什么方案，患者都能理解和接受，这就是经年累月积累的结果。医生从踏入医疗界开始，认识自己，逐步提升自己，让自己成为一名值得信任和托付的医师，一名具有公众影响力的权威，就是对自己多年努力付出最好的肯定，也是对社会最好的回报。

第二节　住院医师职业道德与职业建设

任何医师都想成为一名好医师。怎样才是一名好医师呢？我想，构成一名好医师的基本要素应该包括有责任，有修养，有能力，还要有健康的体魄，这样才能实现美好的蓝图。

一、做一名对患者负责的医师

患者是谁？上帝？消费者？抑或其他？尘埃落定，患者就是患者。因为患病，所以需要医师的专业帮助。医师与患者是支持与被支持的关系。两者互相依存，互相合作，共同促进。在患者面前，医师既非神仙，不能包治百病，也非恶人，无意损害患者。医患之间需要宣传平等观。只有在平等合作的基础上，双方才能客观理智地面对疾病，攻克难题。所以，作为一名医师，首先要认识患者，认识病，认识人，与患者真心交流沟通，具有悲悯情怀，才能获得患者的信任与支持。其次要有娴熟的基本功，善于识病断案，诊治得当，才能获得长久的声望和美誉。第三要有现代意识和理念，让患者及家属参与治疗，与患者合作，分享相关信息，用开放的心态接纳患者。

例如，患者腹股沟疝气入院，拟定手术治疗。术前，医师与患者谈话确定用补片修补，患者同意并签字。术中，主刀医师发现疝气张力较大，如果用补片也许有复发可能，犹豫是否必须直接缝合修补，是否要与家属再沟通一下。但是，另一医师认为，放置补片修补是有指征的，再说下面还有手术，出去谈话太麻烦了。最终施行补片修补术。术后一个月，患者腹股沟疝气复发，产生争执。医方认为，腹股沟疝气补片修补术本身就有复发的可能，患者术前也已同意并签字，所以，疝气复发是难以避免的并发症。这个案例就涉及以下问题：

（1）医方是否履行了应尽的告知义务？

（2）手术方案是否正确合理？

（3）医方是否尽责？

从医方角度而言，术前已经充分告知患者，让患者充分选择，术中也符合指征，过程是正确的，当然没有责任。可是，如果从患者角度考虑，手术费用不低，效果不好，还要再次手术，伤害和痛苦谁来承担？

如果从负责的角度，相信读者会发现，本案医师缺少了术中再评估和再处理一环，已经预知风险但却没有阻止风险，所以存在道义责任。医师是谁？医师是为治病救人服务的带有高度自律精神的地位崇高的专业人员。虽然社会尚存在负面评价，但我们自己不能妄自菲薄，我们是有高贵精神的人，我们的行为理当崇高，这不是口号，应是事实。

二、做一名对自己负责的医师

我是谁？我从哪里来？我要到哪里去？这是哲学三问，也是每一位踏入职场的年轻人首先要自问的。作为一名住院医师，踏入职场，就意味着开始了自己的职业人生。此时，也许我们需要问一问自己，我把医师这份工作当做职业还是事业来做？我准备为其倾尽一生，还是仅仅把它当做人生驿站倚靠一下？不同的定位预示着不同的将来。如果不能对自己负责，也必将不能对工作的对象负责。所以，职业规划第一步就是对自己负责，认识自己。

如果我们把医师当做一份职业，那不过就是一个谋生的平台。如果我们把医师当做一份事业，那就是我们为之终生奋斗的舞台，我的人生也将与这个舞台息息相关，我会为之自豪，也会为之动容，我会为之奋斗，也会为之包容。

当我们决定把医师当做一份事业的时候，我们的职业生命开始了，工作、学习、生活，家庭、单位、患者、同事，许多社会关系和内容头绪纷繁。凡事预则立不预则废，做一份良好的规划方案尤其重要。在这么多关系中，调整好工作和生活的关系是核心。有人为了生活放弃了工作，也有人为了工作放弃了生活。两者平衡，才是最好。有一些年轻的医师，早早地树立了奋斗的目标，持之以恒，最终成为了专家。有一些年轻的医师，认识自己的长处和短处，有效选择，很是幸福。还有一些年轻的医师，一直未成功定位，在工作中总是出错，疲惫不堪。也有一些英才，把工作的弦绷得太紧，以至于英年早逝，令人叹息。从现在开始，住院医师们，多与周围的同事和前辈接触，多多了解人生，了解这个行业，做一名对自己负责的人，以愚公移山的精神，不断攻克难关，必将造福更多的患者，也造福自己。

三、做一名对医院负责的医师

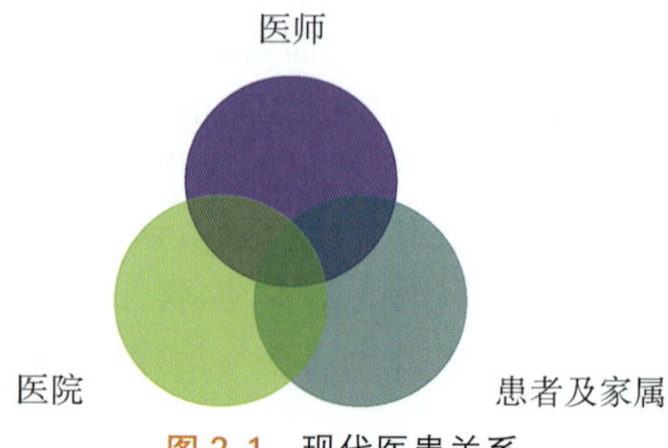

图 2.1 现代医患关系

现代医患关系如图 2.1 所示：

图 2.1 说明，现代医学是一个合作体系。任何一名医师都不能离开同事和医院的支持。所以，作为一名住院医师，不能自我封闭，应该以开放的心态积极与患者沟通，与同事沟通，才能团结一切力量，攻克病魔。现代医学纷繁复杂，检测手段不断更新，许多临床医师已经感觉一天不学习就跟不上了。

例如，某孕妇孕 38 周来门诊检查，其中 D-二聚体检测为 680 ng/ml（该院正常参考值<500 ng/ml），医师并未引起重视，因为有“说法”认为孕妇多为高凝状态，有诊断价值的 D-二聚体值应在 800 ng/ml 以上。医师并未对该孕妇特殊处理。最终，患者产后两天出现了肺栓塞，抢救无效死亡。

通过这个案例，我们需要思考这些问题：

(1) 医院内部有多少这样的空白点和盲区？

(2) 对新的检测值如何进行评估和分析？

(3) 针对阳性检测值，医师是否要引起重视？如何重视？如果重视了，可是患者无任何异常，是否过度消耗了医师的精力？

(4) 针对似是而非的“说法”，住院医师如何应对和判断？

很多问题暂时还没有答案，因为医学本身就是经验科学，然而医学终究是一门科学，所以我们要本着科学精神来对待患者，对待同事之间的分歧和合作，君子和而不同，既要与同事保持融洽的合作关系，同时又要保持自己的独立精神，不能人云亦云，迷失自我。因为患者的生命只有一次，医学来不得半点虚假，医院也经不起事故。

四、做一名对家庭负责的医师

在国外经常看到医师的桌子上有全家照，在国内却很少看到。因为我们的文化传统一般多谈大家，很少谈小家。然而，融洽的家庭关系是个人的加油站，没有温暖的家庭，奋斗很难持续。所以，请每一位医师规划好自己的人生，一个温暖包容的家庭环境，将会对自己的事业发挥事半功倍的效果，请留一点时间给自己和自己的家人。

五、做一名对社会负责的医师

每个人都是社会人。医师身处在这个日新月异的社会，无论行医方式，沟通方式，药品选择，器械选择，无时不与社会产生千丝万缕的关系，密切关注社会，时时收集信息，已经是一名现代医师的日常工作了。我们在享受社会带来的利益的同时，也在承接着社会的压力和风险。每当发生突发公共卫生事件时，社会要求我们挺身而出。而发生医疗纠纷时，舆论往往对医师口诛笔伐，矛盾重重。一些医师对此失望至极，不断退缩，极度封闭。是的，社会处在转型期，这是一个秩序重建的时候，改革需要不断推进，作为一名当代青年，只有投身社会，拥抱社会，才能找准方向。要在力所能及的范围内，不断积累正能量，不断改变自己身边的微环境，最终激浊扬清，促进医患和谐。

第三章 医方与患方

医师与患者交代病情，患者是否有权签字？家属是否有权签字？住院医师担任临床医师助手时，有权与患者谈话吗？患者昏迷，没有家属，医师与谁谈话呢？这一系列的问题，住院医师每天都要面对，怎么解决呢？这就涉及医方与患方这一主体问题。

医方包含哪些主体？患方包含哪些主体？医方与患方是什么样的关系，分别有哪些权利义务？医患之间如何相处？这是本章要回答的问题。

第一节　医患关系概述

医患关系是一种平等的民事法律关系，是由法律调整的具有民事权利、义务内容的医方与患方之间的社会关系。医方包括医院法人主体，医师、护士等自然人主体；患方包括患者、近亲属等自然人主体。

与医方主体有关的法律法规有《医疗机构管理条例》《执业医师法》《母婴保健法》等。《医疗机构管理条例》规定，医疗机构是指从事疾病诊断、治疗活动的医院、卫生院、疗养院、门诊部、诊所、卫生所（室）以及急救站等。《执业医师法》规定，医师经注册后，可以在医疗、预防、保健机构中按照注册的执业地点、执业类别、执业范围执业，从事相应的医疗、预防、保健业务。

与患方主体有关的法律法规主要有《民法通则》。《民法通则》第九条规定，公民从出生时起到死亡时止，具有民事权利能力，依法享有民事权利，承担民事义务。公民的民事权利能力平等。在医患关系中，重点要审查的是公民的民事行为能力。公民的民事行为能力，是指公民通过自己的行为行使民事权利或履行民事义务的能力。民事行为能力分为完全民事行为能力、限制民事行为能力和无民事行为能力三种。这三种民事行为能力直接与患者是否有权决定自己的医疗方案、是否有权签字、是否有权委托他人有关。

首先，完全民事行为能力是指公民通过自己独立的行为行使民事权利，履行民事义务的能力。《民法通则》第十一条规定："十八周岁以上的公民是成年人，具有完全民事行为能力，可以独立进行民事活动，是完全民事行为能力人。十六周岁以上不满十八周岁的公民，以自己的劳动收入为主要生活来源的，视为完全民事行为能力人。"在医患关系中，具有完全民事行为能力的患者可以自行决定诊疗方案，可以自行签字，也可以委托授权家属签字。

其次，限制民事行为能力是指具有一定的民事行为能力，但为保护其合法权益和维护社会正常秩序不得不对其行为给予一定的限制。《民法通则》第十二条规定："十周岁以上的未成年人是限制民事行为能力人，可以进行与他的年龄、智力相适应的民事活动；其他民事活动由他的法定代理人代理，或者征得他的法定代理人的同意。"

在医患关系中，针对限制民事行为能力的患者，考虑其对医疗方案的理解认知能力欠缺，故涉及诊治方案的决定、签字等行为均须由患者的法定代理人也就是监护人来决定和签字。监护人包括：配偶、子女、父母；兄弟姐妹、祖父母、外祖父母等。患者本人不能决定医疗行为，也没有签字权，但是医师要适当听取患者的主诉和意见，以免误诊误治、漏诊漏治。

再次，无民事行为能力是指年龄和智力均难以进行民事活动。《民法通则》第十二条第二款规定："不满十周岁的未成年人是无民事行为能力人，由他的法定代理人代理民事活动。"在医患关系中，针对无民事行为能力患者的处置意见等同于限制民事行为能力人。

在医患关系实践中，还有一类患者患有精神疾病、意识障碍等，怎么办呢？针对精神患者的民事行为能力，《民法通则》根据病情的轻重，作了两种规定：凡不能辨别自己行为的精神病患者是无民事行为能力人，由其法定代理人代理民事活动；对于不能完全辨认自己行为的精神病患者规定为限制民事行为能力人，他们可以进行与他们的精神健康状态相适应的民事活动。如何判断或证明行为人的辨认能力，即患者究竟属于"不能辨认自己行为"的精神病患者，还是属于"不能完全辨认自己行为"的精神病患者呢？操作较困难。现有可操作程序有《民法通则》第十九条规定："精神病患者的利害关系人（包括近亲属、所在单位或者其他利害关系人）可以向人民法院申请宣告精神病患者为无民事行为能力人或者限制民事行为能力人。"但是，现实中，许多精神障碍患者的家属不愿意或没有走这一司法确认程序，然而患者的诊治却是一项需要完成的行为，医师如何操作呢？《精神卫生法》有如下规定：

"第三十条　精神障碍的住院治疗实行自愿原则。

诊断结论、病情评估表明，就诊者为严重精神障碍患者并有下列情形之一的，应当对其实施住院治疗：

（一）已经发生伤害自身的行为，或者有伤害自身的危险的。

（二）已经发生危害他人安全的行为，或者有危害他人安全的危险的。

第三十一条　精神障碍患者有本法第三十条第二款第一项情形的，经其监护人同意，医疗机构应当对患者实施住院治疗；监护人不同意的，医疗机构不得对患者实施住院治疗。监护人应当对在家居住的患者做好看护管理。

第三十二条　精神障碍患者有本法第三十条第二款第二项情形，患者或者其监护人对需要住院治疗的诊断结论有异议，不同意对患者实施住院治疗的，可以要求再次诊断和鉴定。

依照前款规定要求再次诊断的，应当自收到诊断结论之日起三日内向原医疗机构或者其他具有合法资质的医疗机构提出。承担再次诊断的医疗机构应当在接到再次诊断要求后指派两名初次诊断医师以外的精神科执业医师进行再次诊断，并及时出具再次诊断结论。承担再次诊断的执业医师应当到收治患者的医疗机构面见、询问患者，该医疗机构应当予以配合。

对再次诊断结论有异议的，可以自主委托依法取得执业资质的鉴定机构进行精神障碍医学鉴定；医疗机构应当公示经公告的鉴定机构名单和联系方式。接受委托的鉴定机构应当指定本机构具有该鉴定事项执业资格的两名以上鉴定人共同进行鉴定，并及时出具鉴定报告。"

依照上述法律条文，再结合医患关系实践，针对精神障碍患者的诊治和签字等行为分为两种：一种是对精神疾病的诊断，医师应严格按照《精神卫生法》及其他法律规范的规定；另一种是针对已确诊精神疾病患者就诊的，医师应当与其监护人谈话签字，商谈诊疗方案。

第二节　权利与义务

医方与患方各有其内在规定性，即权利与义务。所谓权利，是指法律对公民或法人能够作出或不作出一定行为，并要求他人相应作出或不作出一定行为的许可。所谓义务，是指法律规定的对法律关系主体必须作出一定行为或不得作出一定行为的约束。涉及医方的权利有要求患者配合治疗的权利，要求患方付费的权利等；涉及医方的义务有按照法律规定规范执业的义务，包含注意义务、告知义务、救治义务等；涉及患方的权利有要求医方规范行医，要求医方尊重自己各项权利；涉及患方的义务有付费的义务，配合治疗的义务等。可见医方的权利是患方的义务，医方的义务是患方的权利，两者对等。然而，就单独一方也就是单就医方或患方来讲，权利和义务则不一定各占一半，不一定对等。

对医方而言，义务多于权利，为什么呢？因为医方属于医疗资源占有方，占有信息资源、技术资源、设备资源等。反之对患方而言，却是权利多于义务，因为患方属于医疗资源缺乏方，其求诊就是为了获得社会公共资源的帮助，所以患方以享有权利为主，当然不代表患方就没有义务。除上述法定权利义务之外，医患双方当事人也可约定一些法律没有规定的权利义务，但是不能违反法律基本原则和精神。

要阐述医患权利和义务，首先需剖析马斯洛的需求层次理论。马斯洛认为任何一个人的需求从低层级到高层级有五种，分别为：生理上的需求、安全上的需求、情感和归属的需求、尊重的需求、自我实现的需求，这五种需求按层级逐层递升。马斯洛认为，当人的低层级需求被满足之后，会转而寻求实现更高层级的需要。如图 3.1 所示。

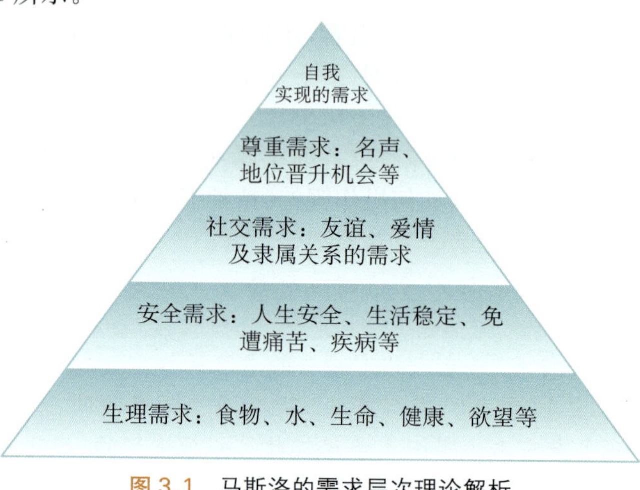

图 3.1 马斯洛的需求层次理论解析

显然，与马斯洛需求层次理论相对应，一个人的权利从简单到复杂可分为：生命健康权、安全保障权、社交平等权(知情同意权)、人格权、自我实现权。医务人员必须认识并了解患者的相关权利要求，方能提供优质服务，真正有效解决患者的问题，维护患者合法权益，同时也能很好地做好自我保护。

从行为科学、法学、医学等角度出发，医患双方特别是患者在医患关系中的五大权利如下：

一、生命健康权

生命健康权是公民享有的最基本的权利，包括生命权和健康权。生命权是指公民享有生命安全不被非法剥夺、危害的权利，健康权是指公民有保护自己身体各器官、组织、脏器功能安全的权利。生命健康是公民享有一切他项权利的基础。

医方尊重患者的生命健康权，具体表现为应尽当时的医疗水平保护患者的生命安全和组织器官的安全，这直接对应医师的注意义务和救治义务。《侵权责任法》第五十七条规定：“医务人员在诊疗活动中未尽到与当时的医疗水平相应的诊疗义务，造成患者损害的，医疗机构应当承担赔偿责任。”诊疗义务即包含注意义务和救治义务。

医方应履行的一般注意义务是指，在患者就诊、手术、注射、抽血输血、放射治疗、麻醉、调剂制药、护理过程中，医护人员不能出现发错药、打错针、开错刀等过错。例如，患者因胃痛就诊，医师未做详细询问检查就认定患者是胃痉挛，开具胃药，患者在配药过程中发生休克，经检查认定是急性心肌梗死，这就是非常典型的误诊误治案例，属于医方违反一般注意义务侵犯患者生命健康权的过错。

医方应履行的特殊注意义务是指，在缺乏法律、法规、规章、诊疗常规、操作指南、临床路径等明确规定的情况下，医师应依据具体医疗行为发生时临床医学实践的通常医疗水准，即一般医疗专业水准，作为医疗行为人注意义务的基本标准，同时考虑医疗行为的专门性、紧急性、地域性等因素，综合判断某项具体医疗行为进行操作。例如，一家二级乙等医院，夜间急诊来了数位车祸患者，其中一位头颅外伤合并胸部外伤，这家医院有脑外科但没有胸外科，患者急需转院，然而此时，患者生命体征已出现异常，作为医患双方将共同面临：如果转诊则途中有可能发生患者死亡的风险，不转诊则面临患者缺少必要医疗条件的风险。此时就是《医疗机构管理条例》第三十一条规定的情形：“医疗机构对危重患者应当立即抢救。对限于设备或者技术条件不能诊治的患者，应当及时转诊。”如果医方未对患者可能出现的风险进行评估及告知，在转运中医方未采取相应的抢救配备措施等，一旦出现患者死亡等损害后果，则医方不一定免责。但是如果医方已经尽到前述义务，则医方可受到《侵权责任法》第六十条“患者有损害，因下列情形之一的，医疗机构不承担赔偿责任：……（二）医务人员在抢救生命垂危的患者等紧急情况下已经尽到合理诊疗义务”的保护而免责。所以，特殊注意义务是非常重要的义务，与当时、当地、当院、当事人的诊治能力息息相关。住院医师不仅要根据循证医学掌握一般注意义务，同时还要随时培养自己掌握特殊注意义务的能力。

二、安全保障权

安全保障权是指消费者在购买使用商品和接受服务时享有人身、财产安全不受侵害的权利。《消费者保护法》第七条规定：“消费者在购买、使用商品和接受服务时享有人身、财产安全不受损害的权利。消费者有权要求经营者提供的商品和服务，符合保障人身、财产安全的要求。”患者是否属于消费者，一直存在争议，一般而言，患者不属于消费者。但是，某些法律精神可以应用于医患关系中。

作为服务供应方，医方须为患者提供安全的就医条件，包括安全的药品、医用耗材、医疗器械、设施设备，符合保障功能的病床单位、病房环境、清晰规范的标示等。同时，医方需指导并观察患者的出入、饮食、睡眠等行为。如果发生患者在理疗过程中被电击烫伤，服用的是过期变质药品，转诊途中被电梯卡住或损伤等事件，其性质都属于侵犯患者安全保障权。

医师也享有生命健康权和安全保障权，医务人员在医疗工作中特别容易受到来自于污染的血液、体液等的伤害，所以，医院提供的工作环境和设施必须符合职业防护规范，以使医师不受职业伤害和职业病危害。

三、知情同意权

知情同意权是非常复杂且重要的权利。知情权是指医务人员要为患者提供做决定所必需的足够信息，比如病情、诊疗方案、预后以及可能会出现的风险及危害等。同意权是指患者在权衡利弊后，对医师拟订的诊疗方案做出同意或否定的决定。知情同意权的最终目的是医患双方达成共识，以便于更好地开展诊疗行为。

知情同意权相比较生命健康权和安全保障权对患者而言属于较高层次权利，实践中医务人员常常忽视这项权利。医学术语非常专业，要达到使患方理解掌握的高度，需要医务人员有足够的耐心和爱心，足够的时间，加上科学的沟通能力及患方足够的理解力才能实现。实践中往往会发生偏差、误解甚至是冲突。例如，患者一侧下肢骨折，医师行钢板内固定术。出院前医师嘱咐患者“勿过早负重行走”。患者理解为不要过早地背负重物行走，三个月后患者钢板断裂。医师认为已经告知患者，而患者认为医师没有告知或解释不清，因而产生冲突。如果医师能体谅患者对专业知识认识不足，用生活化的语言告知患者一段时间内不要直接下地行走，若行走需拄拐，“不能负重”是指不能承担人体自身重量，而不是其他重物的重量，应该可以规避钢板断裂的风险。这就是“有时是治愈，常常是安慰，总是去帮助”的伦理之心，也是“大医精诚”的现代观。只有听得懂的理论才是天才的理论，也只有听得懂的医嘱才是高明的医嘱。

四、人格权

人格权是指民事主体具有法律上的独立人格必须享有的民事权利。公民和法人都享有人格权，但他们享有的人格权不尽相同。公民的人格权包括生命健康权、姓名权、肖像权、名誉权、隐私权等。法人是一定的社会组织在法律上的人格化，法人的人格权包括名称权、名誉权等。

医患关系中，医患双方均享有人格权。首先，医方需要尊重患方的人格权，比如不得向非委托代理人、监护人之外的其他人披露患者的病情，不得在法律许可范围之外使用患者的肖像，不得泄露患者隐私等。《侵权责任法》第六十二条规定："医疗机构及其医务人员应当对患者的隐私保密。泄露患者隐私或者未经患者同意公开其病历资料，造成患者损害的，应当承担侵权责任。"其次，医院及医务人员也有人格权，如果污名化医方，医方有权维护自身合法权益，相关责任人须承担法律责任。

五、平等及自我实现权

《宪法》规定，公民在法律面前一律平等。所谓平等权，就是指公民同等地享有权利和履行义务，人人生而平等。人在能力和智力上会有客观差别，但在权利和法律上不应有任何差别。在医患关系中，法律基本权利是平等的。没有患方的安全，医方就失去了存在的必要，同样，没有医方的安全，患方就失去了应有的保障。医患双方应互相尊重，平等对待。医方对患方应一视同仁，不应因患者的贫富、职业差别而差别对待，医务人员的一言一行、一举一动患方均会关注，患者会铭记在心。同样，患方也应尊重医务人员的劳动和付出，给医师以稳定包容的环境，以最终实现共赢。

第三节　常见问题解决方案

一、医患关系何时产生

通常认为，医患关系始于患者挂号。但是有时也有患者不挂号直接就诊的行为，此时医患关系是否产生呢？例如，患者因腰痛夜间前往医院急诊，分检台护士将患者分检到急诊外科，患者未挂号就立即前往急诊外科医师处就诊，医师简单一问是腰痛，立即开出腰部摄片单，要求患者摄片后再来。在前往摄片的路程中，患者突然倒地休克，立即抢救，提示患者急性心梗休克，抢救无效死亡。本例患者尚未挂号，是否可以认为医患关系没有产生呢？答案是医患关系已经产生。若医师在患者询问时首先督促其先行挂号，则在挂号前就没有医疗行为产生，但是医师并未要求患者先行挂号，而是直接开具摄片单，这个行为提示医疗行为已经产生。当然，随着医院管理特别是信息化管理越来越规范，诊疗必须以挂号为前置程序，可以排除很多不规范行为。若急诊患者紧急来院救治，无法挂号，医师立即予以救治，这时医患关系也同样产生。

医患关系的产生并不限制于患者是否挂号，只要有医护人员的诊疗行为就可以，包括问诊、检查、用药、输液、手术等医疗行为，其中不仅指医师的操作，还有护士的行为，如发药、打针、输液、护理操作等，这些行为一旦开展，均视为医患关系已经形成。

二、住院医师规范化培训期间可否单独行医

这是一个很现实的问题。根据国家住院医师规范化培训相关法规，住院医师规范化培训是毕业后教育的重要组成部分。该阶段的住院医师如果未取得执业医师证，不可以独自为患者提供临床诊疗工作。可参见《医学教育临床实践管理暂行规定》规定：

"第十二条　医学生在临床带教教师的监督、指导下，可以接触观察患者、询问患者病史、检查患者体征、查阅患者有关资料、参与分析讨论患者病情、书写病历及住院患者病程记录、填写各类检查和处置单、医嘱和处方，对患者实施有关诊疗操作、参加有关的手术。

第十三条　试用期医学毕业生在指导医师的监督、指导下，可以为患者提供相应的临床诊疗服务。

第十四条　医学生和试用期医学毕业生参与医学教育临床诊疗活动必须由临床带教教师或指导医

师监督、指导,不得独自为患者提供临床诊疗服务。临床实践过程中产生的有关诊疗的文字材料必须经临床带教教师或指导医师审核签名后才能作为正式医疗文件。"

三、若住院医师规范化培训期间出现过错,是否构成非法行医

卫生行政管理部门早就有答复:"取得省级以上教育行政部门认可的医学院校医学专业学历的毕业生在医疗机构内试用,可以在上级医师的指导下从事相应的医疗活动,不属于非法行医。"但是,若住院医师规培期间单独从事医疗活动出现过错,是否构成非法行医,尚未有明确定论,所以住院医师规培期间必须在带教老师的带教下才能从事医疗活动。

四、患者来院时,医方有权审查患者的身份证件吗

有时不排除患者使用假名或他人名字就诊的情况,若出现纠纷,医方怎么办?这就涉及医方是否有权审查患者的身份证。根据《中华人民共和国居民身份证条例》及实施细则的相关精神,公安机关有权查验公民的居民身份证。公民在办理涉及政治、经济、社会生活等权益的事务时,可以出示居民身份证,证明其身份。有关单位不得扣留或者要求作为抵押。根据这些法规精神,患者前来医院就医,不属于强制查验范围,若出现不良后果,由该患者承担违法责任。

五、若患者不会签字,是否可以由家属或医师代签名

根据《侵权责任法》第五十八条的相关规定,不可以伪造或篡改病史。患者签名属于病史内容之一,当然不可以代签名,不仅医师不可以,家属也不可以代其签名。具体操作方式是,由患者按手印,由家属或者医师在其余空白处注明:"该患者不会签字,以按手印为证。"

六、若患者来院时,已处于意识障碍,由谁签字

根据诊断学,意识障碍是指嗜睡、意识模糊、昏睡、昏迷、谵妄等症状。若患者来院时即处于意识障碍,属于《侵权责任法》第五十五条"不宜向患者说明的,应当向患者的近亲属说明,并取得其书面同意。"医师应向其近亲属说明情况,由近亲属履行签字、决定等手续。

七、若患者来院时生命垂危,需要紧急抢救,但是存在风险,患者又无家属陪护,怎么办

根据《侵权责任法》第五十六条规定"因抢救生命垂危的患者等紧急情况,不能取得患者或者其近亲属意见的,经医疗机构负责人或者授权的负责人批准,可以立即实施相应的医疗措施。"医师此时一边采取必须医疗措施,一边通知科室主任签字批准,或者通知医院相关领导签字批准,医院领导包括医务科科长、医院院长、夜间总值班等。

八、患者的家属、近亲属具体是指哪些人

家属是社会学用语,不是法律术语,准确的应当称为近亲属。根据司法解释,近亲属包括配偶、父母、子女、兄弟姐妹、祖父母、外祖父母、孙子女、外孙子女和其他具有扶养、赡养关系的亲属。

九、患者来院没有家属,委托朋友签字,是否可以

医患关系属于民事关系,民事关系有一基本原则"法无禁止即可为",法律没有禁止患者授权他人签字,所以朋友可以签字。但是,医师要与患者说明,须明确委托事项、委托权限等内容,尽量建议患者授权委托其近亲属。

十、患者来院时,有众多家属亲友都来询问,如何应对

患者来院就诊享有诸多权利,包括生命健康权、知情同意权、隐私权等。若患者属于意识清楚的完

全民事行为能力人，由患者自行决定其诊疗方案并签字。若患者特别授权某位家属，则该家属的决定和签字与患者本人的决定和签字效力一致。若其他家属、朋友关心患者病情，提出某些建议或决定，医师需要与对方阐释清楚患者的权利，同时告知对方，如果未经患者同意泄露患者病情，属于侵犯患者隐私权，大家都要在法律框架内行事，建议其询问患者本人，或者与患者本人一并前来再做处置。医师要擅长有理有据解决问题。

十一、医患关系何时终止

医患关系终止于：①门诊患者就诊完毕；②住院患者办理出院手续；③患者擅自离院，经医方通知仍未到院，自动离院；④患者在院死亡，等等。

十二、医师与患者的电话访视、网络聊天、微信等内容，是否属于诊疗内容

根据国家现有法律法规，诊疗行为属于医师与患者在医疗机构内从事的医疗活动，非医疗机构所产生的活动，不属于诊疗内容。所以，医师与患者的电话访视、网络聊天、微信等，只属于院外活动，不作为诊疗依据，不属于医患关系内容。

第四章

病历与证据

住院医师每天要问病史写病历，而电子病历可以便捷地黏贴复制，使病历书写成为重复性的工作，有时就会出现张冠李戴的现象。比如，患者为男性，但住院病历上写的是女性；患者年老，病历写的年龄是25岁。病历失去尊严，还有意义吗？病历真的可有可无？病历究竟有什么样的作用？

例如，患者孕39周入院，因持续性枕横位剖宫产，产后2天，患者如厕时突然胸闷、胸痛，继而呼吸骤停，医护人员立即予以抢救，考虑肺动脉栓塞，予以一系列对症处理，同时院方迅速请专家会诊指导抢救。患者终因病情危重，经抢救无效死亡。

这起事件发生后，患方由起初的理解接受到3个月后不理解不接受，到医院封存病历并诉至法院。

在法院审理过程中，针对病历，医患双方进行质证，患方指出病程记录有多处涂改，病程记录与护理记录单有差异冲突，医嘱单存在多处修改和涂改，等等。患方认为这份病历不符合证据的真实性、合法性、关联性，所以，不同意就这份证据进行司法鉴定，要求法院依法裁判。最终，因证据存在过错，法院判令医方承担50%的赔偿责任。

收到这份判决书，医师不能理解，认为自己辛辛苦苦抢救患者，专家质量评审也认定抢救过程正确无误，自己根本没有过错，可是最终患方不予理解还要起诉，法院还是判决医方承担法律责任，没法接受。所谓的“以事实为根据，以法律为准绳”，难道不成立？难道抢救事实不是“事实”？“事实”和“证据”不是一回事？诸多问题困扰着医方。这个案例就涉及以下问题：

(1) 病历包含哪些内容？

(2) 病历有哪些作用？

(3) 什么是病历瑕疵？

(4) 病历瑕疵将产生哪些后果，医方将承担什么责任？

(5) 医方应该如何书写、更正、保存病历资料？

(6) 病历与证据是什么关系？

(7) 医师如何认识病历的证据效力？

如何解决这一系列问题？需要对病历及证据进行详细阐述和剖析。

第一节　病历与证据概述

一、病历

根据《医疗机构病历管理规定》，病历是指医务人员在医疗活动过程中形成的文字、符号、图表、影像、切片等资料的总和，包括门(急)诊病历和住院病历。门(急)诊病历内容包括门(急)诊病历首页[门(急)诊手册封面]、病历记录、化验单(检验报告)、医学影像学检查资料等。住院病历内容包括住院病案首页、入院记录、病程记录、手术同意书、麻醉同意书、输血治疗知情同意书、特殊检查(特殊治疗)同意书、病危(重)通知书、医嘱单、辅助检查报告单、体温单、医学影像检查资料、病理资料等。

二、病历书写基本原则

《病历书写基本规范》规定,病历书写应当遵循客观、真实、准确、及时、完整、规范的原则。具体如何操作执行呢?

(一) 客观完整原则

客观是指不依赖于人的意识而存在的一切事物。病史采集涉及患者的主诉、现病史、既往史、实验室检查、体格检查等,内容繁杂,如何从众多的复杂信息中概括出关键病史,避免主观干扰,是一名住院医师的基本功。例如,患者背痛一天就诊,医师问有无外伤史,患者答没有,医师问有无其他不适,患者答没有,医师建议摄片查看是否有脊椎疾病,开出拍片检查单,患者在检查的路上,突然倒地,抢救无效猝死。死亡原因考虑急性心肌梗死。查看这份病历:

"背痛一天。

无其他不适主诉。

予以拍片。"

没有完整的现病史、既往史,没有体格检查。这份病历就反映了医师思维的主观片面性,这起案例就是典型的主观思维,忽略病史采集和分析,未进行规范的病因鉴别,导致误诊误治、漏诊漏治。所以,遵循客观完整原则是医师思维的出发点。

(二) 真实准确原则

真实是指与客观事实相符。诊疗行为与人的生命健康息息相关,不能有丝毫懈怠。病历书写必须以真实为基础,不可以虚构内容,否则就要承担相关法律责任。例如,患者发热入院,医师初步诊断发热待查,予以对症治疗。其中,予以静滴头孢呋辛等抗生素,患者静滴过程中,突然出现呼吸急促,继而呼吸骤停,心跳骤停,抢救无效死亡,死亡原因考虑药物过敏性休克致死。抢救完毕,医师审查资料时,发现有些资料没有记录,医师慌乱中又重写了一份病历,事后经家属核对是伪造病历,不具备真实性,为此,医院承担了全部责任。

大家对此会产生疑问,患者死亡原因为药物过敏性休克致死,是现有医学科学技术条件难以避免、难以防范的风险,而病历资料与患者的死亡没有直接因果关系,如果这都要承担责任,那可怎么办?本例揭示了病历资料真实准确的重要性。《侵权责任法》第五十八条规定:

"患者有损害,因下列情形之一的,推定医疗机构有过错:

(一) 违反法律、行政法规、规章以及其他有关诊疗规范的规定;

(二) 隐匿或者拒绝提供与纠纷有关的病历资料;

(三) 伪造、篡改或者销毁病历资料。"

什么是伪造、篡改?就是造假。医师重新写一份病历是造假吗?要具体情况具体分析。如果医师在书写病历的过程中,发现有诸多内容遗漏,于是重新书写一份,不作为伪造。如果医师事后发现病历有遗漏,则可以通过补记形式添加,不可以重新书写,因为病历书写有时效性,否则就有伪造嫌疑。而病历书写的时效性,则根据相关法律规定。

(三) 及时有效原则

病历是对患者病情和医师处置的即时记录,有时效的约束和规定。根据《病历书写基本规范》等法律法规,无论是门急诊病历还是住院病历都有书写时间的要求。比如:门诊病历应当书写时间,急诊病历书写就诊时间应当具体到分钟;入院记录、再次或多次入院记录应当于患者入院后 24 h 内完成;24 h 时内入出院记录应当于患者出院后 24 h 内完成;24 h 内入院死亡记录应当于患者死亡后 24 h 内完成;首次病程记录应当在患者入院 8 h 内完成;常规会诊意见记录应当由会诊医师在会诊申请发出后 48 h

内完成；急会诊时会诊医师应当在会诊申请发出后 10 min 内到场，并在会诊结束后即刻完成会诊记录等等。

为什么要规定病历书写时间？因为病历是患者当时诊疗方案和状态的记录，具有连续性，同时，因为患者病情在不断变化，医师的处置也随之不断变化，记录的目的是使整个诊治经过一目了然，同时也有助于其他医师在短期内获得关键信息，处置正确。所以，病历具有病案资料汇集、思维过程连续、处置方案清晰的作用。同时，病历作为重要的证据，在患方对诊治有异议时，可以证明医方的医疗行为是否正确规范。所以，病历一定要在规定的时间内完成。

（四）合法规范原则

病历由内容与形式构成。所谓内容，就是病历记载的患者客观病情与医师的分析处置。所谓形式，就是病历对外展现的形式，如首次病程记录、手术记录、检验检查报告单、护理记录，等等。内容与形式都需具备法律所要求的真实、准确、客观、完整原则。如果内容合法，但形式存在缺陷，也不能称之为合法。如本章开始列举的案例，整个治疗抢救用药过程没有过错，严格按照诊疗常规的要求。但是，病历的形式存在涂改、不规范修改的情形，法律上就称之为伪造、篡改，就要承担相应的法律责任。所以，作为一名住院医师，一定要培养规范书写病历的习惯。

三、证据

证据是指能够证明案件真实情况的各种资料。根据《民事诉讼法》规定，证据包括八类：①当事人的陈述；②书证；③物证；④视听资料；⑤电子数据；⑥证人证言；⑦鉴定意见；⑧勘验笔录。

所谓当事人的陈述，是指当事人就有关案件的事实情况向人民法院所作的说明，它包括当事人自己说明案件事实和对案件事实的承认。当事人陈述仅指在法院的陈述。

所谓书证，是指能够根据其表达的思想和记载的内容查明案件真实情况的一切物品。在医疗行为中，主要的书证即是病历，主要是指病情记载、分析及处置。如果发生患者跌倒、坠伤、烫伤等事件，患者或家属对发生经过的记录也是书证。其他书证，包括医方的交接班记录、查房记录、清点记录、感控记录、患者尸体解剖报告等。

所谓物证，是指据以查明案件真实情况的一切物品和痕迹。在医疗行为中，一般是指药品、血液制品、输液器材、输血器材、医疗器械等。

所谓视听资料，是是采用现代技术手段，将可以重现案件原始声响、形象的录音录像资料和储存于电子计算机的有关资料及其他科技设备提供的信息，用来作为证明案件真实情况的资料。一般而言，在医疗行为中很少有视听资料证据，但随着社会的发展，视听资料逐渐出现并被采信，如录音、录像等。

所谓电子证据，是指以数字形式保存在计算机存储器或外部存储介质中、能够证明案件真实情况的数据或信息。例如，保存在硬盘、DVD、U 盘等存储设备中的数据。电子证据是《民事诉讼法》修订后新增加的一类证据，目前这一概念的定义尚在发展中。结合《电子签名法》及《电子病历基本规范（试行）》等规定，在医疗行为中出现的电子证据常有电子病历、电子邮件、短消息、微信、微博等，这类新型证据在今后的医疗行为中将大量出现。

所谓证人证言，是指知道案件真实情况的人，向办案人员所做的有关案件部分或全部事实的陈述。在医疗行为中，此类证据虽较少，但不排除会产生。

所谓鉴定结论，是指鉴定人运用自己的专门知识和技能以及必要的技术手段，对案件中发生争议并具有专门性的问题进行检测、分析、鉴别的活动。鉴定结论是正确认识和处理案件的重要根据之一，因此，鉴定有“证据之王”之称。一旦发生医疗纠纷，特别是进入诉讼程序后，法官经常会启动鉴定程序以查清事实。

所谓勘验笔录，是指办案人员对与案件有关的场所、物品、人身进行勘验、检查时，所作的文字记载，并由勘验、检查人员和在场见证人签名的一种书面文件。在医疗纠纷中，勘验笔录这类证据采用频率较低。

证据必须查证属实，才能作为认定事实的根据。所以，“以事实为根据，以法律为准绳”中的“事实”应当理解为“证据”，即以证据为根据，以法律为准绳。作为医师有必要如此关注证据吗？非常重要。因为医学不仅是技术科学，也是社会科学。常有医务人员抱怨现在的医患关系太紧张了，动辄惹上纠纷，甚至还被诉上法院，难以接受。从历史唯物主义观点出发，社会是不断变化发展进步的。随着经济社会的发展，患者的要求不断增高，在这时，医学作为相对保守的一方，一时难以适应可以理解，但是，患者提出自己的诉求是正常的现象，作为医方，不仅要减少抱怨，更要把患方的诉求当做提升行为的契机，正确面对，正确处置，正确化解。患者是医师最好的老师，每一次重大医学发展，都是基于患者的需求。所以，作为医师，在不断提升自己业务技术能力的同时，也要努力提升自己法律规范的应用能力，才能与时俱进。

第二节　病历瑕疵的法律后果

病历瑕疵是指病历书写内容不具备真实客观完整性，病历形式不符合法律法规要求。如果患者最终死、伤、残，病历有瑕疵，则医方将承担相应法律责任。《侵权责任法》第六十一条规定：“医疗机构及其医务人员应当按照规定填写并妥善保管住院志、医嘱单、检验报告、手术及麻醉记录、病理资料、护理记录、医疗费用等病历资料。患者要求查阅、复制前款规定的病历资料的，医疗机构应当提供。”同时规定，医方隐匿或者拒绝提供与纠纷有关的病历资料，伪造、篡改或者销毁病历资料，推定医疗机构有过错，法律后果即承担相应法律责任。

医方常见的病历瑕疵法律后果分析如下：

一、代签名的法律后果

在病程记录中，常见医师相互代替签名；在手术记录中，助手代替手术者签名；在三级医师查房记录中，住院医师代替主治医师或者主任医师签名；白班医师代替夜班医师签名，等等。代替签名属于伪造病史之一，因为根据《病历书写基本规范》，医师签名属于病历书写内容。一旦出现代签名情况，轻则某些病历内容被推翻，重则整份病历被推翻，医方据此承担主要甚至完全责任的法律后果。所以，医师务必规避代签名。同理，患者的名字也必须自己签署，不能由他人替代。

二、病历书写简单或者潦草的法律后果

病史不完整或者不客观，则难以证明在整个诊疗过程中医疗行为规范正确，医方则需就此承担法律责任。例如，新生儿出生 3 天，有腹胀呕吐，医师考虑新生儿消化不良，予以生理盐水洗胃等措施，但患儿仍腹胀严重，后被诊断为坏死性小肠结肠炎，手术，效果不佳仍死亡。事后，审查病程记录时，发现医师缺乏对患儿病情的详细记载，特别是没有腹部检查记录和分析（医师说当时对患儿进行体格检查，但是没有记录等同于没有检查），缺乏病因鉴别，虽然患儿死因是自身疾病因素，但是由于医方缺乏规范诊疗记载，需要承担相应的法律责任。由此看来，需要从内心出发认同病历书写完整规范的重要性，有了这个理念，不仅能保护医方，更能促使医师在书写病历的时候，使自己思维缜密，不断发现患者存在的疾病风险，进行评估，正确诊治，更好地保护患者。所以，病历书写是一项动手动脑的工作，只要怀着一份热爱之心，总有一天，会发现，自己所写的每一份病历都是一份精雕细琢的艺术品，也是将来研究病案的宝库。

三、病历未按时完成的法律后果

例如，患者老慢支，因呼吸急促入住呼吸内科，期间患者出现胸闷请心内科会诊，会诊医师来看后嘱行 24 h 动态心电图检查，之后再决定诊治方案，但是未书写会诊记录单。期间，患者病情突然变化猝

死，猝死原因考虑急性呼吸衰竭，心肌梗死可能。患方诉至法院，委托鉴定。专家认为，会诊内容不清，未按照规定要求书写病历，医师诊治方案存在过错。最终认定医方承担次要责任。本起案例是典型的会诊不规范。按照《病历书写基本规范》第二十二条第（十）项："常规会诊意见记录应当由会诊医师在会诊申请发出后 48 h 内完成，急会诊时会诊医师应当在会诊申请发出后 10 min 内到场，并在会诊结束后即刻完成会诊记录。会诊记录内容包括会诊意见、会诊医师所在的科别或者医疗机构名称、会诊时间及会诊医师签名等。申请会诊医师应在病程记录中记录会诊意见执行情况。"会诊的目的不是会诊形式本身，而是要解决患者的诊断及治疗难题。本起案例不仅存在病历书写不及时的过错，同时反映如果临床医师疏于书写病历，也会导致思维碎片化，思考不规范，不知不觉就滑入误诊误治的误区，最终损害患者的安全，也影响了自己的职业发展。

四、病历资料遗失的法律后果

病历资料是重要证据，一旦发生整本纸质病历遗失，或者手术记录单、护理记录单、医嘱单、CT 片子等遗失，将影响对医疗行为是否正确的认定。可救济的方式有《电子病历基本规范》第十二条："电子病历系统应当具有严格的复制管理功能。同一患者的相同信息可以复制，复制内容必须校对，不同患者的信息不得复制。"如果纸质病历遗失，医方应当说明情况，及时打印电子病历保存。如果电子版本和纸质版本同时遗失，则推定医疗机构有过错，医方要承担相应的法律责任。

五、不规范修改电子病历的法律后果

随着信息化技术的推广，电子病历被普遍用于临床。电子病历的形成时间严格等同于纸质病历。根据《电子病历基本规范》第十条规定："电子病历系统应当设置医务人员审查、修改的权限和时限。实习医务人员、试用期医务人员记录的病历，应当经过在本医疗机构合法执业的医务人员审阅、修改并予电子签名确认。医务人员修改时，电子病历系统应当进行身份识别、保存历次修改痕迹、标记准确的修改时间和修改人信息。"每次电子病历记录的时间均在后台数据库留下痕迹。曾有一起患者猝死案例，医师在患者死亡后进入电子病历系统重新修改电子病历，患者家属在患者死亡后 10 天来院封存医方打印的纸质病历。之后患者家属对病历内容产生异议，申请对电子病历进行形成时间的司法鉴定，通过后台数据库的调取，查处医师最后一次修改病历的时间是患者死亡后 1 周。最终医方承担伪造病历的法律责任。所以，对电子病历的记录，医师不能认为患者不知情，可以随意随时进入，触犯法律而不知。当慎之。

六、关于病历瑕疵法律责任认定的司法实践

病历瑕疵究竟承担多少法律责任，司法实践并不统一。从 10%～100%的责任，均有判例，这是法官运用自由裁量权的结果。自由裁量权是法官依据法律规定，遵循法官职业道德，运用逻辑推理和日常生活经验，对证据有无证明力和证明力大小独立进行判断的结果。所以，任何一名医师，都要敬畏病历，敬畏法律。

第三节　常见问题解决方案

一、患者使用假名就诊，出现纠纷，医方是否有法律责任

一般情况下，医师无权审查患者的身份证。如果患者使用假名就诊，患者须就自己的行为承担法律责任，一般医方无须承担责任。但是，若患者有签名（指签署的是假名），司法实践有让患者进行笔迹鉴定，以确定就诊假名患者是否是患者本人的判例。所以，根据"谁主张谁举证"的原则，除非患者能举证证明就诊假名患者就是患者本人，否则医方无须承担法律责任。

二、患者来院昏迷，没有家属，如何书写病历

病历是医务人员在医疗活动过程中形成的文字、图像等资料，是患者病史的记录和分析。如果患者来院昏迷又无家属，则医师只需要客观记录，在患者姓名栏中客观记载“昏迷患者”并在病史中作客观描述，患者姓名不清楚不影响病史的记录和证据效力。

三、患者隐瞒病史出现损害后果，是谁的责任

《侵权责任法》第六十条第(一)项规定：由于患者或者其近亲属不配合医疗机构进行符合诊疗规范的诊疗造成损害后果，医疗机构不承担赔偿责任。如果因为患者隐瞒病史造成不良后果的，医方不承担责任。如孕产妇隐瞒多次生育史，最终出现产后大出血切除子宫，这个后果由患者自行承担。所以，医师在采集病史时要注意询问既往史。涉及女性患者的个人隐私时，要注意询问的方式、时间、地点甚至家属等情况，以免患者因个人顾虑隐瞒病史。

四、打印病历卡纸，重新打印，是否属于伪造

电子病历纸质化需要打印机打印，实践中会出现打印不清或卡纸等情况，需要重新打印粘贴，这种情形属于即时形成的病史，不属于伪造病史。为了提高证明力，建议黏贴后盖骑缝章。

五、抢救完成后，抢救记录不完整，怎么办

根据法律法规，因抢救急危患者，未能及时书写病历的，有关医务人员应当在抢救结束后 6 h 内据实补记，并加以注明。在规定时间内补记抢救记录是合法行为，不属于伪造病史。

六、病程记录等只有电子签名，有效吗

根据《电子病历基本规范(试行)》第九条规定：“医务人员采用身份标识登录电子病历系统完成各项记录等操作并予确认后，系统应当显示医务人员电子签名。”电子签名是一种电子代码，可以起到证明当事人身份的作用。然而，现实中，对纸质病历只有电子签名打印件，而无医师手写签名的病历，法院认定效力不一，所以，只有电子签名是否可行，还有待法律法规进一步统一。

七、药品说明书是证据材料吗

根据《处方管理办法》第十四条规定：“医师应当根据医疗、预防、保健需要，按照诊疗规范、药品说明书中的药品适应证、药理作用、用法、用量、禁忌、不良反应和注意事项等开具处方。”药品说明书是由国家食品药品监督管理总局核定的法律文件，是医师用药的证明文件，具有很强的证明力。所以，住院医师要形成阅读药品说明书的习惯，规范用药、合理用药。

八、医疗器械产品说明书是证据材料吗

与药品说明书一致，医疗器械产品说明书也是使用医疗器械的依据，包括耗材，植入性器械，医疗设备，等等。现实中，医师存在使用医疗器械不规范的情形，如植入钢板型号规格与骨折不匹配，骨水泥调制时间方式与规定不符合，超声刀未根据产品说明书规定的参数调制导致损害，等等，这种情形下，医方要承担相应的法律责任。所以，医师要形成阅读医疗器械产品说明书的习惯，以确保安全。

九、医方内部留存的材料能作为证据材料吗

医方内部留存的交接本、巡视卡、留观记录，自行采集的患者录音、录像等，均可以作为证据材料。

十、患者自行采集的录音、录像资料能作为证明资料吗

通常情况，法院不会认可患者自行采集的录音、录像资料。但是，若有很强的证明力，法院仍会认可。要具体情况具体分析。

第五章

沟通实践

“你们医师到哪里去了?”

“我为什么配这个药?”

“为什么要给我做那么多检查?”

“我不想住院。”

“你们手术有把握吗?”

“都手术了,我怎么还这么疼?”

“你们说的反正我不懂,如果真的有个三长两短,我也要讨个说法的。”

……

很多医师对这些话很熟悉,也很无奈。沟通为什么这么困难?为什么患者总是不理解?沟通究竟要解决什么问题?这些问题困扰着临床医师,那怎么办呢?唯有本着科学、理性、认真、负责的精神来认识沟通,了解沟通的目的、沟通的内容、沟通的评估,才能把控好医患关系,消弭隔阂,实现医患合作。这些正是本章要解决的问题。

第一节 沟 通 概 述

一、沟通内涵

沟通是指各方彼此交流思想、分享信息的过程。通过沟通,各方了解彼此,可以迅速解决问题。医患沟通是医方与患方彼此交流思想、感情和信息的过程,沟通是否通畅,将影响医方对患者病史的采集程度,影响患者对治疗结果的认知,所以沟通非常重要。为了科学掌握沟通,必须对沟通内涵进行细致分析。

(一) 沟通前提

沟通前提是指在什么情况下医师需要与患方沟通。根据《侵权责任法》第五十五条规定:

“医务人员在诊疗活动中应当向患者说明病情和医疗措施。需要实施手术、特殊检查、特殊治疗的,医务人员应当及时向患者说明医疗风险、替代医疗方案等情况,并取得其书面同意;不宜向患者说明的,应当向患者的近亲属说明,并取得其书面同意。

医务人员未尽到前款义务,造成患者损害的,医疗机构应当承担赔偿责任。”

《医疗机构管理条例》第三十三条及《医疗机构管理条例实施细则》第六十二条及其他规范也有类似规定。医务人员在医疗活动过程中履行告知义务是法定义务之一,可用逻辑三段论进行解释:

大前提:法律、法规、规范等规定需要履行告知义务的情况,如在诊疗活动中,实施手术、特殊检查和特殊治疗等。

小前提：患者在诊疗活动中，被实施手术、特殊检查和特殊治疗等。

结论：医师必须履行告知义务。

如何理解“在诊疗活动中”？法律条文高度凝炼概括，不可能具体规定如何操作每个病例。如果按照形式理解“在诊疗活动中”，似乎意味着医师在诊疗活动中需要时时不间断向患者说明病情和医疗措施，这不可能也没必要。所以，有必要对法律条文进行实质理解。实质理解“在诊疗活动中”，就是指特殊情况、异常情况、诊疗方案对患者有风险的情况下，医务人员应当及时向患者告知，如果无风险或常识风险可以免于告知。例如，患者服用止痛片可能出现一些胃部刺激症状，医师可以不告知。

如何理解“实施手术、特殊检查、特殊治疗”？手术是指以侵袭性治疗为手段而达到有益于患者的治疗目的。因其存在侵袭性所以对患者有风险，故而手术必须取得患者的知情同意。特殊检查、特殊治疗，按照《医疗机构管理条例实施细则》规定，是指有一定危险性，可能产生不良后果的检查和治疗；由于患者体质特殊或者病情危笃，可能对患者产生不良后果和危险的检查和治疗；临床试验性检查和治疗；收费可能对患者造成较大经济负担的检查和治疗。所以也需要取得患者的知情同意。

当患者在“实施手术、特殊检查、特殊治疗”时，医务人员应当履行法定告知义务。例如，患者因晕厥一次来院，体检血压 100 mmHg/60 mmHg，脉搏、呼吸、心跳正常，实验室检查血红蛋白 80 g/L，医生询问患者有高血压病史，初期诊断晕厥待查，予以留观处理。在留观期间，患者呕血一次，医师考虑上消化道出血可能，建议患者行胃镜检查。此时，医师就需要启动法定告知程序，与患者交代胃镜检查的风险及获益，取得患者的知情同意。

（二）沟通目的

沟通的目的是尊重患者，尊重医者，以人为本。对患者而言是尊重患者的知情同意权，让患者知晓病情，知晓治疗措施，知晓风险，接受相关治疗结果。对医师而言，沟通是为了更好地采集病史，诊治正确，通过沟通保护自己的合法权益。医学有很强的专业性，作为没有接受正规医学训练的患者很难理解医学、医学术语和医疗技术，然而，作为一位公民，有权获得正确的信息以保护自己的生命健康。所以医方有义务告知患方，与患方及时沟通，尊重患者。与此同时，因为医学本身的局限性，有些治疗检查方式不可避免的有不良反应、并发症、后遗症，甚至有治疗失败致患者伤残死亡的结果，所以，提前进行沟通可以让患者对风险进行预知、预估、预判，有权选择相关医疗方案，可以接受或者拒绝相关诊治方案，对相关风险做好接受的心理准备。在这一点上，沟通体现了分担风险、分配风险的原则。

（三）沟通主体

沟通主体指医方和患方。首先，沟通的实施者是医务人员，包括医师、护士等医务人员，这些医务人员必须是患者的诊断者和治疗者，也就是与医疗行为有关联性。其次，沟通的接受者是患者本人，患者系完全民事行为能力人可以委托其近亲属作为委托代理人与医师沟通，当授权委托书签订后，医师向患者或者其近亲属的沟通效力一致。如果患者本人的意见和委托代理人意见不一致时，以患者本人意见为准。如果患者系无民事行为能力人或者限制民事行为能力人，医师必须向患者的监护人实施沟通。对于“不宜向患者说明的，应当向患者的近亲属说明”的情况，是指患者处于意识障碍，患者有特殊要求等，医师向其近亲属告知。

若无陪护危重患者，则按照《侵权责任法》第五十六条规定，“因抢救生命垂危的患者等紧急情况，不能取得患者或者其近亲属意见的，经医疗机构负责人或者授权的负责人批准，可以立即实施相应的医疗措施。”

（四）沟通内容

沟通内容包括患者的病情、诊断、治疗措施、可选择的替代方案、患者获益、医疗风险、风险的预案和对策、患者注意事项等。

病情沟通，是指在患者门诊或住院时，医师对患者进行病史概括情况以及在治疗过程中特殊情况的沟通。例如，患者胸闷住院，医师需要告知患者基本情况，当患者出现胸闷加重时，医师要及时告知患者或其委托代理人病情变化、治疗措施、风险等内容。

诊断和治疗措施沟通，是指医师有义务向患者告知基本的诊断结果和治疗方案。当患者接受 CT、MRI、病理检查、穿刺、介入、腔镜或开腹手术时，医师必须告知患者方案和风险等。

可选择的替代方案沟通，是指当患者的治疗有两种以上措施时，医师必须与患者沟通以让其做出选择定夺。例如，患者因胆囊结石住院，医师经评估无法进行 ERCP 操作，有条件则必须告诉患者可以选择腹腔镜手术或开腹手术，以让患者评估后选择。

患者获益沟通，是指医务人员要正确评估治疗效果，客观理性分析并告知患者，切忌夸大诱导，以免患者误判。

医疗风险及预案和对策沟通，是指医师在实施有风险诊断和治疗方式前向患者告诉各种不良情况和后果，让患者做好面对现实的心理准备，同时告诉发生风险后的预案和对策，让患者也有所期待。

患者注意事项沟通，是指在诊治方案实施过程中，医师要及时告知患者需要注意配合的事项。例如，患者因胃出血住院，医师必须告知患者必须严格禁食，等等。

沟通贯穿于患者的整个诊治过程，医师必须遵循诚实信用原则，切实保护患者的合法权益，让患者理性面对，客观接受医疗后果或者风险。同时，沟通也遵循自由裁量原则，医师可以根据实际情况调整沟通内容。但是医师的自由裁量不可以违反法律规定，不可以违反医学伦理道德。国际医疗伦理道德规范《日内瓦宣言》规定："医生首先考虑的应是患者的健康，医生要凭自己的道德意识和尊严来从事医疗工作。"《国际医疗道德法典》规定："医生必须经常把保持患者的生命的责任铭记在心，对患者要忠诚并献出所有的医学技术。"这就是法律与伦理道德的共同追求。

例如，患者是 19 岁的女孩，因左下肢骨肿瘤入院，术前，医师应女孩母亲的要求不与女孩告知手术方式及风险等，由母亲全权处理。手术方式为左下肢截肢。女孩术后才知自己左侧下肢被切除，问医师，医师答："你妈没告诉你吗？哎，太可惜了，才 19 岁啊！"数日后，女孩跳楼自杀身亡。这起事件体现了医师没有注意沟通的方式方法，说话过于直接，没有注意患者的心理感受，没有帮助患者适应残疾状态，以致悲剧发生。医师没有违反法律，但没有尊重伦理。

二、沟通形式

医患沟通形式有口头沟通、书面沟通、公共沟通等。

(一) 口头沟通

口头沟通以语言为主导沟通，辅以表情、动作、位置、环境等内容。语言沟通效果与语调、语速、词汇有关。口头沟通是临床常见沟通方式，贯穿于患者门急诊、入院、用药或手术、出院整个过程。口头沟通的好坏直接影响患者的感受，所谓"良言一句三冬暖，恶语伤人六月寒"，口头沟通非常重要。若要获得良好的口头沟通效果，需要注意以下细节：

1. 沟通语言选择

通常，医患沟通以专业术语为准。然而，患者对专业术语不了解，加之身体衰弱，所以，当医师一股脑儿讲述时，患者记住的内容可谓寥寥。例如，产妇自然分娩后，医师经常会嘱咐患者出血多了要随时说。一位产妇产后出血呈持续不断状，家属认为生产后必然要出血，再说什么是多呢，概念也不清，所以一直未反映病情，等到医师查房时，发现产妇出血偏多，按压子宫宫底偏软，宫腔内涌出大量血液，属于产后大出血，立即紧急抢救。虽然最终患者没有生命危险，但是家属颇有微词。医师很委屈，之前明明告诉患方要及时观察出血量，可是为什么没有及时告知？双方都有不满，原因在哪里？沟而不通是主因。当医师说出血多，是指产后 24 h 出血量超过 500 ml，而患方所理解的出血多是指民间所称的"血崩"，把断断续续出血看成了常态，所以双方理解存在极大的差异，根本原因在于医方未解释清楚。如果说清楚多少量多少次，伴随的症状等，再辅以护士的有效查房检查，就可以及早发现大出血，及早处理。所以，医师沟通时要善于换位思考，多从患者角度想想，尽量用生活化的语言来解释专业化的医学，在需要患方合作观察或处置时，更需要患方听懂、理解、掌握、执行，这就需要医师多一分耐心、细心，讲完后让患方复述，评估患方是否掌握。沟通语言的选择是一门科学，也是一门艺术，只有不断地积累才能掌握精髓。

2. 沟通氛围选择

当医师准备与患者沟通时，首先要选择沟通环境。可请患者到办公室沟通，可到病房与患者沟通，也可在走廊或其他公共环境与患者沟通。如果请患者到办公室沟通，就涉及沟通的位置等问题。常见医患沟通时，患者及家属站立着，医师坐着，医师讲完后患方即离开。这种方式有问题吗？这样的沟通意味着很随意，致使沟通失去了应有的严谨和严肃性，会降低患者对医师的信任度。难道沟通的环境和气氛也会影响沟通效果？当然。以坐姿为例：

第一种：严肃的气氛（见图 5.1）。

图 5.1　彼此面对面

当医师与患者面对面时，彼此处于相对方，眼睛直视，彼此微细的肢体动作均暴露在对方面前，所以必须端坐正视，情绪适度紧张。这种坐姿适用于沟通重要危急的内容。比如患者处于危重状态，患者正处于抢救中，等等。

第二种：理性缓和的气氛（见图 5.2）。

图 5.2　两人呈 90°角

当医师与患者都侧坐时，由于身体的适度倾斜，眼神可以适度偏移，彼此可以适度放松。而此时医患双方肢体语言丰富，当阅读病史时，医师与患者可以彼此靠拢，又可以立即分开，处于一种张弛有度的理性缓和状态。这种坐姿适用于入院沟通，术前沟通，操作前沟通，术中沟通，等等。

第三种：缓和的气氛（见图 5.3）。

图 5.3　两人并排而坐

当医师与患者并排而坐时，彼此开放，相互之间能发现彼此轻微的表情变化，而且必要时可以互相握手，有肢体接触，处于关心温暖的缓和状态。如果医师画图或进行演示时，患者可以顺着医师的笔看得清清楚楚，没有任何视觉差。这种沟通效果很好，适用于患者情绪放松，需要得到支持的情况下。比如，患者处于术后恢复期，治愈期，患者准备出院时，等等。

在病房中，医师进入病房的正确流程如图 5.4 所示：

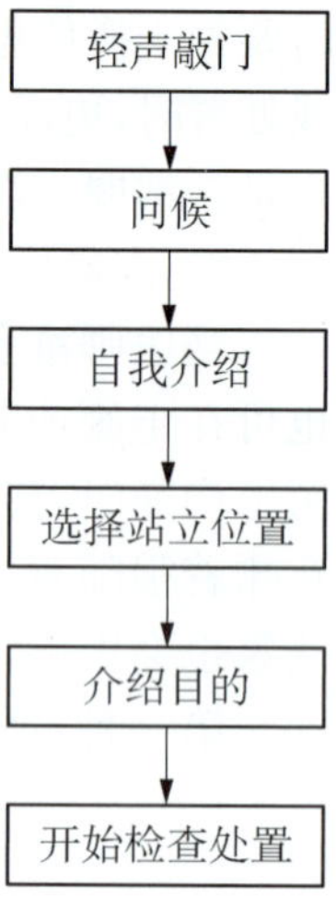

轻声敲门 → 问候 → 自我介绍 → 选择站立位置 → 介绍目的 → 开始检查处置

图 5.4 医生进入病房的正确流程

标准的病房沟通流程是打造医师职业形象的基础。如果患者看到一位医师步态随意，着装随意，语言随意，动作随意，必将产生不信任感，一旦发生纠纷，这些细节也成了导火索。所以，不可轻视细节，所谓细节决定成败。男医师应当是偏于保守温暖的绅士性格，给人以谦谦君子的风度气质，女医师应当给患者以大姐或母亲的大度、关爱和支持之感。良好的仪态仪表、语言动作会给患者带来安全感。由此可见，良好的氛围会促使医患信任，所以，医师要善于制造和谐的工作氛围，使沟通成为医患合作的桥梁。

（二）书面沟通

书面沟通是指文字形式的沟通，包括纸质病历、电子病历、录音录像等。书面沟通是采集、留存证据的过程。

书面沟通是严肃沟通的必要载体，通过文字的形式，可以理顺思路，使之条理化系统化，所以，一旦启动书面沟通程序，医师必须理解文字精髓，与患者解释清楚沟通目的，包括需要对方理解和掌握的内容，需要承担的风险后果，以及相应的预案和处置方式。书面沟通主要涉及以下病历资料及相关证据：

1. 授权委托书

一份规范的医疗授权委托书包括委托人、委托代理人（也可称为受托人）、委托事项、委托权限、委托期限、委托人和受托人签字。如图 5.5 所示：

授权委托书

为有利于患者的疾病治疗，兹委托________（与患者关系：________）为患者的委托代理人（受托人）。听取医疗机构告知有关患者的病情、医疗措施、医疗风险、替代医疗方案等情况，全权处理患者在诊疗过程中的一切事务，并在手术同意书等必须患者签名同意的医疗文书上签名，代理患者行使知情同意权和选择权，及同意实施相关诊疗行为。若产生不良后果将由患者承担。

其他：________________________________。

委托人（患者）签名：________

委托代理人（受托人）签名：________ 性别：____ 年龄：____

身份证号码：________________

联系电话：______________ 地址：______________

签字时间：____年____月____日

图 5.5 授权委托书

2. 术前知情同意书

术前知情同意书是非常重要的法律文书。患者实施手术，术前必须签订知情同意书，目的是使患者了解手术方式，手术获益，手术风险，术后预期等事项。对于这份文书，医师要详细书写并详细解释，与患方达成共识。文书规定内容如图 5.6 所示：

术前诊断：________________________

医师建议手术方案：______________________

可供选择的替代医疗方案：____________________

患者最终选择方案：________________

麻醉方式：________________

潜在医疗风险和对策：________________

其他：________________

患者承诺声明：________________

患者/受托人签名：____________

告知医师签名：____________

签字时间：____年____月____日

图 5.6 术前知情同意书

3. 病情告知书

患者住院期间，有权知晓自己的病情、治疗方案及相关风险，医师需要及时评估，及时归纳总结，定期与患者沟通，必要时让患者签署相关文件。

4. 风险告知书

患者住院期间，存在各种风险，包括疾病的风险、用药的风险、器械的风险、环境的风险等。医师要及时评估风险，与患者沟通风险，及时采取预案，同时要让患者了解风险并接受现有科学技术条件难以避免难以防范的风险，所以必要时医师需要与患者及时沟通并签字。

5. 患者拒绝治疗或不配合的文书

有时，患者的疾病需要采取某些治疗方式，但是患者或家属拒绝相关检查、治疗或者观察，如果出现不良后果是谁的责任呢？根据《侵权责任法》第六十条规定：

“患者有损害，因下列情形之一的，医疗机构不承担赔偿责任：

（一）患者或者其近亲属不配合医疗机构进行符合诊疗规范的诊疗；

（二）医务人员在抢救生命垂危的患者等紧急情况下已经尽到合理诊疗义务；

（三）限于当时的医疗水平难以诊疗。

前款第一项情形中，医疗机构及其医务人员也有过错的，应当承担相应的赔偿责任。”

根据第六十条第一款第(一)项规定，因患者不配合导致损害后果的，由患方自行承担相关不利后果。医师在病史上要有相关记载，具体内容如下：

基本病史描述，包括主诉、现病史、既往史、实验室检查、体格检查、诊断、处理方案的概括记载。

患者拒绝情况的记载。例如，患者脑外伤急诊，医师建议其行头颅 CT 扫描等检查，但患者拒绝该项检查，这时医师必须在病史上写明：建议行头颅 CT 扫描检查，建议住院。由患者签署拒绝检查并签名。如果患者不但拒绝检查或住院，而且拒绝签字，医师需在病历上写明：患者拒绝行头颅 CT 扫描检查并拒绝签字。

后续处理方案。虽然患者拒绝进行头颅 CT 扫描检查，医师仍然需要采取其他措施，如生命体征检查，体格检查与评估，是否需要外敷冰帽，等等。

风险告知。医师要在病史上写明：随时存在生命危险，一旦出现头痛恶心或其他不适情况，请随时来院。

这份文书具有很强的证明力。如果患者回家后出现颅内大出血，危及生命，则医方不承担法律责任。

所以，书面沟通不仅是医患交流信息的载体，更是双方分清责任时的证据，与口头沟通相互补充。

（三）公共沟通

公共沟通指由医院提供的公共信息。医疗行为内容庞杂，仅仅依靠医师与患者的即时沟通，仍难以解决问题，所以需要医院提供多种多样的公共沟通，如宣传画、视频资料、APP、微信公众号、咨询台、周边志愿者、患者学习中心、孕妇学校等，以向患者提供足够的医疗信息和健康管理信息，以源头控制的方式减轻临床医师的工作压力。同时，作为一名临床医师，也要积极制作公共沟通材料，以减轻自己的工作压力。一家医院曾有外科医师把腹腔镜阑尾炎切除术的整个过程、预后及风险摄制成视频资料，一旦有同类患者需要行相同手术，医师会先播放一遍甚至数遍给患者观看，之后再与之沟通，减少了沟通难度，也减少了并发症的解释难度，效果非常好。所以，对待公共沟通，临床医师不可以“等、靠、要”，要自己动手，自己制作，不仅可以提高效率，而且在制作的过程中，医师也会意识到自己在沟通中曾忽略的细节，逐渐由粗放式沟通转变为精细化沟通，将人文精神融入其中。

第二节　临床各环节沟通

患者就诊，首要目的是明确自身疾病性质，其次了解诊疗方案，再次知道预后结局，所以，医师要根据不同阶段、不同条件及时了解患者的病情，及时评估，及时沟通，才能与患者共渡难关。在整个患者就诊过程中，主要涉及的沟通环节有如下：

一、门诊环节

门诊以常见病、多发病为主，大部分患者就诊时，有明确的主诉和要求，医师会有“被患者指挥着走”的感觉，这时，医师需要保持必要的耐心和细心。例如，患者，女，72 岁，糖尿病 20 余年，出现水肿就诊，患者自己要求检查尿常规，看看是否肾脏出了问题。医师建议进一步做肾功能、肾脏 B 超、糖耐量检查，可是患者很不满，抱怨医师过度检查，还说自己糖尿病这么多年了，都已经“久病成医”了，干嘛一看医师就要做这么多检查，不愿意。这时，医师就面临着选择的风险，如果迁就患者，让患者拒绝检查签字留证，也许患者就丧失了一次及时确诊的机会，如果说服患者，显然难度太大，再说后面的患者都在等待，没有那么多时间和一个患者说。所以，这时医生就面临着两难选择。那怎么办呢？显然，这就涉及沟通的评估和选择了。

首先，这个患者的病情是否有风险？显然，存在着一定的风险。患者处于慢性病合并其他疾病的风险期，需要通过实验室检查以明确诊断，这点医师必须清楚。

其次，患者为什么抱怨检查？因为患者是老年女性，长期糖尿病史，自己一人来院，经过挂号、候诊，已经体力不支，产生抱怨情有可愿。这时，就需要医师进行心理疏导。医师可以通过护士、志愿者或者社工、其他患者，对该患者进行疏导，可以先回避一下，让患者安静想一想，等其焦躁情绪缓解后再安排护士或他人陪同检查。总之，必要的检查是诊治疾病的必要手段，不可以通过拒绝签字就此了之。“有时是治愈，常常是帮助，总是去安慰”，“见彼苦恼若己有之”，医师在行有余力之时，可以多设计一些公共沟通课程，这样可以有效缓解临床工作的压力。随着家庭医师制度的推行，门诊医师的压力会逐渐减轻。

二、急诊环节

急诊以抢救治疗突发疾病、危急重症为主，包含院前急救、急诊门诊、抢救室、留观室、输液室、EICU、急诊病房、手术室、化验室等等。急诊疾病存在急、重、杂的风险特点。由于患者来时情况紧急，有时没有家属，有时患者已经昏迷，病史不清，医师只能根据体格检查和实验室检查等进行诊断，所以，急诊沟通有其特殊性，即需要快速、果断、简短。例如，某日中午，一名患者因颈部外伤被“120”送入院，患者已经昏迷，颈部流血，虽然有纱布按压，但仍然有鲜血涌出，陪同人员是患者的朋友。这时，医师怎么办？第一步，医师需要立即进行检查判断，以明确是动脉破裂还是静脉破裂。第二步，医师必须迅速发出病危通知书给患者朋友。读者会问，患者朋友有权利接收病危通知书吗？根据民事行为法“无禁止即可为”的原则，在没有家属的情况下，可以由其朋友接收病危通知书。第三步，医师需要立即通知医院领导准备签字并安排实施抢救方案。这三步需同时进行，流程图如图 5.7 所示：

急诊室的沟通以书面沟通和简要口头沟通为主，没有更多的时间详细沟通，所以，要确保沟通语言

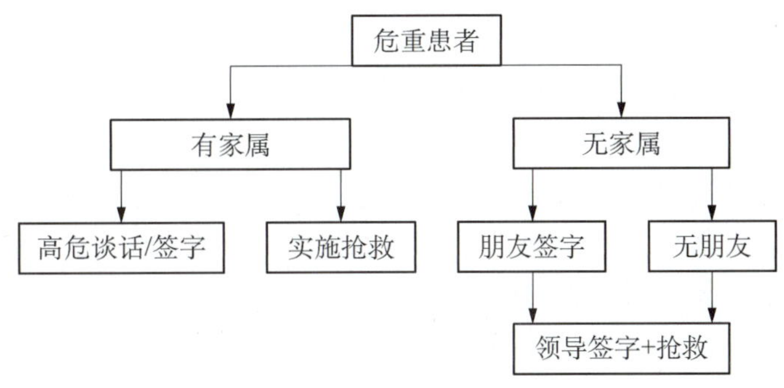

图 5.7 急诊沟通流程图

精、准、稳。

三、病房环节

病房是系统性诊治患者疾病的区域，虽然未来的趋势是增加日间手术量，缩短平均住院日，提高病床周转使用率，但病房仍是高危重症患者的主要治疗区域。病房沟通呈现阶段性、系统性和完整性的特点，涵盖入院、围手术期、围产期、治疗前中后、出院等各个阶段，各阶段既有普遍性，又有特殊性。普遍性表现为医师要与患者及时沟通病情、检查措施、治疗措施、病情转归、病情愈后等情况，特殊性表现为每个阶段沟通重点不同。具体列举如下：

(一) 入院阶段

入院阶段以病情整体沟通为主，涵盖可能需要的检查、治疗手段，大致的手术方案，签订授权委托书，与患方说明需要配合事项，可能发生的风险等。如是骨科、理疗科等以恢复功能为主的科室，必要时要降低患者的期望值。如是肿瘤科、老年科、精神科等以恶性或迁延慢性疾病为主的科室，必须与家属重点谈可能发生的风险及预案措施。如是以新生儿科、儿科等以未成年人为主的科室，则需与监护人谈清需要合作事项及如何观察交流病史等。总之，各科特点不同，风险不同，入院阶段沟通以评估风险，制定预案为主。

(二) 围手术期阶段

围手术期沟通包括术前、术中、术后 3 个主要阶段。

术前沟通的主要目的是说明患者可能的获益与风险，使患者理解并接受，与患者达成共识。术前沟通内容包括手术措施、风险、并发症、预案等。术前沟通形式包括口头与书面形式。可以综合采用文字、图片、标本、视频资料、其他患者的诊治经过等方式。在某骨科，医师曾针对一位骨不连的患者，详细采用文字、拍摄片子、照片等方式，既有整体又有重点，与患者详细沟通，取得了非常好的效果。

术中沟通是指在发生特殊情况时，如肠粘连、器官损伤、发现异物等，或者需要将腹腔镜转开腹手术时，医师离开手术台，与患者家属进行进一步沟通，此时沟通的目的是解释术中发生的特殊情况，必要时可以邀请家属进入手术室观看，请家属理解并签字再行手术。

术后沟通是指手术结束后，医师就手术的重点、术后需注意事项、术后康复等内容与患方进行的沟通。及时、便利、可操作性是沟通重点。例如，一胃癌大部切除的患者，术后 24 h 患者进食牛奶，医师看到后责怪患者：不是告诉你术后要禁食数日嘛，你怎么不问就开始吃东西了？患者很委屈，原来他把“禁食”误听成了“进食”。原因是什么呢？医师没有换位思考，没有详细地说明，护士也没有做好术后沟通。所以，术后沟通要求医师克服疲劳，与患方仔细沟通。如何高效劳动呢？医师可以把常见手术系统化，制作成卡片、APP、视频资料等，放置在患者床边或让患者下载，让患者自学，这样既提高了患者的依从性，又可以避免医师挂一漏万的失误，何乐不为呢？

当然，整个围手术期还涉及医师与其他医师的沟通，如危重患者讨论，手术科室与麻醉科、手术室的沟通，医师与护士的沟通等。总之，所有的沟通都是以患者安全为中心，确保医疗质量，也是确保医师安全的重要措施。

围产期沟通及治疗前中后的沟通参见第二篇的详细内容。

（三）出院阶段

出院阶段主要是制定出院医嘱，提高患者的安全度。在这时，详细、可操作性是出院医嘱的核心要求。例如，肺癌切除术患者带经外周静脉置入中心静脉导管（PICC 管）出院，虽然 PICC 管的注意以护士告知为主，但是医师仍然需要告诉患者可以使用哪些药物，如果出现感染等异常情况如何处理，多久到门诊复查一次等。出院沟通经常出现未按时复查、未按规定用药、出现异常情况自行处置等，深究原因与医师沟通不当有关。

第三节　常见问题解决方案

一、若家属意见不统一，医师如何沟通

家属的意见会影响患者的判断和决定，甚至影响患者的预后，所以需要家属意见统一。如果条件允许，留足时间给家属决定；如果条件不允许，则由患者决定授权委托一位家属决定。当然，只要患者是完全民事行为能力人，患者自己有权决定自己的诊治方案，当患者与家属的意见不一致时，以患者本人意见为准。

二、患者没有家属陪同，自己可以签字决定自己的医疗方案吗

若患者属于完全民事行为能力人，并且意识清醒，可以自己签字决定自己的医疗方案。但若涉及手术，特别是需要麻醉的手术时，最好建议患者由家属陪同前来。

三、家属要求不要告诉患者治疗方式或结果，是否可以

有些恶性肿瘤患者，家属出于保护患者的角度，要求医师不要告诉患者真实情况，一切与家属沟通。这可以理解，但是医师要尽量向家属解释患者的知情同意权是第一位的，若家属坚持不要告知患者，则医师在患者签署授权委托书时，要明确告知患者一切诊治方案由家属决定，患者对家属的任何决定都理解并接受。曾经发生一起案例，患者，男，42 岁，直肠癌，需行直肠癌根治术，手术方式涉及是否保留肛门，家属从根治癌症的角度要求行不保留肛门的 Miles 术（腹会阴联合直肠切除术）。术后患者发现人工肛门，难以接受，与医方产生争执。本案提醒我们，在涉及器官、脏器切除或功能永久损伤的治疗方式前，最好与患者本人沟通，条件允许下让患者自行选择手术方式。

四、患者系 16 岁的高中生，一人前来人流，是否可以签署知情同意书

16 岁高中生属于限制民事行为能力人，虽然可以自行决定某些行为，但是由于人工流产具有损伤性，会产生一定的风险，所以需要其监护人陪同前来就诊，医师在患者一人来院的情况下，不可以与其签署知情同意书实施人流手术。情况紧急则适用《侵权责任法》第五十六条：“因抢救生命垂危的患者等紧急情况，不能取得患者或者其近亲属意见的，经医疗机构负责人或者授权的负责人批准，可以立即实施相应的医疗措施。”

五、患者昏迷，气管插管，但家属要求放弃治疗，怎么办

医患关系属于民事关系，遵循意思自治原则。若无刑事犯罪风险，当患者昏迷气管插管，患者家属要求放弃治疗时，首先，医师需要审查家属与患者的关系，最好有户籍资料或其他公安证明材料，因为一旦终止治疗，患者可能存在生命危险。其次，医师需要告知家属可能发生的风险，由家属签字确认。第

三，若家属签字后，是否拔管往往存在很多争议。若呼吸机接管则由医师或护士先脱离呼吸机，可以给患者家属一袋氧气，也可以不接氧气，若患者死亡，医方无责。

六、患者的亲朋好友前来询问患者病史，怎么沟通

患者入院，除委托代理人外，除法律另有规定外，他人无权获得患者病史，因为患者有隐私权。隐私权是指为公民个人所有的信息，一旦披露会对其个人名誉造成损害或其他不良影响。所以，医方必须保护患者的隐私。当遇到患者的亲朋好友前来询问患者病情时，可以和颜悦色地告诉其朋友："患者入院享有很多的权利，包括隐私权，患者病史属于其个人隐私，若你们要问，可以问患者本人，或者由患者陪同你们来问，可否？"以柔克刚，四两拨千斤。

七、孕产妇经检查发现系梅毒或艾滋病，医师是否要告知其家属

孕产妇的病史也是隐私之一，当然包括梅毒或艾滋病。但是，因为涉及胎儿及新生儿的生命健康，当孕产妇本人的隐私权与胎儿或新生儿的生命健康权相冲突的时候，以生命健康权为主。孕产妇丈夫是其新生儿监护人之一，有权获知孕产妇的病史，所以医师应当告知其丈夫。实践中，孕产妇坚持要求不告知其丈夫，怎么办？目前常用的方式是该孕产妇签字并承担所有责任。但是，将来的趋势仍然是要告知其丈夫，即新生儿的父亲。

八、手术以后发生并发症，患者说当时我签字时又不懂，并发症是医方的责任。患者签字有作用吗

任何医疗文书，一旦有患者的签字，即视同为患者知情同意的证据，具有证明力，文书的证明力并不与患者是否理解相关。至于并发症的发生有医方与患方原因，是否担责需要通过鉴定才能认定。诸多并发症的发生与医方无关，但是患者仍然不能接受，怎么办？这就需要医师术前沟通时尽量让患者听懂。所以，术前沟通是防控风险的重要阶段，要慎之又慎。

九、患者急性心肌梗死，需要急诊行 PCI，术前未沟通具体放置支架数量，术中放置 3 个支架，术后再沟通，是否可以

介入手术有其特殊性，医师在术中无法随时离开，所以，术后沟通具体方式及放置数量是允许的。但是，手术以后，医师最好能画出手术图谱，以明确为什么要放置这么多。北京协和医院博物馆中有大量老一辈医师书写的病历，有很多图谱，清晰准确，这种负责精神值得学习。

十、如何掌握沟通技巧和能力，实现成熟有效沟通

子曰："三人行，必有我师焉；择其善者而从之，其不善者而改之。"沟通技巧和能力的掌握不可能一蹴而就，沟通综合了专业、社会、法律、伦理、艺术等各种能力，需要不断学习揣摩，以开放的心态，向患者学习，向老师学习，向社会学习，从成功处学，也从失败处学。同时善于应用，不断提升。苟日新，日日新，又日新，必将百炼钢化为绕指柔，掌握沟通的本质和核心。

第六章
流程与环境

第一节　流程与环境概述

流程是指什么？环境是指什么？医院流程和环境又是指什么？通过解读以下这个案例开始了解：

4月5日21:00，患者，女，23岁，因"腹痛1天"来某院内科急诊。内科医师简单询问病史后，未行体格检查，即嘱患者至妇产科就诊。患者至妇产科，检查右中下腹有压痛、无反跳痛，无肌紧张，妇科肛检：宫颈举痛(±)，双侧附件均有压痛，右侧附件略增厚。B超检查提示盆腔部稠厚积液，右卵巢内囊性占位，其旁不均质回声。妇产科医师诊断：腹痛待查，盆腔炎。将患者收住入院，予以抗感染对症治疗。患者住院期间持续腹痛，以下腹部为主，有压痛反跳痛，体温低热。4月6日上午，妇产科医师请外科医师会诊，会诊意见建议进一步观察。患者经抗感染治疗不佳，4月8日再次B超检查提示子宫左侧囊实混合性占位：考虑左卵巢巧克力囊肿或囊性畸胎瘤可能性偏大，随访；右卵巢内囊性占位：考虑黄体囊肿伴出血；中量盆腔积血。4月8日22:00，患者高热，腹痛剧烈，肌紧张，有压痛反跳痛，再请外科急会诊，腹部穿刺见脓液。考虑急性阑尾穿孔，立即急诊手术。术中见腹腔有脓液，急性阑尾炎，已化脓穿孔。术后两周，患者治愈出院。

本起案例是典型的误诊误治、漏诊漏治。仔细分析，需要思考这些问题：

(1) 首诊内科医师为什么选择妇产科会诊？

(2) 妇产科医师为什么将患者直接收入妇产科？

(3) 第一次外科会诊为什么未明确患者的阑尾炎？

(4) B超检查究竟属于什么性质，在患者的诊治中发挥哪些作用？

(5) 医师误诊误治、漏诊漏治的原因是什么？

(6) 这个病案体现了流程的哪些问题？

《侵权责任法》第五十七条规定："医务人员在诊疗活动中未尽到与当时的医疗水平相应的诊疗义务，造成患者损害的，医疗机构应当承担赔偿责任。"医师如何尽到"与当时的医疗水平相应的"诊疗义务呢？这就需要仔细梳理流程与环境这个问题。

流程是指行为先后的经过、过程、程序。每个行业均有操作流程规范，医疗行业系患者生命健康所托，更需流程规范化。医院环境则既包括设施设备、信息标示等物质条件，也包括观念制度、行为准则等非物质条件。人是环境的产物，医师也会受到医院文化的影响。

任何一名患者就诊，无论是否网上预约，都要经过医师首诊、相关检查、确诊、治疗等环节。针对这些环节应当如何处置，如何衔接，均有相关法律法规、诊疗常规、规章制度。然而各环节是否正确，既与医师是否正确处置相关，也与患者能否合作相关，还与医院配套环境设施相关。作为一名住院医师，在实施医疗行为的过程中，首要的任务是遵循规范化流程，以逐步梳理患者病情。但是流程有一定的限制性，大数法则不能揭示个案的特殊性，也就是每个患者病情有特殊性，要求医师要有普遍联系的能力，要有及时动用医院资源为患者服务的能力，这些资源就包括自己、其他医务人员、医院规章制度、设施设备等。显然，医师要随时关注医院的整体人员、信息、设施、医疗能力等，才能尽到“与当时的医疗水平相当”。现在来分析前面这个案例。

首先，内科医师未正确履行首诊负责制。

患者因腹痛前来内科急诊，根据首诊负责制，内科医师应当询问患者病史，对患者进行体格检查，做相关实验室检查及其他检查，同时进行鉴别诊断。但是本例内科医师只是简单询问一下病史，认为女性患者腹痛让妇产科医师先看看，把把关，较为放心。这也是实践中经常发生的事情。首诊不负责，就此埋下隐患。

其次，妇产科医师机械收治患者。

妇产科医师接收患者后，对其进行腹部体格检查，因患者系未婚女性，给予其肛检妇科检查，考虑有宫颈举痛，怀疑其是否有黄体破裂、囊肿扭转等疾病，给予其 B 超检查。当时 B 超图像如图 6.1 所示：

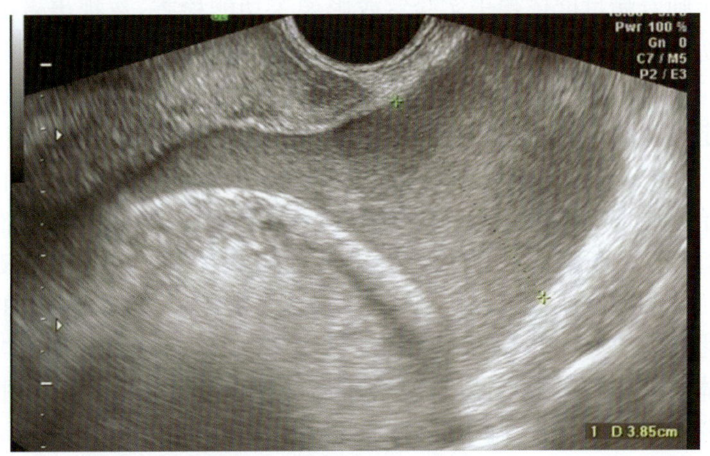

图 6.1 首次超声检查图像

该超声影像图提示盆腔部有稠厚积液，一般而言，妇产科医师会行后穹窿穿刺以明确积液的性质，但是患者为未婚女性，所以不适宜行后穹窿穿刺检查。此时妇产科医师未进一步询问病史，如患者是否有恶心呕吐，腹痛发展演变过程，体温变化过程，未注意血常规报告情况等，认为患者盆腔积液必然是妇科疾病，未进行必要的鉴别诊断，以至于开始误诊误治，漏诊漏治。当然，患者的特殊情况，加上目前的超声检查不可能清晰分辨出血性还是脓性积液，这些也是导致误诊漏诊的原因之一。

第三，外科医师未正确履行会诊制度。

患者入院后，妇产科医师怀疑患者是否有外科疾病，在患者住院第一天上午请外科医师会诊，会诊的目的是要尽可能地明确患者腹痛原因。此时，患者已有腹膜刺激征象，有压痛反跳痛，体温升高，白细胞计数升高，外科医师未行对症检查，认为妇产科疾病无法排除，建议进一步检查和观察，以致未实现会诊目的，延误病情。

第四，妇产科医师持久地依赖超声报告。

当患者的症状持续以发热、腹痛为主，第三天白细胞计数升高至 $18\times10^9/L$，妇产科床位医师给予再次超声检查，这份图像如图 6.2 所示：

超声检查提示：子宫左侧囊实混合性占位：考虑左卵巢巧克力囊肿或囊性畸胎瘤可能性偏大，随访；右卵巢内囊性占位：考虑黄体囊肿伴出血；中量盆腔积血。这个报告促使妇产科医师认为患者是严重的盆腔炎，需要加强抗感染治疗。直至夜间患者被确诊。

整个过程显示患者不断被误诊漏诊，其中有主观原因，也有客观原因。

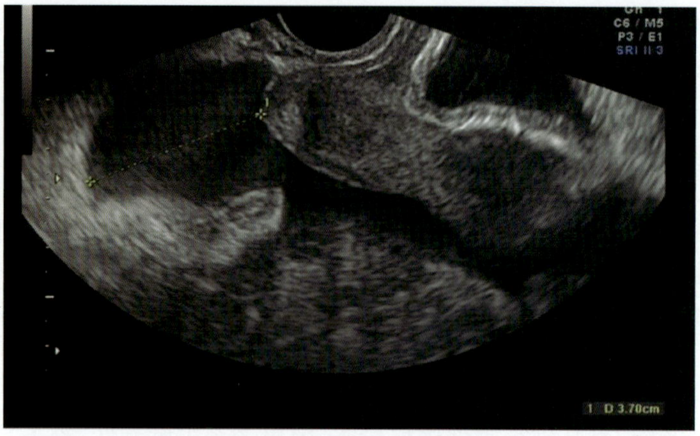

图 6.2 再次超声检查图像

主观原因表现为医师看病过度依赖于实验室或影像等功能检查，忽视患者的主诉、病史，忽视传统的“视触叩听，望闻问切”，被硬件牵着走，以至于成了机器主导看病。医师缺乏循证思维能力，碎片化思考的现象比比皆是，以至于时有误诊发生。在本案中，恰恰机器是有盲区的，有缺陷的，目前的超声检查还不能精确到对液体定性的程度，临床医师受制于超声、影像检查报告的现象屡见不鲜，究其原因是本末倒置。本案事后追问病史，患者腹痛始发于上腹部，但是经过内科、妇产科、外科，在最后确诊前，没有一位医师询问患者初始腹痛情况，因为妇产科医师认为内科医师必然问过，外科医师认为妇产科医师必然问过，想当然导致典型的“灯下黑”。医师初始诊断就是基于第一份 B 超检查报告。说明什么问题？

客观原因表现为目前的就医流程呈现科与科分割孤立，缺乏以疾病为中心的系统就诊环境。这样的分科可以促使专业化能力快速提升，但是也带来了明显的弊端，即医师不时会“见病不见人”，“只见树木不见森林”，忽视整体情况。本案中，自患者急诊开始，医师的目光即聚焦于下腹痛，基于惯性思维，内科医师嘱患者至妇产科就诊，妇产科医师也基于惯性思维，认为盆腔积液为妇科疾病，惯性思维又促使外科会诊时医师认为这样的积液为妇科疾病。我们不仅要问，为什么会有这样的思维惯性？惯性思维是怎么形成的？惯性思维是一种思维定势，是之前的经历、经验构成的习惯。惯性思维有积极的一面，也有消极的一面，不可一概否定。比如积极的一面，医学循证依据正是基于习惯经验所得，专家共识、学界指南其实就是一种积极惯性思维，但是惯性思维毕竟是一种教条，不可能解决所有临床复杂多变的病案，所以，就有其消极的一面，本案即是如此。确实，大多数下腹痛女性患者是妇产科疾病，内外科转妇产科大多时候是正确的，于是，医师见到这些患者，其思维公式就指向：“女性＋下腹痛＝妇产科”这样的教条中，以至于为什么会形成这样的惯性思维的初衷都忘记了，因果倒置，忽视患者的整体病史，忽视医师应尽的诊疗义务，必然会出错。虽然只是偶然，但一旦发生，对患者则是必然，损害极大。所以，在遵循传统流程的过程中，住院医师从规范化培训开始，就要有意识地培养自己独立思考的精神，切忌被消极传统牵着走。

第二节 诊断与治疗

医师的专业能力体现为看病的能力，即诊断和治疗疾病的能力。在诊断和治疗环节，如何体现流程正确，患者安全，需要详细的阐述。

一、诊断环节

诊断是指医师通过对患者的主诉、现病史、既往史、实验室检查、体格检查等信息进行分析综合所下的判断。医师在诊断阶段的思维及行为遵循循证医学。

循证医学是指遵循科学证据，通过慎重、准确和明智地应用当前所能获得的最好循证依据，结合医师的个人专业技能和临床经验，考虑患者的病情需要，制定出患者的治疗措施。其核心思想是任何医疗卫生方案、决策的确定都应遵循客观的临床科学研究产生的最佳证据，从而制定出科学的预防对策和措施，达到预防疾病、促进健康和提高生命质量的目的。循证医学是客观证据、法律依据、技能经验三位一体的科学，实际上就是运用逻辑思维于医学科学的认识过程。其逻辑推理三段论如下：

大前提：患者的临床表现，包括主诉、现病史、既往史、体格检查、实验室检查以及影像学检查等综合病史资料概括。

小前提：法律法规规范、诊疗常规和临床路径、规章制度与岗位职责等法律法规规范概括。

结论：患者的诊断结论。

其中大前提，即医师面对的患者的临床表现呈现发展的绝对运动状态，也就是临床表现是不断变化的，这就需要医师运用自己的专业知识技能采集患者相对静止固定的一个点的表现和数据资料，进行辩证分析，这样才能做出准确概括。

其中小前提，即医疗法律法规规范、诊疗常规等。《侵权责任法》第五十八条规定："患者有损害，因下列情形之一的，推定医疗机构有过错：(一)违反法律、行政法规、规章以及其他有关诊疗规范的规定；……"可见法律法规规章和诊疗规范是判断医疗行为的重要依据。

医师根据大前提的资料，结合小前提的规范，整合思考得出患者的诊断结论。如果逻辑思维正确，应该不会发生误诊漏诊，可是为什么还是会发生？基于什么原因呢？

(一) 常规诊断措施

所谓常规诊断措施，指医疗行为必须符合法律、法规、规章和诊疗常规等规范性文件的一般规定。对常规措施比较容易理解。如：当医师接待门诊患者时，遵循首诊负责制对患者要进行视触叩听闻，进行检查作出相关诊断；针对危急重症患者，遵循危急值抢救制度，必要时要开通绿色通道；针对住院患者，行为要符合诊疗常规及相关规章制度。

针对常见病，医师的思维都有既定流程，也就是思维习惯。比如：患者恶心呕吐，医师首先考虑的就是消化系统疾病；患者胸闷心慌，医师首先考虑的就是心血管系统疾病；患者停经腹痛，医师首先考虑的就是妇科疾病。医师之所以如此判断，是因为循证医学多次验证正确，所以逻辑思维较为清晰。

然而，患者就诊，既有常见病，也有罕见病，既有非紧急状态，也有紧急危重状态。比如：当患者头痛时，医师首先考虑的就是……当患者水肿时，医师首先考虑的就是……当患者腹痛时，医师首先考虑的就是……这些问题通过常规问诊，视触叩听闻，一般实验室检查难以下判断，这时对医师的要求就增加，风险也提高，因为涉及特殊诊断措施。

(二) 特殊诊断措施

所谓特殊诊断措施，指医务人员对患者实施的医疗活动，不仅符合法律法规规范的规定，还要结合患者的病史特点，采取《侵权责任法》第五十七条"与当时的医疗水平相应的"诊疗义务。也就是医师必须利用医院资源为患者提供相应的医疗服务。

例如，某天下午，患者，男，33岁，因"头痛一天，加剧两小时"就诊，体温37.5℃，血压150 mmHg/90 mmHg，脉搏、呼吸正常，神经系统检查正常，有咽痛，检查发现患者咽部充血，患者有高血压病史10年，血常规检查报告正常。医师初步诊断患者为上呼吸道感染，予以口服药对症治疗，患者回家。晚上，患者头痛突然呈撕裂状，继而昏迷，迅速由120急救送院。检查发现患者为颅内动脉瘤破裂出血，立即手术，但患者终因病情危重，抢救无效死亡。本案最终经鉴定认定为一级甲等医疗损害，医方承担次要责任。为什么？因为患者在就诊时主诉头痛欲裂，形容"头要炸开"，患者从事IT行业，之前一周曾经连续加班至深夜，极度疲劳，患者虽有高血压病史但平时服药血压控制正常，此次血压偏高应考虑患者病情加重。但医师未进行病因鉴别，未考虑颅内疾病，未进行头颅CT等相关检查，未将患者留观，存在失误。虽然患者就诊时有咽痛、咽部充血症状，确实可以考虑为上感，但是一般上感头痛不会如此剧烈。

医方这些过错与患者的死亡有一定的因果关系，所以须承担相应的法律责任。

本案的当事医师是一名工作5年的住院医师，这件事情发生后，该医师压力很大，认为如果所有头痛患者均安排进行头颅CT检查，患者又要抱怨过度检查，如果不安排检查，有些疾病就会漏诊，怎么办？

确实，这是较为复杂的问题。任何医师，均有与其个人资质、医疗水准相应的专业学识及技能水平，也就是说医师总在成长的路上。如果对任何一名医师都要求具备高端能力，这是不现实的，但是患者的生命是经不起试错的，于是，医师的能力与患者的要求之间就有冲突，怎么办？这就要求医师尤其是一名住院医师一定要了解自己能做什么，不能做什么，知道疾病的基本演变和诊疗流程，知道在遇到限制和瓶颈时如何寻求帮助和支持，及时启动疑难病例讨论制度、会诊制度、三级医师查房制度、转诊制度等，保护患者权益。本案事后医院召开专家委员会进行讨论，专家指出，中小动脉瘤未破裂出血前，患者可无任何症状，动脉瘤一旦破裂出现，临床表现为头痛欲裂、似乎要炸开的蛛网膜下腔出血症状，可有颈项强直。典型的动脉瘤破裂不会漏诊，关键是不典型时如何及时捕捉？这就需要采取如下流程：首先，医师要熟悉掌握疾病的发展演变规律，要善于积累；其次，必要的检查要及时采取；第三，遇到特殊病情要及时采取留观、收治入院等措施；第四，及时掌握疾病谱的变化规律，尤其是当地疾病谱的变化，比如脑动脉瘤的发病年龄年轻化，而且与劳累呈正相关性，等等。

综上所述，所谓特殊诊断措施，包含了特殊检查、特殊分析、特殊处理等内容，既有已知的客观标准，也有需要医师自身积累的知识技能。医学是一门经验科学，总有限制性，如果出现错误后果，医方必须正确面对，承担应尽的法律责任。作为医师，尤其是一名刚踏入医学门槛的住院医师，则要有谨慎的科学精神，同时也要坦然面对风险，积极吸取教训，不断积累，不断提升。

二、治疗环节

治疗是指医务人员具体给予患者的救治措施，比如用药、手术、观察、理疗、放疗、介入、护理等措施，比如会诊、转诊等措施。大部分治疗措施一旦开展就不能逆转。比如：决定对患者实施甲状腺切除术，甲状腺被切除但事后证明是误切，则结果无法逆转；青霉素过敏患者肌内注射青霉素，患者因过敏性休克致死。可见，治疗措施会对患者身体产生直接影响，有时后果严重，必须引起足够的重视。实施治疗措施也有流程要求。其逻辑推理三段论如下：

大前提：正确的诊断结论。

小前提：法律法规规范、诊疗常规和临床路径、规章制度与岗位职责等法律法规规范规定的相关治疗措施。

结论：采取相应治疗措施。

正确诊断是正确治疗的前提，错误的诊断必然导致错误的治疗，即误诊必然误治，漏诊必然漏治，前述案例即是如此。但是，有时虽有正确的诊断，但是还有错误的治疗，这是为什么呢？

(一) 用药

根据《药品管理法》，药品是指：“用于预防、治疗、诊断人的疾病，有目的地调节人的生理功能并规定有适应症或者功能主治、用法和用量的物质，包括中药材、中药饮片、中成药、化学原料药及其制剂、抗生素、生化药品、放射性药品、血清、疫苗、血液制品和诊断药品等。”认清用药过程中可能存在的问题，将有助于医师正确规范用药。用药法律问题考验医师相关循证依据是否合规，如药物的适应证、禁忌证、用量用法、不良反应和配伍禁忌等，药物与其他治疗方式如何选择，发生药物不良反应如何抢救，使用特殊药物应尊重患者什么权利，在用药问题上医师应注意哪些事项，等等。

例如，患者人流后盆腔炎，医师予以头孢曲松钠等抗感染治疗，患者第2天在静滴头孢曲松钠不到3 min，即感觉恶心欲吐，脸色发白，大汗淋漓，遂即神志不清，出现尿失禁，立即予以抢救，很快患者呼吸心跳停止，口吐白沫，全身发绀，经抢救无效死亡。后经法医学鉴定，认定患者死因符合头孢曲松钠过敏休克致死。患者有青霉素皮试阳性病史。最终医院承担了一定的赔偿责任。本案涉及以下问题：

（1）使用头孢曲松钠是否有指征？

（2）在青霉素皮试阳性的情况下，是否可以使用头孢类药物？

根据头孢曲松钠药物说明书注意事项，对青霉素过敏患者应用本品时应根据患者情况充分权衡利弊后决定。有青霉素过敏性休克或即刻反应者，不宜再选用头孢菌素类，也就是俗称的“慎用”。如何慎用？医师通常认为是谨慎使用，可是并无细节性规定谨慎的标准。所以，医师在临床操作时，要善于将模棱两可的问题具体化，可操作性。一般而言，针对“禁用”是绝对禁止使用。针对“慎用”遵循这三条标准：第一，该药不可替代；第二，对患者而言，使用该药获益大于风险；第三，签署知情同意书。

通过分析，我们可以得知规范化流程正是前人不断试错、不断积累的成果，但是，时代发展到今天，我们要尽量少犯错，需要通过科研的方式、推理的方式来弥补临床不足，这也是转化医学的目的之一。

（二）手术

手术指医师用医疗器械对患者身体进行的切除、缝合等。

手术是重要的治疗方式之一，不同的标准有不同的分类：按照手术区域有门诊手术、急诊手术、住院手术之分；按照手术时限有急症手术、限期手术、择期手术之分；按照手术科室有普外科、胸外科、心外科、泌尿外科、脑外科、骨科、妇产科、眼科、耳鼻喉科、儿外科等之分，其中普外科可分为胃肠外科、肝胆外科、甲乳外科等，骨科可分为创伤科、脊柱科、手外伤科、肿瘤科、关节科等。手术又有开放手术和微创手术甚至达芬奇机器人手术之分。显然，医师对手术需要关注病、人、器械、环境等内容。

例如，患者，男性，65 岁，因为腹痛 1 个月，加剧两天被“120”救护车送院急诊，当时陪同人员为患者女儿。急诊立即予以相关检查，诊断患者为肠梗阻、肠穿孔，需住院。患者立即被收入普外科，予以静脉输液、胃管插管等，同时通知手术室准备急诊行剖腹探查术。患者被护工推入手术室。予以静脉麻醉。麻醉后翻身调整体位时，患者突然呕吐，窒息，麻醉医师立即予以气管插管，吸出大量浓稠腥臭样胃内容物。患者经抢救成功，行剖腹探查术，术中见肠梗阻，肠粘连，肠穿孔，部分肠管坏死，予以部分肠管切除＋粘连松解＋造口术。术后患者经对症治疗，恢复。本案涉及以下问题：

（1）围手术期安全包含哪些环节？

（2）肠梗阻、肠穿孔属于外科常见病，处置熟练，为何仍然会出现呕吐窒息的并发症？

（3）一旦发生并发症，医方有责任吗？

（4）术前置胃管的目的是什么？医师熟悉胃管的型号规格吗？

本案涉及诸多细节问题。比如，胃管并未达到胃肠减压的作用，患者护送人员不规范，体位存在问题，麻醉方式存在不足，等等。这个案例提示手术医师不仅要关注手术视野局部，更需要具备病情、环境、器械、流程风险评估的综合能力。本书将在第二篇相关章节中对此进行详细阐述。

（三）介入

介入治疗是在医学影像设备的引导下，将特制的导管、导丝等精密器械，引入人体，对体内疾病进行诊断和治疗的方式。介入治疗是高科技技术发展的成果，呈现治疗范围不断扩大的趋势。介入手术对医师要求极高，相关操作指南制定不久或正在制定中，所以，医师与器械设备厂家的合作较多。介入治疗涉及器械的选择，患者适应证的选择，患者术中、术后并发症的处置等综合内容，不仅要求医师有熟练的操作技能，还要求医师有敏锐的捕捉问题的能力，因为有些问题的发生还无前人经验或报道，需要自己去探索。

例如，患者因急性心肌梗死放置支架，术后穿刺部位血管出现疼痛、淤青，后出现感染。这就是典型的介入手术损伤血管的案例。所以，当医师准备开展介入手术前，务必了解足够多的资料信息。知己知彼，百战不殆。

（四）观察

观察是一种有目的、有计划、比较持久的知觉活动。无论门急诊还是住院患者，医师都要对患者进行观察，观察其病情变化，进展趋势，评估患者的病情是否与医师的诊断相符。有时通过治疗措施实行诊断目的，有时通过诊断措施实行治疗目的。医师诊治疾病的思维方式有正向思维也有逆向思维。例如，患者咯血，胸部 CT 提示有支气管扩张，这时诊断就较为顺利，医师无须重新返回修正诊断，这就属于正向思维。正向思维较少发生误诊误治。而逆向思维则不然。就如本章开始所举的案例，就属于需要逆向思维的案例，也就是诊断与患者的病情不符，治疗效果不明显，患者疾病呈进行性加重时，就需要医师不断修正，重新评估。逆向思维是临床诊治疑难杂症的必要思维方式，需要医师不断评估，不断挑战自己，善于否定自己，最终达到“否定之否定”。所以，好的医师必然是好的哲学家，没有哲理分析能力，在从医的道路上很难一帆风顺。

（五）护理

护理是诊断和处理人类对现存的或潜在的健康问题的反应。护理属于治疗方式吗？当然。患者是否能康复或好转，常常与护理相关。比如患者的饮食方案，静脉输液方式，胎心音观察，术后康复，病情变化观察，都需要护士的严密观察和规范处置。在医护一体化的时代，医师不仅要关注患者，关注自己，关注其他医师，也要关注护士，在制订医疗方案时，与护士密切配合，相互探讨，可以提前发现问题、制止问题、处置问题。例如在介入手术中提及的血管的案例，就与护理息息相关。如果医师在介入术后与护士协商需观察事项，及时沟通，就可以早期发现，早期处置。所以，作为一名现代医师，需要具备广泛的视野，以患者为中心，制订整体医疗方案，把护士、麻醉医师，临床药师、设备工程师、感控管理者、导管理者等都能纳入其中，必然能确保患者安全。

综上所述，何谓“与当时的医疗水平相应的诊疗义务”？也即是与当时代医疗条件、能力、平均水平相应的，医师必须具备的诊疗能力。处于规范化培训期间的住院医师尚处于老师的庇护下，还无须独立面对医疗风险，然而一旦踏入临床后，必然要独当一面，所以，在培训期间，既要培养自己循证医学的思维行为习惯，又要训练自己处置风险调动资源的应变能力，才能处置各种复杂的医学、社会学问题。

第三节　常见问题解决方案

一、患者车祸多发伤来院，被诊断为脾破裂、股骨干骨折、肋骨骨折，请问怎么按照流程收治患者

根据“急则治其标，缓则治其本”的原则，患者脾破裂会导致失血性休克，出现生命危险，虽然股骨干骨折、肋骨骨折也会出现生命危险，但此时患者应以普外科手术治疗为主，骨科会诊支持。有些医院针对外伤导致的多发伤、复合伤患者专门成立了创伤外科，由多学科医师协同抢救，可以很好地解决此类问题。所以，患者的救治条件也与医院的环境相关。

二、患者无药物过敏史，给患者静滴头孢类药物前也按常规做了皮试，但是患者仍然出现药物过敏，医师有责任吗

本例患者药物使用有适应证，医师严格遵守规范流程，没有过错。虽然患者出现了药物过敏的不良后果，但是属于现有医学科学技术条件难以避免、难以防范的风险，医方没有责任。

三、中午患者突然咯血，值班医师正在外面购物，接到电话，医师迅速嘱咐并在两分钟内赶回病房，而此时护士已经先期抢救，患者仍因病情危重死亡，死亡直接原因考虑窒息。家属有异议，认为医师未在场正确处置，导致患者死亡。成立吗

何谓流程规范？简单说流程规范就是医疗行为要严格按照法律法规及诊疗常规的规定。从纯技术角度而言，针对大咯血患者，一名熟练的呼吸内科专科护士抢救措施与医师的抢救措施几乎无差别，以

至于出现实践中由护士独立抢救的事例。但是，若医师以此为惯例，则是非常危险的。本案虽然抢救措施无原则性过错，然而按照值班制度及危重患者抢救制度，值班医师都必须在现场实施抢救。也有一种情况，值班医师在抢救另一个患者的过程中，这个患者也出现了大咯血，那怎么办？此时就要迅速呼叫二线医师或住院总等。大家会疑惑，这和本案不是类似吗？其实大相径庭。因为医师不仅是一份技术性工作，更是一份责任性工作，如果擅自离岗则责任非常大。所以，该医师如果上午没有时间购物，应该与同事协商购物时间及方式，切不可自己值班时独自离开。如何保持规范行医，要求医师处处谨慎克制，真正以患者为中心，同时又能与周围同事和谐相处。

四、来了急性心梗患者，根据临床路径，医师决定立即实施急诊 PCI，可是介入科还有患者在手术，怎么办

这个问题就涉及规范流程与医院实际环境的冲突，怎么办？此时需要评估患者病情，同时采取其他相关治疗措施，如抗凝、抗心肌缺血药物治疗等，同时与患者及家属高危谈话并说明情况，签字确认，取得家属的理解和信任。评估患者风险，评估是否有周边医院可以转诊等。一旦条件具备，应立即实施介入手术。如果在此期间发生患者意外，医方没有责任。

五、脑梗死患者合并糖尿病入住神经内科，请内分泌科医师会诊指导用药，内分泌科医师开具胰岛素的用量用法，可是并未写明每日监测血糖的时间，神经内科医师就开具测血糖 Bid，某日患者使用胰岛素后出现低血糖休克，认为医方没有及时监测血糖。这样处理有问题吗

这个案例就涉及流程中的会诊目的与会诊内容。会诊是解决诊断不能或治疗不能。会诊的内容应当具有可操作性。本例从表面上看内分泌科医师完成了会诊任务，即胰岛素的用量用法，可是并未考虑胰岛素使用的风险即低血糖风险，未规范指导监测血糖，存在会诊不完整的过错。而神经内科医师也未正确评估胰岛素使用风险，监测血糖过于简单，护士也未与医师协商。脑梗死患者主诉有困难致不能及时反映病情变化。综合因素导致患者出现低血糖休克。所以，所谓流程，就是要不断评估风险，调整诊疗措施，不断正向逆向思维，不断碰撞，才能臻于完善。

六、患者来院抢救，需要收治入院，可是 ICU 及相关病房均已住满，怎么办

这种情况在大型医院屡见不鲜。医院病房永远少一张床。那么遇到来院抢救患者，又需要收治入院，可是病房无法收治了，怎么办？此时，需要综合评估患者风险，是否可以转院，是否可以与总值班协调安排，是否可以与 ICU 协调置换，等等。作为一名住院医师，不仅要掌握看病的技术能力，还要有与人沟通的能力。

七、诊疗常规、临床路径、学会指南、专家共识等有冲突，以谁为准

诊疗常规有规定的，以诊疗常规为准。若诊疗常规没有规定，以学会指南为准。

八、为什么我在学校学得很好，可是到了临床，虽然知道首诊负责制，知道危重患者抢救制度，知道查房制度，却不会看病

这与我们现在的教育方式有关。学校教育以基础教育为主，必然会以病理、解剖、组织胚胎学等内容分类教学，这是学校教育的特点与要求。但是，一旦进入临床，摆在医师面前的是大量复杂、系统、整体的问题，这时，就需要医师迅速完成思维方式的整体转变，会看病，会看人。这也是住院医师规范化培训的目的之所在。在这个时候，学习方法很重要。作为一名住院医师，要多看系统病案，多与同学探讨，多与老师探讨，多与患者沟通。没有人会拒绝一位热情的医师。与此同时，住院医师不仅在临床多学多看，也要在医技科室多学多看，比如了解检测试剂，了解标本制作过程和切片原理，了解超声、CT、

MRI、DSA 的一些原理，对今后的工作也大有裨益。只有具备扎实和雄厚的基础才能走得更远。

九、如何获得老师的帮助和支持

医院环境既包含硬件，也包含软件，其中规章制度、人文修养是重要的软件。一家医院之所以声名远扬，关键因素就是这个医院的人，也就是医师、护士、管理者、其他人员等。所以，当住院医师进入一家医院后，要多向带教老师学习，也不要忘记向科室的其他老师学习，向医院的管理者学习，把医院的文化融入到自己的工作之中，将受益终身。

十、有时老师带教的内容与书上或规范规定内容不一致，怎么办

流程规范是前人学识经验的积累。每个人在继承历史的同时，也在创造着历史。同样，规范也是不断调整的。但是，在规范未经规定程序调整之前，应当以现有规范为准。然而，医学所对应的是疾病和人体，疾病和人体不可能一成不变地套用规范，这就涉及具体的医师如何操作了。当医师操作与规范不一致时，是否有法律责任？当医师操作突破诊疗规范，如果没有造成损害后果的，则没有法律责任，因为医学允许试错，医学就是在不断尝试的过程中发展进步的。然而，如果患者出现了损害后果，医师突破诊疗规范的行为与患者的损害后果之间有因果关系，则医方需要承担相应的法律责任，因为试错的后果不应由患者承担。所以，如何看待带教老师突破诊疗规范的行为，必须辩证分析，核心宗旨就是确保患者安全，这点不允许突破。

第七章

突发事件处置实践

突发事件是指突然发生，已造成或可能造成损害后果，需要采取紧急措施的安全事件。医院因庞大的人流、物流、信息流，不可避免会发生意料之外的突发事件，这对患者、医师都是挑战，如何面对？如何处置？如何化解？医院突发事件虽然呈现偶然性，但其中也一些必然性，作为一名住院医师，也需要了解其规律。医院突发事件主要可分为患方原因、物品原因、环境原因等三种，医方是否有责任？该如何处置？

第一节　患 方 原 因

一、门诊患者未处置完毕即离开

例如，患者，因咳嗽发热前来就诊，测体温 37.5℃，医师予体格检查后，开具血常规、胸透，嘱患者检查完毕再来就诊。患者前往检查，血常规及胸透检查均正常，之后未再到门诊医师处，即自行离开。

这样的情况在门诊并不罕见。如果患者回家后出现咳嗽加剧，高热，再次就诊诊断为肺炎，首次就诊时医师有过错吗？没有过错。这种情况属于《侵权责任法》第六十条："患者有损害，因下列情形之一的，医疗机构不承担赔偿责任：(一)患者或者其近亲属不配合医疗机构进行符合诊疗规范的诊疗；……"患者自行离开后发生病情恶化或其他后果，属于患者不配合诊疗，与医师、医院无关。

二、住院患者自行离院

例如，患者老慢支急性发作入院，治疗 10 天后好转，准备次日出院。出院前一天向医师请假离院，医师口头同意。但第二天家属前来寻找患者，未找到。10 天后发现患者已在外身亡。患方诉至法院。

法院最终认为，自然人的生命健康受法律保护，任何人不得侵犯。死者与被告医院间存在医疗服务合同关系，在被告提供的住院告知书中写道："患者不擅自离开医院，确需临时离院，事先向医生书面请假，经医生同意后，方可离院。""患者有事请假离院，或节假日家属要求将病情稳定的患者暂时接回家，必须得到医生同意，并办理书面请假手续。未得到同意擅自离院，由病家自行承担责任及后果。"从该条款的文意中反映出医院对患者在住院期间应承担一定的安全保障义务。

死者作为一名具有完全民事行为能力的公民，其理应遵守相关住院规定，因本次事故是在其擅自离开医院的情况下造成的，故其自身应承担主要责任；被告作为医疗机构，理应在患者住院期间对患者进行及时的治疗及看护，并应在发现患者无正当理由下落不明时及时与其家属联系，防止意外发生，然其在患者失踪一晚的期间未予及时发现，故亦存在一定的过失，为此应承担次要责任。

本例提示医院对住院患者要履行一定的安全保障义务。实践中，住院患者向护士请假，护士往往要求患者向医师请假，医师予以同意。这样的操作流程是错误的。患者住院期间，不得自行离院，确需离院，应当签署相关文书，并约定如有任何意外均由患方自行承担。同时，应该按照等级护理的要求，严格巡视，一旦发现患者擅自外出，必须及时查找通知。

三、患者自杀

例如，患者胃癌住院，住院当晚跳楼自杀。这种情况，医方有责任吗？

针对自杀患者，处置流程较为复杂。首先，在入院时，医务人员要评估患者的风险，包括疾病风险和心理风险等，尤其针对恶性肿瘤患者、精神疾病患者要重点评估。其次，医院的防护设施要安全到位。再次，一旦发生患者自杀事件，在场医师要保持冷静，在抢救患者的同时，要及时留存相关证据，并查找患者是否留存遗书等，并且及时向医院领导报告，报警，固定现场。若处置得当，医方没有责任。

四、患者自残

立即评估风险，积极救治，采集证据，报警，固定现场。由于患者自身原因造成的伤残，医方不承担法律责任。

五、患者互殴

医方应立即固定现场，报警，采集证据。因为互殴而导致损害的，由殴打方承担法律责任，医方不承担责任。但若精神障碍患者发生互殴事件，医方也需要承担一定的法律责任。

六、盗窃

患者在院内发生失窃案件，医方对此不承担责任，因为医院没有保管患者财物的责任。一旦发生失窃案件，医方可以配合患者固定现场，留存证据，告知患者立即报警。

七、患者跌倒

医方应立即采集证据，积极救治。证据包括现场录像、拍照、患者陈述记录等。患者因跌倒发生损伤，根据情况，医方有时需要承担法律责任。

八、患方抢病历

遇到患方抢病历的情形，需要立即报警，由警察做笔录，同时通过院部调取警方笔录，在留存的病历中注明情况。若电子病历存档可以再次打印，若手写病历，可以还原，但患者签字部分不需要还原。若鉴定或诉讼时，医方需递交警方笔录，若患方举出原来的病历，则不予认可。

第二节　物品原因

医院涉及的物品包含药品、器械、设备、建筑物、道路、标示等等。与这些物品有关的突发事件有哪些？如何控制防范呢？

一、医疗器械瑕疵

《医疗器械监督管理条例》规定：

“医疗器械，是指直接或者间接用于人体的仪器、设备、器具、体外诊断试剂及校准物、材料以及其他类似或者相关的物品，包括所需要的计算机软件；其效用主要通过物理等方式获得，不是通过药理学、免疫学或者代谢的方式获得，或者虽然有这些方式参与但是只起辅助作用；其目的是：

（1）疾病的诊断、预防、监护、治疗或者缓解；

（2）损伤的诊断、监护、治疗、缓解或者功能补偿；

(3) 生理结构或者生理过程的检验、替代、调节或者支持;

(4) 生命的支持或者维持;

(5) 妊娠控制;

(6) 通过对来自人体的样本进行检查,为医疗或者诊断目的提供信息。"

医疗器械缺陷或瑕疵,是指医疗器械存在危及人身、他人财产安全的不合理的危险;产品有保障人体健康和人身、财产安全的国家标准、行业标准的,是指不符合该标准。

随着医学科技的发展,医疗器械在诊治中的应用比例越来越高。因此,不可避免会发生一些因医疗器械瑕疵引发的事件。如钢板断裂、髓内钉断裂,螺钉断裂、导管断裂、起搏器电池过早耗尽等问题。而器械瑕疵引发的事件往往多因一果,有器械产品质量原因,有医师操作原因,有患者自身使用康复原因,总之,较为复杂。在此,列举一起简单的钢板断裂案的诉讼过程,以了解医疗器械瑕疵的常规处置流程。

患者,男,30 岁,2 月 10 日,因车祸致股骨干骨折到医院就诊,行钢板内固定术,术后患者遵医嘱锻炼并随时复诊,术后摄片提示骨折正常恢复。但是 8 月底患者感觉偶然一阵疼痛,当时立即到医院就诊,经摄片提示钢板断裂,患者再次入院,经手术取出断裂的钢板。患者认为,两次手术导致长时间休养,给患者带来了极大的痛苦,故诉至法院。

原告患者认为,被告医方采购劣质钢板,导致钢板植入体内后断裂,钢板质量有问题。如果不是质量问题,则是被告手术失误,手术过程中随意塑型导致钢板在植入过程中就已经有裂缝,致使之后不能承受压力而断裂。被告术后告知也不当,未告知原告正确的锻炼方式,所以被告应承担完全责任。

被告医方辩称,对原告使用的钢板是从正规渠道采购,各项凭证合法齐全,不存在采购劣质钢板的问题。至于原告所说随意塑型的问题,被告认为医师在手术过程中会根据患者的骨折情况作一定的矫形,这种矫正不会造成钢板裂缝。术后告知也符合规范,而且原告及时来院复诊,所以不存在告知不足的问题。被告认为自己的行为不构成过错,不同意赔偿。

庭审中,被告医院提交的手术记录记载:患者股骨干骨折端有一块 0.5 cm×0.5 cm×1.0 cm 的骨折碎片,手术中将该碎片嵌入缺损处,考虑患者骨折情况,手术方式采用钢板内固定术,术中在骨折的上下段各用 4 枚螺丝钉固定。原告对该手术记录予以确认,认可该证据的真实性、合法性,但认为不具备关联性。被告又提交了采购钢板的医疗器械注册证、进货发票、合格证、说明书,以及生产厂家和销售公司的营业执照,原告对这些证据的真实性和合法性没有异议,但认为与本案没有关联性。

为进一步查明事实,诉讼过程中,被告申请追加钢板生产厂家及销售公司为共同被告,经法官同意追加。

庭审中,经生产厂家申请,对断裂的钢板进行质量鉴定。法院最终委托国家骨科器械电疗仪器质量监督检验中心对断裂的钢板进行质量鉴定,检验结果:系争的钢板材料、硬度均合格。

为查证医疗行为是否有过错,原告申请进行医疗损害鉴定,经专家鉴定分析意见认定:医院针对患者的右侧股骨干骨折,用钢板内固定,符合诊疗原则;钢板断裂系股骨骨折未愈,在此情况下负重致钢板疲劳断裂所致。最终鉴定意见认为本例不构成医疗损害。

法院最终认为,在原告遭遇骨折后,被告医院应对原告伤情进行妥善、积极的治疗。被告对原告进行右侧股骨中上段切开复位钢板内固定术,符合治疗原则,手术前已充分履行了手术风险告知义务。同时经有关部门检测,植入原告体内的钢板也无质量问题。钢板断裂原因是由于原告在骨折未愈的情况下负重行走致钢板疲劳断裂。然而,医师应对如何负重行走有明确告知,在本案中,医方无详细明确告知,致使患者不能正确理解其含义,也无法正确防范超重行为,因此,医方需就告知不足承担相应责任。最终,法院判令被告按照 10%的轻微责任承担赔偿责任。

通过本案,需掌握与医疗器械瑕疵处置的相关法律问题:

(一) 医疗器械侵权纠纷诉讼时效

根据《产品质量法》第四十五条规定:"因产品存在缺陷造成损害要求赔偿的诉讼时效期间为二年,

自当事人知道或者应当知道其权益受到损害时起计算。”

所以，钢板的诉讼时效在实务中是断裂受损开始计算两年，不同于人身损害赔偿诉讼时效一年的规定。

(二) 如何确定钢板断裂的原因

发生钢板断裂、假体断裂、螺钉松动等植入物断裂或移位等异常情况，通常可从这三方面探寻原因：产品质量原因、医方原因或患方原因。

(三) 医方需要保管断裂钢板等取出物

《医疗事故处理条例》第十七条规定：“疑似输液、输血、注射、药物等引起不良后果的，医患双方应当共同对现场实物进行封存和启封，封存的现场实物由医疗机构保管；需要检验的，应当由双方共同指定的、依法具有检验资格的检验机构进行检验；双方无法共同指定时，由卫生行政部门指定。”根据该法规精神，对取出的断裂钢板等物品，应由医患双方共同封存，由医疗机构保管。

二、药品瑕疵

药品使用过程中，会出现药品混浊、有杂质等情况，如何应对，如何处置，在此，列举一起药品混浊案例的诉讼过程，以诠释药品瑕疵的常规处置流程。

患者，男，58 岁，8 月 11 日因上消化道出血入住某院消化内科，有脑溢血史。8 月 12 日 8:30 做完胃镜检查，护士准备给患者输液，当时患者神志清醒。9:10 挂上复方氨基酸注射液 250 ml(内无其他药物)，补液 2 min 后，患者即出现抽搐、口吐白沫，继而呼吸、心跳停止。医师立即予以抢救，患者陷入深昏迷转入 ICU。当时家属发现复方氨基酸注射液液体混浊，要求立即封存这瓶复方氨基酸注射液。医患双方将该输液瓶封存并保存于医方。9:45 抽取患者血液进行细菌培养分析，后报告为菌血症。

8 月 13 日，该复方氨基酸注射液剩余液体送交检验，经检验报告，已启封的 250 ml 玻璃输液瓶内含有约 200 ml 乳白色的混悬液体，未检出其检测的七项抗生素，但不能排除有它物。

患者经抢救无效于 8 月 18 日死亡。尸体解剖法医学鉴定结论为，患者系大脑右侧基底节出血并破入脑室系统致急性中枢神经功能障碍，继发肺部及全身多器官感染，终因呼吸、循环衰竭死亡。

本案经法院调解，医方承担 50%的赔偿责任。

通过本案，需掌握与药品瑕疵处置的相关法律问题：

(一) 药液混浊的法律性质

根据《药品管理法》第四十八条规定：

“禁止生产(包括配制，下同)、销售假药。

有下列情形之一的，为假药：

(1) 药品所含成份与国家药品标准规定的成份不符的；

(2) 以非药品冒充药品或者以他种药品冒充此种药品的。

有下列情形之一的药品，按假药论处：

(1) 国务院药品监督管理部门规定禁止使用的；

(2) 依照本法必须批准而未经批准生产、进口，或者依照本法必须检验而未经检验即销售的；

(3) 变质的；

(4) 被污染的；

(5) 使用依照本法必须取得批准文号而未取得批准文号的原料药生产的；

(6) 所标明的适应证或者功能主治超出规定范围的。”

根据该法律条款，变质的与被污染的药品按假药论处，所以药液混浊的法律性质非常严重。

(二) 一旦发生药液混浊等情况，医方怎么办

根据《医疗事故处理条例》第十七条规定，对混浊的药液，应由医患双方共同封存，由医疗机构保管，

并且需要注意保存条件，如是否需要冷藏、是否需要避光等。同时，医方需要及时告知患方可以启动药品检测检验等程序，及时抽血进行细菌培养等以确定是否存在感染。

第三节 环境原因

医院人员构成包括专业技术人员、工勤技能人员和行政管理人员。医院的运行需要水电煤、氧气管道、器材设备、信息网络、废物运输、房屋建筑的安全保障，设施设备总有维修保养调试的时候，如何在这个时候确保安全，需要医院人员随时协调沟通，以确保患者安全。

例如，某医院准备在病房逐层更换氧气管道，设备科提前通知了各病区，护士长也在晨会上传达了此事。某天，需要更换神经内科的氧气管道，恰在此时，刚收治一名重症患者，由于氧气断供，该患者病情恶化，虽然医方在两分钟内及时供应瓶装氧气，但患者仍然死亡。家属质问医师为何氧气会断供，医师回答不知道氧气管道要更换、氧气要断供。最终，医院承担了一定的赔偿责任。

本案提示，作为一名住院医师，同样需要了解医院基本环境安全流程，否则也会产生差错。具体流程为：

(1) 了解医院各项设施设备维修保养预案。

(2) 掌握每日环境变化内容。

(3) 及时与同事沟通，掌握信息。

(4) 及时与患者及家属沟通，了解处置流程。

(5) 善于应变，应对危机。

综上所述，突发事件呈现突发性、散在性和偶然性的特点，似乎无规律可循，但是，如果时刻做个有心人，及时与他人沟通，及时了解掌握医院相关预案，就可以防范某些突发事件，这样突发事件一旦发生也可以得到有效处置。

第八章

自我保护处置实践

目前社会处于转型期，在转型期会有特殊的矛盾。国际社会经验表明，人均 GDP 达 10 000 美金是一个重要的分水岭，标志着社会整体达到中等发达国家水平。我们国家即将实现这个目标，有些省市已经达到了这个水平。所以，目前是社会转型期，各种社会矛盾呈现多发甚至胶着状态，医患关系作为社会关系之一，当然会受到诸多社会矛盾的影响和牵涉。作为一名住院医师，了解目前阶段的医患矛盾甚至暴力冲击，做好处置和自我保护，是一个很现实的问题。

第一节 人身攻击

一、言语冲突

医师处于临床第一线，会遇到醉酒、打架、行凶患者前来就诊，此时，患者处于过激状态，有些患者或者家属会对医师进行言语攻击。比如："我们是走着进来的，如果躺着出去，小心点！""你会不会看病？出了问题我饶不了你！""又要抽血，只知道赚钱！"等等。充满了怨气戾气。这时，医师怎么办？

作为过渡期的当下，既有素质修养涵养高的患者，也有素质修养涵养低的患者，良莠不齐，作为一名住院医师，要掌握丰富的社会学知识，知道自己所处的社会环境，要了解当地的民风民俗民情，甚至民族习惯，在与患者交往时，不卑不亢，既保持谨慎，也拥有豁达，遇到言语不逊者，善于以柔克刚。比如："你看情绪激动，既影响你也影响我，还是保持镇定，把病看好，好吧？""我会尽心尽责，为你负责，如果真的出了问题，也有法律途径可以解决，您不用焦虑。"或者，保持克制，冷处理。总之，作为一名现代医师，需要有强大的内心。与其抱怨，不如做好每一天。

二、侮辱

（一）民事责任

当患者或家属谩骂、羞辱、侮辱医师时，医师有权要求其承担民事责任，如：停止侵害、赔礼道歉、赔偿自己的精神损失费、误工费等。

（二）行政责任

患者任何谩骂、羞辱医师的行为均触犯《中华人民共和国治安管理处罚法》第四十二条：

"有下列行为之一的，处五日以下拘留或者五百元以下罚款；情节较重的，处五日以上十日以下拘留，可以并处五百元以下罚款：

（1）写恐吓信或者以其他方法威胁他人人身安全的；

（2）公然侮辱他人或者捏造事实诽谤他人的；

（3）捏造事实诬告陷害他人，企图使他人受到刑事追究或者受到治安管理处罚的；

（4）对证人及其近亲属进行威胁、侮辱、殴打或者打击报复的；

（5）多次发送淫秽、侮辱、恐吓或者其他信息，干扰他人正常生活的；

（6）偷窥、偷拍、窃听、散布他人隐私的。”

针对患方侮辱诽谤行为，医师有权报警，并督促医院要求警方对当事人予以行政处罚。

（三）刑事责任

如果情节严重，如：强行要求医师下跪、求饶等有辱人格的暴力侮辱人身；采用恶毒刻薄的语言对医师进行嘲笑、辱骂，使其当众出丑，难以忍受，口头散布医务人员的生活隐私、生理缺陷等言语侮辱人身；以大字报、小字报、图画、漫画、信件、书刊或者其他公开的文字等方式泄漏他人隐私，诋毁他人人格，破坏他人名誉的文字侮辱。这些行为则构成《中华人民共和国刑法》第二百四十六条：“【侮辱罪、诽谤罪】以暴力或者其他方法公然侮辱他人或者捏造事实诽谤他人，情节严重的，处三年以下有期徒刑、拘役、管制或者剥夺政治权利。”

受侵害当事人要采取各种方式及时固定证据，比如录音录像、警方笔录、证人证言等。侮辱罪与诽谤罪属于刑事自诉案件，一般由受害人向法院告诉才处理。

三、其他暴力伤害

任何患者及家属暴力殴打、伤害医师的行为均属于违法行为，根据后果承担民事责任、行政责任甚至刑事责任。

（一）正当防卫

针对暴力伤害，医师首先要做的是正当防卫。根据《中华人民共和国刑法》第二十条：

“【正当防卫】为了使国家、公共利益、本人或者他人的人身、财产和其他权利免受正在进行的不法侵害，而采取的制止不法侵害的行为，对不法侵害人造成损害的，属于正当防卫，不负刑事责任。

正当防卫明显超过必要限度造成重大损害的，应当负刑事责任，但是应当减轻或者免除处罚。

对正在进行行凶、杀人、抢劫、强奸、绑架以及其他严重危及人身安全的暴力犯罪，采取防卫行为，造成不法侵害人伤亡的，不属于防卫过当，不负刑事责任。”

当医师遭受暴力侵害时，有权采取反击、制止、逃离等措施，如果遭遇行凶等严重危及人身安全的暴力犯罪，造成不法侵害人伤亡的，根据刑法规定，不属于防卫过当。当然，对非危及生命的暴力侵害，要避免防卫过当。

实践中，有将医师的防卫行为定性为互殴，这是不正确的，医师及医院要据理力争，同时要及时固定现场证据，包括录音录像、证人证言、物证书证等，以维护自己合法权益。

（二）民事责任

遭遇暴力伤害，受害人有权要求不法侵害人承担赔偿等民事责任。

（三）行政责任

根据《中华人民共和国治安管理处罚法》第四十三条：

“殴打他人的，或者故意伤害他人身体的，处五日以上十日以下拘留，并处二百元以上五百元以下罚款；情节较轻的，处五日以下拘留或者五百元以下罚款。

有下列情形之一的，处十日以上十五日以下拘留，并处五百元以上一千元以下罚款：

（1）结伙殴打、伤害他人的；

（2）殴打、伤害残疾人、孕妇、不满十四周岁的人或者六十周岁以上的人的；

（3）多次殴打、伤害他人或者一次殴打、伤害多人的。”

医师遭受暴力伤害，有权要求警方对侵害人进行相应行政处罚。

（四）刑事责任

根据《中华人民共和国刑法》：

“第二百三十二条【故意杀人罪】故意杀人的，处死刑、无期徒刑或者十年以上有期徒刑；情节较轻的，处三年以上十年以下有期徒刑。

第二百三十三条【过失致人死亡罪】过失致人死亡的，处三年以上七年以下有期徒刑；情节较轻的，处三年以下有期徒刑。本法另有规定的，依照规定。

第二百三十四条【故意伤害罪】故意伤害他人身体的，处三年以下有期徒刑、拘役或者管制。

犯前款罪，致人重伤的，处三年以上十年以下有期徒刑；致人死亡或者以特别残忍手段致人重伤造成严重残疾的，处十年以上有期徒刑、无期徒刑或者死刑。本法另有规定的，依照规定。

第二百三十五条【过失致人重伤罪】过失伤害他人致人重伤的，处三年以下有期徒刑或者拘役。本法另有规定的，依照规定。”

这些均属于公诉案件。

罗列以上法律，以使医师明白法治社会，一切要依法执行，自己维权，自我保护也要在法律的框架内。

第二节 职 业 防 护

从事诊疗活动，医务人员不可避免会接触传染病病原体、有毒有害物质等，易损害健康或危及生命。所以，医务人员属于高危职业暴露人群。职业伤害因素如图 8.1 所示。

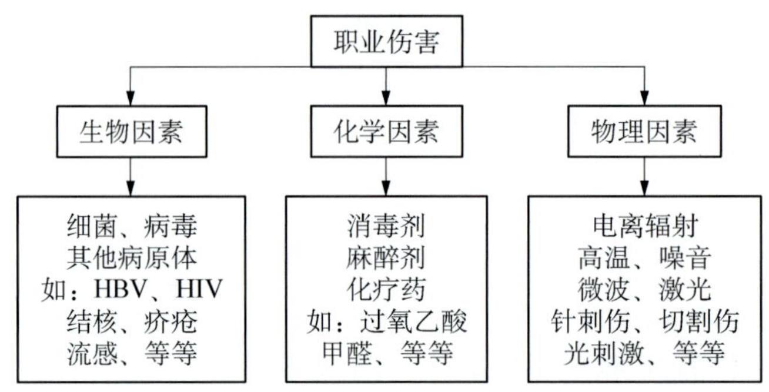

图 8.1　医务人员职业伤害因素

目前针对医务人员职业防护的法律法规有《中华人民共和国职业病防治法》《医务人员艾滋病病毒职业暴露防护工作指导原则（试行）》《血源性病原体职业接触防护导则》等。医院按照规范建立了相关防护制度和措施。

临床常见医师不重视手卫生，不按规定带口罩，查体时头发散落在病床上，对 HIV 患者不按规定流程处置，等等，这些不规范行为不仅损害医师自身的职业形象，而且会导致自身职业伤害。所以，医师在工作之余要了解相关职业防护设施规定及措施，以免遭受职业伤害。

第三节 媒 体 应 对

医师、医院、医方与媒体的关系非常复杂且微妙。媒体是传播信息的媒介。社会早已信息化，媒体已经从纸质、电视、广播传统媒体快速进入网络、手机新媒体时代，甚至在不经意间，自媒体也以迅雷不及掩耳之势进入寻常百姓家，人人皆可成导演、编导、演员，人人皆可通过微信、微博、博客快速传播信息。显然，在这样的时代，作为每天身处开放环境下的医师，如果不能适应这个变化万千的信息化时代，是不行的。可是，医疗行为纷繁复杂，医师每日要应对大量病案，如何高效利用时间应对媒体呢？

一、理念

作为一名现代医师，要充分融入这社会，适应潮流，对待媒体要秉持开放包容的心态，不必畏惧，不必躲避。社会欢迎一位热情大方的医师，主动与社会沟通，将会获得许多中间人士的支持和帮助。

二、行为

针对不同情况，采取不同行为方式：

（一）一般舆情

不管报纸电视、网络或者自媒体发出表扬或批评之声，都要面对。如果有批评，则要迅速自查，以真实为基础，切忌掩盖伪造虚构，一味否定。针对媒体报道的与医院有关事件，公众首先注意的就是医师、医院、医方的态度，医方即使明知公众误解，也不能一开始就反击，而是要循循善诱，以换位思考的心态与公众沟通，日久见人心，医方最终收获公众的感动与佩服。如果错了，则欢迎公众共同查找原因，有则改之。总之，诚信、及时回馈是原则。

（二）攻击舆情

针对攻击舆情，首先要秉持坦诚原则自查自纠，如果确实有错，则应引导舆情走法治道路，不必情绪化泄愤。如果没有过错，则应该举起法律武器，坚决维权，让造谣者受到惩戒。

（三）纠纷舆情

当发生医疗纠纷时，有些当事人会求助媒体，希望媒体介入维权。媒体介入个案是现代社会的趋势，医方要能适应。这时医方要有内部处置流程。首先医院要有新闻发言人，所有员工都要知晓这位新闻发言人。其次，当记者前往科室采访医师时，医师要告知此事要由新闻发言人接待。第三，针对每一起个案，医院要统一意见，如有可能，以新闻通稿形式发布。第四，当事医师切勿对媒体记者不逊，因为媒体监督正是为了使医疗行为更规范，要欢迎媒体监督，但是要有规范处置程序。当然，如果媒体夸大误导事实，则医方要善于维权。维护法律的尊严，是每一位公民的权利，也是义务。只有整个社会严格守法，每个人的安全才有保障。

第九章

医疗纠纷处置流程与注意事项

第一节　医疗纠纷概述

医疗纠纷是指在诊疗活动中，患方对医疗行为不满或受到损害而产生的纠纷。医疗纠纷的产生原因可以归结为医方原因、患方原因、其他原因。《侵权责任法》第五十四条规定："患者在诊疗活动中受到损害，医疗机构及其医务人员有过错的，由医疗机构承担赔偿责任。"医疗侵权纠纷适用过错责任原则，需承担法律责任的侵权纠纷必须同时包含四个要件：*有医疗行为，有医疗过错，患者有损害后果，医疗过错与损害结果之间有因果关系*。如超剂量用药致患者肝肾功能受损等。针对无过错的医疗纠纷，根据《侵权责任法》第六十条规定，虽然患者有损害结果，但是医方无过错，则医方无需承担赔偿责任。如人流后首次复诊发现胎残等。或者医疗过错与患者损害后果之间没有因果关系，也不构成侵权。如腹部手术，连硬外麻醉失败改静脉麻醉，患者术后出现颈部疼痛，两者之间没有因果关系。

医患纠纷既具有社会矛盾的普遍性质，也有其特殊性，主要表现如下：

一、复杂性

医疗纠纷常为多因一果或多因多果。参与人员及审查点较多，难以简单快速判断。比如在畸形儿错误出生案例中，往往就综合了医方产前检查或告知的欠缺及患方遗传或感染的可能性，畸形儿的错误出生就表现为多因一果的复杂特点，处理较难。

二、严重性

医疗纠纷有别于其他社会纠纷，不仅有经济损失，更严重的是患者死伤残的人身损害，给患方带来终身痛苦，也给社会造成了极其严重的不良影响。

三、冲突对立性

人身损害会给患者带来终身痛苦，所以一旦发生医疗纠纷，患方定要维权，有时甚至会采取过激方式，如殴打医护人员、冲击医院、打砸医院等触犯法律的极端方式。可见，医疗纠纷是对立性较强的社会矛盾之一。

四、信息不对称性

社会资源有资本资源、信息资源、知识资源等，在医患关系中，医方占于信息资源、知识资源、技术资源的优势地位，一旦发生医疗纠纷，不管患者是什么身份，患方基本处于孤立无援的弱势地位，这就能理解为什么患方有时要采取过激手段维权了，由此触犯法律，陷入恶性循环。

五、纠纷处理周期长、难度大

由于医疗纠纷的上述特点，一般人员根据常识和基本法理，难以直接分清纠纷原因和责任，需要借助专业人员如鉴定或尸检等来进行判断，导致处理周期长、难度大。有时患方对诉讼结果不满，信访不断，上访不断，讼息事不息，纠纷愈来愈复杂难解。

诸多矛盾告诉我们，要重视医疗纠纷，分析医疗纠纷成因，规范行医，正确处置纠纷，尽可能防范纠纷。

第二节　医疗纠纷基本处置流程

一、协商

协商的启动基于纠纷争议不大，医患双方互信，能在谈判和博弈下达成共识，自愿处理纠纷。协商是处理医患纠纷的常见方式之一，在实际中占比较高。其优点是处理高效及时，成本低，其缺点是不排除医方或患方在受制状态下达成。如果小型纠纷，比如发错药、打错针等未造成严重损害后果的，建议可使用快速协商处理方式解决纠纷。如果是大型纠纷，比如患者死亡或伤残等，不建议采用协商方式。

二、鉴定

鉴定是证据之王，具有很高的证明力。一旦出现患者死亡或伤残的纠纷，可以采用医疗损害司法鉴定，通过鉴定明确损害等级和责任程度。

三、调解

根据《中华人民共和国人民调解法》第二条的规定：“人民调解，是指人民调解委员会通过说服、疏导等方法，促使当事人在平等协商基础上自愿达成调解协议，解决民间纠纷的活动。”许多地区已建立医疗纠纷人民调解机构，简称“医调委”。“医调委”调解医疗纠纷具有快速、高效的特点，遵循合情合理合法原则，使医患双方在第三方主导下面对面平心静气地讨论医疗纠纷，加之调解对证据的审核没有诉讼这么严格，必要时可以运用专家的力量判断医疗过错、损害等级及责任程度，兼具人性化和权威性。实践证明，一般通过调解结案的医患纠纷会实现讼息事亦息的效果，将是未来处理医疗纠纷的主要模式。

四、诉讼

诉讼是指纠纷当事人向具有管辖权的法院起诉另一方当事人，由法院按照法定程序审理案件以解决纠纷。诉讼是动用国家强制力以解决纠纷的救济方式。诉讼专业性强，遵循“谁主张，谁举证”原则，原告、被告都必须举证法律认可的证据以证明自己的主张。虽然举证对任何一方都有一定的难度，但是诉讼可以明辨是非，给当事人一个具有国家强制力的合法结果，原则性强。

第三节　医疗纠纷处置注意事项

一、处理原则

（一）真诚沟通原则

有道是：“良言一句三冬暖，恶语伤人六月寒”。在处理医疗纠纷中，态度和语言非常重要。中华民族历来是礼仪之邦，温良恭俭让是人际交往最好的名片。针对患者死亡后的遗体有不同的称谓，如死者的“尸体”、患者的“尸体”、你们那“尸首”、您家人的“遗体”等，表述不同结果就会不一样。当患者家属听到“尸体”、“尸首”时，感觉到的是医院的冷漠，当听到“遗体”时，感觉到的是被尊重。所以，在处理医疗纠纷时，要特别注意用词用语和表情神态，特别是人有悲戚，勿做欢乐言。

（二）统一处理原则

发生医疗纠纷后，处置主体是医方和患方，此处医方是指医院法人主体，患方是指患者或者近亲属自然人主体。一旦发生纠纷，应当由医院统一应对，如果当事医师个人与患方处置，效果往往不好，且给之后的处理带来很多被动的情况。

（三）承担责任原则

经验发现，发生医疗纠纷后，医方往往着眼于搜索自己无过错的证据而忽略对整体事件的把控力。其实，处理一起突发危机有五个基本原则：速度第一、真诚沟通、系统运行、权威证实、承担责任。这就要求医方理性面对纠纷，客观分析，确保公信力。纠纷的发生有一定的客观性，发生不可怕，可怕的是不能正确面对，甚至伪造、隐匿证据。民无信不立。再强大的个人，再强大的组织，也经不起信誉扫地，每个人要像爱护自己的眼睛一样珍惜自己的信誉。

二、死因认定

如果患者非预期死亡，就会涉及死因判断，是否需要进行尸体解剖？根据《医疗事故处理条例》第十八条：“患者死亡，医患双方当事人不能确定死因或者对死因有异议的，应当在患者死亡后 48 h 内进行尸检；具备尸体冻存条件的，可以延长至 7 日。尸检应当经死者近亲属同意并签字。”

对是否尸检，实践操作流程是：

第一种，死因明确。如癌症晚期 MODS、脑溢血、脑疝致死亡等，可以不要求患者家属进行尸检。

第二种，死因不明。如非预期的猝死，可疑临床诊断等，则需要在规定期限内通知患者家属尸检。如果家属拒绝尸检，则需签字确认，并承担相应法律后果。如果家属不但拒绝尸检，而且拒绝签字，则需要通过快递、短消息、报警、录音录像等方式证明医方已在法定期限内通知了患方，否则对医方不利。

三、当事医师处理流程

一旦发生医疗纠纷，当事医师处理基本流程如下：

首先，保持冷静理智。

其次，快速整理病历资料，但切勿伪造，准备患方提出复印封存病史。根据《侵权责任法》第六十一条：

“医疗机构及其医务人员应当按照规定填写并妥善保管住院志、医嘱单、检验报告、手术及麻醉记录、病理资料、护理记录、医疗费用等病历资料。

患者要求查阅、复制前款规定的病历资料的，医疗机构应当提供。”

第三，迅速汇报。根据医疗不良事件上报制度，当事医师要及时向上级医师、科室主任、院领导等汇报，以寻求组织支持。

第四，配合医院组织调查，客观陈诉。

第五，由医院统一面对患方或媒体等，除非经医院安排，当事医师不直接回答患方或他人询问质询。

第六，坦然面对。可以通过休假等方式给自己一个心理调适期。如果心理起伏不定，建议暂时不要诊治其他患者。如果无法面对，建议向心理医师咨询或向医院组织求助。

第七，正确接受纠纷处置结果。

第八，总结经验教训，不断提升自己。民间有谚语：聪明的人总是将教训提炼为经验，愚蠢的人总是将教训重复为教训。人很有可能两次犯同样的错误。所以，认识自己，知道自己擅长什么，不擅长什么，扬长避短，既不要孤傲自负，也不要自怨自艾，保持定力，不断提升，做一位有理想、有担当、有智慧的医师。

第二篇

各　论

第十章 急诊科法律能力与职业道德建设

急诊医学(Emergency Medicine)又称急救医学或急症医学,是研究与处理急、危患者及伤员现场急救、途中监护治疗、医院内治疗及其组织和管理等问题的专门学科。急诊科是专门救治突发疾病、意外伤害、危急重症的部门。急诊科因起病急、病情重、病史杂而呈现病种最多,重症最多,任务最重的特点,要求医师快速判断、迅速处置,医师不仅需要熟悉各专科疾病,而且要具备全科素养,需要对患者器官功能做紧急评估,紧急复苏并能予以支持,要能快速与患者家属简明扼要沟通,听取患方主要观点,正确书写病历,协调临床、影像、检验、职能等各科,所以,对急诊医师要求极高。急诊包括现场急救、院前急救、院内急救,急诊科又分为急诊门诊、输液室、留观室、抢救室、EICU 急诊重症监护室、急诊病房、急诊手术室、急诊检验科等区域,急诊科住院医师规范化培训需要掌握急诊医师特殊的"四步(判断、处理、诊断、治疗)"临床思维模式,掌握急诊患者的病情分级、常见急症的鉴别诊断以及各种常用的急救技术和方法,对常见急症进行基本正确的独立判断和快速诊治,并能够基本具备独立诊治常见危重症患者的能力。急诊科住院医师必须具备扎实的医学基本功,娴熟的法律处置能力,把医学伦理道德融入疾病诊治和与患者相处之中。

案例 1　支气管哮喘急性发作(急救中心)

一、关键词

院前急救　救护车行业标准

二、案情简介

1. 诊治经过

6 月 3 日 5:17,某 120 急救中心接到呼救电话,称有患者呼吸困难,即派出救护车。5:27 救护车到达现场。发现患者,男,65 岁,呼之不应。院前急救病历记录如下:

主诉:气急、气喘 1 h,加重伴呼之不应 30 min。

现病史:家属代诉,患者支气管哮喘病史数十年余,长期反复发作气急、气喘。今约 1 h 前无明显诱因下气急、气喘再发,无发热,无咳嗽、咳痰,无胸痛、咯血,无恶心、呕吐,无抽搐,无大汗,持续约 30 min 后病情突然加重伴呼之不应,家属予以沙丁胺醇气雾剂吸入治疗,病情无好转,拨打 120 呼救。

既往史:既往支气管哮喘史数十年余,否认其他病史及药敏史。

体格检查：P 80 次/min，R 16 次/min，BP 110 mmHg/60 mmHg，意识昏迷，瞳孔正常，对光反射迟钝，皮肤青紫，GCS 评分 7 分：刺激无睁眼，有呻吟声，有屈曲反应，呼吸窘迫，口唇中度发绀；颈软，HR 80 次/min，律齐、未闻及杂音；两肺呼吸音粗，可闻及明显哮鸣音；腹平、软；四肢无水肿，肌张力减低；双侧巴氏征阴性。

初步印象：支气管哮喘急性发作。血氧饱和度 92%～85%。

5:32，急救中心医师立即安排将患者运送至救护车上，并紧急送至医院，诊疗措施为：

(1) 告知家属病情危重，予以边转运边抢救。

(2) 双鼻导管吸氧(4 L/min)。

(3) 静脉通道(0.9%氯化钠 250 ml)。

(4) 注射(甲强龙 40 mg)。

5:40，在救护车内，患者出现大汗、脉搏微弱，脉搏约 60 次/min，呼吸困难仍未缓解，呼吸 10 次/min，血氧饱和度 85%，拟予气管插管等进一步治疗，但车已到医院门口，即急送抢救室抢救。

5:41，到达医院。

医院病历记录：5:45，120 将患者推入抢救室。患者自主呼吸不存在，心电示一直线，双瞳直径 5 mm，对光(－)，立即予胸外心脏按压，肾上腺素静推，口插管呼吸机通气等抢救。6:25，抢救无效，宣布临床死亡。

2. 医患交涉过程

患者家属 5 个月后起诉急救中心，认为急救中心医师来时未带任何医疗工具，未实施任何抢救措施，待一名担架人员和救护车驾驶员到达后，即将患者自备氧气管拔下，随后与家属将患者抬出，送上急救车，才帮患者吸上氧气，断氧长达 5 min。而在救护车上，患者氧饱和度持续下降，医师未及时给予气管插管。所以，医方救治措施不当，延误患者病情，导致患者死亡。

急救中心认为，患者起病急，病情发展快，急救车救治有条件限制，患者死亡与医疗行为之间无因果关系，医方不存在过错。

本案经法院委托鉴定，专家分析意见认为：

(1) 医方存在对疾病的严重程度评估不全面，抢救措施不完善，未及时使用氧气面罩等。

(2) 同时，患者本人和家属对病情认识不够，如患者生前未做肺功能、心功能、心超等检测，未能提供正规检查和规范治疗的病历。本次哮喘急性发作，短时间内死亡，结合患者体型肥胖及发病特点，不排除合并有其他疾病，比如冠心病、阻塞性睡眠呼吸暂停综合征等可能。

综合认定，医方不足与患者的死亡存在不能完全排除的因果关系，医方承担轻微责任。

3. 处置结果

最终，原被告双方在法院主持下达成赔偿调解协议。

三、分析点评

本例是一起院前急救失误引发的案例，涉及院前急救特点、风险、处置要点、配备条件等问题。具体分析如下：

1. 院前急救的特点

根据《院前医疗急救管理办法》，院前医疗急救，是指由急救中心(站)和承担院前医疗急救任务的网络医院按照统一指挥调度，在患者送达医疗机构救治前，在医疗机构外开展的以现场抢救、转运途中紧急救治以及监护为主的医疗活动。院前医疗急救常简称为院前急救。院前急救作为急救体系的重要一环，承担着是否能阻止患者病情发展，是否能抢救成功，是否能提高最终救治质量，是否能减少后遗症的重任。救护车运送过程中应边监护、边抢救、边与急救中心或接收医院联系，报告患者情况及接受指导。但是，毋庸置疑，院前急救受条件所限，又是急救体系中最弱一环。院前急救需要配备良好的医疗能力、交通工具及通信工具。

院前急救呈现流动性大，救治任务重，环境条件差，体力强度高的特点。

2. 院前急救的风险

(1) 及时性。院前急救都是基于救治电话，自此，每一步处置均有信息记录。从电话拨打时间、出车时间、到达现场时间、离开现场时间、到达医院时间，呼救地址，送达地址等均有准确记载，所以，每一步时间均需有合理性解释，否则就会有延误风险。

(2) 瞬间性。每一次院前急救均无先兆，均为瞬间发生，需要处置医师具备扎实的基本功，包括对急危重症的认识与评估、心肺复苏技能、四项基本技能（成人经口机械通气、成人基础生命支持、急救止血技术、颈椎损伤的固定与搬运）等。

(3) 暴露性。院前急救的救治行为均暴露在患者及家属面前，操作是否熟练流畅，患方均有一定的评估能力，所以一旦出现差错，会有放大的风险。

(4) 流动性。院前急救很多工作要在转运途中完成，受制于运输工具的限制，不排除途中颠簸致急救失败的风险，同时又受制于通讯工具，所以，院前急救与硬件条件相关。

(5) 局限性。院前急救无法依靠实验室检查、影像学检查等准确查清患者病因，所以，诊断治疗手段有限，难免会判断失误导致后期处置困难。

3. 院前急救处置要点

(1) 善于评估风险。包括对病的风险与人的风险的评估。院前急救患者以突发疾病、灾害事故、公共卫生事件等为主，甚至包括无主患者，这时，作为急救医师要及时评估疾病严重程度，特别是紧急器官功能，在采取相应措施的同时，及时与患方进行简明扼要的高危沟通。本案中，患者在救护车上血氧饱和度降至85%，提示患者重度缺氧，需要立即采取有效的机械通气措施，如气囊面罩、气管插管等。

(2) 保持操作连贯。院前急救需要从现场救治后搬运至救护车上继续监护，直至转运至医院，所以，难以避免会发生插管滑脱、担架坠落、抢救包散落、输液滑脱等风险，这就要求急救医师平时多演练，与团队紧密配合，才能确保现场处置零失误。本案中，断氧5 min就属于救治不连贯的过错。

(3) 善于沟通。虽然院前急救以完成转送任务为主，但是疾病尤其是危急重症随时有生命危险，而且有些患者有长期合并症，既往史处置方式也会直接影响急救结果。本例患者有支气管哮喘病史数十年，本次发作明显加重，在整个急救过程中，医师未与家属进行有效沟通，区分本次与以往病情的异同，认为是常规哮喘发作，导致病情判断失误。

(4) 良好的设施配备。根据中华人民共和国卫生行业标准《救护车》(WS/T292—2008)，救护车根据运载患者的不同病症而区分为四种车辆型式：

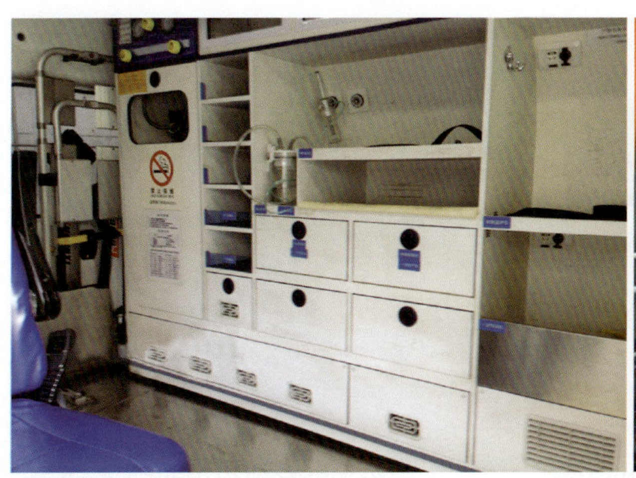

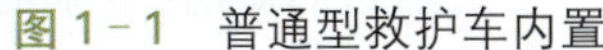

图1-1　普通型救护车内置

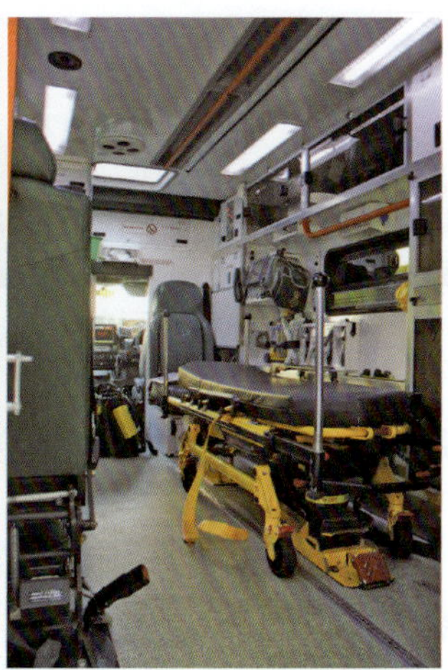

图1-2　英国救护车内置

A 型:普通型。为基础处理、观察和转运轻症患者而设计和装备的救护车。

B 型:抢救监护型。为救治、监护和转运急危重症患者而设计和装备的救护车。

C 型:防护监护型。为救治、监护和转运传染性患者装备的救护车。

D 型:特殊用途型。为特殊用途设计和装备的救护车如急救指挥车等。

受制于投入条件,目前国内配备的救护车(见图 1-1)还不能都具备如国外标准流动 ICU 救护车(见图 1-2),以普通型救护车为多,两者配置区别明显。

本例救护车空间狭小,医师与家属坐在患者身边已无回旋空间,一定程度上也限制了机械通气的使用。救护车配置条件在一定程度上会影响救治结果,随着经济的发展,相信院前急救条件将越来越完善。

四、思考题

(1) 院前急救与院内急救如何无缝衔接?

(2) 院前急救医师如何遵循法律法规与诊疗常规?

(3) 院前急救医师如何提高与患者及家属的沟通和危机应对能力?

五、相关法律链接

1.《院前医疗急救管理办法》

第五条 院前医疗急救以急救中心(站)为主体,与急救网络医院组成院前医疗急救网络共同实施。

第十条 急救中心(站)负责院前医疗急救工作的指挥和调度,按照院前医疗急救需求配备通讯系统、救护车和医务人员,开展现场抢救和转运途中救治、监护。急救网络医院按照急救中心(站)指挥和调度开展院前医疗急救工作。

第十七条 急救中心(站)和急救网络医院开展院前医疗急救工作应当遵守医疗卫生管理法律、法规、规章和技术操作规范、诊疗指南。

2.《救护车》(WS/T292—2008)

救护车的运行安全条件应符合 GB7258。各项技术性能应达到国家或行业标准要求的轻型客车指标。救护车的设计和制造应满足安全、可靠、舒适、操作简便、快捷的要求,能够保障开展医疗急救活动基本需求以及突发公共卫生事件医疗救援的基本需要,满足和确保伤病员安全转运并保证对救护车车载人员不造成危害,最大限度地减少随车的医护人员和其他人员的感染和对环境的污染。

案例 2 胃痛(急诊内科)

一、关键词

首诊负责制 循证医学 医学综合思维能力

二、案情简介

1. 诊治经过

患者,男,50 岁,7 月 20 日 10:00 因“胃痛一小时”在家附近社区卫生中心就诊,全科医师询问后立即进行心电图检查,提示 ST 段抬高。为排除心脏疾病,该全科医师建议患者迅速到上级医院就诊。

当日 11:00,患者到上级医院急诊。当时患者较多,11:25 轮到患者。

(医师)问:哪里不舒服?

(患者)答:胃痛。

问:多久了?

答:两个多小时了。

问:有没有呕吐啊?

答:没有。

问:恶心吗?

答:没有。

问:还有哪里不舒服吗?

答:就是一阵一阵痛得很不舒服。

医师触摸患者腹部,无压痛。患者向医师出示社区卫生中心病历,但医师未看。医师诊断患者胃痛待查,开具吗丁啉等药物。患者在配药过程中突然倒地,诊断为急性心梗,休克,立即抢救,患者陷入昏迷,送 ICU 治疗。患者持续深昏迷数月,后被诊断为植物人。

2. 医患交涉过程

该事件发生后,家属与医方产生激烈冲突,经协调,医方暂时予以家属一定补偿。8 个月后,患者终因多脏器功能衰竭而死亡。

患方不满,要求医院予以赔偿。理由如下:

(1) 患方认为医院违反了法定注意义务。指出 7 月 20 日 11:00 患者到医院就诊时携带的社区卫生中心病历,上面已经有心电图检查报告,为什么医师不注意。

(2) 当时患者已经说痛得很厉害,可是医师只是简单地触摸一下腹部,连心脏听诊都不做,这是典型的"头痛医头脚痛医脚"。

(3) 门诊病历过于简单,没有进行病因鉴别。

医方认为,没看社区卫生中心的报告是医师的疏忽,可是当时忙也是原因之一,再说临近中午时间,医师非常疲惫,体力不支。医方疏于履行注意义务,愿意承担相应的法律责任。

3. 处置结果

医患双方同意由医疗纠纷调解委员会调解此事。后经调解,医方承担了较大的赔偿责任。

三、分析点评

本案的情景在很多医院会发生,显然,我们需要仔细剖析其中的深层次原因,知道发生了什么,为什么会发生,如何改进,才能避免类似过错。具体分析如下:

1. 首诊负责制

首诊负责制是指首次接诊医师必须及时对患者进行必要的检查,做出初步诊断与处理,并认真书写病历。

本例首次接诊医师询问病史过于简单,也未进行必要的体检和检查,导致漏诊漏治、误诊误治。为什么会发生这样的过错呢?与医师整个上午慢性疲劳相关,也与医师对患者的病史采集不规范、病历书写不规范相关。许多医师忽略对患者病史的仔细询问,也厌倦详细书写病历,须知这两项工作是医师的基本功,正是"问"与"写"使医师的思维趋于全面与缜密,防止发生差错。

2. 注意义务

注意义务是指医务人员必须根据法律法规要求,充分注意患者的病情等资料,做出正确诊治。履行注意义务的依据是法律法规规章、诊疗常规以及学术要求。《侵权责任法》第五十七条规定:

“医务人员在诊疗活动中未尽到与当时的医疗水平相应的诊疗义务，造成患者损害的，医疗机构应当承担赔偿责任。”诊疗义务即涵盖了注意和救治等措施。那么注意义务在医学实践中应如何实施呢？

现代医学是循证医学。循证医学是一门遵循科学证据的医学，医师必须慎重、准确和明智地应用当前所能获得的最好循证依据，如诊疗常规、临床路径、学术指南等，同时结合医师自身专业技能和临床经验，考虑患者的病情需要，制定出患者的治疗措施。循证医学是法律依据、客观证据、技能经验三位一体的科学，实际上就是医师运用逻辑思维于医学科学的认识过程，这也是注意义务的核心要求。其思维过程既有归纳推理，也有演绎推理。

简单地说，归纳推理是把个别知识推出一般结论的过程，演绎推理是将一般结论通过推导得出个别结论的过程。在医学思维中，两种推理综合运用。如本例诊治的逻辑推理流程图如图 2－1 所示。

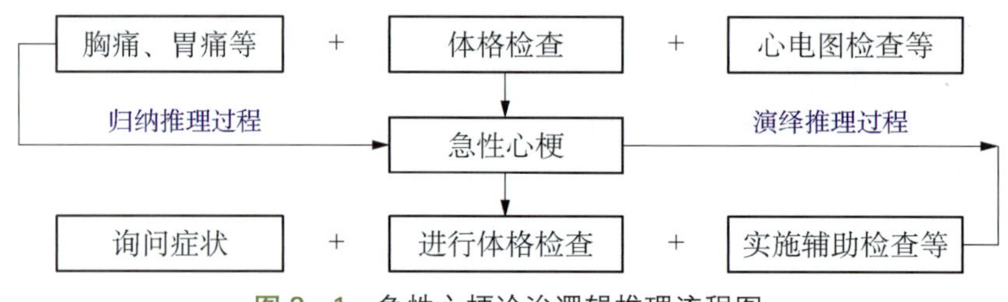

图 2－1　急性心梗诊治逻辑推理流程图

归纳推理过程是学习的过程，而演绎推理过程是临床实践的过程，作为一名医师，既要善于正向思维，即从归纳到演绎，从病史到诊断，从诊断到治疗；又要善于逆向思维，从诊断再思考检验病史。经过反复训练才能做到不遗漏、不疏漏。所以，医师要善于归纳这三项信息，即：

(1) 病史归纳：患者的临床表现，包括主诉、现病史、既往史、体格检查、实验室检查以及影像学检查等综合病史资料概括。

(2) 法律归纳：是法律法规、诊疗常规和临床路径、规章制度与岗位职责等法律法规的概括。

(3) 经验归纳：其中患者临床表现整体是动态发展的，需要医师运用自己的知识采集患者相对静止的一个点的表现和数据等资料，同时结合动态的整个病史作出辩证分析，这样才能对病史做出正确的概括判断。

而法律法规和诊疗规范浩瀚无边，但又是判断医疗行为的重要依据。医师如何在浩瀚无边的法律文库中发现相应规范和行为依据，需要不断进行思维实践训练，才能正确掌握。

3. 在个案中医师如何履行注意义务

本例患者的主诉是胃痛，胃痛如何与心脏疾病联系在一起？有经验的医师知道，心脏疾病特别是急性心梗发作并不一定直接表现为心绞痛，可以表现为牙疼、胃痛、背痛甚至腰痛等，所以有经验的医师会对这些患者常规做一个心电图检查以进行病因鉴别，这时的心电图检查属于正确履行注意义务的必查项目。其实本例有一个非常有利的资料，那就是社区卫生中心的心电图报告，该检查已显示患者 ST 段抬升，提示患者心肌缺血，可能有急性心梗发作，如果急诊医师注意这份报告并及时进行鉴别诊断，结局可能就不一样了。所以，医师应有全面的观察和分析能力，保持谦逊和内敛的慎独精神，客观收集病史资料，加以充足的知识储备，才能正确履行注意义务，正确诊治。本例医患双方的对话显示，医师处于焦急不耐烦的状态，必然会致病情观察失误，分析判断失误，最终酿成大错。作为一名时刻与患者生命接触的医师，要有一颗仁爱之心，遵循伦理道德，才能守护好生命。医者仁心。

4. 本例正确的医疗流程

患者胃痛呈阵发性加重，结合一个多小时前的心电图提示 ST 段升高，医师应立即让患者平卧，迅速在床边复查心电图，向家属做紧急高危谈话，同时通知急诊抢救室做好准备。如果患者在这个过程中突发心梗意外，医方无须承担法律责任，因为医方已经尽到了应尽的注意义务。具体流程图如图 2－2 所示：

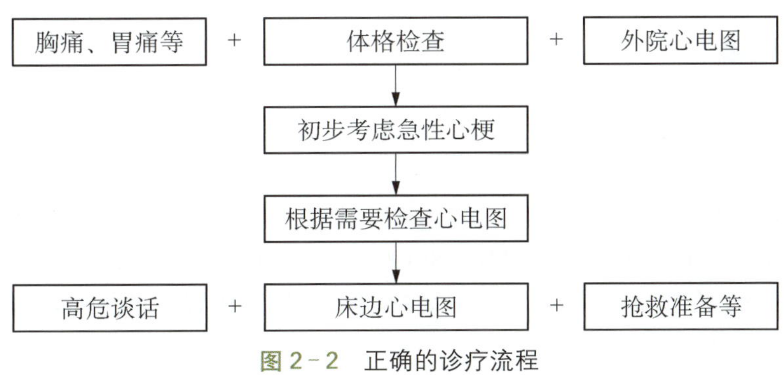

图 2－2　正确的诊疗流程

5. 过错分析

通过上述分析，可以发现本例焦点问题是医师未正确履行注意义务，导致患者心梗疾病被漏诊。虽然患者的疾病属于危急重症，进展较快，临床抢救余地较少，但是仍不排除如果医师及时捕捉诊疗信息阻止疾病发展，患者也许会有一线生机，也有可能不恶化。医师没有做到这一点，这个过错就和患者的最终昏迷、植物人直至死亡之间有一定的因果关系，医方应承担主要责任，所以医方最后承担了较重的法律责任。

四、思考题

（1）急诊科医师如何看待并执行医院工作制度与人员岗位职责？

（2）医师在诊断阶段和治疗阶段如何正确履行注意义务？

（3）请您结合第一篇内容，设计针对急性心梗患者住院医师法律能力与职业道德建设的实施路径图。

五、相关法律链接

1.《侵权责任法》

第五十七条　医务人员在诊疗活动中未尽到与当时的医疗水平相应的诊疗义务，造成患者损害的，医疗机构应当承担赔偿责任。

2.《病历书写基本规范》

第十三条　门（急）诊病历记录分为初诊病历记录和复诊病历记录。

初诊病历记录书写内容应当包括就诊时间、科别、主诉、现病史、既往史，阳性体征、必要的阴性体征和辅助检查结果，诊断及治疗意见和医师签名等。

复诊病历记录书写内容应当包括就诊时间、科别、主诉、病史、必要的体格检查和辅助检查结果、诊断、治疗处理意见和医师签名等。

急诊病历书写就诊时间应当具体到分钟。

案例 3 颈部外伤(急诊外科)

一、关键词

绿色通道 高危沟通

二、案情简介

1. 诊治经过

10 月 9 日 20:59,患者,男,38 岁,因“左颈部被玻璃瓶底刺伤”即刻急诊。病史记录如下:

查体:神志不清,BP 84 mmHg/45 mmHg, SPO_2 50%, HR 114 次/min,气管居中,双瞳等大等圆,直径 2 mm,对光反射迟钝,左颈部可见长约 7 cm 裂伤,深达肌层,伴有大量涌血,右前额可见长约 1.5 cm 裂伤,余查体未及明显外伤。

考虑颈部大血管破裂,立即予局部压迫止血,请麻醉科会诊,行深静脉穿刺、气管插管,呼吸机辅助通气,请示外科总值班,通知行政总值班、血管外科等,进一步治疗。处理:

(1) 即刻备血 800 ml。

(2) 胶体、晶体维持血压,待生命体征平稳后,再行进一步处理。

(3) 生理盐水 500 ml+济可停 3 支。

(4) 706 代血浆 1 000 ml。

(5) 左颈部创面,烫伤纱布压迫止血。

21:50,患者 BP 136 mmHg/79 mmHg, SPO_2 96%, HR 131 次/min,颈部伤口压迫止血,暂无大量渗血,神志不清,双瞳等大等圆,直径 0.2 mm,对光反射迟钝,烦躁不安,目前呼吸机辅助通气中,患者家属要求至上级医院进一步治疗,告知其在送至医院过程中,患者随时有生命危险,患者家属表示一切后果自负,签字为证:王 * * 。

处理:输 RBC 悬液 400 ml,血浆 400 ml。

经患者家属呼救,21:56 急救中心到医院。对患者体检:HR 138 次/min, R 16 次/min, BP 110 mmHg/70 mmHg,左侧颈部有一长约 6 cm 伤口,喷血如注,SO_2 95%(吸氧)。22:28,救护车离开医院,转运过程中予压迫止血,呼吸机人工呼吸,生理盐水 500 ml+立止血 2 IU 两路,血浆 400 ml 静滴,22:48,患者被转送入他院。

经他院抢救,患者终因病情危重、抢救无效死亡。死亡原因考虑颈部外伤,颈动脉断裂?失血性休克。

后经公安局物证鉴定中心法医学尸体检验鉴定:死者系生前被他人用锐利物体刺戳左颈部造成左侧颈内静脉破裂致失血性休克死亡。死者心血中检出乙醇成分,其含量为 2.84 mg/ml。

2. 医患交涉过程

患者死亡后,家属认为患者到院时有手术机会,但是由于医院未及时安排手术止血,耽误了患者的抢救时机,所以医方应当承担相应责任。为此,患方起诉至法院。

法院受理后委托专家进行鉴定。专家认为:

(1) 医院对患者抢救过程诊断明确,压迫止血、输血、抗休克治疗及时有效。

(2) 医方如下缺陷:接诊医师经验不足,可能因为转院等因素而未及时安排手术止血;未阻止患者转院,并在转院过程中未派医护人员陪同。但医方上述过失与患者死亡之间不存在因果关系。

结论:本例不属于对患者人身的医疗损害。

3. 处置结果

最终,原告撤诉。

三、分析点评

本例是一起危急重症患者处置的案例，涉及急诊医师的执业能力，风险评估能力，抢救能力，高危谈话能力，以及医院绿色通道的应急能力。具体分析如下：

1. 急诊医师的现状

急诊医师由固定医师与轮换医师构成。本例急诊医师为外科轮换医师，在急诊科工作数日，未完全掌握急诊科的运作流程。当患者就诊时，医师对患者进行按压止血，让护士通知行政总值班及外科总值班等，之后就是等待，未及时启动绿色通道，不能及时动用医院尤其是急诊科的有利资源，以致未及时安排手术。

2. 急诊医师应当具备的执业能力

无论是固定还是轮换急诊医师，要能及时分析判断患者病情，分清轻重缓急，对高危重症患者及时启动绿色通道，迅速进行抢救。风险评估能力、病情处置能力、高危谈话沟通能力是急诊医师的基本执业能力，也是基本功。

3. 绿色通道

在医院，绿色通道是指简便、快捷、安全的通道，也就是针对高危重症抢救患者，医院要无条件提供抢救措施，迅速实施抢救。这是医院的基本义务。医师作为具体执行者，面对本例患者，应当在对患者局部按压止血的同时，迅速以手术为目的，分配医院资源，而非等待。

4. 高危谈话沟通

急诊患者以危急重症为主。患者来院后，随时有可能出现伤残甚至生命危险，所以，急诊医师在诊治疾病的同时，要迅速简洁地与患方沟通，沟通形式以下发病危通知书为主，如果时间允许，则与家属详细沟通，如果时间不允许，则简要谈话签字。总之，抓住主要矛盾，直指可能不良后果，让患方有心理准备，降低心理预期。

本案如果医方及时启动绿色通道，及时手术，患者仍有可能死亡，那医方有责任吗？没有，因为医方已经履行了应尽的诊疗义务。

四、思考题

（1）目前规培基地急诊科的绿色通道是如何操作的？如何启动绿色通道？
（2）针对高危急诊患者，医师如何进行高危沟通？有何标准化操作流程？
（3）常见的急诊外科风险有哪些？你有哪些处置经历和经验？

五、相关法律链接

《医院工作制度与岗位职责》

三十五、急诊工作制度

3. 急诊科(室)应当配备有经急诊专业培训的专职医师、护士，固定人员不少于60%，各临床科室应当选派有3年以上临床工作经历的医师参加急诊工作，轮换时间不少于6个月。实习期医师与护士不得单独值急诊班。进修医师应当经急诊专业培训考核合格后，由科主任评估同意，报医务处核准后方可参加值班。

案例4 发热后感染性休克死亡(急诊注射室)

一、关键词

注射室 观察 追问病史

二、案情简介

1. 诊治经过

8月5日20:30,患者,女,30岁,因“发热”至医院就诊。询问病史得知如下病史:

主诉:发热一天。

现病史:患者一天前出现发热,无咽痛,无咳嗽,无咳痰,无尿频、尿急、尿痛。

既往史:有青霉素过敏史。

体格检查:体温39.5℃,神清,颈软,咽红,双侧扁桃体无肿大,无脓点,双侧呼吸音清,双肺未闻及湿罗音。

诊断:发热。

处理措施:

(1) 血常规检查。

(2) 蒲地蓝消炎口服液10 ml×6支,1盒,1支,3次/日,口服。

(3) 安乃近片0.5 g×24片,1盒,1片,必要时口服。

(4) 观察体温变化,门诊随访。

20:57,血常规报告:WBC 5.94[参考值(4～10)×10^9/L],N 80.5%(参考值50%～70%),PLT 88[参考值(100～300)×10^9/L]。

处理措施:

(1) 5%葡萄糖注射液500 ml+阿奇霉素0.5 g静脉滴注。

(2) 复方氨基比林注射液2 ml肌肉注射。

23:26,患者输液结束,头痛,精神软,大汗,恶心,呕吐1次为胃内容物,对答不能回答问题,无晕厥,查血压96 mmHg/67 mmHg,脉搏85次/min。23:27,复测血压98 mmHg/67 mmHg,心率95次/min,律齐。予以5%葡萄糖500 ml静脉滴注,平卧,半小时后复测血压并嘱随访血压,继观。

8月6日0:20复测血压90 mmHg/62 mmHg,0:55补液结束,患者仍留在注射室。当时家属呼叫患者有反应,测血压117 mmHg/90 mmHg,腋下体温35.8℃。4:45,家属发现患者呼之不应,随即送急诊抢救室。入室时,患者无自主呼吸、心跳。追问病史既往有自身免疫病、血小板减少性紫癜,目前服激素及中药治疗。否认高血压、糖尿病史。查体:意识丧失,面部、全身青紫,血压0,呼吸0,瞳孔散大至边缘,光反应消失,颈动脉搏动消失,呼吸音、心音消失。诊断:猝死。予气管插管呼吸机辅助呼吸,肾上腺素、多巴胺、甲基强的松龙等抢救,患者自主呼吸、心跳始终未恢复,7:44宣告临床死亡。

患者家属对患者死因有异议。经协商,患方同意进行尸体解剖,经病理解剖诊断为:①重度结肠炎,伴多脏器急慢性炎细胞浸润(肝、脾等);②休克肺,肺重度淤血、水肿及部分肺叶出血;③胸腺淋巴体质;④慢性阑尾炎;⑤轻度脑水肿;⑥全身多组织脏器淤血(脑、肝脏、肺脏、脾脏、肾脏、心肌、主动脉、气管、小肠、纵隔淋巴结、左肾上腺、胰腺、卵巢、大脑、小脑),自溶(胆囊、胃、小肠)。死亡原因:感染性休克。

2. 医患交涉过程

患方对医方诊疗行为不满,起诉至法院。法院委托专家鉴定,首次鉴定意见认为医方在诊治过程中存在以下医疗过失行为：

(1) 检查不全面。8 月 5 日，患者输液结束后出现头痛，大汗淋漓，对答不能，血压偏低，心率偏快等症状，医方未行必要的检查，如生命体征监测、血氧饱和度、生化、电解质、心电图等。

(2) 对病情变化重视不够。患者发生病情变化后未及时请上级医师或相关科室参与诊治及会诊。

(3) 病史记录不完善，如呕吐情况，前后有矛盾。

(4) 患者发病急骤，病情凶险，临床表现不典型给临床诊治带来一定难度且患者为特殊体质，长期使用激素导致免疫缺陷引起机体应激能力下降，是患者死亡的主要原因。

最终认定患者的损害等级为一级甲等，医方承担次要责任。

医患双方对首次鉴定均不服，均提出再次鉴定申请，经再次鉴定认为：

(1) 患者测体温 39.5℃，发热 1 天急诊，体检咽红，查血常规中性细胞偏高，医方给予退热、抗感染等对症输液，符合诊疗常规。

(2) 本次发热病因尚不明确，而患者入院不足 10 h 发生死亡，其病情进展快，临床表现不典型，给诊治带来一定的影响。

(3) 依据现有送鉴材料和现场陈述，证实患者具有胸腺淋巴体质，长期服药激素且停药不久，机体免疫力低下合并感染是造成其死亡的主要原因。

(4) 患者在 8 月 5 日 23:27 输液后出现神志改变、大汗淋漓等情形，医方未引起足够重视，留院观察过程中未采取进一步检查和有效监测措施，与患者的最终死亡存在一定的关联。

(5) 医方对患者的病历记录不能准确反映患者病情演变，对既往史的情况记录不完整，故不符合病历书写基本规范。

再次鉴定结论仍然认定患者的损害等级为一级甲等，医方承担次要责任。

3. 处置结果

法院据此判决医方承担 40%的赔偿责任。

三、分析点评

本例涉及急诊注射输液患者安全观察问题。具体分析如下：

(1) 注射室＝注射?

注射输液室是医院重要的部门之一，毋庸置疑，目前我国是输液大国，有些患者来院直接要求输液点滴，认为疗效迅速、恢复快。这也造成每个医院注射室人满为患。因为常规注射输液并无大碍，长此以往，医师和护士也认为注射输液没有风险。但实际输液存在诸多风险，如：输液反应、过敏反应、栓塞、静脉炎、水中毒、酸中毒等，要求医师护士能识别输液风险，并且随时评估患者病情进展。

本例患者因高热急诊，医师给予退热、抗感染等治疗符合诊疗常规。但是，5 日 23:26 患者抗生素输液结束出现头痛，精神软，大汗，恶心，呕吐，对答不能回答问题，至 6 日 0:55 补液结束，患者在注射室中，医师并未评估患者病情，未进行病因鉴别，未进行其他相关检查，视注射室患者为常规患者，疏忽大意。由此可见，注射室是注射输液的区域，但不是仅仅承担注射输液的任务，还需要医务人员及时观察病情变化，履行注意义务。

(2) 如何准确观察病情。

患者因发热急诊，体温 39.5℃，医师并未进一步检查患者脉搏、呼吸、血压，生命体征数据不周全，加之不明原因的发热本身属于内科“皇冠”疾病，确诊很难，医师需要极其小心，不断进行正向逆向思维，通过病史推断诊断，通过诊断反思病史，不断修正，如果医师个人判断实在困难，可以请住院总进行疑难病例讨论，或者请其他科室会诊支持，或者及时将患者留观、收治入院等，均可规避相关风险。这就是医师评估风险、化解风险、防范风险能力的综合体现。

本例患者在 5 日 23:26 出现神志改变、大汗淋漓等情形，提示其出现意识障碍，《诊断学》提示，先发热然后有意识障碍可见于重症感染性疾病。如果医师以虚怀若谷之心，随时自我否定，随时翻阅经典著作，则可以规避很多问题。循证思维的本质就是及时捕捉患者阳性体征及异常病史，对照诊疗常规等经典依据，及时进行诊断、鉴别诊断、修正诊断。

本例医师反映，0:55 时家属呼叫患者有反应，测血压 117 mmHg/90 mmHg，腋温 35.8℃，当时认为患者病情趋向好转，本可以回家，但是家属说回家路途遥远，希望借注射室休息一晚，为此，医师还特地借给患者一个平推车睡在注射室，如果患者回家就不属于医方的问题了，医师很委屈。这实际上反映了医师欠缺严谨的思维能力，如果患者回家出现意外，与医方也有因果关系。医师在 0:55 时的判断显然也是错误的，因为没有再次检查患者，没有仔细询问病史，没有抓住主要矛盾：发热、伴随症状、既往史，以致丧失治疗时机。

在 0:55 到 4:55 的 4 个小时内，医师认为患者非急诊患者，只是借住一宿而已，当然不会观察、评估患者。那专家认为这段时间属于患者留院观察期，是否成立呢？患者并未进入观察室，是否属于留观患者呢？答案是肯定的，患者属于留观患者。因为患者之后的“借宿”只是医方认为，虽然医师并未安排患者在留观室，但其疾病的演变与前期诊治有关联性，属于延伸行为，所以，其在院行为属于医方应当安排留观但未安排，存在处置失误。由此可见，医师应当及时注意患者，注意高危重症患者，采取相应的诊治环境安排，这样才有相应的人力设备配套措施。

(3) 遗漏病史、追问病史的联系与区别。

遗漏病史的发生可以基于医师未询问，患者未陈述，这是允许存在的。医师诊治疾病，必然会存在遗漏的风险，所以需要医师不断评估病情、评估风险，不断鉴别诊断与修正诊断。

追问病史是医师在诊治过程中，根据病情演变不断询问、探求的结果。至于患者之前为什么不说，可能是患者不明白专业术语，也可能是患者主观隐瞒，所以，医师在记录追问病史时，如果感觉患者有隐瞒可能的，可以在病史上注明“在患者初始就诊时已询问，但患者未陈述”，如果发生意外，医师可以免除相关责任。如果并不存在该情况，则医师不可以随意填注，否则就属于伪造病史。追问病史是进行病因鉴别的重要措施，一旦发生医疗意外，是重要的证据。

(4) 本案为什么医方承担次要责任？

医疗损害的发生往往呈现为多因一果或多因多果，即既有患方的原因，也有医方的原因。本例尸检报告提示患者本身为胸腺淋巴体质，死因为感染性休克。报告分析认为：患者为青年女性，既往有自身免疫病、血小板减少性紫癜病史，长期服药激素及中药治疗。有青霉素过敏史。胸腺未萎缩。胸腺淋巴体质是一种特异的超敏体质，免疫系统异常，临床表现无特异性，生前不易诊断，一般为死后尸检确诊。其特征为胸腺肥大，全身淋巴组织（淋巴结、呼吸道和消化道的淋巴组织以及脾脏淋巴滤泡）增生，而肾上腺萎缩，以肾上腺皮质萎缩为显著。胸腺肥大及淋巴组织增生是肾上腺皮质功能减退的反映。并可伴有心脏小、主动脉起始部周径狭小、皮下脂肪丰富等。肾上腺皮质功能减退者身体脆弱，应激能力差，可因受到轻微刺激或感染发生猝死。多组织脏器呈休克表现，为感染性休克死亡。所以，医方就自己的过错承担次要责任，当然，这也与鉴定专家的自由裁量有关。

该分析充分阐述了患者死亡的直接原因。如果没有客观病理检查，很多问题不会得以澄清，这也是为什么一旦发生患者猝死或者死因不明，要建议患方进行尸检的原因。

看到这份分析，有医师产生疑问，如果当时医师及时发现、及时处置，也不能排除患者死亡的风险，这时，医方有责任吗？没有。因为医方不存在过错，即使患者出现死亡的损害后果，也不符合侵权构成要件，医方不承担法律责任。所以，本案也提醒医师，必须严格遵守流程，严密观察患者，规范行医。

四、思考题

(1) 如何对发热患者进行诊断与鉴别诊断？

(2) 如何完整采集病史，如何规范完整记载病史？

(3) 如何统筹协调急诊患者，分清主次缓急，履行诊疗义务？

五、相关法律链接

《医院工作制度与岗位职责》

第三十五款急诊工作制度　第5条：急诊科(室)实行预检分诊，确保急诊-入院-手术“绿色通道”畅通，急诊会诊迅速到位。对急诊患者应当以高度的责任性和同情心及时、严肃、敏捷地进行救治，严密观察病情变化，做好各项记录。疑难、危重患者应当立即请上级医师诊治或急会诊。

第七十四款注射室工作制度(试行)　第4条：密切观察注射后的情况，若发生注射反应或意外，应当及时进行处置，并通知医师。

案例5　上消化道大出血死亡(急诊观察室)

一、关键词

分级管理　急诊留观　医护一体化

二、案情简介

1. 诊治经过

5月9日18:00，患者，女，45岁，因“半小时内晕厥1次”急诊，急诊病历如下：

主诉：半小时内晕厥1次。

现病史：有恶心，呕吐物为胃内容物，无腹痛。

既往史：有高血压病史10年。无药物过敏史。

查体：体温36.8℃，P 90次/分，BP 100 mmHg/60 mmHg，神清，无咳嗽，无尿频尿急。

检查：血常规：RBC 3.3×10^{12}/L[参考值$(3.5\sim5)\times10^{12}$/L]，Hb 80 g/L(参考值110～150 g/L)，心电图正常，头颅CT正常。

诊断：晕厥待查。

处理：

(1) 5%GS500 ml＋VitC3.0＋VitB60.2iv gtt st

(2) 注意观察

19:35，患者输液结束，被转送至留观室，当时呕吐一次，为咖啡色样液体，约100 ml，进行呕吐物OB(隐血试验)检查为弱阳性。诊断患者晕厥待查，上血(上消化道出血)？给予心电监护、706代血浆等静脉滴注。

23:00，患者诉有胸痛，位于胸骨后段。医师追问病史，“数日前患者曾在吃饭时有阻塞史，在外院就诊，诊疗经过不详，回家后自服食醋少许，后即有类似症状。”诊断为：晕厥待查，上血？化学性食管炎？治疗措施为抑酸，保护消化道药物，暂观。

5月10日4:00，患者饥饿，家属询问医师，医师回答可买点吃的。家属购买牛奶、面包等。患者口服牛奶一袋。

4:50，患者突然出现呕血，量较多，鲜红色，从口鼻喷出，家属从旁扶住，未坐起，见患者面色苍白，呼之不应。医师立即予以气管插管，吸引气道内容物，见大量血块堵塞气道。留置胃管，胃肠减压见多量淡红色液体涌出。

8:00，患者经临床抢救无效死亡。死亡原因考虑为：窒息(血块)，引起窒息的原因为上消化道病变溃疡出血。

2. 医患交涉过程

患方与医院协商无果，诉至法院。法院委托专家鉴定，专家分析意见认为：

（1）本病例患者有晕厥、胸闷、胸痛等表现，既往有高血压病史，来院急诊时有血压偏低、血红蛋白下降等临床表现，医方未进一步行相关检查（胃镜、胸部 CT）以明确诊断，在有活动性出血的情况下嘱其进食，存在一定的过失。

（2）患者的死亡原因为上消化道大出血，血块堵塞气道窒息所致，医方的上述过失未能为抢救治疗创造条件，与患者的死亡有一定的相关性。

鉴定结论为：一级甲等医疗损害，医方承担次要责任。

3. 处置结果

法院据此判决医方承担 40%的赔偿责任。

三、分析点评

1. 正确处置急诊留观患者

急诊留观患者是指不符合住院条件，但是需要观察的患者。针对留观患者，医护人员需要严密观察、诊断与治疗，及时书写病历，进行病因鉴别与分析。本案患者从晕厥——呕吐咖啡色样液体——胸痛——饥饿——呕血——死亡，历经 14 个小时，其中 18:00 到次日 4:00 是有抢救治疗机会的，但是医师未注意患者病情，特别是阳性指征，致使漏诊漏治。

2. 如何对急诊患者进行分级管理

根据诊断学、急诊诊疗常规、内科诊疗常规等，急诊患者首先分为一般患者与高危患者，如图 5-1 所示：

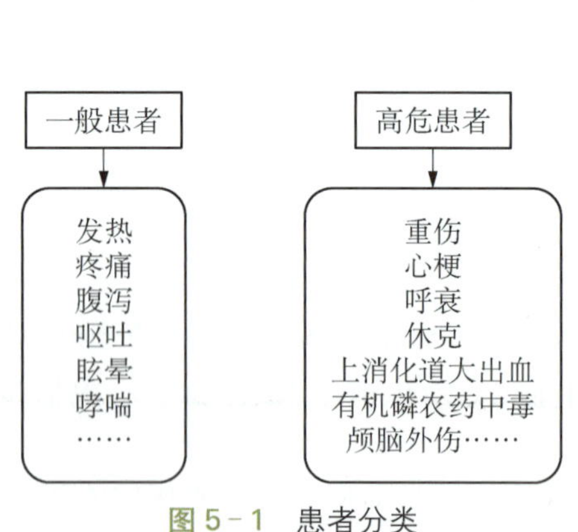

图 5-1 患者分类

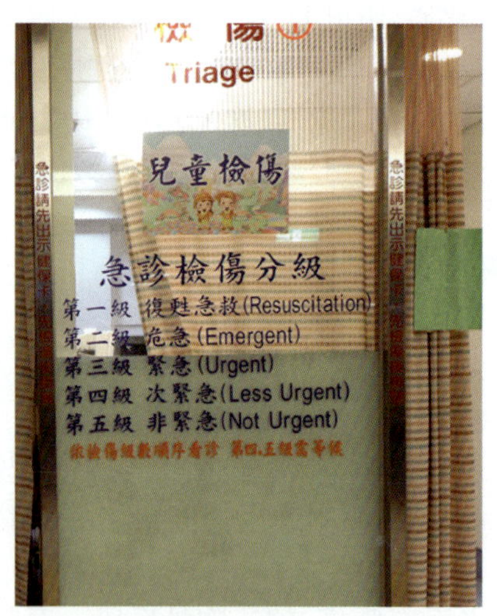

图 5-2 台湾大学医学院附设医院急诊科检伤分级

从图可以看出，5 月 9 日 18:00，本例患者因晕厥一次就诊时属于一般患者，而在 19:35 呕吐咖啡色样液体时应属于高危患者，此时处置就不能仅置于观察室，应当及时对患者进行病因鉴别及相关检查后，进行抢救或收治病房。

如果从精细化管理角度出发，我们可以借鉴一下其他地区医院的方法，如台湾大学医学院附设医院急诊科检伤分级见图 5-2 所示：

该院将急诊检伤分级为五级，分别为：第一级复苏急救，第二级危急，第三级紧急，第四级次紧急，第五级非紧急。参照此分级方式，本例患者 18:00 急诊时属于次紧急，待 19:35 呕吐咖啡色样液体，OB 弱阳性时属于紧急，而到 23:00 胸痛时更是紧急，待到次日 4:50 大量呕血时则属于危急状态。显然，无论哪种分级模式，都提醒急诊医师要具备识别病情风险的能力，随时评估，随时处置。这也是医师诊疗义务的法定要求。

3. 留观病史书写要求

根据《病历书写基本规范》，急诊留观记录是急诊患者因病情需要留院观察期间的记录，重点记录观察期间病情变化和诊疗措施，记录简明扼要，并注明患者去向。本例留观病史书写似乎无原则性过错，医师及时书写了不同时期患者的病情变化和诊疗措施，但是，正是因为留观病历以简明扼要为主，有时不可避免会遗漏细节，如果患者属于一般患者或非紧急患者，一般不会有生命危险，但是如果是重症紧急或危急患者，则可能随时有生命危险，所以，留观室不适宜收治危重症患者。作为一名急诊医师，要了解并掌握各区域的不同设置要求与局限，才能正确处置患者，控制风险。

4. 关于急诊医护一体化

急诊室夜间值班期间人手紧张，若有持续不断的重症患者抢救，更会使医师筋疲力尽，这时就需要人力支持，护士是医师很好的合作伙伴和支持者。在本例患者夜间急诊期间，有一名医师与两名护士（分别是小夜班护士、大夜班护士），但是这三名医护人员并未仔细询问患者病史，对患者血压变化、血常规的异常报告并未进行仔细分析和甄别。患者凌晨 4:00 饥饿时，家属首先询问的是值班护士，护士告知家属向医师询问，而恰恰是进食直接刺激了大量呕血，最终死亡。本例反映没有医护一体化的方案，同样，医师也并未及时与护士进行沟通，对患者进行轻重缓急的安排。现代医学是团队医学，作为一名医师，尤其是住院医师，能力所限，一定要时时善于和团队合作，才能克服短板，博采众长。

四、思考题

（1）您所在的医院急诊科是如何对患者进行分级管理的？

（2）在患者病情变化时，如何及时发现、及时处置？

（3）针对留观患者，科室有哪些措施，如病史采集、病历书写、医护合作等？

五、相关法律链接

1.《病历书写基本规范》

第十五条　急诊留观记录是急诊患者因病情需要留院观察期间的记录，重点记录观察期间病情变化和诊疗措施，记录简明扼要，并注明患者去向。抢救危重患者时，应当书写抢救记录。门（急）诊抢救记录书写内容及要求按照住院病历抢救记录书写内容及要求执行。

2.《医院工作制度与岗位职责》

第三十五项　急诊工作制度

第九款：急诊室应当设立留院观察病床，患者由急诊医师和护士负责诊治护理，认真写好病历，开好医嘱。密切观察病情变化，及时有效地采取诊治措施。留院观察时间一般不超过 3 天（72 h）。

第三十七项　急诊观察室制度

第 1 款不符合住院条件，但根据病情尚需急诊观察的患者，可留观察室进行观察。

第 2 款急诊值班医师和护士应当根据病情严格观察、治疗。凡收入观察室的患者，必须开好医嘱，按格式规定及时书写病历，随时记录病情（包括检查、检验、影像）及处理经过，必要时及时请相关专业会诊。

第 3 款急诊值班医师早晚各查房一次，重病随时查房。主治医师每日查房一次，及时修订诊疗计划，指出重点工作。

第 4 款急诊室值班护士随时主动巡视患者，按时进行诊疗护理并及时记录、反映情况。

第 5 款急诊值班医护人员对观察室患者，要按时详细认真地进行交接班工作，必要情况书面记录。

案例 6 盐酸胺碘酮注射液(急诊抢救室)

一、关键词

药品说明书 安全用药 医护沟通

二、案情简介

1. 诊治经过

12 月 8 日 10:00,患者,男,75 岁,因"胸闷心慌"由 120 送入院。急诊病历如下:

主诉:心慌、胸闷一天,加重一小时。

现病史:气急,呼吸不畅,无胸痛,无咳嗽,发热,无恶心,呕吐,无腹痛。

既往史:有冠心病史 30 余年。无药物过敏史。

查体:体温 36.5℃,心率 120 次/min, BP 130 mmHg/80 mmHg,神志清楚。

检查:血常规报告正常,心电图房性心动过速,二度Ⅰ型房室传导阻滞。

诊断:冠心病,房速,二度Ⅰ型房室传导阻滞。

处理:

(1) 可达龙 150 mg+5%GS10 ml 静推 st!

(2) 可达龙 300 mg+5%GS250 ml 静滴 st!

患者上心电监护,10:00 护士开始缓慢推注可达龙 150 mg+5%GS10 ml,医师在患者身边查看,10 余分钟后,推注完毕,此时患者心率 110 次/min,仍有胸闷心慌,血压 90 mmHg/60 mmHg,护士询问医师是否要继续静滴可达龙 300 mg+5%GS250 ml,医师嘱护士静脉滴注,数分钟后,患者突然心跳骤停,呼吸骤停,立即予以心肺复苏等抢救,抢救无效,12:30 宣布患者死亡。死亡原因为猝死。

2. 医患交涉过程

患者死亡后,家属立即封存病史。医方建议患方进行尸体解剖,但是患方拒绝。

之后,双方同意将本案提交医疗纠纷调解委员会进行调解,调委会请专家咨询,专家认为医方用药指征、用药观察存在不足,与患者死亡存在一定的因果关系,医方承担轻微责任。

3. 处置结果

双方在医调委的主持下,医方同意承担 15%的赔偿责任。

三、分析点评

本例是一起使用抢救药物不当的案例,反映目前临床常见的用药误区,具体分析如下:

1. 用药未严格遵照药品说明书

盐酸胺碘酮注射液,商品名可达龙。根据《处方管理办法》,医师应当根据诊疗常规、药品说明书开具处方。本例中,患者心电图提示房性心动过速、二度Ⅰ型房室传导阻滞。医师诊断为:冠心病,房速,二度Ⅰ型房室传导阻滞。医师开具可达龙是否有用药依据,需要先查看盐酸胺碘酮注射液药品说明书。该药品说明书部分内容列举如下:

功能主治:

本品适用于:①用于心房颤动、心房扑动时控制心室率;②围手术期高血压;③窦性心动过速。

用量用法:

(1) 控制心房颤动、心房扑动时心室率。成人先静脉注射负荷量:0.5 mg/(kg · min),约 1 min,随后静脉点滴维持量：自 0.05 mg/(kg·min)开始，4 min 后若疗效理想则继续维持，若疗效不佳可重复给予负荷量并将维持量以 0.05 mg/(kg·min)的幅度递增。维持量最大可加至 0.3 mg/(kg·min)，但 0.2 mg/(kg·min)以上的剂量未显示能带来明显的好处。

……

不良反应：

(1) 心血管系统：较其他抗心律失常药对心血管的不良反应要少。主要包括：①窦性心动过缓、一过性窦性停搏或窦房阻滞，阿托品不能对抗此反应；②房室传导阻滞；③偶有 Q－T 间期延长伴扭转性室性心动过速；④促心律失常作用，特别是长期大剂量和伴有低钾血症时易发生；⑤静注时产生低血压。以上情况均应停药，可用升压药、异丙肾上腺素、碳酸氢钠(或乳酸钠)或起搏器治疗；注意纠正电解质紊乱；扭转性室性心动过速发展成室颤时可用直流电转复。由于本品半衰期长，故治疗不良反应需持续 5～10 min。

……

禁忌：①支气管哮喘或有支气管哮喘病史；②严重慢性阻塞性肺病；③窦性心动过缓；④Ⅱ～Ⅲ度房室传导阻滞；⑤难治性心功能不全；⑥心源性休克；⑦对本品过敏者。

注意事项：①高浓度给药(>10 mg/ml)会造成严重的静脉反应，包括血栓性静脉炎，20 mg/ml 的浓度在血管外可造成严重的局部反应，甚至坏死，故应尽量经大静脉给药；②本品酸性代谢产物经肾消除，半衰期($t_{1/2}$)约 3.7 h，肾病患者则约为正常的 10 倍，故肾衰患者使用本品需注意监测；③糖尿病患者应用时应小心，因本品可掩盖低血糖反应；④支气管哮喘患者应慎用；⑤用药期间需监测血压、心率、心功能变化。

仔细对照盐酸胺碘酮注射液药物说明书，本例患者属于该药禁忌，所以，医师存在用药原则性过错。

2. 如何实现用药安全

(1) 医师要养成阅读药品说明书的习惯，这也是循证医学的要求。是药三分毒，任何药物均有风险，只是程度不同而已。医师随时阅读药品说明书，不仅是规范行医的要求，也是保护患者保护自己的体现。

(2) 医院要能及时提供用药安全措施。如：科室内要对所有药品说明书进行整理，分类成册，随时可以翻阅；HIS 系统提供随时调取药品说明书的程序；临床药师随时指导临床医师合理用药、安全用药；运用掌上电脑、ipad 等现代电子工具等等。

3. 如何处置药品说明书与专家共识的用药冲突问题

根据《处方管理办法》："药品用法用量应当按照药品说明书规定的常规用法用量使用，特殊情况需要超剂量使用时，应当注明原因并再次签名。"如果专家指导用药与药品说明书不一致，应当注明原因，与患方谈话签字，达成共识。若产生风险，则根据具体情况以确定医方是于承担责任。

4. 药物使用中的医护沟通

本例患者在可达龙静脉推注完毕时，护士曾提醒医师，但医师并未引起足够重视，在患者血压出现明显下降的情况下，仍予静脉滴注，错失机会。实践中，如果医师遇见护士对用药提出异议时，应当如何处置？根据《护士条例》第十七条：

"护士在执业活动中，发现患者病情危急，应当立即通知医师；在紧急情况下为抢救垂危患者生命，应当先行实施必要的紧急救护。

护士发现医嘱违反法律、法规、规章或者诊疗技术规范规定的，应当及时向开具医嘱的医师提出；必要时，应当向该医师所在科室的负责人或者医疗卫生机构负责医疗服务管理的人员报告。"

医师要尊重护士的专业能力，同时也要支持护士提出不同观点，兼听则明，思维完整，规避风险。

四、思考题

(1) 实践中，存在哪些违反药品说明书的情况？

(2) 如何克服阅读药品说明书的困难？

(3) 在抢救患者时，如何实现安全用药、合理用药？

五、相关法律链接

1.《处方管理办法》

第十四条　医师应当根据医疗、预防、保健需要，按照诊疗规范、药品说明书中的药品适应证、药理作用、用法、用量、禁忌、不良反应和注意事项等开具处方。

开具医疗用毒性药品、放射性药品的处方应当严格遵守有关法律、法规和规章的规定

2.《药品说明书和标签管理规定》

第三条　药品说明书和标签由国家食品药品监督管理局予以核准。

药品的标签应当以说明书为依据，其内容不得超出说明书的范围，不得印有暗示疗效、误导使用和不适当宣传产品的文字和标识。

第十七条　药品的内标签应当包含药品通用名称、适应证或者功能主治、规格、用法用量、生产日期、产品批号、有效期、生产企业等内容。

包装尺寸过小无法全部标明上述内容的，至少应当标注药品通用名称、规格、产品批号、有效期等内容。

第十八条　药品外标签应当注明药品通用名称、成分、性状、适应证或者功能主治、规格、用法用量、不良反应、禁忌、注意事项、贮藏、生产日期、产品批号、有效期、批准文号、生产企业等内容。适应证或者功能主治、用法用量、不良反应、禁忌、注意事项不能全部注明的，应当标出主要内容并注明“详见说明书”字样。

案例 7　呕吐窒息(急诊转运)

一、关键词

急诊流程　急诊转运　高危沟通

二、案情简介

1. 诊治经过

10 月 7 日 19:05，患者，男，65 岁，反复呕吐半天由 120 急诊来院。呕吐物为胃内容物，呈黄色。

医师简单检查后考虑患者呕吐待查。开出检查项目：腹部 B 超，腹部立位平片，胸片，血常规，血生化等。医师嘱家属小心陪同检查。患者腹部摄片提示：小肠梗阻。

21:30，患者返回时，突发神志不清，呼吸停止，家属呼叫医师，医师迅速赶往抢救，气管插管吸出大量黄色液体，但终究抢救无效死亡。

患者家属同意进行尸体解剖。尸检报告为：被鉴定人肠梗阻，呕吐物吸入气道明确，其死亡原因为呕吐物误吸入气道导致的窒息死亡。

2. 医患交涉过程

患方据此向医方交涉，双方委托医疗纠纷调解委员会调解。经专家咨询，本例构成一级甲等医疗损害，医方承担主要责任。

3. 处置结果

双方达成赔偿调解协议。

三、分析点评

1. 如何认识急诊流程

医院的急诊流程图常规如图 7－1 所示：

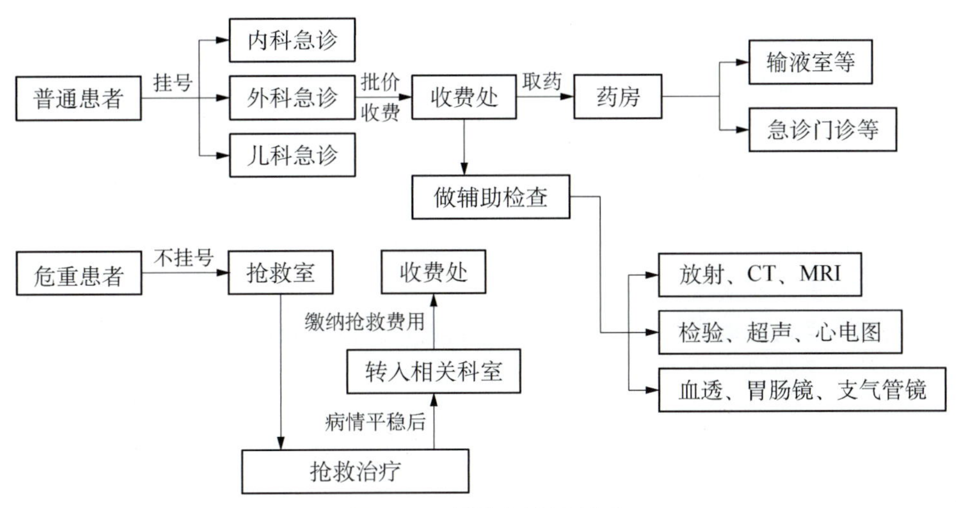

图 7－1　医院急诊流程图

从这张图可以看出，针对急诊患者首先要区分一般还是危重，如果是危重患者，直接启动绿色通道，救治措施在抢救室内完成。本例患者呕吐急诊，医师考虑其为普通患者，嘱其按照普通流程进行相关检查，似乎没有违反原则，但是在本例中为什么最终承担主要责任呢？因为医师询问病史过于简单，未进行详细的体格检查和病史采集，病历记载只有寥寥数句，不能综合反映患者的病情程度，属于分级失误。患者不仅有呕吐，还有持续性腹痛，所以本例患者属于危重患者，不应常规转运检查，应当在抢救室内完成必要检查，如果需要转运，则严格按照相关流程操作。

2. 急诊危重患者应当如何转运

如果确需转运，应当参照遵守重症患者院际转运指南（见图 7－2）。

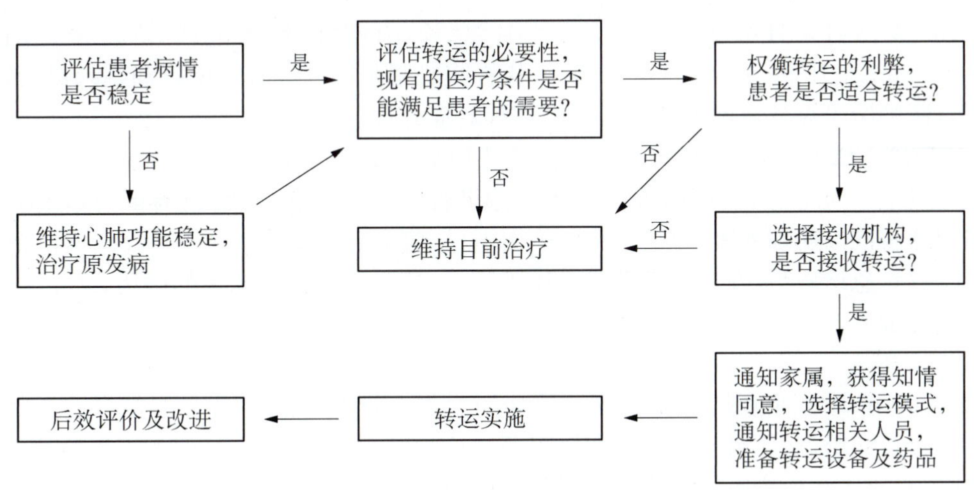

图 7－2　重症患者院际转运指南

显然，本例患者就诊时病情处于动态变化过程中，不适宜转运搬动，须待病情稳定，评估心肺功能稳定后才可搬动。如果转运，须由抢救医师护送至病房。

3. 本例危重患者，医师如何进行高危沟通

本例患者就诊时，医师须及时评估病情及风险，一旦发现患者随时有生命危险，应当立即向其近亲属进行高危沟通，并下发病危通知单。

四、思考题

(1) 针对危重患者，急诊科可以提供哪些现场检查条件？

(2) 转运危重患者时需要配备哪些人员和条件？

(3) 针对急诊高危谈话，有何流程，如何掌握重点？

五、相关法律链接

《医院工作制度与岗位职责》

第三十五项　急诊室工作制度

第6条　对危重不宜搬动的患者，应当在急诊室就地组织抢救，待病情稳定后再由抢救医师护送至病房。对须立即进行手术的患者应当及时送手术室施行手术。急诊医师应当向病房或手术医师直接交班。

案例8　急腹症猝死病历缺陷

一、关键词

伪造病历　病历缺陷　法律责任

二、案情简介

1. 诊治经过

患者，男，30岁，3月5日2:00因“腹痛一小时”急诊，有呕吐，病历记载：体温38℃，心律90次/min，脉搏25次/min，血压90 mmHg/60 mmHg，检查腹肌紧张，有压痛，有反跳痛，腹部摄片有液平，诊断考虑肠梗阻，医师给予克林霉素等抗感染加解痉等对症处理。

3:20开始静滴NS250 ml＋克林霉素1.2 g，半小时滴完更换其他盐水时，患者突然神志不清，血压下降，抢救无效死亡。死亡诊断猝死，原因考虑为隐匿性心脏病发作，心源性猝死，或颅内病变猝死可能，建议家属尸体解剖以明确死因。

之后，医师查看急诊病历，发现上面没有血压等记录，慌乱之下撕毁原来的病历，又重新写了一份急诊病历，将血压等加入。

2. 医患交涉过程

3月6日6:00家属拿回急诊病历，发现急诊病历封面上记载的患者名字不是自己所写(患者为自费患者，病历为自费病历，病历封面名字由家属填写)，认为医方伪造病历，与医方产生争执。

医方立即核对家属和夜班医师的笔迹，发现患方持有的这份病历由急诊夜班医师所写。医师申明，患者急诊时病历包括封面均为空白状态，由医师填写所有内容(现实中存在此类情况)。家属随即要求查看夜间录像。医方自行调取查看急诊夜间录像，显示为家属填写病历封面，同时刻录保存这段录像。

医师再次申明，虽然是再次书写病历，但是其中内容是真实状态的记录，不存在伪造情形。

双方产生较大争议。

3. 处置结果

本例由医患双方协商后送交医调委，最终认定医方伪造病历，经调解处理此案，医方承担了50%的赔偿责任。

三、分析点评

本例涉及伪造病历的认定，伪造病历需承担哪些法律责任。具体分析如下：

1. 本例为什么属于伪造病历

伪造顾名思义就是造假。实际上，确实存在医师为患者书写病史并附带填写封面的情况，除另有其他证据，医师所写的病史就是真实的原始件。但是在本例中，家属坚持封面是自己所写而且最终由录像证明（须知通常情况下患者对自己的就诊细节记忆非常深刻），可以直接认定医师造假。可是医师第二次申明也有道理，也就是虽然是另写的门急诊病历，但是内容没有改变。可是本例为什么最终还是被认定为伪造病历？因为病历必须具备真实性与合法性，真实性是合法性的前提，如果没有真实性，那就不需要审查合法性了。所以，只要病史不真实，包括形式与内容不真实，就被直接认定为伪造、篡改，按照《侵权责任法》第五十八条的规定，医方伪造、篡改或者销毁病历资料的，直接推定医疗机构有过错。

2. 如何区别合法修改病历与伪造病历

如果急诊医师并未撕毁原始门急诊病历，而是在病历上添加当时的血压，这就不属于伪造，因为这是对真实状态的记录，符合病历修改相关法律规定。实践中，急诊医师病历书写违反规定的情形并不罕见，所以，需要随时查阅《病历书写基本规范》等法律法规，合法书写病历，才能保护好自己。

3. 关于缺陷病历的认定及法律后果

如果出现伪造、篡改、隐匿、销毁病历等情况，则属于缺陷病历。缺陷病历可分为部分缺陷和全部缺陷，如果只有部分病历存在伪造、篡改、隐匿或销毁等情况，则在诉讼中法官可以根据盖然性原则以决定其他病史是否可以做鉴定，有些案件剔除缺陷病历仍可做鉴定，有些剔除缺陷病历后则不可做鉴定。如果所有病历都存在伪造、篡改、隐匿或销毁等情况，则就直接推定医方存在过错，法官可自由裁量医方承担部分到完全责任。

4. 本例克林霉素使用违反规定

根据盐酸克林霉素注射液药物说明书、《临床医生用药大全》等关于克林霉素用法用量的规定："静脉给药速度不宜过快，600 mg的本品应加入不少于100 ml的输液中，至少滴注20 min。1 h输入的药量不能超过1 200 mg。"否则，克林霉素滴速过快会发生患者呼吸中枢神经抑制引起血压下降，心跳骤停和呼吸循环衰竭死亡。本例患者静滴NS250 ml＋克林霉素1.2 g半小时就滴完，属于滴速太快，不排除因滴速过快发生呼吸中枢神经抑制的不良反应。克林霉素滴速过快在临床常见。本例再次说明，针对常规用药，医师也要有阅读药物说明书的循证习惯。

四、思考题

（1）作为住院医师，您有哪些书写病历的习惯，是否符合法律规定？

（2）在您的规范化培训生涯中，发生过伪造篡改病历的事情吗？如何规避？

（3）针对抗生素使用，您会注意哪些事项，是否有遗漏？

五、相关法律链接

《病历书写基本规范》

第十一条　门（急）诊病历内容包括门（急）诊病历首页（门（急）诊手册封面）、病历记录、化验单（检验报告）、医学影像检查资料等。

第十二条　门（急）诊病历首页内容应当包括患者姓名、性别、出生年月日、民族、婚姻状况、职业、工作单位、住址、药物过敏史等项目。

门诊手册封面内容应当包括患者姓名、性别、年龄、工作单位或住址、药物过敏史等项目。

总结

本章通过8个不同案例阐述了急诊科住院医师需要掌握的基本法律能力与职业道德。概括为以下几点：

(1) 分级管理处置急诊患者。

(2) 尊重患者，及时高危沟通。

(3) 培养循证医疗的思维习惯与行为习惯。

(4) 善于与同事合作相处，积极寻求各方支持。

(5) 培养规范书写病历，留存证据的习惯。

(6) 制定规范化操作流程。

第十一章

内科法律能力与职业道德建设

内科学(Internal Medicine)以应用药物为主要治疗疗法的疾病为对象,研究病因、发病机理、病理解剖、临床表现、并发症、实验室和其他检查、诊断和鉴别诊断、治疗、预后和预防的专业。内科是临床医学的二级学科,包括呼吸内科、心血管内科、消化内科、肾内科、神经内科、肿瘤科、内分泌科、血液内科、传染病科等三级学科。内科是其他临床医学的基础,有"医学之母"之称。内科疾病既有慢性病、多发病,也有突发病、罕见病,内科住院医师规范化培训期间要求掌握疾病分类、病因、诊断标准、临床表现、慢性并发症及治疗方法等,掌握相关实验室检测、影像检查知识,了解介入操作等知识。内科住院医师必须具备扎实的医学基本功,娴熟的法律处置能力,把医学伦理道德融入疾病诊治和与患者相处之中。

案例 9　咯血(呼吸内科)

一、关键词

救治义务　呼吸内科安全管理

二、案情简介

1. 诊治经过

6 月 8 日 19:00,患者,男,58 岁,因"发热两天,大量咯血 30 min"急诊,考虑患者病情危重直接收入呼吸内科病房。简要病史如下:

主诉:发热两天,大量咯血 30 min。

现病史:呼吸急促,胸闷,有少量咯血,乏力,咳嗽,阵发性加剧,不时咯血。在家咯血量约 600 ml。

既往史:患肺脓肿多年。无药物过敏史。

体格检查:体温 39℃,心率 90 次/min,呼吸 42 次/min,血压 100 mmHg/70 mmHg,精神萎靡,两肺有啰音。

实验室检查:WBC 12.62×10^9/L, Hb 82 g/L(男性正常值 120~160 g/L)。

X 光摄片显示:支气管扩张,肺部大片浓密模糊浸润阴影,提示支气管扩张,肺脓肿。

诊断:支气管扩张,肺脓肿。

处理:给予抗感染、止血、输红细胞悬液等对症治疗,待明日行支气管镜检查,必要时手术治疗。

22:30,患者突然咳嗽剧烈,咯血约 300 ml,家属立即喊医师护士,护士首先到场,迅速辅助患者翻身，并嘱家属拍背，同时汇报医师。夜班医师为低年资住院医师，立刻汇报备班主治医师，10 min 后，主治医师赶到病房，给予抢救，同时请胸外科医师急会诊，会诊结果需要立即手术。此时，患者又大量咯血，突发呼吸骤停，立即予以抢救，气管插管见呼吸道大量鲜血。最终因病情危重、抢救无效于 23:30 宣布临床死亡，死亡原因考虑肺脓肿，呼吸衰竭。

2. 医患交涉过程

患者死亡后，家属对夜班医师在四个多小时内的救治措施不满，认为医方存在过错。

(1) 患者来院时就有大咯血病史，而且伴发热感染，又有肺脓肿病史多年，属于危急重症，夜班医师为低年资住院医师，既没有对病情的危重程度进行科学分析，也没有及时请示上级医师，仅仅采用简单的治疗手段，与患者的病情严重程度不符。

(2) 在患者夜间入院时，医师应该立即进行 CT、支气管镜检查等方式以进一步明确诊断，但是夜班住院医师却一味拖延，没有采取这些必要的检查手段，没有责任心。

(3) 医方在患者 22:30 再次剧烈咯血时明显救治不足。护士、住院医师和主治医师都应对失误，没有采用及时的引流、纤维支气管镜治疗等紧急措施，在患者已经活动性出血的情况下，没有医务人员陪伴在侧注意观察指导等。这些过错性质严重，与患者的死亡之间存在着直接因果关系，医方应当承担法律责任。患方同时反映 22:30 住院医师打完电话后 10 多分钟备班主治医师才来到病房，不符合夜班抢救制度，患方要求调取当时的录像监控记录。

院方在 6 月 9 日下午组织专家委员会进行讨论。专家讨论认为：

(1) 患者的病情不排除有恶性肿瘤可能，不排除肺栓塞致死可能性。

(2) 患者属于高危重症，6 月 8 日入院时，住院医师检查明显偏少，当时可以进行 CT 检查等以进行病因鉴别。同时，住院医师应当及时请示上级医师以明确诊治方案，不可孤立教条处理患者。后期床边处理，整个治疗方案的选择也存在一定不足，而且在前期治疗过程中没有高危谈话和病危通知单，致使患方不知病情的危重性。考虑患者病情比较危重，即使 19:00 当时采取紧急手术的话，也不排除可能出现患者死亡的意外后果。院方同意承担次要责任。

3. 处置结果

经医调委组织调解，并启动专家咨询，最终医患双方达成院方承担 40%的责任结案。

三、分析点评

本例焦点问题在于患者于 19:00 入院至 23:30 死亡的四个半小时内，医方履行救治义务不当。那么，何谓救治义务？救治义务包括哪些内容？呼吸内科疾病有何特点？医师应当如何履行救治义务？

1. 救治义务

救治义务是指对患者进行正确诊断后，医务人员给予患者的治疗措施，包括药物、理疗、放疗、免疫疗法、手术、介入、护理、康复等各种治疗方式。大量救治措施不可逆转，有必要对救治义务的前提、实施者和救治措施等进行详细分析。

1) 履行救治义务的前提

救治义务来自于正确的诊断，一旦误诊必然误治，一旦漏诊必然漏治，所以救治义务的三段论是这样：

大前提：正确的诊断。

小前提：法律法规规范、诊疗常规、操作规程、临床路径等规定的救治方案。

结论：正确的治疗方案。

正确的治疗方案，是基于法律法规规范、诊疗常规、操作规程、临床路径等制定的方案。掌握和实施多少救治方案是一位医师业务能力的体现。本例住院医师没有考虑及时对患者施行支气管镜检查，就是救治能力不足的体现。

如果医方救治得当，患者仍然发生死伤残等意外，则不构成医疗损害。《侵权责任法》第六十条规定：“患者有损害，因下列情形之一的，医疗机构不承担赔偿责任：…（二）医务人员在抢救生命垂危的患者等紧急情况下已经尽到合理诊疗义务；（三）限于当时的医疗水平难以诊疗。”

2）救治义务的实施者

就本例而言，救治义务由医师和护士负责实施。医师有住院医师、主治医师和主任医师的区别，各层级医师业务能力不一，但是患者的救治机会只有一次，这就要求不管哪个层级医师给予患者的治疗水平是一致的，怎么解决这个问题？《侵权责任法》第五十七条规定：“医务人员在诊疗活动中未尽到与当时的医疗水平相应的诊疗义务，造成患者损害的，医疗机构应当承担赔偿责任。”所谓“当时的医疗水平”就是指医院的整体业务能力。如何确保各层级医师水平一致，有规章制度可以确保，就是三级查房制度、会诊制度、疑难病历讨论制度、交接班制度等，每一项制度都可以解决床位医师经验欠缺、能力不足的缺陷。本例夜班住院医师未能正确认识自己的不足，未能及时启动这些制度预先解决患者的救治难题，最终延误治疗酿成恶果。

3）怎样正确实施救治措施

救治措施包括药物、理疗、放疗、免疫疗法、手术、介入、护理、康复等措施，随着医学科学技术的发展，可采用的治疗措施将越来越多。不过，技术再多也是为人所用，也是为了治病救人。所以，医师实施救治措施应当按照轻重缓急、治病救人的原则开展，不断调整，急则治其标，缓则治其本。医师应该严格按照诊疗常规和临床路径等规范选择治疗方式。本例患者肺脓肿属于慢性病，但是咯血是急症，作为当班医师应当迅速评估咯血可能产生的风险，及时围绕咯血制定相应方案，在常规检查不能判断病因及危重程度的情况下，应当及时启动特殊检查。

2. 本例夜班住院医师的主要不足表现

（1）未及时请上级医师处理：本例患者肺脓肿，支气管扩张伴反复大量咯血，随时有可能危及生命，住院医师应当在收治患者时，立即请示上级医师，及时到现场检查处置患者，制定预案。

（2）未及时启动科室疑难病例讨论制度：夜班期间可以启动疑难病例讨论吗？当然可以。所谓疑难病例，是指病情复杂，合并症、并发症密集发生，患者病情呈现确诊难、治疗难的特点。住院医师针对这些患者要善于汇报请示，以启动疑难病例讨论，正确诊治患者。

（3）未及时启动会诊程序：会诊的目的是解决诊断不能或治疗不能。本例患者虽然诊断明确，但是针对患者入院状态，究竟是以内科治疗为主，还是要迅速开展外科治疗，需要请胸外科医师急会诊，以明确治疗措施，同时也可以减轻呼吸内科医师的压力。

（4）未与患者及家属高危沟通：沟通的目的是让患方及时了解病情，了解风险，接受可能发生的风险，同时医师也通过沟通了解掌握患方诉求。本例患者入院时属于高危重症，随时有可能发生生命危险，即使及时采取支气管镜检查、CT 检查，手术治疗，也不能排除生命危险，所以，住院医师应当随时与患方进行高危沟通，并及时履行签字手续。

医师在长达四个多小时的时间内，没有尽到应尽的注意义务，让家属承担主要看护责任，一系列失误与患者死亡有因果关系。

3. 呼吸系统疾病特点与安全管理

呼吸系统疾病是一种常见病、多发病，主要病变在气管、支气管、肺部及胸腔，病变轻者多咳嗽、胸痛、呼吸受影响，重者呼吸困难、缺氧，甚至呼吸衰竭而致死。以炎症、气道、肿瘤三大类为主，既有慢性病，也有急性病，既有自限性疾病如感冒等，也有非自限性疾病如慢性阻塞性肺疾病（chronic obstructive pulmonary disease，COPD）等。呼吸系统疾病及医患关系安全管理措施有：

（1）识别危急重症。呼吸系统（见图 9－1）疾病急症、慢性疾病急性发作、恶性肿瘤晚期患者等危急重症患者较多，且呼吸系统危急重症表现为变化迅速、预见困难，多学科交叉，所以需要医师具备扎实的基本功，熟悉疾病演变机理及病理转归，密切观察病情变化。实践中，由于职业疲倦，呼吸内科出现 COPD 患者氧饱和度下降，氧分压下降，医师未及时发现及时处置，未及时予以呼吸机治疗的过错并不

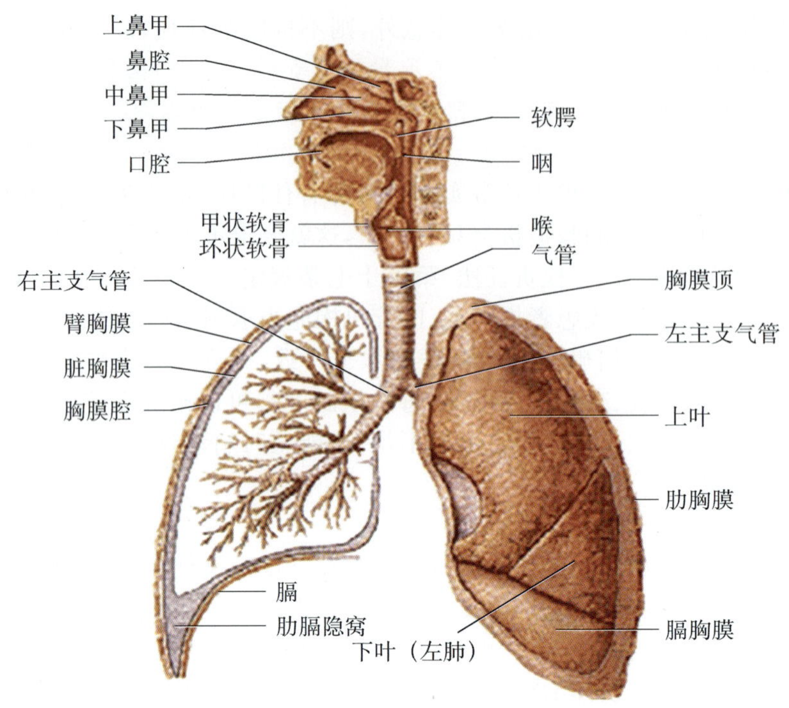

图 9－1 呼吸系统示意图

罕见。所以，抓住主要矛盾，掌握诊治要点，是防范危急重症风险的重要措施。

（2）正确技术操作。呼吸内科涉及胸穿、经皮肺穿、活检、支气管镜、胸腔镜、呼吸机甚至 ECMO 操作，因技术操作引发失误的案例并不为少。如胸穿引发气胸、血胸、胸膜炎等并发症，支气管镜检查引起气胸等并发症。作为一名呼吸内科医师，熟练掌握这些专科技能是基本功。

（3）提高沟通能力。呼吸系统疾病患者多为慢性病，久病成医，患者多少掌握一些基本知识，与这些患者沟通对医师是一种挑战，因为患者有一定的思维定势，意识不到疾病的风险特点，对医师的高危沟通有抵触或怀疑情绪，这就需要医师保持极大的耐心进行解释沟通，特别要善于应用口头沟通、书面沟通、公共沟通等各种方式，让患方接受并理解自己的观点。而呼吸系统还有一类高风险疾病，如 H7N9 等，对医师是极大的挑战，这时医师就要及时启动疑难病例讨论、会诊讨论等程序，寻求集体帮助识别疾病风险，并与患方坦诚沟通。

4. 本例医方为何承担 40%的赔偿责任？

从因果关系角度分析，患者的死亡原因既有医方的失误，也有患者自身的疾病因素。患者属于慢性病急性发作，属于危急重症，纵然医方积极救治，也不排除患者死亡的可能性，所以医方承担次要责任比较合适。

四、思考题

（1）呼吸内科住院医师要掌握哪些基本功？

（2）呼吸内科住院医师如何识别风险、化解风险、防范风险？

（3）请您结合第一篇内容，设计针对咯血的呼吸内科住院医师法律能力与职业道德建设的实施路径图。

五、相关法律链接

1.《侵权责任法》

第五十七条　医务人员在诊疗活动中未尽到与当时的医疗水平相应的诊疗义务，造成患者损害的，医疗机构应当承担赔偿责任。

第六十条　患者有损害，因下列情形之一的，医疗机构不承担赔偿责任：

（一）患者或者其近亲属不配合医疗机构进行符合诊疗规范的诊疗。

（二）医务人员在抢救生命垂危的患者等紧急情况下已经尽到合理诊疗义务。

（三）限于当时的医疗水平难以诊疗。

前款第一项情形中，医疗机构及其医务人员也有过错的，应当承担相应的赔偿责任。

第六十三条　医疗机构及其医务人员不得违反诊疗规范实施不必要的检查。

《医院工作制度与人员岗位职责》

2. 值班与交接班制度

值班医师遇危重患者和当天新入院患者病情变化，出现危急情况时，应当及时请上级医师处理，并通知经治医师。

案例 10　肺癌漏诊（呼吸内科、结核科）

一、关键词

恶性肿瘤漏诊　医技检查与临床诊断关系

二、案情简介

1. 诊治经过

8 月 7 日，患者，男，65 岁，慢性咳嗽，咳痰 10 年，加重 7 天到医院体检科进行体检。经检查发现左上肺结核，体检科医师嘱患者至呼吸内诊就诊。询问病史，患者有气短、消瘦、乏力史，予以 CT 检查。CT 诊断报告：左上肺见不规则高密度影，CT 值 62 HU，余未见异常，纵隔内未见肿大淋巴结。CT 考虑：左上肺结核，待排除其他病变。建议：治疗后复查。

当日，呼吸内科医师嘱患者至结核科会诊。结核科医师诊断患者陈旧性结核，意见为暂无须抗结核治疗。患者再次返回呼吸内科，医师嘱观察。

次年 1 月 14 日，患者因咳嗽加重再次 CT 检查，CT 报告：左上肺见块状高密度，边缘不规则，CT 值为 37～52 Hu，大小约 3.2 cm×2.8 cm，与前片对比病灶略增大，右肺见小片状高密度，密度不均，边缘不规则。CT 扫描印象：左上肺占位可能性大，右肺炎症。

患者至他院求治，但因肺癌全身转移，未能手术，最终因 MODS 死亡。死亡直接原因：肺癌。

2. 医患交涉过程

患者家属认为医方漏诊肺癌，致使患者丧失治疗时机，存在过错。诉至法院。法院委托专家进行鉴定，专家认为：

（1）医方询问病史不仔细不全面，对患者咳嗽、乏力、气短、消瘦病史未引起足够重视，未进行进一步检查如痰细胞学检查、活检、肿瘤标记物检查等，属于漏诊漏治。

（2）患者肺癌进展迅速，发展较快，其自身疾病是造成死亡的主要原因。

最终认定，本例构成一级甲等医疗损害，医方承担次要责任。

3. 处置结果

法院据此判决医方承担 40%的赔偿责任。

三、分析点评

本例属于恶性肿瘤漏诊漏治，是临床常见失误之一。为什么会发生此类过错，临床医师应该如何操作，需要进行详细分析。

1. 恶性肿瘤患者常见漏诊原因分析

（1）医学科学技术条件难以发现：恶性肿瘤也就是癌症，是突变分裂的大量细胞，能侵犯、破坏临近组织器官。恶性肿瘤患者早期症状不典型，有时难以发现，所以恶性肿瘤的漏诊有其客观原因，这种难以发现的情形就属于现有医学科学技术条件难以避免、难以防范的风险，医方没有过错。

（2）医学科学技术条件能发现但未发现：当恶性肿瘤发展到一定阶段，特别是有临床症状时，其组织细胞学已经发生改变，可以通过询问病史、鉴别症状、实验室检查、肿瘤标志物检测、特殊检查等确诊。如果医师未进行这些工作，造成恶性肿瘤漏诊的，则存在过错。

2. 合理诊疗与过度医疗

针对恶性肿瘤患者，医师必然要进行相关检查，针对具体的检查项目，就会产生合理诊疗措施与过度医疗措施之争。恶性肿瘤诊断有一定难度，所以针对该类疾病，合理诊疗并无明显的界定，当然，医师所采取的检查手段必须与检查目的相符，如果确定为过度医疗，医方须承担退还相关费用的责任。

3. 医技检查与临床诊断的关系

（1）医技检查报告是参考：医技检查是为临床诊断服务的，作为临床诊断的参考，临床医师需要综合患者的主诉、症状、病史等进行分析判断，而不可以医技诊断为自己的唯一诊断。本例过错即是如此。

（2）临床医师必须学会阅读影像学片子等检查报告：本例患者首次 CT 诊断报告：左上肺见不规则高密度影，CT 值 62 HU，余未见异常，纵隔内未见肿大淋巴结。医师如果对影像学熟悉，知道正常成人全肺平均 CT 值在深吸气末时为 -886 ± 22 HU，深呼气末时为 -699 ± 52 HU，则能初步判断患者不能排除恶性肿瘤疾病，应当对患者及时进行相关检查，嘱咐患者定期随访。所以，作为一名现代临床医师，知识面要宽，住院医师在规范化培训期间，要努力学习各项知识技能，知道相关检查的原理，为将来执业打下扎实基础。

4. 会诊质量

本例呼吸内科医师请结核科医师会诊的目的是确定是否有肺结核，当结核科医师认定暂勿治疗时，呼吸内科医师认为已完成对患者的诊治，采用结核科医师的意见即可，却忽视病因鉴别和对辅助检查的审查，属于会诊目的不明，会诊质量控制不当，这同样也反映出临床存在的推诿现象。医师如何控制会诊质量？可以通过再次会诊、上级会诊、院内总会诊等方式，也可以与患者沟通，嘱其定期来院复诊等方式，以控制失误。

5. 医方对恶性肿瘤漏诊误诊责任承担比例

漏诊误诊有轻微责任、次要责任、主要责任 3 种不同情况。医方承担责任与恶性肿瘤性质、是否转移、治疗效果、医方行为等相关。本例患者已处于癌症晚期，病情演变较快，即使第一次及时发现肺癌，及时治疗，也不一定能扭转最终结局，所以，医方承担次要责任。

四、思考题

（1）住院医师如何提高对恶性肿瘤患者的诊断能力？

（2）住院医师如何掌握 X 线片、CT、MRI、超声等检查结果的识别和阅读能力？

（3）如何与可疑或确诊恶性肿瘤患者沟通？

五、相关法律链接

《侵权责任法》

第五十七条　医务人员在诊疗活动中未尽到与当时的医疗水平相应的诊疗义务，造成患者损害的，医疗机构应当承担赔偿责任。

案例 11　急性心肌梗死死亡(心内科、急诊科)

一、关键词

临床路径　心内科安全管理

二、案情简介

1. 诊治经过

患者,男,69 岁,5 月 7 日 5:00 因“胸闷、大汗淋漓、有频死感觉”急诊。门急诊就医记录册(自管卡)病史记载如下:

主诉:胸闷 1 h。

病史:呈持续性,无胸痛,伴出冷汗,有高血压病史。

查体:神清气平,血压 165 mmHg/100 mmHg,心率 88 次/min。

检查:(5:00)心电图:窦性心律,偶发室性早搏,ST 段改变。(5:02)心电图:V_1～V_3 为 V_7～V_9,窦性心律,ST 段抬高(V_7～V_9 导联 1 mm),异常 Q 波(V_8、V_9)。WBC 11.52×10^9/L,乳酸脱氢酶 549 IU/L,肌酸肌酶- MB 同工酶 13 IU/L,血浆肌钙蛋白 I0.02 ng/ml。

诊断:胸闷。

处理:予吸氧,异舒吉 10 mg,丹参酮 3 支静脉滴注,速尿 4 mg,拜阿司匹林 1 片及麝香保心丸口服。

(5:47)心电图:ST 段抬高(V_7～V_9 导联 1 mm),异常 Q 波(V_8、V_9)。(14:25)心电图:窦性心律,V_1 导联 R/S>1;ST 段改变。天门冬氨酸氨基转移酶 SCT 338 IU/L,乳酸脱氢酶 CLDH 1 892 IU/L,血清肌酸肌酶 4 417 IU/L, CKB－MB 259 IU/L,血浆肌钙蛋白 I 测定 37.85 ng/ml。

15:04 复查心肌酶,TNI 明显升高,心电图如前。诊断:冠心病。考虑心梗可能,送抢救室治疗。16:15 胸闷 12 h,即刻入抢救室,告病危。诊断:急性下壁心梗,予异舒吉 10 mg,参附 50 ml,奥克40 mg 静脉滴注,拜阿司匹林 1 片,立普安 40 mg 口服,请心内科会诊。

根据心内科住院病史记载:入院时间 5 月 7 日 17:25。主诉:突发胸闷胸痛 13 h。查心电图窦律 ST 段改变(V_7～V_9),心肌酶 INI 正常,考虑 AMI,予抗凝扩冠活血稳定斑块等治疗后,胸闷略缓解,复查心电图示后壁导联 ST 段回落,CKB－MB 259 IU/L, TNI 33 μg/ml,明显升高。体格检查:T 37℃, R 18 次/min, BP 100 mmHg/70 mmHg,车入病房,表情安静,双瞳对光反射正常,心尖搏动:第Ⅴ肋间左锁骨中线内侧 0.5 cm 处,心率 72 次/min,心律齐。初步诊断:冠心病,急性心肌梗死(后壁),KILLIP Ⅰ级。予绝对卧床休息,吸氧,CCU 监护,抗凝,扩冠,抗血小板聚集。

5 月 8 日心率 68 次/min, Ca^{2+} 1.99 mol/L, PT 11.6rec,WBC 12.57×10^9/L,血浆肌钙蛋白 I:32.01 mg/ml, UA 561 μmol/L,天门冬氨酸氨基转移酶 377 IU/L,乳酸脱氢酶测定 3 000 IU/L,血清肌酸肌酶 3 140 IU/L, CKB－MB 237 IU/L。

5 月 9 日 BP 110 mmHg/58 mmHg,心率 71 次/min, WBC 16.51×10^9/L,血浆肌钙蛋白 I 测定 12.64 ng/ml,钾 3.3 mmol/L,天门冬氨酸氨基转移酶 160 IU/L,乳酸脱氢酶 2 250 IU/L,血清肌酸激酶 1 049 IU/L, CKB－MB 同工酶 72 IU/L。

5 月 9 日 16:39,患者突然双眼上翻,呼吸停止,心电监护心室率 77 次/min,窦性节律,血压测不出,立即胸外按压,予多巴胺 200 mg 静脉泵注,气管插管,呼吸机通气。心电监护示自主节律停止,予多巴胺及肾上腺素静脉推注后无效。考虑心梗后心脏破裂,床边 B 超:心跳停止,心包见积液。行心包穿刺,抽出血性不凝固液体,考虑心脏破裂,继续胸外心脏按压,呼吸机辅助通气,患者双侧瞳孔散大,16:50

分心电图呈一直线，宣布临床死亡。死亡诊断：冠心病，急性心肌梗死（后壁），KILLIP Ⅰ级，心脏破裂。

2. 医患交涉过程

患方认为，医方存在明显过错。

（1）5 月 7 日患者在门诊输液室输液期间，持续感胸闷烦躁难受，向医务人员多次反映，未见医师来查看病情。

（2）急诊心电图已出现冠心病心梗表现，医方未按照诊疗规范急请上级医师会诊，复核诊断，组织相应的急救治疗（溶栓、介入等），将患者置于普通输液室，错失抢救患者的宝贵时间。

（3）确诊心梗收治病房后，医方未将患者转移至 CCU 监护，忽视心肌酶持续增高，未采取积极有效的治疗措施，怠于对患者病情的观察，未与患者家属进行有效沟通，直到患者心脏破裂死亡。

患方诉至法院，要求医方赔偿损失 80 万元。

医方认为，诊断治疗措施符合诊疗常规，不同意赔偿，理由如下：

（1）患者急诊时无心肌梗塞典型症状，首诊医师予十八导联心电图及血清学检查，$V_8 \sim V_9$ 见小 Q 波，已经考虑到心绞痛可能，给予扩冠、营养心肌等处理。

（2）患者补液结束后感胸闷不适，即复血清学检查，发现血清学指标明显升高立即入抢救室，经内科会诊收入病房，诊断：冠心病、急性心肌梗死（后壁）、KILLIP（心功能分级）Ⅰ级；高血压病 3 级、极高危。

（3）入院后不予再灌注的理由：①入病房前症状基本缓解；②心电图 $V_7 \sim V_9$ ST 段已回落至基线；③发病 13 h，超过 12 h 的急诊再灌注标准。

（4）患者在病情变化前生命体征稳定，无特殊不适主诉，辅助检查及时，均符合心梗的动态演变。病情突然变化后，院方立即给予胸外按压、气管插管、抢救药物使用等措施，心包穿刺抽出不凝血液，证实为心脏破裂。

为进一步查明事实，法院委托进行鉴定，专家鉴定分析认为：

（1）5 月 7 日，患者因“胸闷 1 h”至医方急诊，诊断为胸闷。12 h 后诊断为冠心病，心梗转急诊抢救室及入住内科病房。5 月 9 日患者死亡。死亡原因：冠心病，急性心肌梗死（后壁），心脏破裂。

（2）根据患者病史与急诊心电图（5 月 7 日 5：02）检查结果，应该诊断急性 ST 段抬高型心肌梗死（后壁），临床上应首选考虑进行介入治疗，医方的诊断及相应的处置存在明显过错，一定程度上延迟了对患者的抢救治疗时机，违反诊疗常规，与患者死亡的人身医疗损害结果有因果关系。

（3）经现场询问，患者入院后探望人员较频繁（第二天达 8～10 人），因此，心脏破裂除与心梗病情发展外，可能与患者过度疲劳有一定关联。

（4）根据送检资料，患者死亡原因为心肌梗死并发心脏破裂，是自身疾病延续所致，该病症病情凶险，进展快，救治困难。

（5）医方在医疗文书书写方面存在缺陷：病史书写无患者就诊时间，违反急诊病历书写就诊时间应具体到分钟的规定，违反《病历书写基本规范》。但以上缺陷与患者死亡无因果关系。

鉴定意见认为：

（1）本例属于对患者人身的医疗损害。

（2）医院在诊疗活动中存在对急性 ST 段抬高型心肌梗死的诊断认识不足，未及时进行急诊介入治疗，一定程度上延迟了对患者的抢救治疗时机，违反诊疗常规，与患者死亡的人身医疗损害结果有因果关系。

（3）参照《医疗事故分级标准（试行）》，患者死亡结果的人身医疗损害等级为一级甲等。

（4）本例医疗过错的责任程度为次要责任。

3. 处置结果

后原被告双方经法院调解，被告医方一次性支付原告患方各项损失共计 25 万元。

三、分析点评

本案有一定特殊性，因为鉴定认为医方“未及时进行介入治疗”，其依据是临床路径。临床路径是什么？有什么作用？

1. 关于临床路径

1）临床路径概念

根据中华人民共和国卫生行业标准 WS/T393—2012《医疗机构临床路径的制定与实施》规定，临床路径是指医师、护士及其他专业人员针对某些病种或手术，以循证医学依据为基础，以提高医疗质量、控制医疗风险和提高医疗资源利用效率为目的，制定的有严格工作顺序和准确时间要求的程序化、标准化的诊疗计划，以达到规范医疗服务行为、减少资源浪费、使患者获得适宜的医疗护理服务的目的。

2）本例违反哪项临床路径

根据卫生部 2009 年制定的急性 ST 段抬高心肌梗死(STEMI)临床路径标准住院流程，其使用的对象是：第一诊断为急性 ST 段抬高心肌梗死(STEMI)(ICD10 I21.0～I21.3)。其治疗方案的选择及依据：

“1. 一般治疗

……

2. 再灌注治疗

(1) 直接 PCI(经皮冠状动脉介入治疗)(以下为优先选择指征)：①具备急诊 PCI 的条件，发病<12 h 的所有患者；尤其是发病时间>3 h 的患者。②高危患者。如并发心源性休克，但 AMI<36 h，休克<18 h，尤其是发病时间>3 h 的患者。③有溶栓禁忌证者。④高度疑诊为 STEMI 者。

急诊 PCI 指标：从急诊室至血管开通(door-to-balloon time)<90 min。

(2) 静脉溶栓治疗(以下为优先选择指征)：①无溶栓禁忌证，发病<12 h 的所有患者，尤其是发病时间≤3 h 的患者。②无条件行急诊 PCI。③PCI 需延误时间者(door-to-balloon time>90 min)。

溶栓指标：从急诊室到溶栓治疗开始(door-toneedle time)<30 min。”

依据该临床路径，专家鉴定认为患者应首选考虑进行心脏介入治疗，医方的诊断及相应的处置存在明显过错，一定程度上延迟了患者的抢救治疗时机，违反诊疗常规，与患者死亡的人身医疗损害结果有因果关系。

2. 临床路径在审查医疗行为上的意义

临床路径是运用循证医学思维的典范，其对临床具有指南和指导作用，也是审查医疗行为是否正确合法的依据之一。随着规范意识的提升，将会有更多的临床路径出台为临床所遵守，同时，这也是《侵权责任法》五十七条“当时的医疗水平”的执行依据之一。如果医师在符合临床路径病症的情况下执行临床路径无过错，最终患者仍发生伤残或死亡结果的，就属于《侵权责任法》第六十条“已经尽到合理诊疗义务”的情形，医方不承担法律责任。

3. 心血管系统疾病特点与安全管理

心血管系统(见图 11-1)即循环系统，是一个封闭的管道系统，由心脏和血管所组成。心脏是动力器官，血管是运输血液的管道。通过心脏有节律性的收缩与舒张，推动血液在血管中按照一定的方向不停地循环流动，构成血液循环。循环系统疾病分为心脏与血管病变。心脏病变按病因可分为先天性与后天性疾病，等等。心内科疾病及医患关系安全管理措施有：

(1) 识别轻重缓急，及时正确处置。心内科属于内科高危科室，随时处于高危抢救状态，医师常常身心俱疲，如何实现在高压状态下的动态平衡？心内科医师首先要具备的基本功就是善于根据患者的症状、检查及时进行诊断与鉴别诊断。其次，医师心中要有清晰的疾病诊治路径，善于评估患者心功能，是否有心衰，内环境平衡状态，提高对急性心肌梗塞的早期诊断能力。再次，医师要善于判断疾病轻重缓急，及时调动资源，正确诊治患者。

(2) 及时规范书写病历。心内科患者病情复杂，变化多端，尤其有大量的检查检测数据，需要及时记录，如果医院 HIS 系统成熟，则可以减轻临床医师病历书写的工作量，但是事物总是有两面性的，因

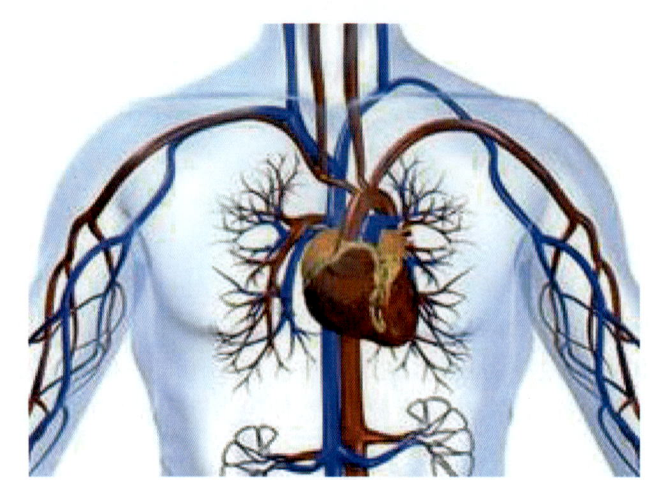

图 11－1 心血管系统示意图

为其便捷，现实中就会发生记录遗漏、张冠李戴的错误，切忌。

（3）正确有效的沟通。心血管系统疾病患者以老年患者、慢性病居多，患者对自己疾病有一定的认识，一般能接受医师的观点。心内科医疗纠纷常发于疾病突然改变，医方抢救措施不利导致损害发生。所以，医师平时要善于培养自己识别疾病变化的征兆，正确及时抢救，具备扎实的学识功底和抢救技能。

四、思考题

（1）心内科住院医师要掌握哪些基本功？

（2）心内科住院医师如何识别风险、化解风险、防范风险？

（3）请您结合第一篇内容，设计针对急性心梗的心内科住院医师法律能力与职业道德建设的实施路径图。

五、相关法律链接

《临床路径管理指导原则（试行）》

第八条　医疗机构一般应当按照以下原则选择实施临床路径的病种：

（1）常见病、多发病。

（2）治疗方案相对明确，技术相对成熟，诊疗费用相对稳定，疾病诊疗过程中变异相对较少。

（3）结合医疗机构实际，优先考虑卫生行政部门已经制定临床路径推荐参考文本的病种。

第十条　医疗机构应当根据本机构实际情况，遵循循证医学原则，确定完成临床路径标准诊疗流程需要的时间，包括总时间和主要诊疗阶段的时间范围。

循证医学的运用应当基于实证依据，缺乏实证依据时应当基于专家（专业团体）共识。制订临床路径的专家应当讨论并评估实证依据的质量和如何运用于关键环节控制。

案例 12　介入术致股动脉损害（心内科）

一、关键词

介入术　并发症

二、案情简介

1. 诊治经过

患者，女，20岁，7月4日因“体检发现先天性心脏病：动脉导管未闭”入住心内科。

7月7日10:00，行动脉导管未闭封堵介入术。手术记录：穿刺患者右股动脉、静脉，降主动脉造影见PDA分流量小，造影管至肺动脉，将开口深插封堵PDA约30 min，重新造影见少量残余分流，结束手术。

7月10日，医师检查发现患者右下肢皮温降低，右足背动脉未及，右腘动脉、右股动脉减弱。超声检查提示：右侧股总动脉夹层动脉瘤？予速避凝、拜阿司匹林等治疗。

7月12日CT检查发现：右侧髂外动脉（自髂总动脉分出后1～2 cm开始）管腔闭塞，范围约96.4 mm，下方股动脉显影正常。22:00患者被转至他院血管外科治疗。CTA检查示：右侧髂股动脉转流术后桥血管闭塞。立即在全麻下行右股总动脉切开取栓、右股总动脉切除自体大隐静脉间置流转术。术中切开股总动脉长约3 cm，见原介入术后收所用“封堵器”缝线位于股总动脉后壁，缝线周围动脉内膜皱缩，股总动脉管壁充血水肿明显，局部见长约3 cm动脉夹层伴血栓形成。用5F Forgaty导管向股总动脉近心端取栓，最远处插入30 cm处，取出红色血栓5 cm。因股总动脉管壁条件差，切除病变股总动脉约4 cm，倒置大隐静脉转流桥。术后患者末梢血供明显好转。

7月21日下肢CT检查：右侧髂股动脉转流术后桥血管闭塞。

7月27日患者出院，出院诊断：右下肢急性血栓形成；动脉导管未闭。

2. 医患交涉过程

患方认为，患者于7月7日术后当天下午即出现右侧足背动脉偏弱，此后持续偏弱，但医师未曾注意。7月10日，医师方才在患者的主诉下，检查发现患者右下肢皮温降低，右足背动脉未及，右腘动脉、右股动脉减弱。病情观察贻误。两次手术后，患者右侧大腿常感酸痛，不能长期行走，活动受限，而且遗留长达20 cm的瘢痕，需要整形，损害后果明显。

与医院协商不成，患者诉至法院。原告患者认为被告医方存在以下过错：

(1) 手术操作失误：术中损伤了患者的右侧股总动脉，属于操作失误。

(2) 术后违反注意义务：按照诊疗常规的规定，介入术术后要特别注意患者的生命体征情况，防止血管出血，防止血栓形成等。对病历审查可以发现，7月7日12:15 pm至4:15 pm的护理记录已经记载，术后患者右侧足背动脉搏动偏弱→明显偏弱，然而医嘱只是制动、砂袋压迫4 h，观察血压每小时×3次，违反诊疗常规的规定。

(3) 违反法定告知义务：医院未告知患者根本未施行动脉导管未闭封堵术，侵犯了患者的知情同意权，也违反了法定告知义务。

被告医院辩称：

(1) 患者动脉导管未闭在行介入治疗术中发现动脉导管细小，分流量小，不影响血液动力学，建议不行封堵术是告知家属的。

(2) 介入治疗术后出现外周血管血栓形成是较为常见的手术并发症，术前有告知并签字同意；术后医院对患者的病情观察处理认真及时。

(3) 术后第四天发现患者出现血栓形成的症状、体征后，医院立即进行了积极的检查和相应的治疗，同时主动联系外院专科医师进行会诊和转院治疗，医院已经尽了最大努力避免不良事件的发生和加重，因此医院不存在过错。

法院受理后，委托进行鉴定，专家鉴定分析意见认为：

(1) 患者因体检发现动脉导管未闭入住医院，根据患者术前的超声检查结果，动脉导管未闭的诊断成立，有介入手术适应证。术中造影证实患者动脉导管未闭，直径为2 mm，而未行封堵术，符合诊疗常规。

（2）医院在对患者的诊疗过程中，术中及术后告知不够充分详细，术后病情观察不够严密。患者术后发生右侧股总动脉栓塞与动脉腔内操作有一定因果关系。

鉴定结论：本病例构成四级医疗损害，医方承担主要责任。

3. 处理结果

法院最终判决被告赔偿原告各项损失共计人民币 5 万余元。

三、分析点评

本例为心内科介入术发生并发症的案例，涉及心脏介入术的操作，手术并发症的处置及分析，介入告知等问题。具体分析如下：

1. 心脏介入术的特点及风险

心脏介入术是一种新型诊断与治疗心血管疾病技术，经过穿刺体表血管，在数字减影的连续投照下，送入心脏导管，通过特定的心脏导管操作技术对心脏病进行确诊和治疗，是目前较为先进的心脏病诊疗方法，介于内科治疗与外科手术治疗之间。目前可开展的心脏介入术有冠状动脉造影术、PTCA+支架术、二尖瓣球囊扩张术、射频消融术、起搏器植入术、先天性心脏病介入治疗、冠状动脉腔内溶栓术等。心脏介入术具有手术时间短、创伤小、疗效迅速、安全性高的特点，所以在心内科迅速推广。

但是，因为心脏介入术是一种有创诊疗措施，不可避免地具有一定的风险。常见风险如下：

（1）手术自身风险：如造影剂过敏、造影剂肾病；感染；急性心力衰竭、心肌梗死；栓塞；股动脉插管后血肿、桡动脉血肿；心包填塞、心脏破裂；等等。

（2）外围风险：如 X 射线风险；环境风险；等等。

2. 心脏介入术安全管理

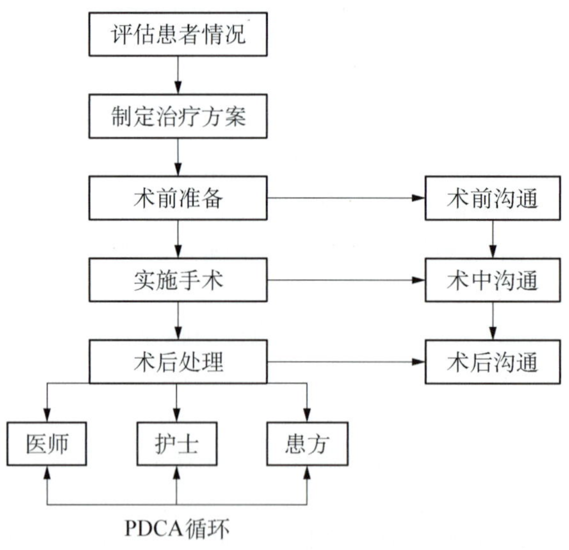

图 12－1　心脏介入术手术安全管理流程图

在整个心脏介入手术的安全管理中，有几个关键环节：术前评估、术前沟通、术中处理和术后处理，如图 12－1 所示。

本例患者动脉导管未闭入院，术前医师未充分评估封堵术的必要性；术前沟通偏向简单，以签字为主；术中无沟通；术后无医师、护士、患方针对患者的整体观察处置方案。所以，本例介入术明显准备不足，处置失误。

3. 术中沟通的重要性

本例医师回顾术中曾向患者家属告知未曾用进口材料，潜台词术中未予封堵。然而家属认为，未用进口材料即是用了国产材料，而非没有进行封堵术。医师告知语言不周全、过于专业化是造成纠纷的常见原因。术中沟通既要有针对性，同时又必须让人听懂，使家属充分理解。

4. 术后沟通的重要性

术后正确的流程是，医师、护士、患者及家属对手术有全面了解，医师开具医嘱必须与护士沟通清晰，医师护士必须与患方沟通需注意事项，因为术后观察需要医护患三者合作，才能及时发现问题、解决问题。本例缺乏医护患合作，以致问题被掩盖直至严重。

5. 正确认识并发症

并发症是指一种疾病在发展过程中引起另一种疾病或症状的发生，后者即为前者的并发症。手术并发症是指因手术引发的另一种疾病或症状，如术后出血、感染、器官损伤、肠粘连、肠梗阻等。本例患者右侧股总动脉栓塞即是介入术的并发症。

并发症的发生有医方操作过错的原因，也有患者自身原因。医方是否有过错要具体问题具体分析。本例中，患者术后 12:00 返回病房，12:15 至 16:15 pm 护理记录记载，患者右侧足背动脉搏动偏弱→明显偏弱。术后三天，患者右下肢皮温降低，右足背动脉未及，右腘动脉、右股动脉减弱。这些症状均提示患者局部血运不畅，然而医师未做病因鉴别等正确处置，属于缺乏批判性思维、全面沟通和解决复杂问题的综合能力。

6. 关于患者的损害后果

本例患者被切除病变股总动脉约 4 cm，导致大隐静脉转流桥。根据《医疗事故分级标准(试行)》，患者不构成残废，但是有伤害，所以为四级。

四、思考题

(1) 住院医师如何对心脏介入术评估风险、制订预案与安全管理?

(2) 针对心脏介入术的术后管理，医师有何整体方案?

(3) 针对心脏介入术，医师、护士、患方应当如何合作?

五、相关法律链接

1.《侵权责任法》

第五十五条　医务人员在诊疗活动中应当向患者说明病情和医疗措施。需要实施手术、特殊检查、特殊治疗的，医务人员应当及时向患者说明医疗风险、替代医疗方案等情况，并取得其书面同意；不宜向患者说明的，应当向患者的近亲属说明，并取得其书面同意。

医务人员未尽到前款义务，造成患者损害的，医疗机构应当承担赔偿责任。

2.《医疗事故分级标准(试行)》

四、四级医疗事故

系指造成患者明显人身损害的其他后果的医疗事故。例如造成患者下列情形之一的：

(1) 双侧轻度不完全性面瘫，无功能障碍。

(2) 面部轻度色素沉着或脱失。

(3) 一侧眼睑有明显缺损或外翻。

(4) 拔除健康恒牙。

(5) 器械或异物误入呼吸道或消化道，需全麻后内窥镜下取出。

(6) 口周及颜面软组织轻度损伤。

(7) 非解剖变异等因素，拔除上颌后牙时牙根或异物进入上颌窦需手术取出。

(8) 组织、器官轻度损伤，行修补术后无功能障碍。

(9) 一拇指末节 1/2 缺损。

(10) 一手除拇指、食指外，有两指近侧指间关节无功能。

(11) 一足拇趾末节缺失。
(12) 软组织内异物滞留。
(13) 体腔遗留异物已包裹,无需手术取出,无功能障碍。
(14) 局部注射造成组织坏死,成人大于体表面积 2%,儿童大于体表面积 5%。
(15) 剖官产术引起胎儿损伤。
(16) 产后胎盘残留引起大出血,无其他并发症。

案例 13 吞咽困难(消化内科)

一、关键词

流程 消化内科安全管理

二、案情简介

1. 诊治经过

患者,男,65 岁,6 月 5 日 10:00 患者因“吞咽困难”3 月余,在精神卫生中心工作人员老李的陪同下,前来消化内科就诊。患者患精神分裂症 30 余年,长期间断在精神卫生中心住院治疗。

医师检查患者一般情况可,咽部无异常,本欲建议患者行胃镜检查,但是担心患者不能配合,决定先予食道钡剂检查以明确诊断。

老李带患者到放射科,放射科医师配好钡剂,让老李扶好患者服下,患者在服用钡剂约三分之二时,突然剧烈咳嗽气喘,口鼻喷出钡剂,立即停止服用,迅速胸透提示患者左侧肺部部分弥漫性钙化影,右侧未见。提示患者不慎误吸钡剂,引起左下肺部分支气管钡剂吸入后改变。继而,患者呼吸困难,咳嗽剧烈并气喘,为防止意外发生,医师迅速将患者送入 ICU 紧急抢救。经过治疗后,患者病情缓解,转入普通病房。

抢救当日,医院联系到患者的唯一亲属其姐。住院两月余,再次复片显示患者左下肺有一直径约 2.5 cm 大小钙化影,余未见异常。提示钡剂已沉积至左肺底部。患者无咳嗽、气喘、胸闷等症状。医院通知患者姐姐可以出院。

2. 医患交涉过程

患者姐姐来院,提出医院未正确评估患者的病情,未告知家属就对患者施行有风险的钡透检查,侵犯了患者的知情同意权,同时医院存在注意不足的过错,导致患者误吸钡剂,要求高额赔偿。医院不同意。于是,患者滞留医院。

最终,医方以患者欠费为由诉至法院,患方收到起诉状后也起诉医方,要求医方承担法律责任。

3. 处置结果

法院受理后,考虑本案的特殊性,在主审法官的主持下,调解结案。院方承担了一定的赔偿责任,同时患者姐姐也为患者办理了出院手续离院。

三、分析点评

本案是一起因钡剂误吸而引发争议的案例。具体分析如下:

1. 消化系统疾病特点与风险特点

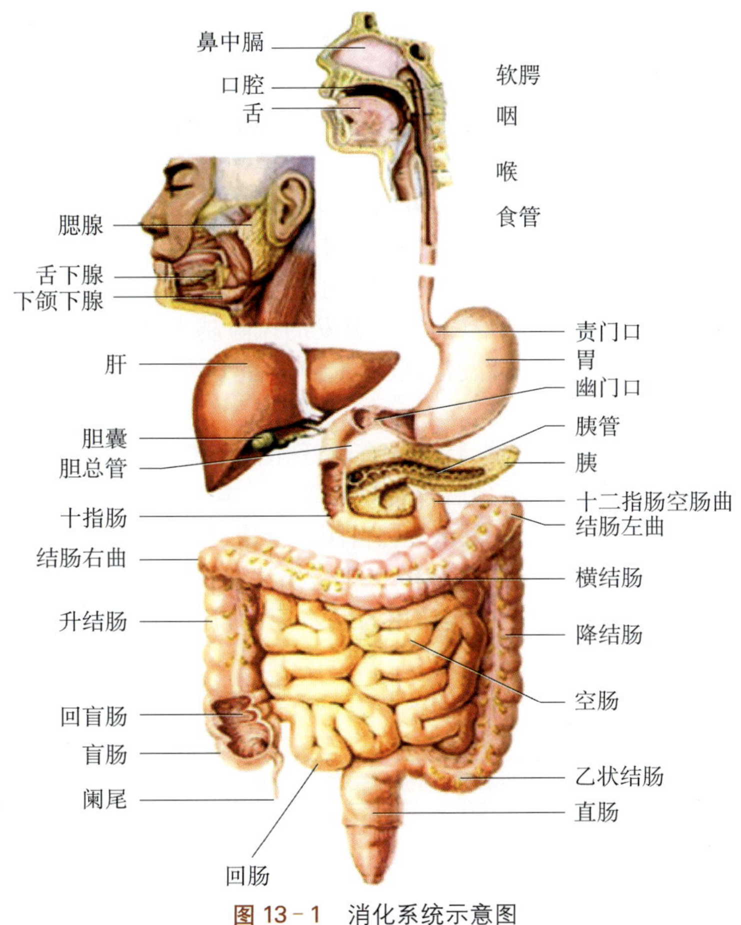

图 13-1　消化系统示意图

消化系统由消化道和消化腺两大部分组成。消化系统包含的器官较其他系统而言最多，消化道包括口腔、咽、食道、胃、小肠(十二指肠、空肠、回肠)和大肠(盲肠、结肠、直肠、肛管)等部。临床上常把口腔到十二指肠的这一段称上消化道，空肠以下的部分称下消化道。消化腺有小消化腺和大消化腺两种。小消化腺散在于消化管各部的管壁内，大消化腺有三对唾液腺(腮腺、下颌下腺、舌下腺)、肝脏和胰脏，如图 13-1 所示。消化系统疾病主要表现为感染、炎症、损伤、恶变等，主要临床症状为恶心、呕吐、腹痛、腹块等。所以，消化内科风险主要表现为：

(1) 发病率高。因为消化系统涉及器官多，消化道直接开口于体外，黏膜接触病原体、致癌物质、毒性物质的机会多，所以发病率高，属于常见病。但是因其常见，容易使医师疏于进行病因鉴别，导致漏诊漏治。

(2) 检查方式复杂。消化系统疾病的检查方式包括常规检查和特殊检查，特殊检查包括生化、免疫、内镜、影像诊断等。而正因检查方式多样，医师有可能对检查的目的或程序不清，导致检查失误。如本例产生钡剂误吸。

(3) 病情变化疏于观察。因消化系统疾病属于常见病、多发病，治疗方法趋于统一连贯，使医师治疗方式倾向于重复，有时容易忽视患者病情变化，导致误判。如消化道大出血患者，使用垂体后叶注射液，患者出现头痛，医师认为系垂体使用后的正常表现，疏于观察，直至患者头痛加剧发现为颅内出血，经抢救无效死亡。

(4) 癌变容易误诊。消化系统各器官均容易癌变，而癌前病变常表现为慢性病，容易使临床医师产生惯性思维，长期按照慢性病诊治，疏于进行有针对性的特殊检查，待发现时已处于癌症中晚期。现实中，这样的案例经常发生。

2. 消化内科的安全管理措施

(1) 熟悉疾病特点与演变路径。作为医师，不仅要密切注意患者临床表现，还要熟悉本系统疾病特点、发病机理、病理演变路径等基础知识，掌握相关临床检查方式和诊断技术如免疫组化、胃镜、肠镜、CT、MRI 等检查原理与优缺点，区分各项检查方式对应的病理，才能为自己提供足够的临床证据，正确诊治患者。

(2) 及时掌握相关操作技术。现代内科医师离不开现代技术的支持。作为一名消化内科医师，必须具备熟练操作胃镜、肠镜等的技能，掌握相关并发症，及时处置，同时善于判断患者是否要启动外科手术。

(3) 善于与家属沟通。通常，患者对消化内科疾病有一定的基本医学常识，属于易沟通人群。但是，因为新检查项目、新技术、新药的不断推广，因此引发的风险越来越多，临床医师要及时评估这些风险，及时沟通告知。同时，针对慢性病急性发作，危急重症患者，医师也要及时把握风险，正确沟通告知。

3. 沟通注意事项

消化内科患者涉及病情观察、风险评估、特殊检查、特殊治疗，在这种情况下，医师应当及时告知患方病情、医疗措施、风险、可选择的替代方案、预后及转归等事项。本例患者吞咽困难就诊，医师可考虑的替代检查方式有胃镜、钡透、口服泛影葡胺造影、请五官科医师会诊、喉镜检查等，医师应当与患方详细告知，再做选择和决定。同时，本例患者为精神疾病患者，医师应当注意其民事行为能力，作出相应处置。

医患沟通以保护患者合法权益、遵循诚实信用为基本原则，让患者客观选择、理性面对。沟通既要遵守法律法规，也要遵守伦理道德。

4. 本例正确处置流程

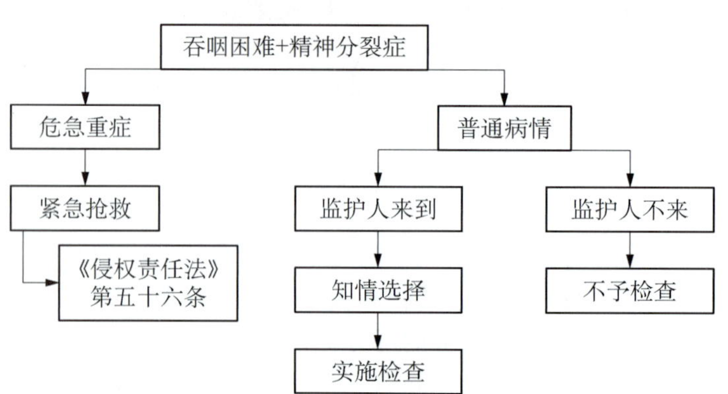

图 13－2　本例患者的正确处置流程图

解释如下：

如图 13－2 所示，医师接诊该患者，首先评估患者病情及风险，若患者属于危急重症，有生命危险，则需立即开展紧急抢救，而陪伴的精神卫生中心工作人员老李不属于患者监护人，没有签字资格，此时医师需要根据《侵权责任法》第五十六条的规定，立即报告院领导，由院领导签字。但仍建议让老李签字，可以起到一定的证据作用。

如果患者为普通病情，因为需要开展的检查方式属于有创检查，则医师需要让老李通知患者的监护人，让其姐到院知情选择签字后再开展，若其不到院，医师应劝说老李带患者暂时回精神卫生中心，隔日与其姐一同来院检查。以上就是正确的流程。

若在正确流程处置下，患者仍然出现误吸或其他损害，医方没有过错，没有法律责任。

四、思考题

(1) 消化内科住院医师要掌握哪些基本功?

（2）消化内科住院医师如何识别风险、化解风险、防范风险？

（3）请您结合第一篇内容，设计消化内科住院医师法律能力与职业道德建设的实施路径图。

五、相关法律链接

1.《侵权责任法》

第五十五条　医务人员在诊疗活动中应当向患者说明病情和医疗措施。需要实施手术、特殊检查、特殊治疗的，医务人员应当及时向患者说明医疗风险、替代医疗方案等情况，并取得其书面同意；不宜向患者说明的，应当向患者的近亲属说明，并取得其书面同意。

医务人员未尽到前款义务，造成患者损害的，医疗机构应当承担赔偿责任。

第五十六条　因抢救生命垂危的患者等紧急情况，不能取得患者或者其近亲属意见的，经医疗机构负责人或者授权的负责人批准，可以立即实施相应的医疗措施。

2.《医疗机构管理条例》

第三十三条　医疗机构施行手术、特殊检查或者特殊治疗时，必须征得患者同意，并应当取得其家属或者关系人同意并签字；无法取得患者意见时，应当取得家属或者关系人同意并签字；无法取得患者意见又无家属或者关系人在场，或者遇到其他特殊情况时，经治医师应当提出医疗处置方案，在取得医疗机构负责人或者被授权负责人员的批准后实施。

3.《医疗机构管理条例实施细则》

第六十二条　医疗机构应当尊重患者对自己的病情、诊断、治疗的知情权利。在实施手术、特殊检查、特殊治疗时，应当向患者作必要的解释。因实施保护性医疗措施不宜向患者说明情况的，应当将有关情况通知患者家属。

第八十八条　条例及本细则中下列用语的含义：

诊疗活动：是指通过各种检查，使用药物、器械及手术等方法，对疾病作出判断和消除疾病、缓解病情、减轻痛苦、改善功能、延长生命、帮助患者恢复健康的活动。

特殊检查、特殊治疗：是指具有下列情形之一的诊断、治疗活动：

（1）有一定危险性，可能产生不良后果的检查和治疗。

（2）由于患者体质特殊或者病情危笃，可能对患者产生不良后果和危险的检查和治疗。

（3）临床试验性检查和治疗。

（4）收费可能对患者造成较大经济负担的检查和治疗。

案例 14　肠镜穿孔（消化内科）

一、关键词

肠镜检查　安全管理

二、案情简介

1. 诊治经过

患者，男，54 岁，因“便血、腹胀”到消化内科就诊，要求肠镜检查。

5 月 10 日 15:00 在全麻下行肠镜检查。内镜描述：顺利进镜至升结肠，见一浸润性肿块，表面充血水肿糜烂，质脆，活检后易出血，阻塞肠腔，肠镜不能通过。其余未见异常。当时肠镜活检前图片如图

14－1所示：

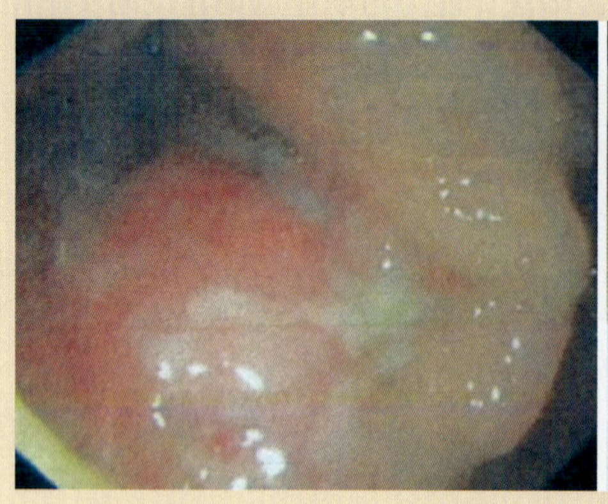
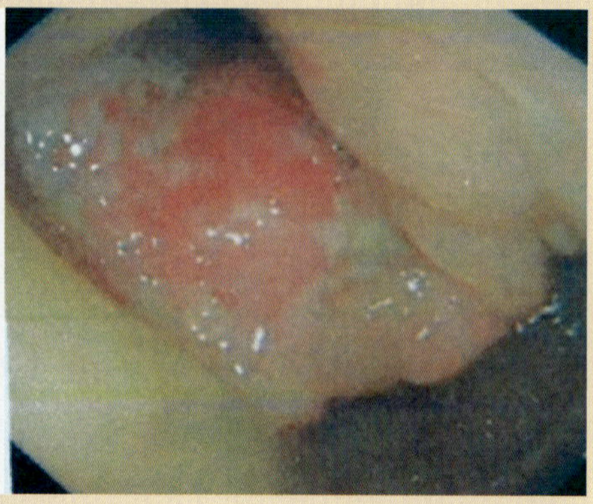

图14－1 肠镜活检前

肠镜检查后，患者感腹胀较重，医师嘱静卧。一小时后腹胀腹痛不能缓解，即请普外科医师会诊，行腹部立位X光摄片检查，见膈下游离气体，提示肠穿孔。立即急诊手术。术中见小肠粘连，回盲部穿孔，有肿块，快速冰冻切片提示肠癌，即行回盲部切除术。术后病理报告：肠癌（低分化癌）。术后十天，患者出院。

2. 医患交涉过程

患者认为，医师肠镜检查导致肠穿孔，属于操作失误，存在过错，要求医院承担赔偿责任，起诉至法院。

医方认为，肠穿孔是肠镜检查难以避免的并发症。医师术后严密观察患者，发现异常立即请外科会诊，及时检查，及时手术，不存在过错。而且术中术后均提示患者为肠癌，组织充血水肿，糜烂较脆，肠镜检查极易发生肠穿孔。所以，医方不存在过错，不同意赔偿。

法院委托专家鉴定，专家分析意见认为：

（1）患者因腹胀、便血要求肠镜检查，医方给予肠镜检查有指征。

（2）医方肠镜检查活检，在肠腔阻塞时退出，操作正确；术后按照规定留观患者，及时处置，符合诊疗常规。

（3）患者肠穿孔考虑是患者自身疾病所致。

最终认定，本例不构成医疗损害。

3. 处置结果

法院最终驳回了原告患者的诉讼请求。

三、分析点评

本例是一起肠镜检查发生并发症后正确处置的案例。本例提示，针对特殊检查，要制定整体方案，正确处理。具体分析如下：

1. 肠镜检查特点及风险

肠镜检查是经肛门将肠镜循肠腔插至回盲部，从黏膜侧观察结肠病变的检查方法。肠镜检查是目前发现肠道肿瘤及癌前病变简便有效的方法。肠镜作为一种有创检查，必然存在着一定的风险。常见风险有：

（1）麻醉意外。

（2）腹胀、肠出血、肠穿孔、肠系膜撕裂及心血管意外等。

2. 胃肠镜检查安全管理

胃肠镜检查属于较安全的措施，纠纷发生率较低。但是，仍偶有发生，如何做到安全管理？

(1) 严格把握指征，做好术前准备。曾经发生过一起患者肺炎入院治疗，当时感觉经常反酸水，胃部不适。消化内科医师为患者朋友，即安排其进行无痛胃镜检查，静脉麻醉后，患者突然呼吸骤停、心跳停止，抢救无效死亡。这就是指征把控不严的过错。

(2) 全面客观谈话。有些医师因为胃肠镜检查患者较多，谈话流于形式，只是让患者签字而已，致使患者不能充分认识理解并发症。可是，如果要求医师详细解释，显然时间不够。怎么办？建议医师制作谈话沟通视频，让患者通过观看视频的形式，了解胃肠镜检查相关注意事项，科学认识医学。

(3) 正确识别、及时处理并发症。胃肠镜检查，一旦发生并发症，医师要能及时发现，冷静面对。曾经发生患者肠镜检查后腹胀，医师未予留观嘱其回家观察，后患者因肠穿孔来院急诊手术的情况。也有检查后腹胀，请外科医师会诊，未能正确处理的情况。这种情况就属于医疗过错，医方必须承担相应的责任。而本例患者，医师处置正确，及时请会诊，及时发现，及时手术，虽有并发症发生，但属于患者本身疾病因素所致，医方已经尽到了合理的诊疗义务，不存在过错，不应承担赔偿责任。

四、思考题

(1) 针对胃肠镜检查，医师如何做好整体安全管理？

(2) 了解胃肠镜检查的整体流程，制定技术管理与安全管理路径图。

(3) 选择一起胃肠镜检查并发症案例，分析是否有过错，掌握处理原则。

五、相关法律链接

《侵权责任法》

第六十条　患者有损害，因下列情形之一的，医疗机构不承担赔偿责任：

(一) 患者或者其近亲属不配合医疗机构进行符合诊疗规范的诊疗。

(二) 医务人员在抢救生命垂危的患者等紧急情况下已经尽到合理诊疗义务。

(三) 限于当时的医疗水平难以诊疗。

前款第一项情形中，医疗机构及其医务人员也有过错的，应当承担相应的赔偿责任。

案例 15　糖尿病性肾病(肾内科)

一、关键词

肾内科安全管理　老年患者

二、案情简介

1. 诊治经过

4 月 4 日 10:00，患者，男，80 岁，因“血糖升高 20 余年，反复下肢水肿”就诊，收治肾内科。住院病史记载如下：

主诉：血糖升高 20 余年，泡沫尿 3 年，水肿一周。

现病史：患者 20 余年前体检发现血糖升高，多次查空腹血糖大于 7 mmol/L，最高 10 mmol/L，当时诊断 2 型糖尿病。3 年前开始出现泡沫尿。2 年前因糖尿病足发现血肌酐升高，尿蛋白(++)，开始使用胰岛素控制血糖(目前使用优泌乐 25,早 12 IU 晚 6 IU),同时口服肾炎康复片、金水宝等治疗,未规律随访。3 天前患者开始出现鼻塞、流涕、咳嗽、嗓音嘶哑,无咳痰,无痰血,无胸闷、气喘,无畏寒、发热等症状。自行口服清开灵治疗,症状无明显好转,且水肿症状进一步加重。近一周来血压控制欠佳。

既往史:有高血压病 50 余年,患有青光眼、糖尿病眼底病变史。

查体:血压 150 mmHg/70 mmHg,心率 80 次/min,心律齐。左下肢皮肤呈暗墨色,左足小指缺如,双下肢轻度水肿。

实验室检查:血红蛋白含量 87 g/L,白细胞计数 6.66×10^9/L,B 型脑肽 19 700 pg/ml(参考值 0~125 pg/ml)。尿素氮 19.9 mmol/L,肌酐 267 μmol/L,血钾 4.0 mmol/L(参考值 3.6~5 mmol/L),尿量微蛋白 438 mg/dl(参考值 0~1.9 mg/dL),α_1-微球蛋白 22.90 mg/dl(0~1.25 mg/dl),尿免疫球蛋白 124 mg/dl(参考值 0~0.8 mg/dl),尿转铁蛋白 27.8 mg/dl(参考值 0~0.2 mg/dl)。

入院诊断:2 型糖尿病,糖尿病性肾病,慢性肾功能不全,CKD(慢性肾脏病)3 期;上呼吸道感染;高血压病 3 级,极高危。

治疗:予以保肾、降压、改善微循环等治疗,并予以诺和灵 30R,早 12 IU 晚 6 IU iH(皮下注射),诺和灵 30R,18 IU iH qd(每日一次),定期监测血糖、尿量。

4 月 4 日当日 20 h 尿量 600 ml。4 月 5 日空腹血糖 5.6 mmol/L。患者仍诉有鼻塞、流涕,予以对症治疗。晚有气喘,医师予以多索茶碱、呋塞米平喘利尿等治疗。当日 24 h 尿量 450 ml。

4 月 6 日患者咳嗽,有痰不易咯出,血糖波动在 4.9~10 mmol/L。当日查体血压 140 mmHg/90 mmHg,咽红充血,两肺呼吸音低,可闻及少许干啰音,双下肢轻度水肿。加用氨溴索、多索茶碱平喘化痰等治疗。血液化验葡萄糖 3.6 mmol/L,糖化白蛋白 8.6%(参考值 11%~16%),红细胞沉降率 120 mm/h(参考值男大于 60 岁≤43 mm/h)。为明确肺部病变,医师嘱摄胸部正位片,报告:左侧胸腔积液?两肺纹理增多增粗。19:07 给予患者呋塞米 20 mg 静脉利尿。21:00 患者测手指血糖 3.9 mmol/L,家属代诉有出冷汗。进食后复测血糖 2.8 mmol/L,仍有出冷汗。予以 50%葡萄糖 40 ml+5%葡萄糖 250 ml 缓慢静滴。22:48 复测血糖 7.4 mmol/L,患者情况好转。当日 15 h 尿量总计 300 ml。

4 月 7 日 3:55,患者突发呼之不应。查体:昏迷状态,四肢冰凉,血压 110 mmHg/50 mmHg,呼吸停止,心跳停止,右侧瞳孔直径 3 mm,对光反射减弱,予以心肺复苏术。5:50 临床宣告死亡。死亡原因:猝死,糖尿病肾病,2 型糖尿病。

2. 医患交涉过程

患者死亡后,医方建议家属进行尸检以明确死因,但家属拒绝。

患方认为,医方违反糖尿病诊疗常规,未严密监测血糖变化,诺和灵使用超剂量,以致低血糖复发未能及时发现,最终患者因严重低血糖昏迷死亡。医方未及时监测电解质情况,导致患者高血钾未能及时发现并治疗,也是促使患者死亡的原因。据此,患方诉至法院,要求医方赔偿损失。

医方认为,患者入院后,医师给予改善微循环、控制血糖、利尿消肿等治疗,符合诊疗常规。患者一度出现低血糖,经治疗后恢复。后患者突发猝死,属于本身疾病所致,医方无过错,不同意赔偿。

法院依法委托进行鉴定,专家鉴定分析意见为:

(1) 诊断正确。根据患者病史(血糖升高 20 余年,泡沫尿 3 年,高血压病史 50 余年)、入院后实验室检查肌酐 267 μmol/L,医方诊断"2 型糖尿病,糖尿病性肾病,慢性肾功能不全,CKD3 期"依据充分。

(2) 胰岛素应用符合规范。患者因"2 型糖尿病,糖尿病性肾病"入院治疗,医方给予胰岛素治疗指征充分,一天监测四次血糖(三餐前加睡前)也符合诊疗规范。

(3) 4 月 6 日血糖监测欠严密。患者 4 月 6 日晚出现低血糖后,医方虽然已补充葡萄糖,但对于高龄、长期糖尿病、合并症多的患者病情变化认识不足,未能再监测血糖变化,防范再次出现低血糖,存在过错。

(4) 医方检查欠全面。患者入院未行心电图检查，对于患者病情的全面评估有不利的因素。

(5) 血钾监测不违反规范。患者入院后查血钾值为 4.0 mmol/L，在正常范围内。患者入院后尿量在 450～600 ml，并不属于少尿状态(少尿的定义为 24 h 尿量少于 400 ml)，目前临床上并无规定要求必须每日监测血钾值。

(6) 因果关系认定：患者未行尸体解剖，死亡确切原因不明，鉴定专家综合分析认为患者 4 月 7 日凌晨再次出现低血糖诱发死亡可能大，故医方过错与患者死亡有一定的因果关系。但患者高龄(80 岁)、本身糖尿病病史 20 余年，并发糖尿病肾病、糖尿病眼底病变，伴有高血压病史 50 余年，心脏功能差(入院时查脑 B 型脑肭肽 19 700 pg/ml)，本身基础疾病复发是其死亡的主要原因。

鉴定意见：本例属于一级甲等医疗损害，医方承担次要责任。

3. 处置结果

法院据此判令医方承担 30%的赔偿责任。

三、分析点评

1. 肾内科疾病风险特点与安全管理

泌尿系统由肾脏、输尿管、膀胱、尿道及有关血管神经组成。肾脏不仅是主要的排泄器官，也是重要的内分泌器官，对维持机体内环境稳定起重要作用。肾内科住院医师规范化培训期间需要掌握各肾病的病因、发病机制、临床表现、诊断、鉴别诊断及处理原则。肾病属于多发病、高发病，随着人口老龄化，肾病呈高发趋势。肾病既有内科系统疾病的普遍风险，也有其特殊风险，因此有其特殊的安全管理措施。

(1) 及时评估病情。肾内科疾病以慢性病为主，需要终身服药或血透，患者病情稳定。但是，由于长期迁延，终末期变化多端，往往主诉、症状、体征、实验室检查等不相吻合，会导致漏诊漏治，需要医师及时观察病情变化，及时分析病因，及时进行病因鉴别，不断调整治疗方案。本案即是如此，患者在 4 月 6 日晚出现低血糖后，医方虽然已补充葡萄糖，之所以效果不佳，与其“糖尿病性肾病，慢性肾功能不全，CKD3 期”有密切关系，在本例中，肾内科医师并未发挥自己专科治疗的能力和作用。

(2) 严密观察治疗效果。肾内科疾病治疗不当也是引发纠纷的原因之一，也就是治疗方案未及时调整。肾脏疾病受病因影响，慢性疾病急性发作期，往往对治疗要求极高，需要随时进行实验室检查，随时调整用药，必要时需要请专科会诊。本例患者以诺和灵 30R，早 12 IU 晚 6 IU iH(皮下注射)、诺和灵 30R，18 IU iH 每日一次，一天用量为 36 IU。诺和灵为双效胰岛素制剂，包含短效胰岛素和中效胰岛素。根据诺和灵说明书，使用本品要加强血糖水平检测，注射后 30 min 内必须进食含有碳水化合物的正餐或加餐，老年患者需要避免低血糖。据此，本例血糖监测有疏漏，尤其在 4 月 6 日夜间出现低血糖时，未调整血糖监测医嘱，导致未能及时调整用药，属于治疗不规范。

(3) 及时启动专科会诊。肾病往往合并其他疾病，或并发其他疾病，治疗需要多学科协调指导，所以，需要医师知己知彼，扬长避短，及时请专科会诊以正确指导诊治方案。本例即是如此。

(4) 及时高危沟通。肾病晚期，患者病情随时变化，医师需要及时与家属沟通，及时指导家属需注意或配合事项，达成医患合作。本例患者长期糖尿病史，自己有能力随时监测指尖血糖，家属也掌握相关技能，但是其住院后，就不再自测，如果医师告知病情风险，患者及家属也会随时观察注意，随时汇报病情，有利于医师及时发现病情，正确处置。

2. 关于老年患者风险控制

随着人口老龄化，内科系统逐渐以老年患者为主，医师需要及时调整思路，不仅看病，更要看人，要注意老年患者不仅是慢性病患者，常是身患多种疾病，各种疾病相互影响，主次交替，给治疗带来很大困难。同时，天长日久，“久病床前无孝子”，家属也会产生懈怠心，对疾病的演变缺乏科学认识，一旦发生猝死，家属往往不能接受，这种情况下就需要医师能提早发现问题、分析问题，评估风险，与家属及时沟通，特别在住院患者的陪护问题上，要及时与护士沟通，约定家属配合的权利义务，确保陪护质量到位。

四、思考题

（1）肾内科住院医师要掌握哪些基本功？
（2）肾内科住院医师如何识别风险、化解风险、防范风险？
（3）请您结合第一篇内容，设计肾内科住院医师法律能力与职业道德建设的实施路径图。

案例 16 胰岛素泵故障（内分泌科）

一、关键词

糖尿病安全管理 胰岛素泵 医疗器械临床使用安全事件

二、案情简介

1. 诊治经过

4月7日，患者，男，52岁，因“血糖控制不佳”入住医院内分泌科。住院病史记载：

主诉：口干、多饮7年，血糖控制不佳1月。

现病史：患者病程中无头晕、头痛、胸闷、四肢麻木或发冷，无便秘与腹泻，无视物模糊，无排尿淋漓不尽等情况。近1月来自我监测空腹血糖波动在9～13 mmol/L。尿常规检查示尿糖55 mmol/L，酮体(±)，白细胞3～5HP，红细胞12～15 HP。入院时测手指血糖19.9 mmol/L。

既往史：有高血压病史7年，血压控制不详。有双肾结石病史。

查体：体温37℃，心率78次/min，血压150 mmHg/110 mmHg。神志清楚，自主体位，呼吸平稳，口唇无绀，伸舌不偏，鼻唇沟对称，颈软，气管居中，心前区无异常，两肺呼吸音清，腹平软，双下肢无水肿，病理征未引出，四肢肌张力正常，双侧足背动脉搏动存在，针刺觉对称。

入院诊断：①2型糖尿病、糖尿病酮症；②高血压病3级，极高危。

处理：二级护理，低盐低脂糖尿病饮食，测Bp bid，测血糖7次/日，分别于三餐前30 min皮下注射6 IU诺和灵R，另活血化瘀、改善微循环、抗感染等治疗。

4月8日上午，患者无明显口干、多尿，诉有左侧足踝关节部位疼痛，左侧上下颌牙疼痛。监测血糖波动在10.2～19.9 mmol/L。当即医嘱：胰岛素泵强化治疗，测血糖8次/日，三餐前30 min皮下注射诺和灵R 6 IU，0 0.4 4 0.6 8 0.8 20 0.5 24（胰岛素基础量）治疗。快速血糖监测登记：

午餐后2 h，8.7 mmol/L；

晚餐前，11.9 mmol/L；

晚餐后2 h，16.4 mmol/L；

睡前，12.3 mmol/L。

4月9日快速血糖监测记录：

3:00，5 mmol/L；

6:00，3.4 mmol/L；

6:30，4.1 mmol/L；

午餐前，9.5 mmol/L；

午餐后2 h，4.2 mmol/L；

晚餐前，12.7 mmol/L；

晚餐后 2 h，16.6 mmol/L；

睡前，5 mmol/L。

患者诉昨日胰岛素泵有异常声响，昨日下午曾出现冷汗，心悸现象，进食后好转。近日出现左侧肩关节不适伴有活动时疼痛。医师调整胰岛素基础量为：0 0.3 4 0.5 8 0.6 20 0.4 24，同日腹部 B 超提示：脂肪肝，前列腺肥大，脾双肾输尿管膀胱声像图未见明显异常，腹腔大量胀气，超声图像不满意。

4 月 10 日快速血糖监测记录：

3：00，3.1 mmol/L；

6：00，6.2 mmol/L；

早餐后 2 h，2.9 mmol/L；

午餐前，4.2 mmol/L；

午餐后 2 h，4.6 mmol/L；

晚餐前，4.9 mmol/L；

晚餐后 2 h，5.3 mmol/L；

睡前，6.7 mmol/L。

患者晚间再次出现心悸、饥饿感伴出冷汗现象，有头晕。监测血糖波动在 3.1～16.6 mmol/L，血压 140 mmHg/86 mmHg，神志清楚。反复出现夜间血糖偏低，胰岛素基础量再次减少。4 月 10 日 9：00 调整医嘱为：0 0.2 4 0.4 8 0.5 20 0.2 24，诺和灵 R4 IU 4 IU 4 IU 三餐前 30 min 皮下注射。4 月 10 日 18：00 停胰岛素泵治疗。4 月 11 日快速血糖监测记录：

6：00，11.3 mmol/L；

早餐后 2 h，16.1 mmol/L；

午餐后 2 h，13.5 mmol/L；

晚餐前，8.7 mmol/L；

晚餐后 2 h，11.9 mmol/L；

睡前，10 mmol/L。

因患者使用胰岛素泵期间反复出现低血糖症状，可疑机器故障导致胰岛素用量过多，医嘱予以 72 h 动态监测血糖，改用瑞格列奈片（诺和龙）、盐酸二甲双胍片（格华止）、马来酸罗格列酮片（文迪雅）治疗。

4 月 12 日患者夜间入睡困难，晨空腹血糖 11.2 mmol/L，患者要求行胰岛素控制血糖治疗。检查：血压 150 mmHg/100 mmHg，神志清楚，自主体位，呼吸平稳。给予胰岛素强化治疗。诺和灵 R10 IU 10 IU 10 IU 三餐前 15～30 min 皮下注射，诺和灵 R 8 IU 22：00 皮下注射，缬克 80 mg 口服治疗。同日尿液生化报告：尿肌酐 4 396 μmol/L。4 月 13 日，患者血糖波动 8.0～13.3 mmol/L。4 月 14 日患者仍诉左侧牙痛。晨空腹血糖 9.9 mmol/L，测血压 130 mmHg/90 mmHg。动态血糖监测报告：平均血糖 9.6 mmol/L，血糖 3.9～10.0 mmol/L 时间段占 69%，血糖高于 10.0 mmol/L 时间段占 31%，血糖低于 3.9 mmol/L 占 0%。结论低血糖发生频率为经常，低血糖易发时段为清晨。继续控制血糖、活血化瘀等治疗。同日头颅 CT 平扫示：右侧基底节区软化灶，左侧上额窦、筛窦少许炎症。后予以对症处理，患者血糖控制可，于 4 月 20 日出院。

患者之后因失眠在多家医院诊治。空腹血糖 13.9 mmol/L 左右，稳定的糖化血红蛋白 7.84%。

2. 医患交涉过程

患者认为，医方在 4 月 8 日 8：00 开始使用胰岛素泵，一直到 4 月 10 日 18：50 停止使用，期间，胰岛素泵一直有异常的声音，患者多次向医师反映，但医师未予重视，导致患者十分恐惧，越来越不舒服，不仅出现严重的饥饿感，而且多次出现大汗淋漓，频于休克状态。多次测血糖极度偏低，最低的时候在 2.1 mmol/L左右。虽然医师后期治疗稳定了血糖，但先前治疗过程中发生的长时间、反复性的低血糖却造成患者脑损伤，留下了包括健忘、注意力不集中、睡眠障碍、反应迟钝、容易烦躁等长期后遗症。根据低血糖脑损伤的相关医学文献报道：2.8 mmol/L 以上低血糖对脑损伤较小，以下对脑损伤较大，2.1 mmol/L以下对脑损伤后果非常严重。据此，患者起诉至法院，要求医方承担高额赔偿责任。

医方认为，患者在诊疗过程中，胰岛素泵出现故障，致使患者发生低血糖，纯属医疗意外，医方及时纠正，至患者出院时病情平稳，血糖已经得到控制，其失眠症状与低血糖无循证依据的因果关系。

法院经双方质证后，委托专家鉴定，鉴定分析意见认为：

(1) 医方对 2 型糖尿病伴酮症的诊断正确，患者病程已长达 7 年，且口服药物血糖控制不佳，故住院期间在血糖监测下实施胰岛素泵治疗有指征。

(2) 本病例在住院治疗过程中因胰岛素泵故障，造成胰岛素输入过量，患者出现一过性低血糖现象，监测到的最低血糖为 2.9 mmol/L，但持续时间短，无昏迷及意识障碍，经医方治疗后患者病情得到有效缓解。

(3) 依据现有临床经验和医学文献，患者目前主诉症状失眠，与一过性低血糖之间无确定的因果关系和循证医学相关证据。但不排除胰岛素泵故障致低血糖事件对患者的心理潜在影响。

(4) 医方应在胰岛素泵使用过程中做好专项维护和日常保养工作，有创检查和治疗应切实履行书面告知，以避免类似事件的发生。

鉴定结论：本病例不属于医疗损害。

3. 处置结果

法院认为，原告未能提供证据证明其失眠等症状与被告医疗行为之间存在因果关系，故原告要求被告对其进行赔偿的请求无依据，法院不予支持。然而，考虑被告的治疗过程中确实存在不当，故法院酌情确定被告补偿原告 1 万元。

原告患者不服，提出上诉，二审法院依法维持一审原判，驳回上诉。

三、分析点评

本例是一起胰岛素泵使用不当的案例。本例涉及医疗器械的操作使用，且与糖尿病血糖控制治疗相关，如何进行安全管理，防范风险？具体分析如下：

1. 糖尿病诊治风险及安全管理

糖尿病为内分泌科主要诊治疾病，呈多发高发趋势。糖尿病属于慢性病，一旦确诊，患者需要长期维持治疗。但糖尿病的治疗效果与治疗方式、药物、饮食控制、生活方式、患者依从性等相关，所以一旦出现血糖控制不佳，或者因后期并发症加重，若医方诊治瑕疵，就会引发医患纠纷。针对糖尿病患者，医师要善于制定安全管理措施，主要包括如下：

(1) 制定合理治疗方案。糖尿病治疗药物品种之多及复杂，既是医学发展的进步标志，也给患者用药带来很多选择困扰，这时就依靠医师的正确评估和选择，要把握适应证，注意禁忌证，注意药品注意事项，配伍禁忌，药物协同拮抗作用。因为信息渠道越来越多，糖尿病患者用药趋于理智科学，所以医师用药要遵循合法合理的原则。

(2) 科学指导患者。糖尿病的治疗效果与患者的配合息息相关，所以医师应当制作科学的宣传内容，让患者了解糖尿病的基础知识和治疗控制要求，掌握血糖基本监测方法，合理控制饮食和生活方式。

(3) 及时评估患者风险。当患者糖尿病进展到中晚期，会出现血糖控制不佳产生慢性病变，如糖尿病性心肌病、糖尿病性肾病、眼病、糖尿病足等。中晚期糖尿病患者常因酮症酸中毒就诊，患者及家属认为现代医学已经能很好地控制酮症风险，期望值过高，一旦出现生命危险，患方不能接受，由此引发纠纷。所以，医师要随时评估风险，把握沟通节点，有效沟通。

(4) 密切监测血糖，及时处置突发事件。血糖控制是糖尿病患者治疗重点，也是医师关注重点。但血糖控制与个体相关，究竟控制在什么标准，控制效果如何评估，医师需要综合空腹血糖检查、定期血糖监测、糖化血红蛋白测定等制定个体标准，所以，糖尿病治疗方案看似简单，实际复杂，因为个体差异很大，尤其是进行强化胰岛素治疗时，风险更大，对患者的血糖监测更要密切和及时，随时避免低血糖反应，以免过犹不及。这就需要医师及时循证，密切观察患者病情变化，及时启动疑难病例讨论，与护士沟通，与患者沟通，及时调整方案。

2. 胰岛素泵特点及安全管理

胰岛素泵形状、大小如同 BP 机，由泵、小注射器和与之相连的输液管组成，如图 16 - 1 所示。小注射器最多可以容纳 3 ml 的胰岛素，注射器装入泵中后，将相连的输液管前端的引导针用注针器扎入患者的皮下(常规为腹壁)，再由电池驱动胰岛素泵的螺旋马达推动小注射器的活塞，胰岛素泵能模拟胰腺分泌胰岛素的生理模式，按照人体需要的剂量将胰岛素微量、持续地推注到患者的皮下，保持全天血糖稳定，以达到控制糖尿病的目的。胰岛素泵佩戴方式如图 16 - 2 所示：

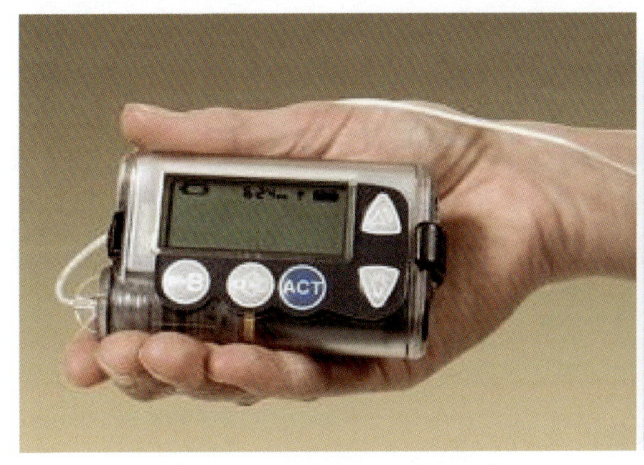

图 16 - 1　胰岛素泵示意图

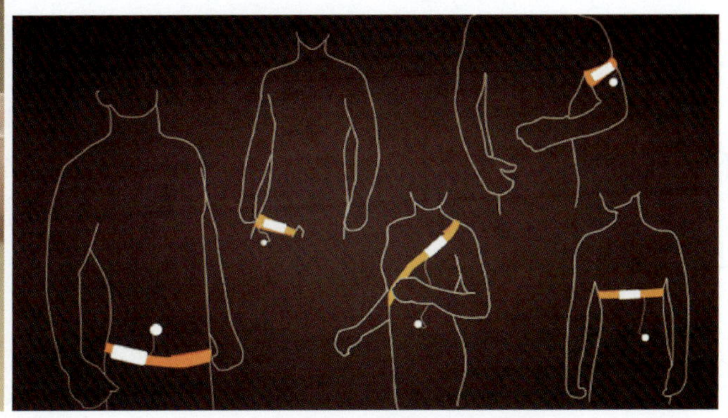

图 16 - 2　胰岛素泵佩戴方式

胰岛素泵具有按时、定量、精准的特点，目前胰岛素泵越来越多应用于糖尿病患者的临床治疗，收到了很好的疗效。但在使用中如发生产品质量不合格或临床操作、护理不当等，将影响患者治疗效果，甚至出现生命危险，所以，需要有安全管理措施。如：

(1) 使用前认真阅读说明书，注意适应证与禁忌证，严格遵照说明书使用。

(2) 向患者告知胰岛素泵的使用要求、注意事项、不良事件处置等，并签署知情同意书。

(3) 使用中避免剧烈运动，以防损坏针头及输注管路。

(4) 随时检查胰岛素泵的工作状态，注意报警，避免管路漏液、堵塞、打折等情况发生。

(5) 按照要求定期监测血糖，出现异常及时处置，等等。

本例属于医疗器械临床使用安全事件，患者在 4 月 8 日 8:00 开始使用胰岛素泵的 59 个小时内，早期就有饥饿感、大汗淋漓等低血糖反应，期间一直听闻胰岛素泵有异常的声音，患者向医师汇报，医师的处置是调整胰岛素量，但未考虑胰岛素泵的问题，说明医师不熟悉医疗器械使用，不了解医疗器械不良事件的表现和处置，所以存在过错。虽然未造成严重后果，但是因处置不当、与患者沟通不当，也引发长期纠纷。本案从开始到最终二审结束，耗时长达 5 年，当班医师、内分泌科疲惫不堪。这既与现在的医患环境有关，也与医师当时的处置有关，所以，多学习掌握与科室相关知识非常必要，住院医师在规范化培训期间要培养宽泛的视野和细致的工作方式。

四、思考题

(1) 内分泌科住院医师要掌握哪些基本功？

(2) 内分泌科住院医师如何识别风险、化解风险、防范风险？

(3) 请您结合第一篇内容，设计针对糖尿病安全管理的住院医师法律能力与职业道德建设的实施路径图。

五、相关法律链接

《医疗器械临床使用安全管理规范(试行)》

第十七条　医疗机构临床使用医疗器械应当严格遵照产品使用说明书、技术操作规范和规程，对产品禁忌证及注意事项应当严格遵守，需向患者说明的事项应当如实告知，不得进行虚假宣传，误导患者。

第十八条　发生医疗器械临床使用安全事件或者医疗器械出现故障，医疗机构应当立即停止使用，并通知医疗器械保障部门按规定进行检修；经检修达不到临床使用安全标准的医疗器械，不得再用于临床。

第三十四条　医疗器械临床使用安全事件是指，获准上市的质量合格的医疗器械在医疗机构的使用中，由于人为、医疗器械性能不达标或者设计不足等因素造成的可能导致人体伤害的各种有害事件。

总结

本章通过8个不同案例阐述了内科住院医师需要掌握的基本法律能力与职业道德。受篇幅所限，不能涵盖所有内科科室，但是以下几点注意事项可供大家参考：

(1) 科学评估慢性病、急性病、慢性病急性发作，普通疾病和危急重症的不同表现和风险，正确处置。

(2) 随时与患方、护士有效沟通。

(3) 培养循证医学的思维习惯与行为习惯。

(4) 及时启动疑难病例讨论，会诊讨论等，积极寻求各方支持。

(5) 培养规范书写病历、留存证据的习惯。

(6) 善于制定各病种的规范化操作流程。

(7) 掌握相关介入术操作方式、注意事项、安全管理。

(8) 熟悉相关医疗器械，培养阅读说明书的使用习惯。

第十二章 神经内科法律能力与职业道德建设

神经内科(Neurology)是研究中枢神经系统、周围神经系统及骨骼肌疾病的病因及发病机制、病理、临床表现、诊断、治疗及预防的一门临床医学学科,是独立的二级学科。神经内科主要诊治脑血管疾病(脑梗死、脑出血)、偏头痛、脑部炎症性疾病(脑炎、脑膜炎)、脊髓炎、癫痫、痴呆、神经系统变性病、代谢病和遗传病、三叉神经痛、坐骨神经病、周围神经病(四肢麻木、无力)及重症肌无力等,主要检查手段包括头颈部 MRI, CT, ECT, PETCT,脑电图,TCD(经颅多普勒超声),肌电图,诱发电位及血流变学检查等。神经内科住院医师规范化培训期间需要掌握神经内科常见病和急症的诊断和处理,识别神经内科疾病风险,做好安全管理。神经内科住院医师必须具备扎实的医学基本功,娴熟的法律处置能力,把医学伦理道德融入疾病诊治和与患者相处之中。

案例 17 脑梗死死亡

一、关键词

脑血管疾病风险控制　鉴定程序

二、案情简介

1. 诊治经过

患者,女,64 岁,9 月 23 日 8:00 无明显诱因下突发口角歪斜,伴左侧肢体乏力,左手持物不能,左下肢行走拖拽,伴言语含糊,左上肢无法抬起,无法行走。19:40 自行到院急诊。急诊病历记载:

主诉:突发左侧肢体乏力 14 个小时。

现病史:晨起床时有左侧肢体乏力感,伴言语含糊,口角歪斜。症状渐加重,有轻度头晕,有咽下困难。

既往史:无脑梗死病史,有高血压、糖尿病史。

查体:血压 210 mmHg/120 mmHg,神志清,精神可,颈软,鼻唇沟左侧变浅,伸舌左偏,左侧肢体肌力Ⅱ级,四肢肌张力正常。

20:07 急诊头颅 CT 平扫提示:①左侧基底节区小片稍高密度灶,小出血灶可能;②双侧基底节及半卵圆区散在腔隙性脑梗死、缺血灶。(急诊医师对此有疑问,亲自前往 CT 室阅片无误。)

诊断:脑梗死? 脑溢血? 2 型糖尿病。

急诊联系神经内科病房，但无床，即予甘露醇、依达拉奉注射液、必存、酚妥拉明、立其丁等治疗。21:00，患者仍有左侧肢体活动障碍，入抢救室。查体：神清，血压 203 mmHg/117 mmHg，气平，双侧瞳孔等大等圆，光反应(+)，直径 2 mm，双肺呼吸音粗，未及啰音。心率 84 次/min，律齐，腹软，无压痛。伸舌左偏，左侧肌力Ⅳ级，右侧肌力Ⅴ级，左侧巴氏征(+)，右侧未引出。快速血糖 11.6 mmol/L。予心电监护、吸氧、告病危，甘露醇、必存、奥美拉唑(奥克)、立其丁等继续治疗。患者病情稳定。

9 月 24 日 15:15，患者被收入神经内科病房。病历记载：

入院后专科检查：血压 160 mmHg/70 mmHg，眼睑无下垂，眼球活动不受限，眼球无震颤，无复视。双侧瞳孔等大，对光反射正常。双侧额纹、眼裂对称，左侧鼻唇沟浅，闭目完全。粗测听力正常。发音略含糊，伸舌左偏，四肢肌张力正常，左侧肢体肌力Ⅱ级，右侧肢体肌力Ⅴ级，右侧指鼻试验、快速轮替试验、跟膝胫试验正常，左侧不能完成，左上肢针刺觉减退，左侧腱反射(++)，右侧腱反射(++)，巴氏征左侧(+)，右侧(−)。

入院诊断：

(1) 定位：颈内动脉系统。定性：脑出血。

(2) 2 型糖尿病。

予卧床头置冰枕，监测血糖，脱水降颅压，控制血压，调整血糖等处理。

9 月 25 日予静脉应用营养神经药物单唾液酸四己糖神经节苷脂钠注射液(赛捷康)(至 28 日停用)。9 月 26 日患者自觉左侧肢体乏力加重。9 月 27 日患者有中枢性面瘫，悬雍垂居中，鄂弓抬举欠佳，左侧肢体肌力Ⅰ级，巴氏征(+)，右侧肢体肌力Ⅴ级。头颅 MRI 检查提示：脑干亚急性小梗塞灶，双侧基底节区、侧脑室体旁及额顶叶白质多发小缺血灶，老年性脑改变。予调整治疗方案，予停用冰枕，加用拜阿司匹林、丹参多酚酸盐、必存、阿托伐汀钙片(立普妥)等药物。20:45，患者出现呼吸急促，氧饱和度 80%，血压 146 mmHg/79 mmHg。予吸痰、面罩吸氧，氧饱和度上升到 90%～93%。

9 月 28 日患者精神萎靡，进食少，发热，体温最高达 38.9℃。血常规检查提示：白细胞计数 14.4×10^9/L，中性粒细胞百分比 87.4%。血钾 3.5 mmol/L，D-二聚体 4.3 mg/L(正常<1 mg/L)。摄床旁胸片提示：两肺散在炎症可能。补充更正诊断：定位——椎基底动脉系统；定性——脑梗死，肺部感染，Ⅰ型呼衰。加用平喘、化痰、抗生素药物用药。再次告病危。19:20，患者被转 ICU。检查：神志模糊，嗜睡，呼之可睁眼，查体不能配合。诊断：脑梗死(椎基底动脉系统)、2 型糖尿病、肺部感染、Ⅰ型呼衰、电解质紊乱、双侧上额窦炎、筛窦炎，测血糖 22.3 mmol/L，血钾 3.0 mmol/L。予面罩吸氧、留置胃管，双下肢气压泵治疗等措施。

9 月 29 日 15:50，患者血氧饱和度 90%左右，行床旁经鼻气管插管术，术后血氧饱和度 95%左右，腋温最高 38.9℃，C-反应蛋白 229 μg/ml。9 月 30 日，患者胃液隐血试验：(+++)。

10 月 1 日行气管切开。10 月 3 日予优立康唑等治疗。10 月 5 日痰液有白色念珠菌、干燥奈瑟菌、类酵母菌生长。继续补钾等维持电解质平衡。10 月 6 日 16:50，患者神志不清，心电监护示心率最低 45 次/min，予静脉阿托品处理。10 月 9 日，中段尿培养示白色念珠菌、类酵母菌生长。10 月 11 日痰培养示鲍曼不动杆菌(++)，肌酐 303 μmol/L。夜间血压下降至 64 mmHg/26 mmHg，予多巴胺治疗。5:20 行深静脉穿刺置管术，术后加用万汶扩容。6:00 腋温 40.4℃，6:00 至 14:40 尿量仅 30 ml，心电监护见短阵房速，心率 180 次/min，血压 105 mmHg/55 mmHg，予碳酸氢钠纠正酸中毒。23:10，心率降至 0，予持续胸外按压、肾上腺素等应用，同时予体外临时心脏起搏治疗，至 23:45 心电图示一直线，宣告临床死亡。死亡原因：脑梗死。

2. 医患交涉过程

患者死亡后，家属不能接受，认为医方在收治患者后，没有积极救治，在没有求证的情况下错把脑梗死当做脑溢血治疗，延误了患者的最佳治疗时间，最终造成患者病情急剧恶化，在入院 18 天后不治身亡。特别是 CT 提示左侧基底节区小片区稍高密度灶，症状应表现在右侧，但患者症状在左侧，意识一直很清楚，医方为何要在 27 日才做核磁共振。医院在诊治患者的过程中存在严重的医疗过失，故诉至法院，要求医院赔偿各项损失共计人民币 90 余万元。

被告医院辩称，在患者住院后进行了相关的检查，初始患者的体征不明显，故采用中性治疗方式，并不违反相应医疗原则。患者死亡的主要原因是肺部感染导致多脏器功能衰竭，这种情况病死率极高，医方不存在过错，故不同意赔偿。

法院委托专家鉴定。首次鉴定专家分析意见认为：

(1) 医方在患者首次就诊后就发现症状与影像学检查不符，没有按照诊疗规范的要求及时、完善跟进相关检查，从而造成治疗上的不足。

(2) 病情变化时医方没有及时查找病因及相应处理。

(3) 患者系急性脑梗死，病变累计脑干等多部位，并且有长期糖尿病史，药物控制不佳，容易发生并发症。

鉴定结论：本例属于一级甲等医疗人身损害，医疗过错的责任程度为次要责任。

原告患方对该份鉴定不服，认为医方应当承担主要责任，申请再次鉴定。第二次鉴定专家分析说明：

(1) 诊疗问题：患者系脑卒中典型症状求诊，经急诊 CT 检查后，其临床体征与影像学诊断不符(左侧肢体乏力对应右脑半球病变)，医方没有及时复查 CT 或磁共振检查，存在一定的失当。但依据现有送检病历资料，患者 23～27 日之间的脑卒中症状、体征未明显加重，医方采取的中性治疗措施，不违反医疗原则。所用药品未发现违反使用适应证。

(2) 后续抢救：患者卒中后出现肺部感染并发症时，医方即转入重症监护，实施的醒脑、降颅压、营养神经、抗感染等系列抢救治疗，符合诊疗常规。

(3) 沟通问题：影像学检查本身有一定的局限性，应以临床体征诊断为主，医方在诊断有疑惑的情况下，未能就此与患方充分沟通交流，对病情的预后和危重性存在告知不足。

(4) 死亡原因：患者自身有糖尿病、高血压等病理性基础，其死亡根本原因是脑卒中后出现的严重肺部感染、多脏器受累后功能衰竭的结果，与医方的延迟脑干栓塞的诊断不存在必然的因果关系。

鉴定意见：本例不属于对患者人身的医疗损害；医方在医疗活动中存在诊断欠明确时未及时与家属交流，延迟诊断脑梗死的医疗过错，与患者的死亡不存在因果关系。

3. 处置结果

法院认为，原告虽然对鉴定意见持有异议，但未提供足以反驳该鉴定的证据，故依法确认该鉴定意见书具有证明力，并以其分析说明和鉴定意见作为本案定责的依据。法院最终判令被告医方补偿原告患方人民币 2 万元。

患方不服上诉，二审维持一审原判。

三、分析点评

本例为一起脑血管疾病纠纷，通过本例需要分析如下问题：

1. 善于控制脑血管疾病风险

脑血管疾病发病急，进展快，后遗症重，病死率高。本例患者即是如此。如何控制脑血管疾病风险？

1) 掌握基本功

脑血管疾病是神经内科的高发病、常见病。脑血管疾病纠纷经常反映医师循证能力不足、阅片能力不足、病情观察能力不足等共性问题，需要逐项改进。

(1) 提高循证能力。如本例而言，9 月 23 日患者临床体征与 CT 影像学诊断不符，患者左侧肢体乏力应该对应右脑半球病变，但是 CT 显示患者左侧基底节区小片稍高密度灶，小出血灶可能；双侧基底节及半卵圆区散在腔隙性脑梗死、缺血灶。当时急诊医师对此有疑问，亲自前往 CT 室阅片无误。但是临床经验表明，有时影像学表现会迟于临床症状，医方应该严密观察病情变化，定期及时复查 CT 或磁共振检查以跟踪疾病变化。自23日至27日，患者有左侧肢体乏力加重情况，医师未考虑重新进行有针对性的CT或MRI检查。直至27日才对患者行头颅MRI检查，提示脑干亚急性小梗死灶，双侧基底节区、侧脑室体旁及额顶叶白质多发小缺血灶，老年性脑改变。至此，明确诊断。属于诊断延误。

(2) 提高阅片能力。本例患者在27日MRI检查提示脑干栓塞后，影像科重新对23日CT片子进行核查，显示当时已经有脑干微小梗塞灶，属于遗漏。所以，神经内科医师必须具备熟练阅读脑部CT、MRI片子的能力，了解CT平扫、增强，MRI检查的不同原理和表现，提高疾病诊治能力。

2) 善于医患沟通

(1) 多听多思考。本例患者家属在向医院领导交涉时，反映患者初期病情加重的时候，患者家属与床位医师有如下沟通：

家属：左手怎么不能动了？
医师：这种病就是一天比一天重。
家属：病情怎么越来越严重了？
医师：这种病有发作高峰期。
家属：那这种病周期是多少时间？
医师：会逐步稳定3～5天。
家属：那今天已经是第5天了，病情怎么还没有稳定，反而越来越严重了。
医师：还得再看看。

这段沟通反映出医师没有掌握沟通的基本要素，患者问什么，医师答什么，没有考虑患者的询问是否有合理性，是否要对疾病进行评估分析，是否要再次鉴别诊断。忽略患方反映或询问的内容，有时会遗漏重要信息。所以医师要重视患方的询问甚至质询，要有包容谦虚之心。

(2) 多讨论多沟通。本例患者自24日入住神经内科，直至27日主任查房检查MRI确诊，三天之中未请主任查房，未启动疑难病历讨论。作为一名床位医师，要常存敬畏之心，及时请求上级学术支持，以控制风险。

2. 关于鉴定

本案经过了两次鉴定，意见不一致，法院为何采信第二份鉴定意见？必须了解鉴定的概念、程序和证据意义。

1) 鉴定概念

鉴定，是鉴定人运用自己的专门知识和技能，必要的技术手段，对案件中发生争议并具有专门性的问题进行检测、分析、鉴别的活动。鉴定属于言词证据，是一种重要的证据，鉴定结论是正确认识和处理案件的重要根据之一，是查明案件事实、确定案件性质、明确责任的重要根据。因此，鉴定有“证据之王”的美誉。

2) 鉴定程序

目前医疗损害鉴定的鉴定方式主要有医学会鉴定及其他司法鉴定机构鉴定。鉴定要经过如下程序：提起、受理、参与鉴定、得出鉴定结论等。

(1) 提起。最高人民法院关于适用《中华人民共和国侵权责任法》若干问题的解释第三条规定：“人民法院适用侵权责任法审理民事纠纷案件，根据当事人的申请或者依职权决定进行医疗损害鉴定的，按照《全国人民代表大会常务委员会关于司法鉴定管理问题的决定》《人民法院对外委托司法鉴定管理规定》及国家有关部门的规定组织鉴定。”目前实务中一般由原告患方提出进行医疗损害鉴定，法院同意后，一般由双方当事人协商确定鉴定机构，如果双方协商不成的，由法院指定。

(2) 受理。法院将材料送交鉴定机构(目前有专门的司法鉴定机构，也有医学会)后，鉴定机构自受理之日起一定期限内，通知双方当事人提交补充材料，包括书面陈述及答辩材料。

(3) 鉴定人独立进行鉴定或组成专家鉴定组。由医学会承担的鉴定现阶段仍采用专家组鉴定模式，根据所涉学科专业，专家鉴定组组成人数应为 3 人以上单数。医疗争议涉及多学科专业的，其中主要学科专业的专家不得少于专家鉴定组成员的二分之一。涉及死因、伤残等级鉴定的，应当从专家库中随机抽取法医参加鉴定组。

(4) 医学会鉴定形式抽签。医学会对当事人准备抽取的专家进行随机编号，并主持双方当事人随机抽取相同数量的专家编号，最后一个专家由医学会随机抽取。双方当事人各自随机抽取一个专家作为候补。

(5) 参与鉴定会。司法鉴定人可以要求双方当事人参加鉴定会或独立进行书面鉴定。而医学会鉴定模式则自接到双方当事人提交的有关材料之日起 45 日内组织鉴定并出具鉴定书。鉴定由专家鉴定组组长主持，并按照以下程序进行：①双方当事人在规定的时间内（一般 20 min）分别陈述意见和理由。陈述顺序先患方，后医疗机构；②专家鉴定组成员根据需要可以提问，当事人应当如实回答。必要时，可以对患者进行现场医学检查；③双方当事人退场；④专家鉴定组对双方当事人提供的书面材料、陈述及答辩等进行讨论；⑤经合议，根据半数以上专家鉴定组成员的一致意见形成鉴定结论。专家鉴定组成员在鉴定结论上签名。专家鉴定组成员对鉴定结论的不同意见，应当予以注明。

(6) 鉴定文书。鉴定文书应当包括下列主要内容：①双方当事人的基本情况及要求；②当事人提交的材料和鉴定调查材料；③对鉴定过程的说明；④医疗行为是否违反医疗卫生管理法律、行政法规、部门规章和诊疗护理规范、常规；⑤医疗过失行为与人身损害后果之间是否存在因果关系；⑥医疗过失行为在损害后果中的责任程度；⑦责任等级；⑧对患者的医疗护理医学建议。经鉴定为医疗损害的，鉴定结论应当包括上款④至⑧项内容；经鉴定不属于医疗损害的，应当在鉴定结论中说明理由。

3) 证据意义

本例两次鉴定，意见不一致，首次鉴定结论构成医疗损害，再次鉴定结论不构成医疗损害。最终由法院决定采信哪份鉴定结论，通常而言，法院会采信再次鉴定结论，因为再次鉴定结论的专家构成及分析论证权威性高。本例即是如此。

四、思考题

(1) 神经内科住院医师要掌握哪些基本功?

(2) 神经内科住院医师如何识别风险、化解风险、防范风险?

(3) 请您结合第一篇内容，设计针对脑梗死的神经内科住院医师法律能力与职业道德建设的实施路径图。

五、相关法律链接

1.《病历书写基本规范》

第二十二条　病程记录是指继入院记录之后，对患者病情和诊疗过程所进行的连续性记录。内容包括患者的病情变化情况、重要的辅助检查结果及临床意义、上级医师查房意见、会诊意见、医师分析讨论意见、所采取的诊疗措施及效果、医嘱更改及理由、向患者及其近亲属告知的重要事项等。

(二) 日常病程记录是指对患者住院期间诊疗过程的经常性、连续性记录。由经治医师书写，也可以由实习医务人员或试用期医务人员书写，但应有经治医师签名。书写日常病程记录时，首先标明记录时间，另起一行记录具体内容。对病危患者应当根据病情变化随时书写病程记录，每天至少 1 次，记录时间应当具体到分钟。对病重患者，至少 2 天记录一次病程记录。对病情稳定的患者，至少 3 天记录一次病程记录。

(三) 上级医师查房记录是指上级医师查房时对患者病情、诊断、鉴别诊断、当前治疗措施疗效的分析及下一步诊疗意见等的记录。

主治医师首次查房记录应当于患者入院 48 h 内完成。内容包括查房医师的姓名、专业技术职务、补充的病史和体征、诊断依据与鉴别诊断的分析及诊疗计划等。

主治医师日常查房记录间隔时间视病情和诊疗情况确定，内容包括查房医师的姓名、专业技术职务、对病情的分析和诊疗意见等。

科主任或具有副主任医师以上专业技术职务任职资格医师查房的记录，内容包括查房医师的姓名、专业技术职务、对病情的分析和诊疗意见等。

2.《民事诉讼法》

第六章 证据

第六十三条 证据包括：

(1) 当事人的陈述。

(2) 书证。

(3) 物证。

(4) 视听资料。

(5) 电子数据。

(6) 证人证言。

(7) 鉴定意见。

(8) 勘验笔录。

证据必须查证属实，才能作为认定事实的根据。

案例 18 脑梗死后出血

一、关键词

脑卒中风险　风险控制　风险易发时间段

二、案情简介

1. 诊治经过

患者，男，81 岁，1 月 19 日 7:30 左右出现言语含糊伴左侧肢体乏力，如厕时摔倒。8:30 来院急诊。10:10 查脑 CT 示：未见明显低信号及高信号灶。查体：血压 150 mmHg/80 mmHg，轻度嗜睡，应答可，双瞳孔等大，对光反应正常，口齿含糊，左侧肢体肌力Ⅳ级，病理征阴性。头部及全身未见明显跌伤痕迹，NIHSS(National Institute of Health stroke scale，美国国立卫生研究院卒中量表)评分 4 分。考虑脑梗超早期。虽在 4.5 h 溶栓时间窗内，但考虑出血风险，家属放弃溶栓治疗。当天 12:30 患者被收住入院。

住院病史记载：

主诉：突发言语含糊伴左侧肢体乏力 5 h。

现病史：患者于入院当天上午 7:30 左右，起床上厕所时出现突发左侧肢体乏力，左上肢持物不稳，左下肢站立不能，伴摔倒 1 次，出现言语含糊，病程呈进行性加重，出现小便失禁 3 次，无头晕、头痛，无神志不清，无四肢抽搐等。此次发病来，患者轻度嗜睡。

既往史：有高血压病史 30 余年，血压最高 180 mmHg/100 mmHg，服药治疗，血压不监测；糖尿病史 15 年，服药治疗中空腹血糖 7 mmol/L。

专科检查：血压 150 mmHg/80 mmHg，呼吸平稳，轻度嗜睡，颈软，无抵抗，左侧鼻唇沟浅，口角右歪斜，伸舌左偏，左侧肢体肌力Ⅳ级，右侧肢体肌力Ⅴ级，肌张力正常，左侧指鼻试验、双侧快速轮替试验、跟膝胫试验检查欠佳，双侧 Babinski 征(－)。

辅助检查：心电图示窦性心律，频发房室交界性早搏。头颅 CT 未见明显异常。血常规、肝肾功能、电解质、凝血功能基本正常范围。

初步诊断：①定位　右侧颈内动脉系统；定性　脑梗死；②高血压 3 级；③2 型糖尿病。

处理：Ⅱ级护理，心电血压监护，进入脑梗死临床路径，拜阿司匹林、立普妥、奥美拉唑，七叶皂甙钠降颅压，前列地尔注射液(凯时)改善微循环，注射用腺苷钴胺(千安倍)营养神经，丁苯酞(恩必普)保护线粒体，控制血糖等处理。

观察过程中，生命体征记录单记录：15:45 血压 120 mmHg/52 mmHg，16:00 血压 112 mmHg/46 mmHg，17:00 血压 160 mmHg/63 mmHg，18:00 血压 145 mmHg/61 mmHg，19:00 血压141 mmHg/70 mmHg，20:00 血压 129 mmHg/58 mmHg，21:00 至 1 月 20 日 5:00 血压波动于(124～138)mmHg/(54～79)mmHg。6:00 血压 135 mmHg/79 mmHg，7:00 血压 177 mmHg/75 mmHg，7:30 血压 150 mmHg/70 mmHg。

1 月 20 日 8:00 病程录：今日晨起患者出现昏迷，伴鼾样呼吸。查体：心率 110 次/min，血压 170 mmHg/100 mmHg，目前浅昏迷，鼾样呼吸，双侧瞳孔不等大，左侧 2.5 mm，右侧 3.5 mm，对光反射迟钝，双侧 Babinski 征(＋)。考虑病情进一步加重，脑梗后合并脑出血可能，给予甘露醇、布美他尼加强脱水减轻颅内压，考虑脑疝形成可能，告病危。

9:08 急诊行颅脑 CT 示：右基底节区颅内血肿，伴脑室内积血；双侧卵圆区散在缺血灶。诊断：①脑出血(右侧颞顶叶)；②脑梗死；③高血压Ⅲ级，极高危；④2 型糖尿病。

9:15 患者转入 ICU。给予告病危、Ⅰ级护理、心电血压监护、气管插管、呼吸机辅助通气以及防治感染、脱水降颅压、止血、促醒等处理。神经外科会诊意见：维持生命体征，目前不建议手术，手术风险极大，病死率极高，有术中死亡可能。家属仍坚持要求手术治疗。

10:30 急诊全麻下行脑出血三联术(开颅探查＋颅内血肿清除术＋颅内压监测探头置入术)。手术记录：清除液态和固态血肿约 90 ml，电凝止血，冲洗见无新鲜活动性出血，脑组织逐渐膨出，取人工脑膜减张缝合硬膜，硬膜下冲洗未见出血，血肿腔内置带引流颅内压监测探头一枚，硬膜外留置负吸引流一根。术后患者深昏迷，呼吸机、升压药维持中，病情无好转。予以罗氏芬预防感染及其他对症治疗。

1 月 13 日予以气管切开置管术。1 月 25 日 14:34 患者突发心跳停止，血压测不出，立即予以胸外心脏按压等处理，于 15:00 宣布患者临床死亡。死亡诊断：①脑出血(右侧颞顶叶)；②脑疝(晚期)；③高血压Ⅲ级，极高危；④2 型糖尿病；⑤脑梗死。

2. 医患交涉过程

患者死亡后，家属对医方不满，认为 1 月 19 日 17:00 在病房患者出现血压升高、偏盲等临床症状，21:00 出现偏瘫症状，20 日凌晨 2:00～4:00 出现咳嗽、呕吐等现象，均向医师汇报，医师却未予重视，未及时进行头颅 CT 等检查以明确诊断，延误了脑出血的诊断和治疗，继续按照脑梗死进行治疗和护理，加重了患者的脑出血，直接导致患者死亡。故诉至法院。

医方认为，患者入院时脑梗死诊断成立，严格遵守脑梗死临床路径治疗规范。医师多次告知家属患者有梗死加重及出血转化的风险。根据记录，患者从 16:00 至次日 7:00，护士每小时巡房，后半夜间陪护家属自行离院，由护工陪同。期间患者生命体征平稳，血压在(112～160)mmHg/(46～88)mmHg，心率 68 次/min 左右；神经系统无明显变化，无特殊情况。期间 21:30～22:00 左右医师夜查房，患者已入睡，心电监护提示血压 124 mmHg/54 mmHg，心率 82 次/min，生命体征平稳，家属称与患者睡前有交流，对答切题，无头痛呕吐等情况。1 月 20 日 7:00 血压突然骤升，伴呕吐，医师及时予以处理并迅速转 ICU，病情观察及抢救到位。根据美国国立神经病学与卒中研究所研究，脑梗死出现出血转化的症状性出血率在 0.6%～11%，致死率在 0.3%～2.9%，该患者脑梗死后出血死亡系由自身疾病所致。医方不存在过错，不同意赔偿。

法院审理后，委托进行鉴定。专家根据送鉴材料、现场阅片、现场询问，分析认为：

(1) 初步诊断及处置正确：根据患者症状、体检及辅助检查，入院时医方诊断“脑梗死，高血压 3 级，2 型糖尿病”正确，给予抗血小板、营养神经、控制血糖及心电血压监护等处理符合医疗规范。

(2) 脑出血后处理无延误：1 月 20 日晨患者进行头颅 CT 明确脑出血后，医方给予降颅压、止血及手术的处理无延误。

(3) 但医方在诊疗过程中存在以下不足：结合送鉴资料综合判断，入院后患者病情有变化，医方对病情观察欠严密，检查患者后未作相应书面记录。根据现有资料，患者由脑梗死转化为脑出血的确切时间无法明确。不能完全排除医方观察欠严密与患者死亡存在一定的因果关系。

(4) 脑梗死后发生脑出血转化属于现有医学科学技术条件下难以完全避免的情形，高龄、病情凶险(大血管梗死、继发大面积出血、形成脑疝)是导致患者死亡的主要原因。

鉴定意见为本例属于对患者人身的医疗损害，属于一级甲等，医方责任程度为轻微责任。

3. 处置结果

法院据此判决被告医方承担 20%的赔偿责任。

三、分析点评

本例是一起脑梗死转化为脑出血的案例。患者本身病情凶险，医师应该如何正确处置呢？

1. 正确评估脑卒中的风险

脑血管意外即脑卒中，同冠心病、癌症并列为威胁人类健康的三大疾病之一，具有发病率高、病死率高、致残率高、复发率高以及并发症多的风险，属于高危病种。脑卒中是神经内科收治的主要疾病，具有共性特征，以猝然昏扑、不省人事或突然发生口眼歪斜、半身不遂、舌强言蹇、智力障碍为主要特征。临床表现有一定局限性神经症状，发生在一侧大脑半球者，有对侧三瘫，即对侧的偏瘫、偏身感觉障碍、偏盲症状，或同时有失语。发生在脑干、小脑者则有同侧脑神经麻痹、对侧偏瘫或偏身感觉障碍，同侧肢体共济失调。严重病例有头痛、呕吐、意识障碍，甚至发生脑疝或死亡。

脑卒中患者常有长期病史，如高血压、糖尿病史等，病情变化多端，症状体征有时很难把控，加之头颅 CT、MRI 检查有假阴性表现，对医师而言，正确诊断更是难上加难。实践中因症状、体征、影像检查不相符而导致漏诊漏治、误诊误治的屡见不鲜。

2. 制定安全管理整体预案并随机应变

从专科角度而言，神经内科已是一个发展非常成熟的专业科室，人才济济，针对不同病种均有相应预案。为什么实践中神经内科却是一个高风险科室呢？有这么几个原因：一是疏于观察患者病情变化；二是不能熟练阅读影像片子；三是不能及时启动疑难病例讨论制度；四是医护合作缺失；五是惯性思维较严重，过分依赖临床路径；六是与患方家属不能正确沟通，未能有效降低患方期望值。本例即是如此，这六点均有表现。

3. 控制神经内科易发风险时间段

实践中，神经内科易发风险的时间段集中在夜班、交接班、双休日、节假日，主要因为人力短缺。如本例，患者病情变化主要表现在夜班期间，医师对心电监护及患者主诉未引起足够的重视，对患者初始头颅 CT 片子未进一步阅读，未考虑患者病情变化需要进一步做夜间急诊头颅 CT，未能与护士有效沟通，因为很多信息采集需要护士的劳动，等等，综合导致病情观察失误，与患者死亡结果有关联性。所以，医师要有意识培养自己在这些时间段的警觉性，整理出自己需要掌握的重点事项、重点患者、沟通方式、医护合作方式，等等，可以有效防范风险。

四、思考题

(1) 针对脑卒中，神经内科住院医师要掌握哪些基本功？

(2) 针对脑卒中，神经内科住院医师如何识别风险、化解风险、防范风险？

（3）请您结合第一篇内容，设计一份针对脑卒中病种的住院医师法律能力与职业道德建设的风险控制路径图。

五、相关法律链接

《短暂性脑缺血发作临床路径》

一、短暂性脑缺血发作临床路径标准住院流程

（一）适用对象

第一诊断为短暂性脑缺血发作：椎基底动脉综合征（ICD－10：G45.0），颈动脉综合征（大脑半球）（ICD－10：G45.1）。

（二）诊断依据

根据《临床诊疗指南-神经病学分册》（中华医学会编著，人民卫生出版社）

（1）起病突然，迅速出现局灶性神经系统症状和体征。

（2）神经系统症状和体征多数持续十至数十分钟，并在1 h内恢复，但可反复发作。

（3）神经影像学未发现任何急性梗死病灶。

（三）治疗方案的选择

根据《临床诊疗指南-神经病学分册》（中华医学会编著，人民卫生出版社）：

（1）进行系统的病因学检查，制定治疗策略。

（2）抗血小板聚集治疗。

（3）频发短暂脑缺血发作者应予抗凝治疗。

（4）病因、危险因素、并发症的治疗。

（5）明确有血管狭窄并达到手术标准者予手术治疗。

（四）标准住院日为5～7天

（五）进入路径标准

1. 第一诊断必须符合短暂性脑缺血发作：椎基底动脉综合征（ICD－10：G45.0），颈动脉综合征（大脑半球）（ICD－10：G45.1）疾病编码。

2. 当患者同时具有其他疾病诊断，但在住院期间不需要特殊处理也不影响第一诊断的临床路径流程实施时，可以进入路径。

（六）住院后的检查项目

1. 必需检查的项目

（1）血常规、尿常规、大便常规。

（2）肝肾功能、电解质、血糖、血脂、凝血功能、抗“O”、抗核抗体、ENA、类风湿因子、纤维蛋白原水平、蛋白C、感染性疾病筛查（乙肝、丙肝、梅毒、艾滋病等）。

（3）胸片、心电图。

（4）头颅MRI或CT，颈动脉血管超声。

2. 根据具体情况可选择的检查项目

超声心动图、同型半胱氨酸、抗凝血酶Ⅲ、TCD、CTA、MRA或DSA，灌注CT或灌注MRI。

（七）选择用药

（1）抗凝药物。排除抗凝治疗禁忌证后可给予：①肝素加华法林；②单独口服华法林；③单独用低分子肝素。

（2）抗血小板聚集药物：肠溶阿司匹林、氯吡格雷等。

（3）必要时可予他汀类降血脂药。

（八）出院标准

（1）患者病情稳定。

(2) 没有需要住院治疗的并发症。

(九) 变异及原因分析

(1) 辅助检查异常,需要复查和明确异常原因,导致住院治疗时间延长和住院费用增加。

(2) 住院期间病情加重,出现并发症,需要进一步诊治,导致住院治疗时间延长和住院费用增加。

(3) 既往合并有其他系统疾病,短暂性脑缺血发作可能导致合并疾病加重而需要治疗,从而延长治疗时间和增加住院费用。

(4) 短暂性脑缺血发作病因明确,反复发作并且有手术指征者转外科或介入科进一步治疗,转入相应治疗路径。

(5) 若住院期间转为脑梗死者转入脑梗死临床路径。

案例 19 病毒性脑炎

一、关键词

脑炎安全管理

二、案情简介

1. 诊治经过

4 月 1 日,患者,男,20 岁,因"发热 2 天"至医院内科门诊就诊。门诊病历记载:

检查:体温 37.5℃,心肺(—),咽红。血常规:白细胞计数 1.86×10^9/L[参考值(4～10)×10^9/L],中性粒细胞 68.6%(参考值 50%～70%)。诊断:上感,白细胞下降。予以利血生、玉屏风散等药物治疗。医嘱明天复查血常规,多饮水,休两天。

4 月 2 日,患者前来内科门诊复诊,仍诉有肌痛、发热。病历记载:

检查:咽红,扁桃体不大,心肺未闻及异常。复查血常规白细胞计数 3.4×10^9/L,中性粒细胞百分比 84.7%。医嘱建议多饮水、吃水果。

4 月 5 日 14:00,患者因发热五天第三次前往医院内科门诊就诊。病历记载:

检查:神清,气平,双肺(—),心率 80 次/min。复查血常规:白细胞计数 15.24×10^9/L,中性粒细胞百分比 28%。配头孢呋辛钠片 1 盒,建议明日血液科门诊诊治,休息三天。

21:43,患者因抽搐半小时第四次送往医院。

急诊病历记载:突发抽搐,神志欠清,无发热,有恶心、呕吐数次,为胃内容物。无大小便失禁。

查体:体温 37℃,心率 80 次/min,血压 85 mmHg/60 mmHg,神欠清,双侧瞳孔直径 0.25 cm,对光反射存在,两肺呼吸音粗。四肢肌力 4～5 级,双侧巴氏征(—)。

血常规:白细胞计数 21.05×10^9/L,中性粒细胞百分比 19.8%,淋巴细胞百分比 74.6%。血气分析:pH 7.32(参考值 7.35～7.45),碱剩余−9.1(参考值−3.0～3.0 mEq/L),缓冲碱 37.2(参考值 46.0～52.0 mEq/L),二氧化碳分压 30 mmHg(参考值 35～45 mmHg),氧分压 224 mmHg(参考值 83～108 mmHg),半饱和度氧分压 29.3 mmHg(参考值 25.4～28.5 mmHg)。胸部平片、头颅 CT 检查未见明显异常。心电图检查在正常范围内。

考虑颅内感染。请神经内科会诊。予以抗感染(头孢曲松钠、阿奇霉素)、镇静(安定)、降颅压(甘露醇)等治疗,因神经内科病房无床,先留院输液。

4 月 6 日 8:00 再请神经内科会诊。查体神志不清,对外界刺激情绪较烦躁,双侧瞳孔约 0.2 cm,对光反射存在，双侧鼻唇沟等深，伸舌不配合，四肢对针刺有反应，可自己活动，双侧巴氏征(—)。诊断：继发性癫痫，颅内感染可能。建议：①控制症状发作；②控制感染；③进一步检查病因(腰穿脑脊液检查排除外脑炎)；④维护水电解质酸碱平衡；⑤神经科随访；⑥必要时收治入院。医师向家属告知病情。

13:00 收治病房。神经系统检查：浅昏迷，无言语，偶有精神症状，双侧瞳孔等大同圆，约 3 mm，对光反射较迟钝，角膜反射尚可，余颅神经未查。肌张力略增高，肌力检查无法配合，双侧腱反射亢进，病理反射阴性，颈强，克氏征阴性，布氏征阴性，感觉、共济检查无法配合。腰穿检查：红细胞计数 6×10^6/L，白细胞计数 24×10^6/L，多核大于单核，脑脊液蛋白 1 230 mg/L。入院诊断：病毒性脑炎，继发性癫痫。予以抗感染、降颅压、抗癫痫等治疗。抢救无效于 4 月 10 日 20:05 宣告死亡。

2. 医患交涉过程

患方认为医方存在明显过错，主要表现如下：

(1) 在患者初期因发热、头昏连续两次就诊时，医方完全疏忽大意，未明确诊断，未给予抗感染治疗，延误了早期诊疗。

(2) 患者因头痛、恶心、呕吐并自行摔倒后第三次就诊时，医方针对明显属于颅内病变且提示病毒感染可能性大的临床表现，疏于检查和鉴别，漏诊漏治，延误了脑炎的诊疗时机。

(3) 医方在患者出现抽搐、神志不清第四次就诊时，未及时进行腰穿及神经系统检查以明确诊断，未及时请上级医师，未及时收入院，未给予抗病毒治疗，未下达病危通知，且整整一晚都未观察患者的病情变化，导致患者病情严重恶化。

医方应就此承担全部责任。患方与医院协商不成，诉至法院。

被告认为，患者诊疗过程符合诊疗规范：

(1) 4 月 1～5 日，根据患者的症状、体征及其检查，只能得出上呼吸道感染的结论，处置合理，没有过度检查和治疗。

(2) 4 月 5 日晚患者出现神经症状来院求诊，神经内科会诊医师及时予以指导，并在第二次作出继发癫痫、颅内感染的判断，及时予以对因、对症治疗。

(3) 患者预后差是病毒扩散透过血脑屏障导致的感染，且急性暴发性进展，病死率高。

法院委托进行鉴定。鉴定分析说明：

(1) 患者在间隙发热 5 天后，于 4 月 5 日下午因出现恶心、头晕跌倒等症状第三次就诊，医方未能引起足够重视，至夜间出现头晕、恶心、抽搐、周围血象明显异常，医方作出“癫痫查因，颅内感染”基本判断，然而诊疗思路欠清晰，以致后续检查处理(相关科室会诊、腰穿等诊断性检查)和治疗措施(抗病毒、降颅压等治疗)不力。

(2) 患者 4 月 5 日晚第四次就诊病情加重(抽搐、烦躁多次发作)，医方虽给予留院观察，但在 10 h 内没有相关病情记录，故无依据表明医方在病情观察和治疗方面履行了相应职责，存在一定的医疗过错。

(3) 医方在诊疗方面的上述医疗过失行为，与患者病情延误，最终救治无效死亡有一定的因果关系。

(4) 患者第一、二次就诊时中枢神经系统病变的症状不典型，造成早期识别和诊断困难。中枢感染病情凶险，发展迅速，救治效果不佳，病死率高，是导致死亡的主要原因。

鉴定意见认定本例属于一级甲等医疗损害，医方承担次要责任。

3. 处置结果

法院酌定由被告医方承担 49%的赔偿责任。

三、分析点评

本例是一起病毒性脑炎误诊误治的案例。从本例可以梳理神经系统疾病中脑炎的诊治流程注意事项与院内合作流程。具体分析如下：

1. 脑炎疾病特点与风险

脑炎是指脑实质受病原体侵袭导致的炎症性病变。病原体有病毒、细菌、真菌、螺旋体、立克次氏体、寄生虫等，也可能为变态反应性疾病，如急性播散性脑脊髓炎。典型脑炎可表现为全身症状如发热、头痛、呕吐等及神经系统症状如意识障碍等。部分脑炎患者早期表现并不典型，易误诊误治，甚至出现生命危险。

2. 脑炎疾病整体安全管理

通过梳理本案，可以整理出医师处置脑炎疾病的整体安全管理方案。

(1) 详细询问病史。询问病史是医师正确诊治的前提。本例可以看出，在患者前期三次就诊时，医师没有详细询问病史，第一次门诊病历只有寥寥 15 字。第二次没有测量患者体温，但是病史中却记载发热。第三次也无体温测量。病史过于简单，针对患者持续反映的头晕等情况未引起重视，也无病史记载。而第四次留观期间更是缺乏对患者整体病史的采集和评估，贻误治疗时机。

(2) 进行病因鉴别。本例患者周围血象明显异常，症状、体征、实验室检查存在许多疑点，医师未能进行正确的病因鉴别，未及时请相关专科进行会诊，未及时请上级医师支持，反映了医师思维简单化的缺陷，而这是致命性缺陷。

(3) 确保会诊质量。本例患者第四次就诊时，已处于神志欠清、抽搐的危重状态。急诊请神经内科医师急会诊，但会诊质量有缺陷，未提出有针对性的专科措施，未对患者的病情进行充分的分析评估，使患者失去了及时救治的关键时期。同样，第二次神经内科会诊也未解决问题，未及时收治入院。临床会诊质量把控是质量安全控制的重要措施，作为请会诊科室要明确自己的会诊目的，会诊要求，若会诊不能实现预期目的，则须再请会诊或者向上级医师汇报请求支持。

(4) 掌握实验室检查及体液检测的原理与方法。脑炎诊断需要随时分析实验室检查及进行脑脊液检查。本例患者屡次血常规检查异常，特别是白细胞减少，医师未引起足够的重视，当时医师考虑的思路是血液病，而忽略患者起病时的症状发热、头晕，反映医师基本功欠缺，知识不全面。在患者第四次急诊，医师已经考虑颅内感染，请神经内科医师会诊时，未联系前面病史，未考虑行头颅 CT 检查，未行脑脊液检查，神经内科医师也未提出针对性的检查，说明医师对相关检查检测原理不清晰，临床能力不足。

综上所述，作为一名医师既要掌握临床医学知识，也要掌握基础医学知识，才能思维缜密，确保正确。

四、思考题

(1) 针对脑炎患者，住院医师要掌握哪些基本功？

(2) 针对脑炎患者，住院医师如何识别风险、化解风险、防范风险？

(3) 请您结合第一篇内容，设计一份针对脑炎病种的住院医师法律能力与职业道德建设的风险控制路径图。

案例 20 继发性癫痫

一、关键词

癫痫发作　癫痫治疗　药品说明书

二、案情简介

1. 诊治经过

患者，男，56 岁，3 月 7 日因“反应迟钝，口角流涎，咳嗽，咳痰”门诊就诊。18 年前曾因脑瘤行部分切除手术，病理示胶质瘤，术后留有左侧肢体偏瘫，之后出现左上肢挛缩畸形。3 年前出现继发性癫痫，发作频繁，服用卡马西平治疗后偶有发作，失语，不能行走，二便失禁，生活不能自理，入住养老院。体检：神清，反应略迟钝，血压 140 mmHg/90 mmHg，心率 76 次/min，律齐，两肺呼吸音粗，右侧肌力Ⅱ度，左侧肌张力增高，伸舌不能。血常规示白细胞计数 11.4×10^9/L，中性 72%，血 K^+ 4.4 mmol/L，血 Na^+ 137 mmol/L，Cr 65，BUN 3.7，血糖 8.9 mmol/L。头颅 CT 示右侧枕顶叶术后改变，两侧脑室间稍高密度影，右侧基底节陈旧性腔梗，脑萎缩。诊断：急性支气管炎，脑癌术后，脑萎缩。予以倍福抗炎，七叶皂甙钠脱水，改善脑细胞代谢等治疗。其间患者未在医院输液，而是自行带回养老院输液。

3 月 8 日 11:00，患者因疾病无好转入住医院神经内科。病历记载如下：

主诉：恶心，呕吐两天。

现病史：同上。

既往史：有癫痫史，近一年来自行停药。有青霉素过敏史。

查体：体温 36℃，神志淡漠，双瞳孔不等大，左侧不规则，光反射迟钝，右侧圆 0.3 cm，光反射正常。颈部无抵抗，两肺呼吸音粗，可及湿啰音，可及痰鸣音。心界不大，HR 70 次/min。腹软，全腹无包块，无压痛，肝脾无肿大。左侧巴彬氏征阳性。膝腱反射存在。

实验室检查：血常规 WBC 13.6×10^9/L，N 84.4%，血气分析正常。EKG 示左室高电压。

诊断：脑胶质瘤术后，继发性癫痫，肺部感染？

处理：1 级护理，吸氧，心监。甘露醇，地塞米松，七叶皂甙钠脱水，抗脑水肿，及改善脑细胞代谢。能量保护营养全身各组织脏器，及维生素、氯化钾对症支持，维持水电解质平衡等治疗。左氟沙星 200 ml 每日一次静滴。

3 月 9 日 3:00，患者出现抽搐，呕吐咖啡色液体一次，当时查体血压 190 mmHg/120 mmHg，中度昏迷，双瞳孔不等，左 1.5 mm，右 3 mm，巴氏征阳性，考虑脑疝可能，予以甘露醇 250 ml 静滴，安定针 10 mg静推。之后血压降为 140 mmHg/80 mmHg。告知家属病情较重，家属表示理解，并予签字。8:30，患者 39.4℃，昏迷，可睁眼，但呼之不应答。双眼球有不自主运动。双瞳孔不等大，颈部无强直，舌苔见陈旧咖啡色液体，两肺呼吸音粗，可及痰鸣音，HR 106 次/min，律齐。腹软。左侧肢体肌张力高，肌力检查不配合。左侧巴彬氏征阳性。摄胸片示“两肺纹理增多，未见明显异常密度影”血常规示 WBC 24.5×10^9/L，N 90.5%，空腹血糖 9.97 mmo/L。修正诊断：①脑胶质瘤术后，复发？②急性支气管炎；③继发性癫痫；④应激性溃疡；⑤2 型糖尿病？予禁食，安定控制抽搐，头孢他啶 2.0 bid 静滴抗感染，头置冰帽保护脑细胞，法莫替丁保护胃黏膜。余治疗不变。患者体温有所下降，未再出现抽搐。

3 月 11 日停用安定。血象有所好转，3 月 12 日血常规 WBC 12.0×10^9/L，N 88%，电解质正常。病情趋于稳定，但神志表现为无意识睁闭眼，对外界无反应，双眼球不自主运动，有吞咽及咳嗽反射。

3 月 15 日 5:30，患者出现出汗，呼吸急促，体温 39.8℃，无抽搐，考虑为中枢性发热，予以酒精擦浴，头置冰帽等处理。另复查血象 WBC 17.0×10^9/L，N 81.2%，复查胸片示左下肺感染，血培养阴性。更改抗生素为头孢曲松 2.0 bid 静滴，地塞米松 5 mg 抗脑水肿，纳洛酮 2 mg 静滴保护脑细胞。西地兰控制心率。3 月 19 日复查脑 CT 示：右枕顶叶肿瘤术后改变，两侧脑室间稍高密度影，钙化可能，两侧基底节梗死灶，脑萎缩。上腹部 CT 示肝右后叶占位性病变不排除，建议增强 CT。医师考虑发热原因为肺部感染及中枢热。

3 月 21 日 11:45，患者大汗，气促，两眼上翻，体温 38.4℃，血糖 8.2 mmol/L，心电监护心率 160～180 次/min，血压 120 mmHg/70 mmHg，左上肢挛缩，右上肢肌张力增高，双下肢肌力不能配合检查，双侧病理征阳性。考虑：发热，继发性癫痫致脑心综合征。予西地泮，(安定)5 mg 静推，及甘露醇 150 ml

静滴。3 月 22 日 6:45 又呼吸急促，出冷汗，抽搐，心率 140 次/min，最高可达 190 次/min，体温 39.4℃，考虑继发性癫痫，予以安定针 5 mg 静推及安乃近退热。医师考虑患者这两次发作及发热为继发性癫痫，为进一步明确诊断，请神经外科医师会诊，会诊意见为右侧枕顶叶胶质瘤术后，继发性癫痫发作，脑萎缩，多发性脑梗死。予以丙戊酸钠 0.2 g q8h 口服。患者之后意识情况同前，无意识反应，可睁闭眼，无抽搐，但体温仍较高，于 3 月 23 日改头孢吡肟 1.0 g bid 静滴抗炎，头置冰帽保护脑细胞，对症支持治疗。

后应家属要求，患者于 3 月 25 日自动出院。当时体温 38.3℃，BP 135 mmHg/85 mmHg，无意识反应，可睁闭眼，心率 95 次/min，两肺呼吸音粗，稍许湿啰音。出院诊断：①右侧枕顶叶胶质瘤术后，复发？②肺部感染；③继发性癫痫；④肝脏占位性病变性质待查；⑤两侧基底节脑梗死，脑萎缩；⑥应激性溃疡；⑦空腹血糖受损。

后患者未有癫痫发作，但神志不清，呈植物生存状态，于 10 月 9 日死亡。

2. 医患交涉过程

患方认为，医方存在明显不足，主要表现在：

(1) 医方明知患者患有癫痫，但神志清楚，却违规使用氧氟沙星，在患者出现神志不清昏迷等药物不良反应后，医方已诊断癫痫，却没有及时停药，耽误病情，是引起患者一系列严重后果的关键原因。

(2) 医方已诊断患者患有癫痫，却没有给予及时、正规的治疗，延误病情达半个月之久，违反诊疗规范。

(3) 癫痫反复发作导致呼吸急促日趋严重最后呼吸衰竭对患者死亡有直接因果关系。

(4) 患者继发性癫痫一直正规治疗，控制良好，不存在自行停药。

患方要求医院赔偿，故诉至法院。

医方认为，医院对患者的诊断治疗符合诊疗常规，对患者治疗正确，不存在对患者癫痫症治疗错误的过错。

(1) 对患者癫痫治疗正确。患者于 3 月 9 日 3:00 出现癫痫发作，3 月 21 日、22 日再次出现癫痫发作，医方给予积极治疗，安定为控制癫痫发作的首选药，初入院时未给予口服抗癫痫药物维持，是因为患者因脑瘤术后出现继发性癫痫，服用卡马西平治疗，近期未服药，未有发作。一般抗癫痫药物的应用原则，视癫痫发作的频率和次数而定，偶发作可以不予应用，而短期内发作频繁的则需应用，一旦应用就得终身服用，一旦停用可引起反跳作用。故在患者入院初发作后，医方予安定控制癫痫发作，之后观察未出现癫痫发作。待 3 月 21 日、22 日再次发生癫痫发作后，医方给予口服抗癫痫药物治疗。

(2) 医院对患者初期使用氧氟沙星符合规定。患方提及在静脉输注氧氟沙星中患者大量出汗，入院后未有出汗，故初始症状为疾病所致。患者咳嗽、咳痰，有呼吸道细菌感染，有应用抗生素指征。因患者青霉素过敏，故选择抗菌谱广而强的喹诺酮。左氧沙星不是癫痫患者禁用药，而是慎用。该药不良反应发生率低，多数属轻中度，常见胃肠道反应，偶可引起抽搐、癫痫等神经系统不良反应；该药半衰期为 4～6 h，主要由肾排泄，患者肾功能正常，不存在肾功能减退排泄障碍而导致药物在体内蓄积这一情况。在停用左氧氟沙星针 12 天后，患者又出现抽搐，可证明癫痫发作是由于患者本身的疾病而造成的。

医方不同意赔偿。

法院为进一步查明事实，委托专家鉴定，鉴定分析意见：

(1) 患者因反应迟钝、咳嗽、咳痰等症状至医院就诊，根据患者病史和当时症状，脑胶质瘤术后、继发性癫痫、肺部感染的诊断明确，有抗感染治疗指征，选择氧氟沙星不属禁忌，但对可能出现的不良反应向家属履行告知义务存在欠缺。

(2) 患者癫痫发作不属于癫痫持续状态，3 月 9 日、21 日、23 日发作时虽都进行了止痉治疗，但医方在 3 月 22 日之后才进行抗癫痫正规治疗，之前未能进行正规的维持性治疗，存在一定的医疗过失。

(3) 上述医疗过失对患者造成一定损害，但患者出现意识障碍是在癫痫发作之前，死亡发生在应用氧氟沙星和癫痫发作 6 个多月之后，因而应用氧氟沙星与患者意识障碍的发生和最终死亡无因果关系。

鉴定结论：本病例构成四级医疗损害，医方承担次要责任。

3. 处置结果

法院最终根据原告损失情况，适当判决被告医方赔偿原告患方各项损失共计 1 万余元。

三、分析点评

本例为继发性癫痫治疗失误的案例。如何控制此类疾病风险，实现安全管理？

1. 科学识别癫痫

癫痫是神经系统常见疾病之一，患病率仅次于脑卒中。癫痫是多种原因引起脑部神经元群阵发性异常放电所致的发作性运动、感觉、意识、精神、自主神经功能异常的一种疾病。癫痫根据其发作状态可以分为：全身强直-阵挛发作（大发作）、失神发作（小发作）、单纯部分性发作、复杂部分性发作（精神运动性发作）、自主神经性发作（间脑性）五种发作类型。根据病因可分为原发性癫痫与继发性癫痫。

2. 正确诊治癫痫

癫痫用药遵循安全有效原则，同时正确识别发作类型，正确用药。本例患者为继发性癫痫，开始即表现为大发作，服用卡马西平治疗，而之后患者并未进行血药浓度检测，即自行停药，但偶尔有发作，神经功能缺损表现愈加严重，反应迟钝，失语，不能行走，二便失禁，生活不能自理，属于癫痫控制不佳。患者在 3 月 8 日入院后，医师诊断为：脑胶质瘤术后、继发性癫痫、肺部感染？治疗原则以抗感染为主，忽略对癫痫的分析与治疗，存在失误。所以，针对合并症多的复杂疾病患者，医师要逐项分析，全面思维，规范治疗。

3. 注意药品说明书

左氧氟沙星注射液药品说明书注意事项："1. 肾功能不全者应减量或延长给药间期，重度肾功能不全者慎用。2. 有中枢神经系统疾病及有癫痫病史患者应慎用……"本例患者为继发性癫痫，医师若根据患者病情需要使用左氧氟沙星，则需要事先与患者家属沟通并书面签字，以让患方充分知情。有时临床治疗是一种两害相权的博弈，在实现治疗目的同时需要尊重患方的知情权，同时注意降低医方的执业风险。

四、思考题

（1）针对癫痫患者，住院医师要掌握哪些概念？

（2）针对癫痫患者，住院医师如何正确评估、正确沟通、正确治疗？

（3）请您结合第一篇内容，设计一份针对癫痫病种的住院医师法律能力与职业道德建设的风险控制路径图。

总结

本章通过 4 个案例阐述了神经内科住院医师需要掌握的基本法律能力与职业道德。受篇幅所限，不能涵盖所有神经内科疾病，但是以下几点注意事项可供大家参考：

（1）正确掌握神经病学基本概念及疾病表现。

（2）培养循证医学的思维习惯与行为习惯。

（3）随时评估病情，正确医患沟通特别是高危沟通。

（4）及时启动疑难病例讨论、会诊讨论等，积极寻求各方支持。

（5）培养规范书写病历，留存证据的习惯。

（6）善于制定各病种的规范化操作流程。

（7）掌握药物治疗的适应证、禁忌证、注意事项。

（8）注意药物协同与拮抗作用。

第十三章

外科法律能力与职业道德建设

外科学(Surgery)是研究外科疾病的发生、发展规律及其临床表现、诊断、预防和治疗的科学。外科是以手术切除、修补为主要治病手段的专业科室。外科设置通常与内科相对应。外科疾病分为创伤、感染、肿瘤、畸形和功能障碍等五大类。外科主要三级分科为普通外科、肝胆外科、心胸外科、泌尿外科、矫形外科、神经外科、烧伤、整形科、显微外科等。外科住院医师规范化培训期间必须熟悉外科各种常见病、多发病的发病机制、临床特点、诊断与鉴别诊断要点、治疗原则以及随访规范,熟悉外科基本用药及临床合理用血知识。了解外科少见病和罕见病的临床特点、诊断与鉴别诊断及治疗原则,了解腹腔镜、胸腔镜、甲状腺镜等手术基本理论,掌握外科危重患者的抢救原则。外科患者涉及手术、用药、病情观察、处置等综合治疗手段,要求外科住院医师必须具备扎实的医学基本功,相应的手术能力,娴熟的法律处置能力,把医学伦理道德融入疾病诊治和与患者相处之中。

案例 21　十二指肠穿孔漏诊(普外科)

一、关键词

药物与疾病　药物协同拮抗作用

二、案情简介

1. 诊治经过

7 月 16 日,患者,男,45 岁,因"腹痛剧烈"入住医院普外科。住院病史记载如下:

主诉:上腹部疼痛 1 周,加重 1 天。

现病史:患者于入院前 1 周无明显诱因下出现上腹部疼痛,不向其他部位放射,疼痛尚可忍受,伴有恶心,无呕吐,有泛酸嗳气,无畏寒、发热,无呕血、黑便,进食后疼痛略缓解,后腹痛反复发作。

既往史:有吸毒史。

查体:神清,腹软,上腹部压痛,无反跳痛,无肌卫。

辅助检查:上腹部 CT 平扫:十二指肠及回肠末端局部肠壁增厚水肿。血常规:白细胞计数 18.71×10^9/L[参考值(4～10)×10^9/L],中性粒细胞百分比 82.6%(参考值 50%～70%)。上腹部 CT 平扫+增强:十二指肠炎症伴周围渗出性改变,腹腔积液,右侧结肠旁局限性腹膜炎? 垂脂炎? 左肾囊肿。附见:右侧少量胸腔积液,右肺下叶部分肺组织膨胀不全,右侧胸膜增厚。下腹部 CT+增强:远端回肠炎症改变，部分小肠积气，腹腔积液。

入院诊断：腹痛，消化道溃疡，腹腔感染。

处理：禁食、抑酸、抗炎以及补液支持治疗。予曲马多1～3支肌肉注射每日。

7月18日，患者仍诉中上腹疼痛不适，并伴有黑便数次。大便隐血试验：阳性（++）。血常规：白细胞计数 16.2×10^9/L，N 84.4%，Hb 156 g/L（参考值110～160 g/L）。上腹部CT+增强：十二指肠肠壁水肿伴周围渗出性改变，情况较前片无明显变化，右侧结肠旁局限性腹膜炎？左肾囊肿等。加用二乙酰胺静脉滴注。7月19日胃镜诊断：十二指肠球部溃疡（AⅠ期），十二指肠降部溃疡性病灶并出血，原因待查。病理：（十二指肠降部）黏膜慢性炎伴糜烂，另见少量炎性坏死组织。7月21日大便隐血试验：阳性（+）。长期医嘱：米汤（次日改为禁食，25日改为流质至出院）；米雅、吉法酯口服（次日停药）。7月22日腹部立卧位X片：部分小肠积气积液；右下胸膜增厚。

7月28日，患者仍诉中上腹疼痛不适，黑便次数较前减少，为咖啡色液体，每次腹痛仍需曲马多止痛治疗后缓解。处理：患者每天都需曲马多3～4次缓解疼痛，仍有便次3次，咖啡色，血红蛋白（7月25日96 g/L）较前进一步降低。请消化内科会诊，建议行小肠CT检查，适当加重止血药物，试用反应停。加用云南白药1瓶/次，每日三次口服。7月29日加用反应停25 mg/次，每日2次口服。8月1日血常规：WBC 4.45×10^9/L，N 74.2%，Hb 74 g/L。上腹部CT平扫+增强：右侧胸腔积液，左肾囊肿，左下腹小肠局限性肠壁增厚，伴近段部分肠管积气、积液、扩张，考虑炎性病变可能。8月3日患者要求转院。出院时情况：昨日仍有黑便，量不多。出院诊断：十二指肠溃疡伴出血。

患者入住B院后，被诊断为十二指肠球部溃疡伴出血伴腹腔感染伴穿孔，予以禁食、抗炎、抑酸、营养支持等治疗。8月4日上腹部CT平扫+增强：①胃窦壁均匀增厚、水肿，未见明显异常强化，考虑糜烂性胃炎或溃疡所致；②左上腹空肠及末端回肠壁似见轻度增厚，强化较明显，局部系膜脂肪模糊，肠周血管增多、增粗，考虑早期炎性肠病可能；③腹腔少量积液等。8月9日，患者好转出院。出院诊断：十二指肠球部溃疡伴出血。

9月20日患者因“双下肢乏力1月”再次入院。查体：双下肢肌力Ⅲ级。入院后予以营养神经等治疗。肌电图报告：未见异常。腰椎MRI平扫：L_5～S_1、$L_{4\sim5}$椎间盘轻微膨隆；腰椎轻度骨质增生。9月28日出院，出院时双下肢肌力Ⅳ级，出院诊断：周围神经损伤。一年后情况无好转。

2. 医患交涉过程

患者认为，医方对患者十二指肠球部溃疡伴穿孔存在漏诊漏治、误诊误治的过失；医方在入院当日就了解患者是曲马多止痛剂敏感者，在患者整个住院期间使用18天36针之多，掩盖病情；医方消化内科会诊敷衍了事，给患者增加了云南白药，违规使用沙力度胺片，造成患者周围神经损伤、脊髓病变的损害后果。为此诉至法院，要求被告医方赔偿自己损失。

医方认为，医方对患者的治疗符合诊疗常规；应用曲马多、云南白药有用药指征，使用剂量符合用药规范。由于患者情况特殊且十二指肠降部溃疡临床罕见，疾病的恢复需要较长时间；患者的周围神经损伤与医方的诊疗行为无因果关系，故不同意赔偿。

法院归纳本案的争议焦点为：医方的医疗行为是否存在误诊误治、漏诊漏治的过失；医方用药是否有过错。为进一步查证，法院委托专家鉴定，鉴定分析意见认为：

(1) 患者因“上腹部疼痛1周，加重1天”于7月16日入住医院。根据送检的病史资料、影像片，患者十二指肠溃疡伴出血、穿孔诊断成立。医方在诊治过程中给予进食后患者腹痛症状加剧，提示有微小穿孔的存在，但医方对此认识不足，漏诊消化道小穿孔，饮食治疗方案不当，应用曲马多指征掌握欠严格，影响了患者消化道病变的恢复。后经外院禁食等治疗，消化道小穿孔治愈。

(2) 根据现场询问医患双方，患者于7月29日至8月3日口服沙力度胺片，每日2次，每次25 mg。医方应用沙力度胺片指征不足，但短期、小剂量口服沙力度胺片造成周围神经及脊髓病变的依据不足。患者神经系统病变与医方的诊治无因果关系，不排除与其营养代谢障碍有关。

(3) 医方应用云南白药不违反诊疗常规。

鉴定结论：患者与医院医疗争议构成医疗损害，属于四级医疗损害，医方承担主要责任。

3. 处置结果

最终，在法官主持下，医患双方调解结案。

三、分析点评

本起案例是一起复杂的医疗纠纷，涉及漏诊漏治和用药过错。医师如果不能正确评估风险、判断药物与疾病、药物治疗与其他治疗方式、药物与药物之间的协同拮抗作用，则无法正确用药。

1. 正确评估急腹症风险

急性穿孔是胃十二指肠溃疡严重并发症，为常见外科急腹症，起病急、病情重、变化快，需要紧急处理，若诊治不当可以危及生命。本例患者根据腹痛加剧、黑便、CT 影像片，胃镜检查等，患者十二指肠溃疡伴出血、穿孔诊断成立。本例之所以发生漏诊漏治，是因为在急腹症病因不明确、诊断不明确的情况下，擅自使用止痛剂，掩盖了腹痛症状，违反急腹症治疗原则。

2. 正确把握用药与疾病关系

医师诊治疾病必须遵循循证医学，采集患者信息，根据诊疗常规、法律法规，结合自身经验技能进行评估和判断。其中，疾病信息采集是否全面客观是基础，医师必须具备实证研究的能力，也就是要依照程序化、定量化的方式研究患者的临床表现和检验数据。

本案中，患者的临床表现和影像学表现提示有消化道溃疡之外的其他疾病存在，但是医师忽略了这些表象和数据，没有进行比较分析，实地验证，反而采用了掩盖矛盾的治疗药物曲马多，存在过错。曲马多药品说明书如下：

【功能主治】本品用于癌症疼痛，骨折或术后疼痛等各种急、慢性疼痛。

【包装规格】2 ml：0.1 g。

【用法用量】肌内注射，一次 50～100 mg，必要时可重复。日剂量不超过 400 mg。

【不良反应】偶见出汗、思睡、头晕、恶心、呕吐、纳差及排尿困难为多见。个别病例有皮疹、心悸、体位性低血压等，在疲劳时更易产生。

【注意事项】(1) 肾、肝功能不全者、心脏疾患者酌情减量使用或慎用。

(2) 不得与单胺氧化酶抑制剂同用。

(3) 与中枢安静剂(如地西泮等)合用时需减量。

(4) 长期使用不能排除产生耐药性或药物依赖性的可能。禁止作为对阿片类有依赖性患者的代用品，因不能抑制吗啡的戒断症状。

(5) 有药物滥用或依赖性倾向的患者不宜使用。

【禁忌】酒精、安眠药、镇痛剂或其他中枢神经系统作用药物急性中毒，严重脑损伤，意识模糊，呼吸抑制患者禁用。

【药物相互作用】本品与乙醇，镇静剂，镇痛药或其他精神药物合用会引起急性中毒，本品与中枢神经系统抑制剂(如地西泮)合用时应适当减量。与巴比妥类药物合用可延长作用时间。

本例患者有长期吸毒史，属于毒品依赖患者，在曲马多的注意事项和药物相互作用中均可以发现，曲马多与阿片类药物合用有协同作用，会掩盖原发病。本例医师未注意这一情况，存在过错。

3. 善于选择各种治疗方式

疾病的治疗方式多种，如药物、理疗、放疗、介入、手术、生化免疫疗法等。药物治疗只是治疗方式之一，不能替代所有的治疗方式。对治疗方式的选择必须本着轻重缓急的原则，严格掌握适应证。正确的治疗方式来自于对疾病的正确判断，诊断是治疗的前提，误诊必然误治，然而，如果医师能在治疗中不断运用逆向思维，通过治疗效果评估原先诊断，则可以及时修正之前错误诊断，所以，医师要有纠错的能力。本例医师如果掌握用药的前后序贯，认识药物的相互作用，不断评估治疗手段和检查手段，则可规避风险。

4. 掌握药物之间的相互关系

药物与药物之间存在独立、相加、协同、拮抗的作用。

所谓独立作用，是指两种或两种以上化学物作用于机体，由于各自毒作用的受体、靶细胞或靶器官等不同，所致的生物学效应也无互相干扰，表现为各个化学物本身的毒效应，称之为独立作用。如维生素 B 和催产素之间等。

所谓相加作用，是指各化学物在化学结构上相似，或为同系衍生物，或其毒作用靶相同，则其对机体所产生的毒性总效应等于各个化学物单独效应的总和，称之为相加作用，此为剂量相加，每种化学物按照它们的相对毒性和剂量比例对总毒性做出贡献。

所谓协同作用，是指各化学物交互作用于机体的总效应大于各单独化学物毒性效应的总和，即为化学物的协同作用。化学物发生协同作用的机制很复杂。有的是各化学物在机体内交互作用产生新的物质，使毒性增强。例如亚硝酸盐和某些胺类化合物在胃内发生反应生成亚硝胺，毒性增大，且可能为致癌剂。如曲马多与镇静剂安定合用。

所谓拮抗作用，是指各化学物在体内交互作用的总效应，低于各化学物各自单独效应的总和，也就是两种药物同时使用致使药效的作用减少。

具体用药时，医师要善于阅读药品说明书和《药典》等循证依据。本例医师在用药时，如果能多思考、多讨论，则可规避本案风险。正确用药是外科医师基本功。

四、思考题

(1) 普外科住院医师要掌握哪些基本能力？

(2) 针对急腹症患者，普外科住院医师如何评估病情、正确处置？

(3) 请您结合第一篇内容，设计针对急腹症的普外科住院医师法律能力与职业道德建设的实施路径图。

五、相关法律联系

《侵权责任法》

第五十七条　医务人员在诊疗活动中未尽到与当时的医疗水平相应的诊疗义务，造成患者损害的，医疗机构应当承担赔偿责任。

案例 22　阑尾炎合并肺炎死亡(普外科)

一、关键词

围手术期管理　术后观察

二、案情简介

1. 诊治经过

1 月 4 日 15:35，患者，女，36 岁，因“右下腹疼痛 3 h”急诊外科就诊。急诊病历记载：

主诉：右下腹疼痛 3 h。

现病史：有恶心、呕吐，无腹泻，无尿频、尿痛。

查体：体温 38.4℃，右下腹压痛、无反跳痛，无肌紧张，肝区、肾区均无叩痛。

血常规：WBC 14.22×10^9/L，N 88.4%，Hb 92 g/L，PLT 328×10^9/L。腹部 CT 检查提示：脾脏钙化灶；左肺下叶炎症，可见斑片状高密度影；阑尾管壁稍毛糙。

拟诊急性阑尾炎，收治入普外科病房。

17:45，患者收治病房。住院病史记载：入院时查体体温 37℃，心率 80 次/min，呼吸 20 次/min，血压 130 mmHg/60 mmHg，呼吸运动对称，听诊呼吸音正常。腹平，未见肠型及蠕动波、腹壁静脉曲张，腹软，肝脾肋下未及肿大，右下腹麦氏点压痛明显，伴有反跳痛，无肌卫，腰大肌试验（－），Rovsing 试验（－），肝肾区叩痛（－），Murphy's（－），肝浊音界正常，肠鸣音正常。入院诊断：急性阑尾炎。拟急诊手术。

20:45，在连硬麻醉下行阑尾切除术。术中见：阑尾位于盲肠内侧，长约 10 cm，直径 1.0 cm，充血水肿，表明脓苔，根部好，腹腔少量渗液。术后予以常规抗感染、补液支持治疗。

1 月 5 日，患者有发热，无腹胀腹痛，无恶心呕吐。医师考虑术后炎性物质吸收，治疗同前。1 月 6 日，患者体温 38.5℃，继续予以抗感染治疗。同日病理报告：慢性阑尾炎急性化脓性发作，伴周围炎。1 月 7 日，患者体温 39℃。

1 月 8 日 6:58，患者即刻最高体温 39℃，予以胸部 CT 提示胸廓基本对称，两肺纹理增多，左肺下叶可见大片状高密度影，部分实变，内见支气管充气征，右肺下叶、左肺上叶可见少许斑片状模糊影，气管支气管影通畅，纵隔内未见异常肿大淋巴结，两侧胸膜影未见明显增厚及胸腔积液表现。检查诊断：左肺下叶炎症伴部分实变，右肺下叶、左肺上叶少许炎症。请呼吸内科医师会诊，调整抗生素治疗。1 月 9 日患者最高体温 40.3℃，伴有恶心呕吐。继续请呼吸内科医师会诊，考虑肺炎，予以加强雾化、调整抗生素。1 月 10 日，患者仍有高热，最高体温 39.5℃，有咳嗽咳痰，无腹胀腹痛。家属要求转院，予出院。

1 月 10 日 11:20，患者转入 B 院，经治疗无效，于 1 月 11 日 6:20 死亡。死亡诊断：呼衰、肺部感染。医院建议尸检，但家属拒绝。

2. 医患交涉过程

患者家属对死因提出异议，认为医方存在明显过错，主要表现为：

（1）手术医师不负责任，患者术后第一天即出现高热，但医师没有引起重视，没有正确治疗。

（2）医方术前诊断出肺炎，但并没有采取任何控制措施即实施阑尾切除术，导致术后并发严重肺部感染，发现后医师并没有采取及时有效的治疗方案，延误了最佳治疗机会。

（3）医师没有采取任何有针对性的检查措施，如拍摄肺片、痰培养、血培养等，医师查房从不听诊肺部。

（4）医师延迟治疗，在治疗无果的情况下，武断要求患者转院治疗。

患方与医方产生激烈冲突，最终诉至法院。

医方认为，患者手术指征明确，手术过程符合诊疗常规。手术后的治疗、排查发热原因等符合诊疗常规，不同意赔偿。

为进一步查明事实，法院委托进行鉴定，专家鉴定分析意见：

（1）诊断方面：患者系右下腹痛就诊，血象升高，右下腹麦氏点压痛，术后经病理证实，故医方对患者的急性阑尾炎诊断正确。

（2）手术方面：患者阑尾炎的手术指征存在，从手术记录反映患者的阑尾手术符合医疗常规，但围手术期对肺部感染的联合处置有欠缺。

（3）术后处置：术前患者检查有肺部感染的征象，术后仍持续出现高热，后续出现恶心呕吐等症状与肺部炎症不相符合时，未进一步加以鉴别和检查，在治疗上有一定的延误。

（4）转院方面：1 月 10 日患者病情变化时，医方有条件救治，却让患者自动出院治疗，使得其失去一定的救治时间。但因患方拒绝尸检，患者的死亡原因不能完全确定，按照现有临床资料判断发生严重的血管栓塞的概率较高。

(5) 患者自身病情复杂、骤变，是造成其死亡的主要原因，而医方上述医疗不当起相对次要的作用。最终鉴定意见：本例属于一级甲等医疗损害，医方承担次要责任，其中B院承担次要责任的30%。

3. 处置结果

法院据此判决。

三、分析点评

本例是一起围手术期处置失当的案例。本例反映了外科纠纷的共性问题，即“只见树木不见森林”。如何成长为一名真正的外科医师，需要做好以下几点：

1. 了解手术特点与风险

手术是重要的治疗方式之一，不同的标准有不同的分类：按照手术区域有门诊手术、急诊手术、住院手术之分；按照手术时限有急症手术、限期手术、择期手术之分；按照手术科室有普外科手术、胸外科、心外科、泌尿外科、脑外科、骨科、妇产科、眼科、耳鼻喉科、儿外科等之分，其中普外科可分为胃肠外科、肝胆外科、甲乳外科等，骨科可分为创伤科、脊柱科、手外伤科、肿瘤科、关节科等。分类之多，就可以看出手术接触面之大和诊治范围之广，当然纠纷概率也大。司法实践中因手术过错而引发的纠纷占医疗案件的多数，从医疗纠纷的发生率而言，妇产科、骨科、外科三大手术科室名列前茅，甚至逐年增多，细分其成因多为术前准备不当、手术方式不当、术后处理不当等。手术处置不当轻则造成当事人身体不适，重则器官、脏器丢失，甚至死亡，损害非常大。

2. 制定围手术期管理方案

围手术期是指以手术治疗为中心，包含手术前、手术中及手术后的一段时间，具体是指从确定手术治疗时起，直到与这次手术有关的治疗基本结束为止，时间约在术前5～7天至术后7～12天。围手术期管理涉及术前、术中、术后，具体包含如下内容：

(1) 做好术前准备。手术前准备什么？术前准备有何意义？按照《外科学》及外科诊疗常规，手术前，要对患者的全身情况有足够的了解，查出可能影响整个病程的各种潜在因素，包括心理和营养状态，心、肺、肝、肾、内分泌、血液以及免疫系统功能等。手术前要详细询问病史，进行检查，评估脏器功能和风险，做到充分准备。因手术有急症、限期、择期之分，限期和择期准备时间充足，急症手术有一定难度，但是医师应该创造条件尽量做到准备充分。

如本例而言，患者入院时被诊断为急性阑尾炎，按照第十章案例5的标准，本例患者属于次紧急状态，可以有一定的准备时间，此时，普外科医师首先应该评估病变脏器阑尾、肺的风险，必要时请呼吸内科医师急会诊，指导用药治疗方案。但是本例医师对患者只是下了一个“急性阑尾炎”的诊断，忽视肺部疾病风险，没有评估相关脏器功能和风险，为整个围手术期埋下隐患。

(2) 术中正确操作。术中如何操作属于正确操作？要遵循哪些规范？需要结合具体案例进行分析。在后续的案例中笔者将进行有针对性的分析。

(3) 术后严密观察。术后观察对手术患者的恢复和康复极其重要。术后观察包含手术野局部观察和患者整体观察。如本例所言，患者手术野恢复良好，伤口无渗液、渗血，愈合良好，术后一天即有肛门排气，肠蠕动正常。涉及整体观察，需要仔细探讨。患者术后一天出现发热，当时医师考虑为腹腔内炎性物质吸收，予以抗感染治疗，这是允许的，属于治疗性诊断。患者术后第二天出现高热，抗感染治疗效果不满意，医师没有及时进行病因鉴别，没有及时翻阅病史，进行逆向思维分析，只是单向思维认为为外科手术后正常并发症，等待抗感染治疗效果。待第三天仍然高热，医师也未及时进行病因鉴别，没有采取有针对性的检查措施，延误病情。按照现有医学科学技术条件，医院有条件可以对患者进行进一步的诊治。但是，因医师思维局限，导致失误。

3. 善于医患沟通

本例医师查房时间偏短，检查局限于伤口，没有仔细询问患者病史，特别是肺部症状，没有进行针对性的体格检查,漠视与患方沟通。据家属反映,医师每天在患者身边的查房时间不足三分钟。可见,没有一定的时间量,不可能有一定的病史采集量,当然也不会有思考的素材,这不是一个真正的外科医师。真正的外科医师一定是一名儒将,温良恭俭让,待患者有礼有节,愿意倾听,使患者产生信任感,及时反映重要信息。

4. 正确处置突发事件

本例在转院环节产生较大争执,据当事医师讲是家属要求转院,而家属讲是医师推诿患者,要求患方自行离院,医院有条件有能力采取进一步救治措施。显然,这一情节就提示医师处置突发事件能力不足。究竟是医师要求还是患方要求,事后已经无法查清,但是有一点,至少反映当时已经有异议。作为床位医师,一旦出现这种情况,要及时向上级医师汇报,向医院职能科室汇报,以寻求医院组织支持,提高危机应对应变能力。同时,在转院时,医师要与患方签署详细的转院风险告知及处置方式书面文书。

四、思考题

(1) 外科医师如何采集、评估病史?

(2) 外科医师如何与患者科学、有效沟通?

(3) 请您结合第一篇内容,设计一份围手术期管理流程。

五、相关法律链接

《侵权责任法》

第六十条 患者有损害,因下列情形之一的,医疗机构不承担赔偿责任:

(一) 患者或者其近亲属不配合医疗机构进行符合诊疗规范的诊疗。

(二) 医务人员在抢救生命垂危的患者等紧急情况下已经尽到合理诊疗义务。

(三) 限于当时的医疗水平难以诊疗。

前款第一项情形中,医疗机构及其医务人员也有过错的,应当承担相应的赔偿责任。

案例 23 腹部刀刺伤(普外科)

一、关键词

腹部外伤围手术期管理

二、案情简介

1. 诊治经过

4 月 29 日 0:00,患者,男,33 岁,因“全身多处刀刺伤半小时”到 A 院急诊,收治普外科病房。病史记载:

查体:体温 36.8℃,脉搏 90 次/min,呼吸 24 次/min,血压 110 mmHg/70 mmHg,神志清楚,痛苦貌,对答切题,平卧位,左背部及右下腹部各见一长约 4 cm 裂口,见出血无涌血,未见胃肠道内容物流出,下腹压痛,无明显反跳痛,未及肌卫,余未及明显异常。左大腿伤口长约 15 cm,深及肌层,右大腿伤口长约 10 cm,有少量出血,双足可见 3~4 cm 伤口,无明显出血,双下肢感觉可,活动受限。

检查:血红蛋白 146 g/L,红细胞计数 4.33×10^{12}/L,白细胞计数 9.01×10^{9}/L,血小板 99×10^{9}/L,中性粒细胞百分比 32.2%。

诊断：多处刀伤（腹部、左背部、双股部、双足）。

完善相关检查后，立即于4月29日5：33在全麻下行剖腹探查＋回场部分切除＋多处刀伤清创缝合术。手术记录：左股四头肌部分断裂，右股部、左背部、双足部创口深达深筋膜予清创缝合。切开腹壁各层进腹探查，腹腔内300 ml血性积液，肝脾胃结肠未见明显裂伤出血，小肠距回盲部50 cm处回肠对系膜缘3 cm裂伤，伴肠液流出，回肠系膜附着处2 cm裂伤，伴血肿，少量肠液流出，回肠系膜贯通伤伴活动性出血，其余小肠和系膜未见明显裂伤出血。右下腹壁伤口贯通进入腹腔，见腹壁肌层活动性出血，距小肠贯通伤处上下3 cm处分离结扎系膜，行回肠部分（约8 cm）切除术，回肠近端远端侧侧缝合，关闭小肠两切断＋浆肌层包埋，缝合肠系膜裂孔。术中诊断：①腹部刀刺伤（右下腹），急性弥漫性腹膜炎，回肠、回肠系膜贯通伤，回肠、回肠系膜穿孔；②左背部、双股部、足刀砍伤，左股四头肌部分断裂。术后给予抗感染、对症、营养等治疗。

5月2日（术后第三天），患者伤口少量渗血，负压球引流畅，引流液淡血性，25 ml，右下腹原刺伤创口有较多渗出，周围腹壁略肿。阴囊水肿，超声示：右侧阴囊内不均质回声结构：以稠厚囊液为主；右侧睾丸鞘膜积液；双侧腹股沟淋巴结肿大；右侧腹股沟皮下组织稍增厚水肿；右侧腹股沟低处回声；稠厚囊性？予以拔出胃管，抬高阴囊，换药，拆除右下腹原刺伤创口缝线，清除其内渗及坏死组织。加用头孢曲松钠抗感染，白蛋白减轻水肿，胸腺肽调节免疫系统。18：00体温39.3℃。血常规：白细胞计数3.3×10^9/L［参考值（4～10）$\times10^9$/L］，中性粒细胞百分比81.2%（参考值50%～70%），淋巴细胞10.3%（参考值20%～40%），血小板49×10^9/L［参考值（100～300）$\times10^9$/L］，白蛋白23.8 g/L。

5月3日，乙肝标志物检查：大三阳。5月4日，患者诉右侧腹壁胀痛，阴囊水肿，夜间仍有发热，右下腹创口较多渗出，考虑刀刺伤后严重感染，脓毒血症可能，低蛋白血症，全身组织水肿，改用泰能治疗。5月4日家属要求转B院进一步治疗。出院诊断：①腹部刀刺伤（右下腹），急性弥漫性腹膜炎，回肠、回肠系膜贯通伤，回肠、回肠系膜穿孔；②左背部、双股部、足刀砍伤，左股四头肌部分断裂；③右下腹壁软组织感染，脓毒血症；④乙肝；⑤营养不良，腹水。

5月4日，患者转入B院普外科继续治疗。入院查体：阴囊明显红肿，局部皮温高；右侧胸壁红肿，皮温高；腹部切口缝合处及周边正常皮肤红肿，部分切口裂口，可见黄白色脓性分泌物；腹腔引流管在位，引流通畅，引流液清，引流口见皮肤软组织坏死，分泌物较多。白细胞计数6.24×10^9/L，中性粒细胞百分比86.5%。胸腹部CT示：双侧胸腔积液，右侧胸壁、腹壁血肿。给予加强抗感染、营养支持、创面换药、加强调节免疫力等治疗。

5月7日查腹水：淀粉酶2 832 IU/L、白细胞计数$75\ 000\times10^6$/L；涂片见细菌、蛋白（＋＋），浑浊、桔红色；细胞总数$225\ 000\times10^6$/L、淋巴细胞百分比2%、巨噬细胞百分比3%、中心粒细胞百分比95%。考虑肠瘘，当日在全麻下行剖腹探查＋肠管修补＋脓肿引流＋减张缝合＋创伤引流套管留置术。术中见减张缝合处腹壁肌肉已撕裂缩至两侧，肠管外露水肿明显，发现肝胃韧带、肝肾隐窝、肠间隙间见大量脓液及食物残渣，回肠穿孔修补不完全，仍有直径约0.4 cm穿孔，有纤维蛋白渗出物沉积，有液体及气泡溢出。术中诊断：①右胸壁、右腹壁血肿感染；②腹部刀刺伤（右下腹），回肠部分切除术后，肠瘘；③全身多处刀砍伤缝合术后；④低蛋白血症；⑤乙肝；⑥脾大。

5月11日，患者全身疲乏，无力，病情危重，神志尚清，精神软，嗜睡。查体：贫血貌，巩膜黄染，右侧胸壁和腹壁饱满，张力增大。腹部双腔引流管引流出大量血性液体约400 ml左右。腹部切口处创伤引流套装海绵红染，其下可见血凝块，引流血性液体约200 ml。于5月12日1：07在全麻下行剖腹探查＋腹部胸壁外巨大血肿清除止血术。术中出血3 000 ml，血压一度降至70 mmHg/20 mmHg。术后带气管插管安返病房。予以抗感染、抑酸、维持水电解质平衡、补液营养支持治疗等。在之后多次行腹部、阴囊扩创＋创伤引流套装留置术。但患者肝功能持续恶化致肝性脑病、肝肾综合征，最终因多器官衰竭，抢救无效于6月15日15：24死亡。死亡诊断：腹部刀刺伤（右下腹），回肠部分切除术后，肠瘘；全身多处刀砍伤缝合术后；右胸壁、右腹壁血肿感染，腹腔感染，阴囊感染，皮肤坏死；腹壁切口疝；低蛋白血症；肝硬化，乙肝；脾大；肝功能衰竭；肝肾综合征。

患者死亡后，因涉及刑事案件，对尸体进行病理解剖。病理解剖诊断：①化脓性腹膜炎伴腹腔内脏器（大小肠、肝脏、脾等）及肠系膜、腹膜广泛粘连；②右脑实质脓肿（5 mm×4 mm×9 mm）伴脑水肿；③结节性肝硬化伴肝细胞脂肪变性及淤胆；④脾肿大淤血；⑤两肺间质性肺炎及淤血水肿；⑥两侧胸腔血性积液（左右各 800 ml）；⑦右前上胸壁皮下组织内灶性出血；⑧腹壁肠道修补手术后引流管伤口局部炎性改变；⑨两大腿外侧手术缝合术后；⑩发绀。死因为：化脓性腹膜炎、脓毒血症致多脏器功能衰竭死亡。

2. 医患交涉过程

患者家属认为，A 院存在漏诊，未检出患者肠部 0.4 cm 穿孔，使腹腔内有大量食物残渣，造成腹腔严重感染。B 院延误病情，延迟手术，且缝合不全，在患者严重感染的情况下，未进一步探查，未及时修复肠瘘致使感染未得到控制而死亡。患方诉至法院。

A 院认为，诊疗行为严格按照医疗常规进行，抢救、治疗及时，手术指征正确，手术方式合适，术后相关并发症处理及时，措施得当。术后并发症与致伤因素、病情危重、基础疾病有关。

B 院认为，患者病情危重复杂，医方对患者伤情高度重视，尽心尽责，对出现的各种病情进行了积极、及时的处置，符合医疗规范，患者终因腹腔感染、肝硬化、肝功能不全相互形成恶性循环，致使肝功能衰竭，最终死亡。

法院为进一步查明事实，委托专家鉴定。首次鉴定专家由普通外科、传染科专家构成。专家分析说明：

（1）A 院：患者 4 月 29 日因多发性刀伤入住医院，急诊行剖腹探查发现腹腔 300 ml 血性积液，小肠距回盲部 50 cm 处对系膜缘 3 cm 裂伤，回肠系膜附着处 2 cm 裂伤，经行回肠部分切除，回肠近端远端侧侧吻合，腹腔冲洗置引流管，手术符合医疗常规。术后第三天腹腔有较多脓性渗出、高热、双侧阴囊肿大积液，第四、五天症状持续加重。提示腹腔有感染及肠瘘可能。医方未及时发现和处置，存在一定的过失。

（2）B 院：患者 5 月 4 日转入后，始终高烧不退，5 月 5 日引流口周围大量黄绿色液体渗出，证明有肠瘘存在，但再次手术 2 天后才做（5 月 7 日）。医方未及时发现和处置，存在一定过失。

（3）患者死亡原因为多发性刀伤急诊手术后发生肠瘘、腹腔严重感染同时伴有乙肝、肝硬化（白细胞计数 3.3×10^9/L，血小板 49×10^9/L，白蛋白 23.8 g/L，B 超提示脾大等）促使病情加重，最终导致多脏器功能衰竭。肠瘘是消化道手术难以避免的，尤其在急诊及肝功能不全的情况下更容易发生。

鉴定结论：本例构成一级甲等医疗损害，医方承担轻微责任，其中 A 院承担轻微责任的 70%，B 院承担轻微责任的 30%。

原告患方不服，申请再次鉴定。再次鉴定分析说明认为：

关于 A 院：

（1）诊断明确。根据患者病史（外伤史），查体（右下腹开放裂口）及急诊手术探查所见，患者腹部刀刺伤（右下腹），急性弥漫性腹膜炎，回肠、回肠系膜贯通伤，回肠、回肠系膜穿孔；左背部、双股部、足刀砍伤，左股四头肌部分断裂诊断均明确。

（2）治疗规范。对于刀刺伤患者急诊行剖腹探查术有指征。术中发现回肠、回肠系膜贯通伤，予回肠部分切除＋吻合，手术处置规范。患者术后第三天发热，伤口较多渗液，医方给予抗感染、拆除伤口缝线，清除坏死组织等措施符合治疗规范。

（3）医方延误“肠瘘”诊断依据不足。根据 B 院 5 月 4 日 CT 片未见肠穿孔征象，故认为 A 院延误诊治肠瘘依据不足。

（4）患者系全身多处刀刺伤，伤口为开放性污染伤口，术后发生腹腔严重感染及肠瘘，且患者有隐匿性乙肝、肝硬化，自身免疫力下降，疾病自身严重及其免疫力下降是导致其死亡的根本原因。

故认为 A 院无医疗过错，不构成与患者的人身损害。

关于 B 院：

（1）患者转入院时已有严重腹腔感染，医方给予积极抗感染、营养支持、创面换药等治疗措施符合诊疗原则。

（2）但医方存在明显诊断延迟的过错，具体如下：

患者转入院时查体见部分切口裂开，分泌物较多，虽当天 CT 检查未见肠瘘征象，但其后两天（5 月 5 日、6 日）在感染无好转，可能已发生肠瘘的情况下未采取进一步措施明确诊断，存在过错。

不能排除上述过错与患者最终死亡存在一定的因果关系。但由于患者系全身多处刀刺伤，伤口为开放性污染伤口，术后发生腹腔严重感染及肠瘘，且患者患有隐匿性乙肝、肝硬化，自身免疫力下降，疾病自身严重及其免疫力下降是导致其死亡的根本原因。

在严重创伤及腹腔严重感染情况下肠吻合口发生瘘为目前医学技术难以完全避免的不良后果。B 院手术记录认为术中所见 0.4 cm 穿孔为前次手术修补不完全，并无依据。

鉴定意见：本例为一级甲等医疗损害，B 院责任程度为轻微责任。

3. 处置结果

法院最终判令 B 院承担 20%的赔偿责任。

三、分析点评

本例为一起腹部刀刺伤并发肠瘘死亡的案例。腹部外伤较常见，多因暴力撞击或锐器直接刺伤腹部，引起腹腔实质或空腔脏器损伤，腹腔内大量出血或胃肠液溢出，导致循环血容量不足、腹腔内感染，导致体内短时间内代谢发生急剧变化。腹部外伤患者病情变化快、病程急、处置难，属于外科高危疾病，处置要点既有外科共性要求，也有其特殊性。通过本例，简要概括外科医师处置腹部外伤的全程安全管理注意要点。

1. 术前处置要点

（1）迅速诊断。腹部外伤根据病因有开放性损伤和闭合性损伤。无论开放或闭合，均可导致内脏损伤，因病情紧急复杂，要求医师快速做出诊断，而了解受伤过程和检查体征是诊断腹部外伤的重要依据。但是，由于伤情紧急，外围干扰太多，病史无法详细采集，必须通过止血、输液、输血、抗休克等治疗措施同时进行病史采集与病情评估。这一过程，要求医师熟练评估紧急器官功能，做好紧急器官复苏，紧急器官功能支持。

（2）迅速沟通。腹部外伤常与刑事案件、交通事故、工伤事故等有关，陪同人员性质复杂，这时要求医师能集中注意力，迅速下发高危通知单，要求陪客中家属签署知情同意书。若无家属，则必须迅速汇报医院领导，作出处置。

（3）迅速开通绿色通道。腹部外伤患者多需要急诊手术，医师需要和护士密切配合，迅速通知相关科室配合，进行抢救，包括检查、清创、手术等。

2. 术中处置要点

（1）建议留存相关证据。因腹部外伤病情复杂，损伤面广，受累组织脏器多，故医师在手术时，台下助手画图，必要时拍摄照片或录像作为证据，以证明患者病情的严重程度。

（2）术中及时与家属沟通。腹部外伤患者术中所见与术前诊断会有差异，如果方便或必要，建议手术医师走下手术台与家属再沟通，以明确病情与风险，让家属及时了解术中情况与风险，接受手术结果。如果方便或必要，可邀请家属做好消毒隔离进入手术间直接查看术野情况，理解病情与风险（医师交代完即请家属离开手术间，不适合观看整台手术。）

（3）术中及时寻求支持。腹部外伤常涉及多学科，术中医师查看损伤脏器后，若发现需要专科医师处理的，必须立即启动术中会诊程序，切勿自己勉为其难，否则，术后出现相关并发症，医方要承担超范围执业的法律责任。

（4）术中需要指导麻醉医师与手术护士。腹部外伤涉及患者生命体征观察、抗休克治疗、器械支持等事项，需要麻醉医师、器械护士、巡回护士的整体配合与支持，手术医师必须随时注意支持措施，切勿仅仅局限于术野局部。曾经发生一起脾破裂外伤患者，术中大量补液输血达 6 000 ml，而尿量才 40 ml，患者术后 1 h 发生急性肺水肿，紧急抢救成功。所以，手术医师要有整体意识。

3. 术后处置要点

1）图文形式书写手术记录

目前，医师采用的手术记录采用电子病历记录模式，以文字记录为主，但过于简单，不能完整记录手术过程，一旦发生纠纷，会存在举证不能的尴尬境地，所以，2015 年中华医学会外科学分会外科手术学学组提出了《倡用图文外科手术记录专家共识》，明确指出图文手术记录的必要性。以下是张彬医师翻译的日本医师图文手术记录：

“手术方式：分支型 IPMN(intraductal papillary mucinous neoplasm，胰腺导管内乳头状黏液肿瘤)行 PPPD(pylorus preserving pancreaticoduodenectomy，保留幽门胰胃吻合胰十二指肠切除术)

(1) 术前常规行血管成像示意图(见图 23－1)：图 23－1 中可见异常肝右、肝中动脉(replaced RHA/MHA)起自肠系膜上动脉(SMA)，冠状静脉(LGV)在肝总动脉(CHA)前方向下汇入脾静脉(SpV)，肠系膜下静脉(IMV)汇入脾静脉(SpV)。

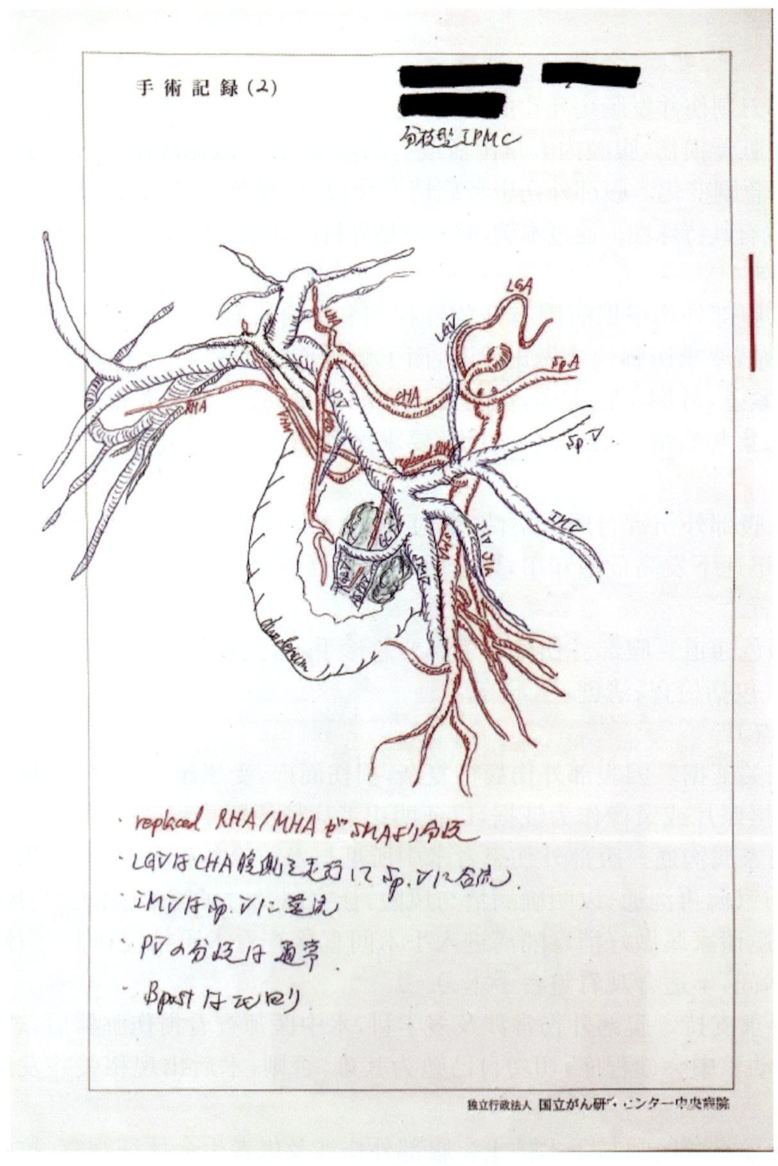

图 23－1 血管成像示意图

(2) 开腹,腹腔探查情况。取上腹部正中切口左侧绕脐,逐层进腹。取腹水送快速细胞学检查(一),肝脏外观正常,表面光滑,无结节。术中超声探查胰头部肿瘤,发现胰腺钩突部囊性病灶,见乳头状突起,与之相通的分支胰管扩张并开口于十二指肠大乳头,主胰管不扩张,开口于十二指肠乳头近端约 1～2 mm 处的副乳头。再次超声下确认异位肝右动脉发自肠系膜上动脉。决定行保留幽门的胰十二指肠切除术(PPPD)。如图 23 - 2 所示。

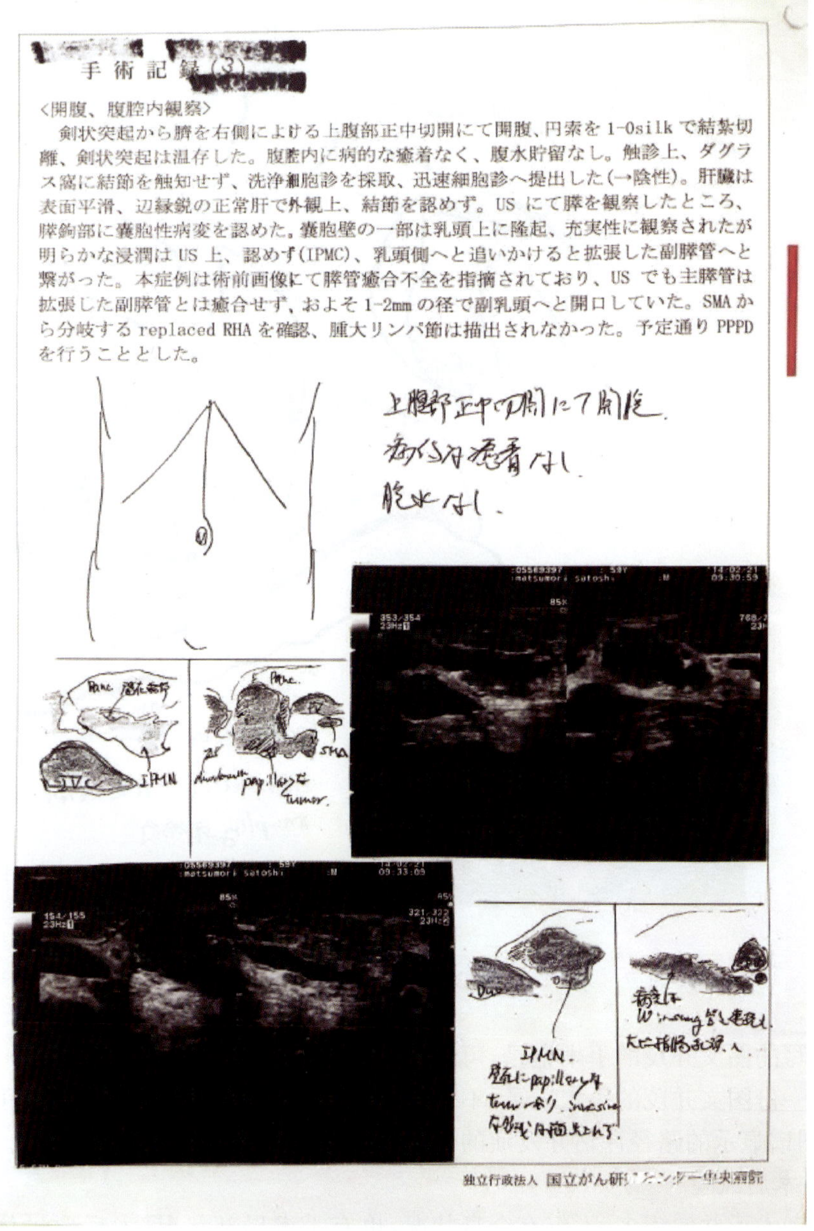

手 術 記 録 (3)

<開腹、腹腔内観察>

剣状突起から臍を右側によける上腹部正中切開にて開腹、円索を 1-0silk で結紮切離、剣状突起は温存した。腹腔内に病的な癒着なく、腹水貯留なし。触診上、ダグラス窩に結節を触知せず、洗浄細胞診を採取、迅速細胞診へ提出した(→陰性)。肝臓は表面平滑、辺縁鋭の正常肝で外観上、結節を認めず。US にて膵を観察したところ、膵鈎部に嚢胞性病変を認めた。嚢胞壁の一部は乳頭上に隆起、充実性に観察されたが明らかな浸潤は US 上、認めず(IPMC)、乳頭側へと追いかけると拡張した副膵管へと繋がった。本症例は術前画像にて膵管癒合不全を指摘されており、US でも主膵管は拡張した副膵管とは癒合せず、およそ 1-2mm の径で副乳頭へと開口していた。SMA から分岐する replaced RHA を確認、腫大リンパ節は描出されなかった。予定通り PPPD を行うこととした。

图 23 - 2 手术记录(3)

……

(3) Treitz 韧带左侧分离,Kocher 切口,第 16 组淋巴结探查。将横结肠提起,探查肠系膜根部未见肿大淋巴结,在 Treitz 韧带左侧分离空肠起始部。在十二指肠降部外侧行 Kocher 切口,向左侧翻起,分离结肠肝曲,从十二指肠及胰头部后方分离,直至下腔静脉左侧左肾静脉根部,探查第 16 组淋巴结未及肿大。如图 23 - 3 所示。

相信大家看到这份手术记录一定非常震撼,其实在北京、武汉、南京、广州、上海等多家医院博物馆

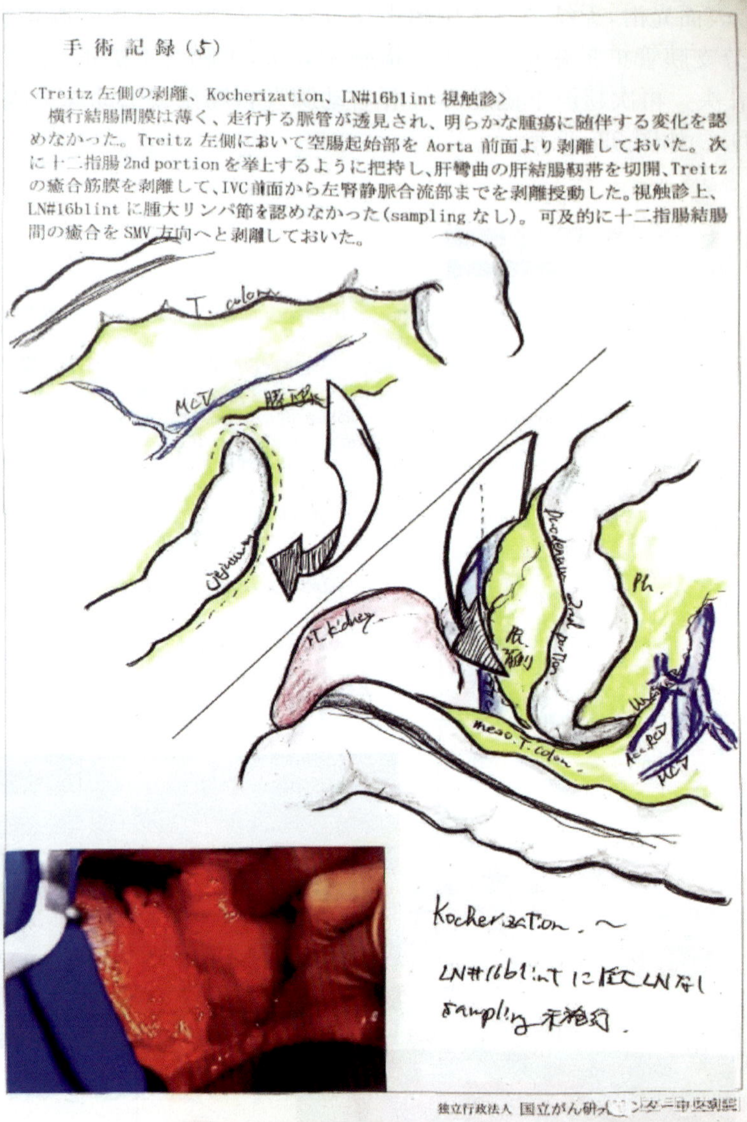

手術記録(5)

<Treitz 左側の剥離、Kocherization、LN#16b1int 視触診>

横行結腸間膜は薄く、走行する脈管が透見され、明らかな腫瘍に随伴する変化を認めなかった。Treitz 左側において空腸起始部を Aorta 前面より剥離しておいた。次に十二指腸 2nd portion を挙上するように把持し、肝彎曲の肝結腸靭帯を切開、Treitz の癒合筋膜を剥離して、IVC 前面から左腎静脈合流部までを剥離授動した。視触診上、LN#16b1int に腫大リンパ節を認めなかった(sampling なし)。可及的に十二指腸結腸間の癒合を SMV 左向へと剥離しておいた。

独立行政法人 国立がん研究センター中央病院

图 23-3 手术记录(5)

均有医学前辈书写的图文并茂的手术记录，可惜当时未有翻印件，无法在此列举。

如果有这样一份图文并茂的手术记录，不仅可以作为医师学术积累的资料，也可以在术后及时评估患者，针对手术图谱显示的路径评估并发症的原因及处置方式，及时采取补救措施。

2）正确评估术后风险

腹部外伤患者术后并发症多，不仅有全身状况，也有手术局部状况，术后要过休克关、感染关、肠瘘关等。本例患者属于急诊手术，术后发现其合并有乙肝大三阳、肝硬化，提示患者营养状况差，愈合能力差，需要引起警觉。而其术后第三天开始出现高热，则意味着感染风险增高，医师在调整用药的同时，要不断寻找感染源，评估保守治疗方式还是手术治疗方式，不可拘泥思维。本例 B 院即存在侥幸心理，希望通过保守治疗控制感染，以致贻误时机。

3）尊重患方及时沟通

因腹部外伤有时涉及民事纠纷或刑事纠纷，医师有时厌倦此类纠纷，轻视沟通的情形时有发生。孙思邈《备急千金要方》云：“凡大医治病，必当安神定志，无欲无求，先发大慈恻隐之心，誓愿普救含灵之苦。若有疾厄来求救者，不得问其贵贱贫富，长幼妍媸，怨亲善友，华夷愚智，普同一等，皆如至亲之想。亦不得瞻前顾后，自虑吉凶，护惜身命，见彼苦恼，若已有之，深心凄怆，勿避险，昼夜寒暑，饥渴疲劳，一心赴救，无作功夫形迹之心。如此可为苍生大医。反此则是含灵巨贼。夫为医之法，不得多语调笑，谈谑喧哗，道说是非，议论人物，炫耀声名，訾毁诸医，自矜已德。偶然治瘥一病，则昂头戴面，而有自许之貌，谓天下无双，此医人之膏肓也。”

四、思考题

(1) 针对腹部外伤患者，外科住院医师需要掌握哪些基本能力？

(2) 写一份小肠破裂修补术图文手术记录。

(3) 请您结合第一篇内容，设计一份针对腹部外伤的外科住院医师法律能力与职业道德建设的风险控制路径图。

五、相关链接

Hippocrates: The Oath of Medicine

I swear by Apollo, the healer, Asclepius, Hygieia, and Panacea, and I take to witness all the gods, all the goddesses, to keep according to my ability and my judgment, the following Oath and agreement: To consider dear to me, as my parents, him who taught me this art; to live in common with him and, if necessary, to share my goods with him; To look upon his children as my own brothers, to teach them this art.

I will prescribe regimens for the good of my patients according to my ability and my judgment and never do harm to anyone.

I will not give a lethal drug to anyone if I am asked, nor will I advise such a plan; and similarly I will not give a woman a pessaryto cause an abortion.

But I will preserve the purity of my life and my arts.

I will not cut for stone, even for patients in whom the disease is manifest; I will leave this operation to be performed by practitioners, specialists in this art.

In every house where I come I will enter only for the good of my patients, keeping myself far from all intentional ill-doing and all seduction and especially from the pleasures of love with women or with men, be they free or slaves.

All that may come to my knowledge in the exercise of my profession or in daily commerce with men, which ought not to be spread abroad, I will keep secretand will never reveal.

If I keep this oath faithfully, may I enjoy my life and practice my art, respected by all men and in all times; but if I swerve from it or violate it, may the reverse be my lot.

希波克拉底誓言

我要遵守誓约，矢忠不渝。对传授我医术的老师，我要像父母一样敬重，并作为终身的职业。对我的儿子、老师的儿子以及我的门徒，我要悉心传授医学知识。我要竭尽全力，采取我认为有利于患者的医疗措施，不能给患者带来痛苦与危害。我不把毒药给任何人，也决不授意别人使用它。我要清清白白地行医和生活。无论进入谁家，只是为了治病，不为所欲为，不接受贿赂，不勾引异性。对看到或听到不应外传的私生活，我决不泄露。如果我能严格遵守上面誓言时，请求神祇让我的生命与医术得到无上光荣；如果我违背誓言，天地鬼神一起将我雷击致死。

案例 24 梗阻性黄疸(肝胆外科)

一、关键词

限期手术　手术适应证　过度医疗

二、案情简介

1. 诊治经过

5 月 30 日 14:00,患者,男,66 岁,因“皮肤双眼黄染半月余”入住医院肝胆外科。查体:体温 37℃,心率 72 次/min,呼吸 16 次/min,血压 120 mmHg/80 mmHg,神志清楚,全身皮肤巩膜黄染。全腹平软,无压痛,无肌卫,无反跳痛,Murphy's 征(－),肠鸣音正常,双下肢无水肿。上腹部 CT 平扫＋增强检查:肝内外胆管扩张,胆总管下端梗阻,占位性病变可能;肝内小囊肿;右肾结石。诊断:梗阻性黄疸。入院后予以保肝及补液治疗。

6 月 5 日 10:00 行 ERCP 术(Endoscopic Retrograde Cholangio-Pancreatography 经内镜逆行胰胆管造影术),无法进入,遂改为 B 超定位下胆囊穿刺术减黄,穿刺引流出深褐色胆汁,量约 150 ml。16:50患者诉腹胀,呼吸急促,行床边 B 超检查考虑患者胆囊穿刺管滑脱,胆漏致急性腹膜炎可能。因患者黄疸指标持续升高,19:00 在全麻下行剖腹探查＋胆囊切除＋T 管引流术。术中见胆囊底部穿刺点渗漏,局部墨绿色胆汁流出。右肝外侧穿刺点局部渗血,右肝脏面周围粘连。胰头区探及质硬肿块大约直径 5 cm,和周围组织界限不清晰。胆总管明显增粗。遂行胆囊切除术。术中分离右肝脏面粘连时,肝包膜撕裂,加之患者肝功能较差,创面渗血,予以电凝等止血。术后诊断:梗阻性黄疸,肝穿刺点出血,胆囊穿刺瘘。术前、术中出血及含胆汁样液体共计 2 000 ml。

患者术后一般情况差,血压低,呼吸机维持呼吸,转入 ICU,仍有全身皮肤巩膜黄染,经各种对症治疗效果差,6 月 13 日抢救无效死亡。死亡原因考虑:胰头肿块、胰头占位、梗阻性黄疸、胆漏、腹腔内出血、急性肾功能衰竭、失血性休克、DIC。

2. 医患交涉过程

患者死亡后,家属认为医方选择手术方式不当,过度治疗,术中损伤加重,直接导致患者死亡的损害后果。如果医方选择姑息疗法,患者不至于这么快死亡,所以医方有过错,应承担法律责任。向医院提出赔偿要求。

院方召开专家委员讨论此事。专家认为,本例患者术前 CT 提示有占位性病变可能,盲目行胆囊切除术属术前准备不当,与家属风险告知不足,术中探查发现胰头区有直径 5 cm 硬块,应考虑有胰头癌可能,此时应再次告知家属危险和手术方式选择,可先选择风险系数低的引流术,不必立即实施胆囊切除术。术后一系列变化及死亡后果与患者自身疾病因素息息相关,医方不足以次要责任为宜。

3. 处置结果

本例最终经双方协商及医调委调解,医方承担 30%的次要责任。

三、分析点评

本例是一起因手术方式选择不当而造成患者死亡的案例。当时有医师认为患者病情较重,任何治疗方式对患者都有较高的病死率,为什么医方仍要承担次要责任?通过分析本例,需要掌握限期手术术前准备、手术指征、术前告知等内容。

1. 限期手术前应准备什么？术前准备有何意义？

限期手术是指在较短的时期内必须进行的手术，如果拖延不进行手术治疗会对患者生命构成一定威胁。

患者 5 月 30 日入院诊断梗阻性黄疸，医师准备限期手术，这个思路是正确的。但在 CT 检查报告出具后医师应进行修正诊断，考虑患者胰头占位恶性肿瘤的可能，须对患者病情进行重新评估，必要时启动术前讨论制度，以使思维缜密，方案完备。术前应讨论内容有：诊断及依据；手术适应证；手术方式、要点及注意事项；手术可能发生的危险、意外、并发症及预防措施；履行手术同意书签字手续；麻醉方式的选择，手术室的配合要求；术后注意事项，患者心理情况与要求；术前各项准备工作的完成情况等。本例医师如果能完成该项制度，就不会盲目实施 ERCP 术，之后又武断实施胆囊穿刺术，穿刺术失败又致胆漏，胆漏后的开腹手术方式及预案又准备不足，一系列事件引发蝴蝶效应，直至患者死亡。所以，医师要重视术前准备，良好的开端是成功的一半，反之，失败的开端必将预示结局不妙。

2. 手术适应证与手术安全性

手术适应证是指手术适用的范围和标准，其依据是循证原则，遵守法律法规，注重患者病史概括。这需要医师具备科学思维与逻辑思维进行分析判断。如果医师考虑个人单独判断会有遗漏，则可以通过疑难病历讨论、术前讨论等制度支持支撑，这样做不仅保护患者的安全，也保护医师自身的安全。一旦适应证判断失误，就会导致手术风险，本例 6 月 5 日 19:00 剖腹探查术就是如此。术中探查发现："胆囊底部穿刺点渗漏，局部墨绿色胆汁流出。右肝外侧穿刺点局部渗血，右肝脏面周围粘连。胰头区探及质硬肿块大约直径 5 cm，和周围组织界限不清晰。胆总管明显增粗。"这个情况与术前诊断有明显差异，此时，医师应评估风险，暂停手术，可以通过内部讨论汇报并征询家属意见等来降低风险。但是医师仍坚持手术，过于自信，不仅导致后续处置困难，也侵犯了患方的知情同意权。

3. 患方知情同意权具体内容

《侵权责任法》第五十五条规定：

"医务人员在诊疗活动中应当向患者说明病情和医疗措施。需要实施手术、特殊检查、特殊治疗的，医务人员应当及时向患者说明医疗风险、替代医疗方案等情况，并取得其书面同意；不宜向患者说明的，应当向患者的近亲属说明，并取得其书面同意。

医务人员未尽到前款义务，造成患者损害的，医疗机构应当承担赔偿责任。"

按照法律精神，医师在术中发现异常情况应当及时向患方说明医疗风险、替代医疗方案等情况，并取得其书面同意。何谓替代医疗方案，就是有选择、可替换的医疗方案，包括手术、理疗、放疗、药物治疗、免疫疗法等各种治疗方式，手术有术式、范围等的选择。本案可选择的手术方式有多种，需与病情相适应，也就是要有手术指征，否则就会出现差错损害患者。

4. 区分合理诊疗与过度医疗

根据《侵权责任法》第六十条规定，医务人员在抢救生命垂危的患者等紧急情况下已经尽到合理诊疗义务，患者虽有损害但医方不承担法律责任，此处为"合理诊疗义务"。第六十三条又规定，医疗机构及其医务人员不得违反诊疗规范实施不必要的检查，此处又讲到了"不必要的检查"，也就是过度医疗。如何区分合理诊疗与过度医疗？

标准就是循证原则及实证依据，也就是诊治方案与患者病情是否相关。通常而言，过度医疗是指采取了不必要的检查方式和药物治疗。一般而言，手术不涉及过度医疗，但是从严格角度出发，手术同样需要注意合理度。如本例患者腹腔打开后，发现有胰头占位、胆漏、梗阻性黄疸等情况，既可选择扩大根治手术也可选择缩小穿刺手术，那医师怎么办？选择的标准就是是否充分评估风险，是否充分尊重了患方的知情同意权，是否有完备的术中术后预案，等等。如果符合就属于合理诊疗，如果不符合盲目实施扩大手术范围就是过度医疗。手术是外科的主要治疗方式，但不是唯一的方式。本例提醒我们，手术看似酣畅淋漓，但手起刀落之间，患者有时就判若两人，需慎之又慎。

四、思考题

(1) 住院医师如何评估与控制择期手术风险?

(2) 如果您是本例患者的床位医师,将如何选择治疗方式,控制风险?

(3) 请您结合第一篇内容,设计一份针对胆囊结石的外科住院医师法律能力与职业道德建设的风险控制路径图。

五、相关法律链接

《侵权责任法》

第六十条 患者有损害,因下列情形之一的,医疗机构不承担赔偿责任:

(一) 患者或者其近亲属不配合医疗机构进行符合诊疗规范的诊疗。

(二) 医务人员在抢救生命垂危的患者等紧急情况下已经尽到合理诊疗义务。

(三) 限于当时的医疗水平难以诊疗。

前款第一项情形中,医疗机构及其医务人员也有过错的,应当承担相应的赔偿责任。

第六十三条 医疗机构及其医务人员不得违反诊疗规范实施不必要的检查。

案例 25 胆管结石残留(肝胆外科)

一、关键词

胆管结石 手术方式 并发症处置

二、案情简介

1. 诊治经过

第一次住院:6 月 13 日,患者,男,30 岁,因“腹痛 5 天”就诊,查血淀粉酶 4 860 IU/L,B 超检查胆总管结石,查体:体温 37.5℃,巩膜轻度黄染,腹平软,右上腹压痛,Murphy's 征(+),无反跳痛。诊断:急性胆源性胰腺炎、胆总管结石。当日收治肝胆外科。予以禁食、抗炎、输液等治疗。6 月 15 日腹部 CT 平扫报告:肝实质内未见异常密度影,肝内胆管中度扩张,总胆管增宽,直径达 1.5 cm,其下端见一大小约为 1.2 mm×0.9 mm 高密度影,CT 值为 77 Hu,增强后高密度致密影未见强化;未见异常密度影。诊断:①胆总管下端结石;②胆囊炎。

6 月 20 日在全麻下行胆囊切除、胆总管切开取石、术中胆道镜、T 管引流术。手术记录为:……探查:腹腔内少量淡黄色渗液,肝色红褐色,质软,未及囊肿、结节,胃十二指肠未及肿块及溃疡瘢痕,胰头部质地稍韧,未及明显肿块,胆囊约 4 cm×4 cm×6 cm,壁增厚,色蓝,与周围组织有粘连,张力较高,胆总管增粗,约 1.8 cm,壁增厚,色蓝,未扪及明显结石。操作:解剖胆囊三角,切断胆囊动脉并双道结扎,胆囊管粗约 0.3 cm,开口于胆总管右侧,距胆总管约 0.5 cm,断胆囊管,近端双道结扎,用电刀将胆囊从胆囊床剥下,穿刺证实胆总管后,纵行切口胆总管前壁约 1 cm,有深褐色胆汁渗出,将取石钳深入胆总管下端试取石两次,取石钳夹出少量泥沙样结石,经胆道镜检查:胆总管内有较多絮状物,上端通畅,左右肝管未见结石,下端可见少量泥沙样结石,Oddi 括约肌通畅,胆道镜顺利进入十二指肠,置入 9 号胆道探条顺利进入十二指肠,予胆道冲洗,冲出较多白色絮状物及少量泥沙样结石,再行胆道镜检查,胆总管下端通畅,未见明显结石,胆道镜顺利进入十二指肠,胆总管切开处置入 22 号 T 管,间断缝合胆总管后T管注水未见缝合处渗漏，小网膜孔置负压球引流一根，与T管分别从切口右侧腹壁截孔引出，查无活动性出血，关腹。术后诊断：胆囊炎、胆总管结石、胆源性胰腺炎。

术后予以抗感染、利胆等治疗，恢复良好，T管引流畅，少量淡血性渗出。7月1日患者出院，嘱患者一月拔T管。术后患者仍感右上腹不适，来院复查CT示：左肝内胆管近肝门部见多枚高密度影，最大约2.8 cm×1.2 cm，伴远端胆管扩张。影像诊断：左肝内胆管近肝门部结石，伴远端胆管扩张。

第二次住院：9月11日。9月14日行经T管窦道左肝内胆管结石胆道镜取石术。手术记录：……拔除窦道内T管，经窦道内插入胆道镜，经胆总管进入左肝管，见左右肝管汇合部有一枚花生样大小混合性结石，与左肝管嵌顿，周围充血水肿，有絮状物与管壁粘附，用胆道镜网篮松动结石，用取石网蓝套住结石，连同胆道镜取出，检查胆石完整，再次经窦道插入胆道镜，检查肝总管，左右肝管，及二级肝管开口处未见结石肿块，然后检查胆总管下端，未见肿块结石，Oddi括约肌开合良好，再窦道插入22号T管至胆总管，见T管内有胆汁流出，手术顺利。9月18日，胆道T管造影为左肝管显影不充分，考虑左肝管仍有结石残留，患者要求出院数日，嘱患者出院一周后再入院手术。

第三次住院：9月25日。当日行经T管窦道胆道镜取石术。手术记录：经T管窦道置入胆道镜，检查总胆管下端，右肝管及右肝管开口处未见结石肿块，左肝管内有一长条暗褐色漂浮物，左肝外侧叶肝管开口处见一直径0.5 cm暗褐色结石，与黏膜致密粘连，用胆道镜取出长条状褐色漂浮物，检查为蛔虫尸骸（肉眼观察），用取石网篮分离结石与黏膜粘连约3/4部分，因取石时间较长（约5 h），组织水肿加重，分离时黏膜有渗血，故停止取石，T管窦道内置入22号T管一根。术后嘱患者一周后再胆道镜取石。

第四次住院：10月5日。再次行胆道镜取石术。手术记载：经窦道置入胆道镜，进入左肝外侧叶肝管开口处见一直径0.5 cm暗褐色结石，用取石网蓝反复松动结石，尝试套入网篮均告失败，经过长约5 h取石失败，T管窦道内置入22号T管一根。术后予以抗感染治疗。10月28日出院。

次年1月18日，患者入住B院肝胆外科，行肝左外叶切除，胆总管切开取石，T管引流术。术中情况：肝脏质地正常，肝左叶可扪及肝内结石，余肝未扪及结石，肝门无明显占位；胆囊已切除，肝外胆管直径1.2 cm；切开肝外胆管行胆道探查，肝外胆管未探及结石，胆总管下端通畅，可通过7号胆道探子，探查左右肝管开口无明显狭窄，自肝外胆管无法取出左肝内胆结石；反复探查、冲洗各支肝内外胆管，未发现明显结石或残渣，间断缝闭肝左内叶胆管残端，对拢缝合肝创面，间断缝闭肝外胆管并置T管引流。1月30日出院。出院医嘱：随访；定期复查肝功能、B超等。

2. 医患交涉过程

患者认为医方第一次术中未找到石头，一个月后复查石头依然存在，而且是肝胆管结石，医方初次诊断存在误诊。在带了三个月T管后，在该院进行了第二次手术，但因无法取出结石手术又一次失败，反复多次，虽然经外院手术疾病治愈，但是给患者带来了很大的创伤和痛苦，要求医方赔偿，故诉至法院。

医方认为，医院虽然第一次手术未对左肝管内结石进行处理，但是术后积极采取补救措施，最终并未造成患者器官功能损害。

法院为进一步查明事实，委托专家鉴定，鉴定分析意见为：

(1) 患者胆总管结石、急性胆源性胰腺炎诊断确立，有手术指征。经对症治疗症状缓解后行胆囊切除、胆总管探查引流术，符合急性胆源性胰腺炎和胆石症的治疗原则。

(2) 受各种因素影响，术后胆管结石残留是常见的手术并发症。对患者胆管残留结石的处理，医方已经采取积极的治疗措施，胆道镜取石和再手术治疗是治疗胆管结石的正常步骤，不属于对患者的伤害。

(3) 但是，院方在对患者诊治过程中，放射科CT诊断漏诊左肝胆管结石，外科医师过分依赖CT报告，术中未能发现左肝管结石，存在缺陷和不足。

鉴定结论：不属于医疗损害。

3. 处置结果

法院认为，因被告医方存在缺陷和不足，须对原告患者损害承担次要责任，法院据此判令被告赔偿原告各项损失共计人民币2万余元。

三、分析意见

胆管示意图如图 25-1 所示。本例为一起胆管结石取石残留的案例。胆管结石取石涉及诊断是否明确,治疗方式是否正确,因其并发症多,所以需要医师正确评估和判断。主要包括如下内容:

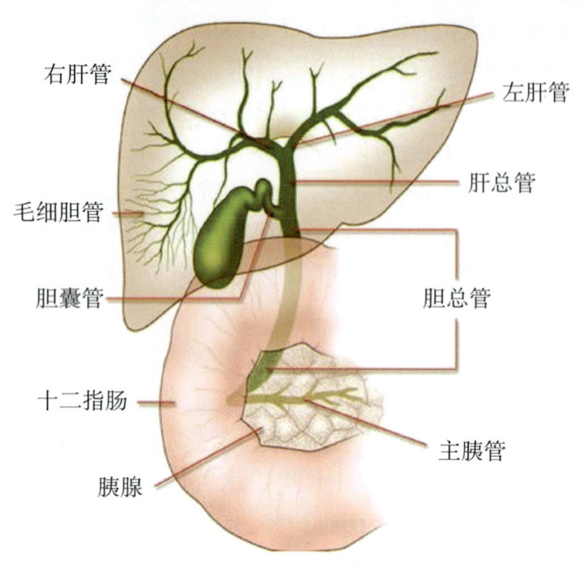

图 25-1　胆管示意图

1. 明确诊断

胆管结石可分为原发性和继发性两类。原发性胆管结石系指在胆管内形成的结石,主要为胆色素结石或混合性结石。继发性胆管结石为胆囊结石排至胆总管,主要为胆固醇结石。根据结石所在部位分为肝外胆管结石和肝内胆管结石。肝外胆管结石多发生胆总管下端;肝内胆管结石可广泛分布于两叶肝内胆管,或局限于某叶胆管,其中以左外叶和右后叶多见。本例患者既有肝外胆管结石,又有肝内胆管结石。

不同胆管结石,治疗方式有区别,所以明确诊断非常重要。

(1) 完整询问病史。胆管结石临床表现取决于有无感染和梗阻,一般平时可无症状,确诊有一定难度,需要医师仔细全面询问病史。本例患者 6 月 13 日第一次住院时,有腹痛、发热、黄疸、Murphy's 征(+)的临床表现,可以考虑为胆管结石。

(2) 善于查看影像学检查。B 超可以发现胆管内结石,如有疑难,可以选择 CT 检查。本例患者 6 月 15 日腹部 CT 平扫报告:肝实质内未见异常密度影,肝内胆管中度扩张,总胆管增宽,直径达 1.5 cm,其下端见一大小约为 1.2 mm×0.9 mm 高密度影,CT 值为 77 Hu,增强后高密度致密影未见强化;未见异常密度影。CT 诊断:①胆总管下端结石;②胆囊炎。但是医师只是局限于 CT 诊断,未评估"肝内胆管中度扩张"的临床意义,未自己查看 CT 片子,致使漏诊。所以,临床医师必须具备阅读相关影像学片子的能力。

2. 正确治疗

(1) 针对肝外胆管结石,根据诊疗常规,以手术治疗为主。可选择的手术方式有:①胆总管切开取石加 T 管引流术,适用于单纯胆管结石,胆管上、下端通畅,无狭窄或其他病变者。②胆肠吻合术,适用于胆总管扩张≥2.5 cm 等。③Oddi 括约肌成形术。④经内镜下括约肌切开取石术。等等。

(2) 针对肝内胆管结石,根据诊疗常规,以手术治疗为主结合其他治疗方式。可选择的手术方式有:①高位胆管切开及取石。②胆肠内引流。③去除肝内感染性病灶,即切除病变肝叶(段)等等。

本例患者共实施 5 次手术。手术部位如图 25-2 所示。

第一次手术在 6 月 20 日行胆囊切除、胆总管切开取石、术中胆道镜、T 管引流术。术中探查发现胆总管下端少量泥沙样结石,经胆道镜检查:胆总管内有较多絮状物,上端通畅,左右肝管未见结石,下端可见少量泥沙样结石。

第二次手术在 9 月 14 日行经 T 管窦道左肝内胆管结石胆道镜取石术。术中胆道镜探查,见左右肝管汇合部有一枚花生样大小混合性结石,与左肝管嵌顿。该部位与第一次手术胆道镜检查发现部位一致。

第三次手术在 9 月 25 日行经 T 管窦道胆道镜取石术。术中胆道镜探查,见左肝管内有一长条暗褐色漂浮物,左肝外侧叶肝管开口处见一直径 0.5 cm 暗褐色结石,与黏膜致密粘连,用胆道镜取出长条状褐色漂浮物,检查为蛔虫尸骸(肉眼观察)。取石失败。

第四次手术在 10 月 5 日行胆道镜取石术。术中胆道镜探查,见左肝外侧叶肝管开口处见一直径

0.5 cm暗褐色结石，与第三次探查部位一致，但仍取石失败。

从四次手术记载可以发现，第一次手术指征存在，针对肝外胆管结石处置正确。但是经胆道镜探查发现左右肝管未见结石，下端可见少量泥沙样结石。医师应高度怀疑肝内胆管结石，此时应重新阅读术前CT片，再次进行评估，如果确定有肝内胆管结石，则应立即与家属谈话告知，更改手术方式，及时处理。若无条件进行肝内胆管结石手术，则应与家属沟通清楚，待日行择期手术。

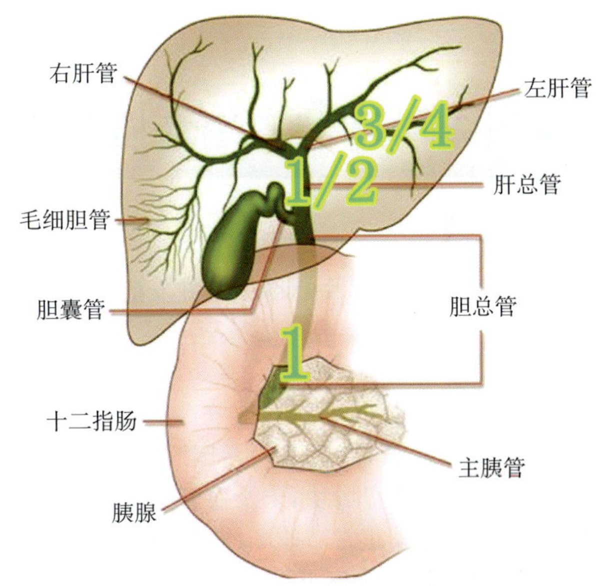

图25－2　手术部位示意图

3. 正确处理并发症

胆管结石残留是常见手术并发症。如何使发生概率降至最小，需要医师不断努力。

(1) 完善术前检查和诊断。

(2) 完善术中处理。通常易发生肝内胆管结石残留。术中怎么办？根据诊疗常规，有条件者可以采用术中胆管造影、B超检查或纤维胆道镜检查，有助于降低胆石残留率，这与医院硬件配备相关。如术中胆道超声可同时显示胆管及取石器械的位置，指导医师手术，可有效降低胆道手术的残石发生率。所以，毋庸置疑，医院的配备条件也会影响相关诊疗行为，作为医师需要了解掌握，充分使用医院资源为患者服务，降低风险。

(3) 客观评估并发症，与患方坦率沟通。并发症的发生是手术难以避免的风险之一，一旦发生并发症，医师要客观理性面对，既不要躲避，也不要盲目操作，根据轻重缓急，可以启动疑难病例讨论，院内外会诊，甚至转院等程序积极处置，可以减少并发症的损害程度。同时，要坦率告知患方原因、处理方式、预期后果等等。如果患方不理解，无须反感，也无须自责或懊恼，冷静面对，或者请其他医师向患方沟通等。以正确处置患者为目的，集中力量解决主要矛盾，其他次要矛盾会迎刃而解。在转型期，医师需要有极其强大的包容心，既尊重患方，保护患者，同时也要做好自我保护。

四、思考题

(1) 住院医师如何评估与控制胆道结石手术风险？

(2) 如果您是本例患者的床位医师，在不同阶段，如何选择治疗方式，控制风险？

(3) 请您结合第一篇内容，设计一份针对胆道结石的外科住院医师法律能力与职业道德建设的风险控制路径图。

五、相关法律链接

1.《医疗机构管理条例》

第三十一条　医疗机构对危重患者应当立即抢救。对限于设备或者技术条件不能诊治的患者，应当及时转诊。

2.《医疗事故处理条例》

第十五条　发生或者发现医疗过失行为，医疗机构及其医务人员应当立即采取有效措施，避免或者减轻对患者身体健康的损害，防止损害扩大。

案例 26　甲状腺手术损伤喉返神经(甲状腺乳腺外科)

一、关键词

手术操作常规　甲状腺手术并发症

二、案情简介

1. 诊治经过

8 月 23 日,患者,女,50 岁,因“颈部不适 5 年”入住甲乳外科。病历记载:颈软,气管居中,甲状腺无明显肿大,未及明显肿块,未及血管杂音。B 超显示:右甲状腺混合性病灶(伴沙粒体)。喉部内窥镜检查示:双声带运动正常。诊断:右侧甲状腺结节(恶性待排)。

8 月 24 日,在全麻下行右侧甲状腺腺叶切除+峡部切除术。

手术记录:

术中见:甲状腺大小正常,右侧甲状腺上极直径 1.0 cm 肿块,质硬,界清,甲状腺旁未及肿大淋巴结,左侧甲状腺未及异常。术中送冰冻示:结节性甲状腺肿……切开颈白线,于甲状腺真假包膜间游离右侧腺体,分离切断结扎甲状腺中静脉,紧贴上极,分离甲状腺上动脉予切断,近端双道结扎,紧贴甲状腺下极分离切断甲状腺下动静脉,注意保护喉返神经,甲状旁腺,游离腺体及峡部,切断峡部,残端结扎,标本送病理。术后予抗感染、补液等治疗。

8 月 27 日,病理诊断报告:结节性甲状腺肿伴乳头状增生,另见甲状旁腺组织 1 枚。

8 月 30 日,患者出院。

出院时情况:神清,体温正常。无手足麻木,呼吸平稳。切口无红肿渗出。

9 月 18 日,患者因右甲状腺叶切除术后近 1 月,咽部不适伴声音嘶哑至医院门诊复诊,医师予弥可保 1 片,口服每日三次。后患者多次复诊,但声音嘶哑无好转。10 月 20 日,患者至 B 院就诊,经电子喉镜检查显示:右侧声带麻痹。1 月 7 日,患者因甲状腺术后声嘶 4 月余入住 B 院。诊断:右声带麻痹。1 月 11 日,行右喉返神经探查修复术,术中见右喉返神经萎缩变细,与颈袢比例约为 1∶10。显微镜下行右喉返神经、颈袢吻合术。次年 5 月 25 日,患者至 B 院复查动态喉镜示:右侧声带正中位固定,左侧声带运动正常,双侧声带黏膜波稍减弱,周期基本规律,双侧不对称,发音相声门闭合不全。

2. 医患交涉过程

患者持续声音嘶哑,恢复情况不佳,认为是医师术中操作失误,误切神经所致,医方存在过错,应当承担相应的法律责任,故诉至法院。

医方认为,患者手术指征明确,手术操作正确,声音嘶哑是甲状腺切除术难以避免的并发症,医方没有过错,所以不同意赔偿。

法官听取原被告意见后,归纳本案争议焦点为被告手术是否存在过错,原告声音嘶哑是否是因被告手术过错造成。为进一步查明事实,法院委托进行鉴定。专家鉴定分析意见认为:

(1) 8 月 23 日,患者因“颈部不适 5 年”入住医院。B 超显示右甲状腺混合性病灶,有钙化。诊断:右侧甲状腺结节(恶性待排)。故医方行右侧甲状腺切除+峡部切除术有手术指征。

(2) 据鉴定会现场询问医患双方,均承认患者术后即存在声音嘶哑症状,后在其他医院明确诊断有右侧喉返神经损伤并行右喉返神经、颈袢吻合术。医方手术中未解剖暴露喉返神经,违反了该手术操作常规的要求,导致损伤喉返神经,与患者目前右声带固定状况存在直接因果关系。

(3) 根据手术记录记载,患者甲状腺肿块位于甲状腺上极,此部位手术损伤喉返神经的风险较大。

最终鉴定意见：

（1）本例属于对患者人身的医疗损害。

（2）医院在医疗活动中存在违反手术操作规程的医疗过错，与患者的人身损害结果存在因果关系。

（3）参照《医疗事故分级标准（试行）》，患者的声音嘶哑、发声不畅的人身医疗损害等级为三级戊等，对应十级伤残。

（4）本例医疗过错对患者人身医疗损害结果的责任程度为主要责任。

3. 处置结果

法院最终判决被告医方赔偿原告患者80%的主要责任。

三、分析点评

本例是一起医方术中操作不当、术后处理不当致患者损害的案例。医师如何确保术中操作正确？

1. 遵循外科手术操作规范

外科各学组为了确保患者安全，对每一项手术均规定了具体的操作规范，虽无法一一列出，但原则是相通的，即掌握手术无菌微创原则，最大限度保护器官组织功能，以促进患者早日恢复。手术中要做到选择适当的手术切口（目前对甲状腺切除术以腔镜微创手术为主），精细分离组织特别是神经组织，严密保护切口等，以最大限度地减少损伤。手术操作规范是医师手术的法律依据和标准流程，应当严格遵守。

本例医师在手术中未解剖暴露喉返神经即切除甲状腺，虽有客观原因，但也违反了该手术操作常规，最终导致患者喉返神经损伤，术后声音嘶哑。

2. 遵循围手术期规范

本例医师未注意术后处理。患者术后即出现咽部不适及声音嘶哑，医师对这一异常情况未予尽早查明原因，未予尽早采取修复手术，以致患者损伤加重，后期恢复非常困难。实践中，医师对整个围手术期缺乏关注和治疗，是很多导致患者损害的原因之一。

3. 关注手术并发症

前述诸多案例涉及并发症，何谓并发症？一旦发生并发症，哪些情况下医方有责，哪些情况下医方无责？

1）并发症及发生原因

所谓并发症，是指在原发疾病的基础上，由另外的因素引起的新的疾病。医学界普遍认为并发症是在原发病发生发展的过程中，由于机体抗病能力减退，易受另一种疾病因素的侵袭，或对原发病的治疗不当而出现的治疗矛盾及药物的不良反应，以及不可忽视的社会、生活环境、心理、精神等不良因素的侵袭，使患者已经患病的机体再次遭受新的损伤，这些损害统称为原发病的并发症。并发症发生的先决条件是要有原发病，即基础病。

手术并发症是指在应用外科手术治疗某一种原发病即基础病的过程中，由于手术创伤的打击，机体抵御疾病能力减退，机体特异质，或机体解剖变异等带来的身体综合因素改变，或手术操作失误使机体遭受新的损害，这种改变或损害称为外科手术并发症。手术并发症可以分为两类：一类是各种手术都可能发生的并发症如发热、出血、感染、切口裂开等；另一类是与手术方式相关的并发症，如本例甲状腺手术损伤喉返神经造成声音嘶哑等。

手术并发症的发生先有一种需要手术治疗的原发病（基础病），后有外科手术打击。如：肝脏肿瘤患者，行肝脏切除术时，出血就是一个不可避免的并发症；慢性扁桃体炎患者，行扁桃体摘除术时，由于某种原因出血不止，压迫止血影响呼吸，不得不行气管切开术；拔下颌阻生牙时，牙挺尖断于咽旁间隙，虽然阻生牙已拔出，但不得不再行金属异物取出术，这时还可能在取金属异物过程中误伤下齿槽神经致下唇麻木。这些并发症都是在手术治疗原发病的同时带来的对患者机体的损害。并发症可以发生在术中或术后,一种或多种,独立或综合,局部或全身,治愈或无法治愈,短暂或终身,致残或死亡。总之,并发症具有一定的危害性。

2) 并发症归责

并发症归责适用过错责任原则,即医方存在过错,与患者的并发症有因果关系,则医方必须承担赔偿的法律责任。并发症的发生原因分为医方原因与患方原因两种。

医方原因有:缺乏伦理道德,医疗技术不精,误诊误治,无手术指征,违反操作规程,器材质量低劣,医院管理混乱,术前准备不足,术中粗心大意,术后护理观察失当,等等。医方原因是可以预测、防止、避免或降低的,由此引发的手术并发症,医方应当承担相应的责任。实践中,一旦患者发生并发症,医方常以"术前谈话已签字,医方已履行告知义务"为由,认为应当免责。这个观点是错误的,需要纠正。

患方原因有:疾病特殊性,手术创伤的打击,机体抵御疾病能力减退,机体特异质,机体解剖变异,个体敏感差异,心理情感脆弱,患者误诉病情,患者隐瞒病史,等等。医学是对生命科学的研究,存在局限性,所以,属于患方原因引起的并发症,医方没有责任。其中因患者隐瞒病情、不配合医疗机构进行诊疗而造成并发症损害的,医方更无须承担责任。

另有一个概念是"后遗症",后遗症与并发症不同,后遗症是指是一种疾病的病程结束,病因已消失,只遗留原疾病所造成的形态学或功能上的异常。如:烧伤后的瘢痕挛缩,直肠癌 Miles 手术不能保留肛门括约肌而致大便失禁,等等。

4. 本案医方为何承担主要责任

本例患者最终声音嘶哑的原因:一是由于医师术中未解剖暴露喉返神经,导致喉返神经损伤,系违反手术操作常规;二是术后观察处理不及时不正确。同时,根据手术记录记载,患者甲状腺肿块位于甲状腺上极,此部位手术损伤喉返神经的风险较大,说明手术存在一定的操作难度,因此原因造成的损害医方不承担责任。综合分析可以得知,医方操作不当是主要矛盾,患者疾病特点是次要矛盾,也就是根据目前医疗能力,可以有效规避此类损害,所以本例医方承担主要责任。当然,如果有证据证明医师术中充分保护并小心分离喉返神经,最终,患者仍然出现声音嘶哑,这就属于《侵权责任法》第六十条"限于当时的医疗水平难以诊疗"的情况,医方不承担法律责任。

四、思考题

(1) 住院医师如何评估与控制甲状腺手术风险?

(2) 如果您是本例患者的床位医师,如何选择治疗方式,评估患者术后状态,控制风险?

(3) 请您结合第一篇内容,设计一份针对甲状腺结节的外科住院医师法律能力与职业道德建设的风险控制路径图。

五、相关法律链接

《医疗事故分级标准(试行)》

(五) 三级戊等医疗事故:器官部分缺损或畸形,有轻微功能障碍,无医疗依赖,生活能自理。例如,造成患者下列情形之一的:

(1) 脑叶缺失后轻度智力障碍。

(2) 发声或言语不畅。

……

案例 27 乳腺癌漏诊(甲状腺乳腺外科)

一、关键词

乳腺癌围手术期管理特点

二、案情简介

1. 诊治经过

3 月 7 日,患者,女,46 岁,因“左乳肿块”来院行钼靶检查,影像诊断报告:双乳轻度小叶增生,左乳上方细小钙化簇,请结合临床。3 月 14 日,患者再次来院,行乳腺 CT 检查,影像学表现:双侧乳腺腺体分布均匀,形态正常,基本对称。左乳外下象限见一枚类卵圆形结节影,双缘毛糙,平扫 CT 值 44HU,增强扫描 CT 值约 93HU,延迟扫描进一步强化,CT 值约 110HU,余腺体密度未见明显肿大淋巴结。CT 影像报告:左乳外下象限占位(卵圆形结节影),考虑肿瘤性病变,纤维腺瘤可能,恶变不排除。3 月 17 日超声检查:双乳房乳腺组织增厚,内部回声紊乱,局部乳腺导管扩张。左乳腺外侧相当于 3 点钟处乳腺深层内见实质性低回声区 8 mm×11 mm×9 mm,形态欠规则,内见强光点 1 mm,CDFI 未测及明显彩色血流。超声提示:双乳腺小叶增生,左乳内实质占位,恶性肿瘤(Malignant Tumor, MT)不排除。

3 月 10 日患者入住医院甲乳外科。简要病历记载:

主诉:发现左乳肿块 2 月余。

专科检查:胸廓对称,双乳对称,乳头无改变。表面皮肤无改变。左乳外侧象限距乳头约 2 cm 处可扪及约 1 cm×2 cm 大小肿块,无压痛,边界规则,表面光滑,移动度可,与皮肤无粘连;右乳未及明显肿块,双侧腋窝未及肿大淋巴结。入院后诊断:左乳肿块,纤维瘤,慢性乳腺病。

3 月 20 日,在局麻下行左乳段叶切除术。手术记录:标记手术切口,取左乳外侧,距乳头 2 cm,放射样切口约 3 cm,逐层切开皮肤、皮下组织,术中扪及肿块位于乳腺组织深处,大小约 1 cm×2 cm×1 cm 肿块,质中,与周围组织边界不清,且周围乳腺组织有弥漫增厚,遂行左乳段叶切除术,术中冰冻提示:左乳乳腺纤维瘤病伴部分导管上皮增生。术后诊断:左乳乳腺纤维腺病。病理报告:(左侧)乳腺纤维瘤病伴部分导管扩张、潴留,部分区小叶增生。经治疗后,患者于 3 月 22 日出院。

术后患者仍有左乳肿块,质硬。次年 1 月 5 日,患者再次行 B 超检查。超声描述:双乳房乳腺组织增厚,内部回声紊乱,乳腺导管扩张。左乳腺外侧相当于 3 点钟处见低回声 17 mm×41 mm×35 mm,边界清,内见彩色血流,外形不规则,内见光点 1 mm 多枚。其内侧另见低回声 5 mm×6 mm×6 mm。超声提示:双乳腺小叶增生;左乳外侧低回声占位,性质待定,请结合临床。

1 月 9 日,患者入住 B 院肿瘤科。病史记载:发现左乳肿块一年,增大三月。查体:左乳外上方象限外侧相当于 3 点手术瘢痕下可扪及约 3 cm×4 cm 大小肿块,质硬,表明欠光滑,边缘不规则,压痛(－),活动度差,皮肤粘连(±),左腋下可扪及直径 1.5 cm 肿大淋巴结,活动度较差,有压痛,质地硬,右腋下及双锁骨上淋巴结未及明显肿大。同日 B 超检查:左乳实质性占位,符合癌声像图表现,左腋下淋巴结肿大(多发),考虑癌可能性大,双乳腺小叶增生,目前肝、胆、胰、脾、肾、子宫、卵巢未见明显异常。入院诊断:左乳癌。

1 月 13 日在全麻下行左乳癌改良根治术。术中见肿瘤位于左乳外上象限,相当于 2:00～4:00 点处,大小约 4.0 cm×4.0 cm×5.5 cm,肿块质硬,边界欠清。冰冻切片病理报告提示:左乳浸润性导管癌Ⅲ级。术后予以抗感染、支持治疗等。术后病理:左乳浸润性导管癌,Ⅲ级,部分区域呈浸润性微乳头状癌形态,脉管内见癌栓,乳头及标本基底未及癌累及,腋下淋巴结(18/27)见癌转移。免疫组化(65236)示癌细胞:ER(＋＋), PR(＋＋), neu(＋＋), Mammoglobin(＋), GCDFP15(－)。术后予以化疗及靶向治疗。2月16日出院。出院诊断：左乳浸润性导管癌（P－$T_2N_2M_0$－Ⅲa期）。

2. 医患交涉过程

患方认为，医方存在重大过错，导致患者严重损害。具体表现为：

（1）由于医方的疏忽大意，误将肿块周围的增生组织当作肿块切除，而将该肿块留在患者体内，导致癌变，成为晚期乳癌，损害了患者健康生命。

（2）医方延误了患者最佳的治疗时机，使患者丧失了保乳的手术方式，致使重要器官缺失，同时缩短了生存期，使患方精神受到极大的打击。故诉至法院。

医方认为，本例有特殊性：

（1）患者术前检查提示左乳占位性病变有恶性可能，故B超定位，行左乳外上象限段叶切除，手术范围大，切除后再次检查未扪及确切肿块，术中及术后病理均为良性。

（2）对患者术后治疗履行了告知义务，而患者并未至门诊正规随访治疗。7月后出现左乳肿块明显增大未及时就诊，延误了疾病的诊治。

法院最终委托专家鉴定，鉴定分析意见认为：

（1）依据现有送鉴病历资料，医方未能切除患者左乳的疑似癌病灶，仅为乳腺周围组织，存在明显的医疗过失，其理由如下：①术前钼靶显示左乳有钙化簇，B超提示该区域低回声占位，CT证示卵圆结节，恶变并不能排除；②术中扪及肿块位于乳腺组织深处约1 cm×2 cm×1 cm，周围呈弥漫性增厚，手术区应包含钙化区乳腺组织，但切除物病理切片未见明显结节，且未发现有钙盐沉着；③术后复查该肿块仍在原手术切口下扪及，第二次手术后病理可见缝线肉芽肿位于癌肿组织旁，病灶内有钙盐沉着，由此确定第一次手术未能切到病灶。

（2）患者的乳腺浸润导管癌病情发展与医方的首次诊疗过程未能切除病灶，延误治疗时机有直接的因果关系，同时与疾病本身亦有一定的关联性。

（3）若患者在第一次手术时作局部肿瘤根治术，有保留患侧乳房的可能性，现患者存在轻度功能障碍，生活能自理。

结论：三级丁等医疗事故，医方承担主要责任。

3. 处置结果

法院据此判令被告医院承担80％的赔偿责任，并保留原告患者治疗费的诉讼请求。

三年后患者死亡，家属又诉至法院，要求医方赔偿后续治疗费的损失。法院依法判决医方承担80％的责任。

三、分析点评

本例是一起术中漏诊乳腺癌的案例。乳腺癌是女性最常见的恶性肿瘤之一，随着医学科学技术的不断进步，术前早期发现、诊断乳腺癌的确诊率不断提高。然而遗憾的是，术中发生乳腺癌漏切的事件时有发生，这与乳腺癌的特点，医师的操作，术中诊疗配套措施缺乏均有关系。如何实现乳腺癌的手术风险控制，医师需要具备整体观。

1. 术前准备充分

乳腺癌早期表现是患侧乳房出现无痛、单发的小肿块。晚期表现可呈现桔皮样改变，可侵入胸筋膜、胸肌，以致癌变固定于胸壁而不易推动。手术治疗是乳腺癌的主要治疗方法。具体的手术方法有：乳腺癌根治术，乳腺癌扩大根治术，乳腺癌改良根治术，全乳房切除术，保留乳房的乳腺癌切除术等。正确诊断是选择手术方式的前提。

本例患者46岁，发现左乳肿块入院，阳性表现有：钼靶显示左乳有钙化簇，B超提示该区域低回声占位，CT显示卵圆结节，恶变不能排除。医师入院诊断考虑纤维瘤，属于未进行病因鉴别。根据外科诊疗常规，40岁以后妇女不要轻易诊断为纤维瘤，必须排除恶性肿瘤的可能。医师未进行周全缜密的思维，导致术前诊断出现失误，直接影响后期治疗的正确性。所以，术前诊断周密详细非常重要。

2. 术中不断评估

本例患者3月20日局麻下行左乳段叶切除术，应属于诊断性治疗，也就是既有治疗作用，也有诊断作用，术中既要承担切除病变肿块的任务，又要承担诊断肿块性质的任务。术中，医师扪及肿块位于乳腺组织深处，大小约1 cm×2 cm×1 cm肿块，质中，与周围组织边界不清，且周围乳腺组织有弥漫增厚，遂行左乳段叶切除术，术中冰冻提示：左乳乳腺纤维瘤病伴部分导管上皮增生。但实际上，医师切除左乳段叶后，并未切开探查，与病理科也缺乏交流沟通，应询问切除的组织中是否有1 cm×2 cm×1 cm肿块，是否有钙盐沉着。实际上，切除的左乳段叶中并无这一肿块，只是周围增厚的乳腺组织。术中失之毫厘差之千里。所以，术中科学理性评估，及时解剖切除组织，与病理科医师共同查看探讨组织标本等，非常重要，可以有效规避术中漏诊风险。实际的惨痛教训不胜枚举。

3. 术后理性处置

本例患者虽然术后符合医师术前诊断：纤维瘤，但是并不能有效解释术前钼靶、B超、CT的阳性表现，医师需要详细与患者沟通需注意事项，告知何时来院复查，检查哪些项目，检查目的是什么，是否需要手术医师陪同，检查报告审查等事项。如果本例患者术后及时复查，是能发现这一肿块仍然存在、再次及时手术的。如果当时医师及时再次手术，则可以属于现有医学科学技术难以避免的风险，医方可以减轻甚至免于承担责任。

四、思考题

（1）住院医师如何评估与控制乳腺癌尤其是早期乳腺癌手术风险？

（2）如果您是本例患者的床位医师，如何评估患者术中诊断意义，如何与患者进行出院沟通、随访？

（3）请您结合第一篇内容，设计一份针对早期乳腺癌的外科住院医师法律能力与职业道德建设的风险控制路径图。

五、相关法律链接

《医疗事故分级标准（试行）》

（三）三级丙等医疗事故：器官大部分缺损或畸形，有轻度功能障碍，可能存在一般医疗依赖，生活能自理。例如造成患者下列情形之一的：

（18）未育妇女单侧乳腺缺失。

（四）三级丁等医疗事故：器官部分缺损或畸形，有轻度功能障碍，无医疗依赖，生活能自理。例如造成患者下列情形之一的：

……

案例28　肾癌根治术后出血（泌尿外科）

一、关键词

术后注意　因果关系

二、案情简介

1. 诊治经过

3月17日，患者，男，60岁，因“感下腹部胀痛，近两月左腰酸”即到医院检查，发现为左肾占位性病变，当即入住泌尿外科。4 月 1 日，行左肾癌扩大根治术。

术后重危护理记录单记录：

16:20，患者被送回病房，血压 20 kPa/12 kPa，脉搏 72 次/min，伤口引流吸出少量液体。

17:20，患者伤口吸出血性液体 100 ml，通知医师，无处理。

17:50，患者血压 13 kPa/10 kPa，脉搏 82 次/min。

18:50，患者血压 9.5 kPa/7.5 kPa，脉搏 92 次/min，血压下降，立即通知医师，检查血常规。

19:20，患者血压 7.5 kPa/5 kPa，脉搏 120 次/min，通知医师，予 706 代血浆 500 ml。

19:50，患者血压 8.5 kPa/6 kPa，脉搏 130 次/min，患者中心静脉压 2 cm H_2O，引流血性液体 100 ml，加快补液速度。

21:15，患者血压 8 kPa/5 kPa，脉搏 148 次/min，输冰冻血浆 200 ml。

22:20，患者血压 7 kPa/4 kPa，脉搏 168 次/min，引流液体 400 ml。

4 月 2 日 2:22，患者因抢救无效死亡。死亡诊断：左肾癌，失血性休克。术后病理报告诊断：左肾脏透明细胞癌，周围组织及淋巴组织均未见癌转移。

2. 医患交涉过程

患者家属认为，术后仅 10 个小时患者就被宣告死亡，医方存在如下过失：

(1) 疏于履行法定注意义务。患者术后 1 h 护士就观察到引流液体增多，及时汇报医师，但医师未予任何检查，也未进行任何分析，更无任何治疗。17:50 患者血压已较前明显下降，18:50 血压更下降至正常值以下，护士再次汇报医师，医师仍未予任何检查、分析、治疗。此后患者血压持续进行性下降，血性引流液体持续增多，直至患者死亡。在各项指标均提示患者有内出血的情况下，按照诊疗常规，医师应对患者出现的血压下降这一异常情况进行详细的检查，同时应及时进行病因鉴别，以明确血压下降的原因。而本案中，被告显然未履行任何法定注意义务，延误患者最佳治疗时机，直接造成了患者的死亡。

(2) 术后处理严重违反医学诊疗常规。按照《外科学》，术后患者早期出现失血性休克的各种临床表现为："患者烦躁，无高热、心脏疾患等原因的心率持续增快，往往先于血压下降前出现；中心静脉压低于 5 cmH_2O；……都提示有术后出血。""一旦确诊为术后出血，都必须再次手术止血。"本案中，患者 17:50就开始出现血压下降，脉搏增快，中心静脉压仅为 2 cmH_2O，均提示有术后出血可能，按照诊疗常规的规定，应立即对患者进行再次手术止血，而医师在长达 10 个小时的时间之内，不仅不予手术止血，输注的液体也同样不符合抢救原则。故诉至法院。

3. 处置结果

被告应诉后，考虑存在过错，愿意与家属协商处理此事。最终在法院主持调解下，被告按照主要责任赔偿原告各项损失。

三、分析点评

本例是一起因术后观察处理不当而造成患者死亡的案例。本案涉及到术后注意义务。那么，术后应注意什么，如何注意，术后注意义务有哪些重要性和必要性呢?

1. 围手术期注意义务

每一个手术均经历术前、术中、术后三个阶段，在每个阶段观察注意的具体内容不一样，可以归纳如下：

(1) 术前注意的目的是评估患者的病情，选择合适的手术方式，进行必要的术前准备。术前准备分为一般准备和特殊准备等，一般准备包括患者的病情、心理和生理等准备，特殊准备包括营养、药物、器材耗材、特殊合并症的处理等内容。术前注意的内容是评估是否有充足的适应证，患者是否需要手术，是否有其他可选治疗方式包括保守治疗方式，是否有需要特殊处理的并发症如糖尿病、心脏病、血栓等情况。作为手术者要做好手术分级管理、术前讨论，术前和麻醉、ICU 等科室充分沟通。

(2) 术中注意的目的是正确操作，防止发生意外情况。术中注意的内容包括患者的麻醉状态，身体状况，药物使用情况，术野情况，手术操作方式，手术并发症如出血、气腹、牵拉反应、组织器官脏器状况等情况。作为手术者在术中要整体分析，敏锐捕捉异常情况，必要时更改手术方式甚至及时终止手术。

（3）术后注意的目的是为了让患者安全度过危险期，恢复良好。为此，术后注意的内容包括常规处理和特殊处理。常规处理是指注意患者的生命体征监测，药物使用包括抗生素等使用情况，伤口护理和观察，各种管道、插管、引流管、吸氧，疼痛等的处理。特殊处理是指针对患者出现的特殊情况的处理，例如对术后出血要及时发现及时终止，对术后发热要及时发现及时治疗，对术后感染要进行病因鉴别防止出现不可控状态等。

2. 本例医师违反了什么注意义务

从重症护理记录单上可以看出，医师、护士已经观察到了患者血压发生的变化，但是，未对引流量及性质进行分析评估，没有进行有针对性的检查和病因鉴别，失去了及时捕捉病情变化的时机，导致漏诊漏治，没有及时再次手术止血，最终导致患者死亡。本案提示，履行注意义务，医师不能只局限于完成常规项目的检查，在患者病情特殊的时候，必须有针对性地进行特殊项目的检查，特别要及时进行无创性的特殊项目的检查，比如本案可以采用床边 B 超检查等。同时，医师履行注意义务，也不能只局限于对单病种进行诊断，不能囿于患者的简单表现，必须进行各种可能性的病因鉴别以选择正确治疗方式。

事后分析问题非常清楚，可为什么当时当班医师会发生如此“低级”的错误呢？原因在于，这位夜班住院医师才参加工作不久，对问题缺乏掌控能力，认为手术就是终极目的，术后只要追随手术医师医嘱实施即可，刻舟求剑，加上这位医师并非患者手术医师，不了解术中情况，片面思维，不能及时进行病因鉴别，又未能及时请示二线备班或上级医师，最终导致严重损害后果。通过这个案例可以发现，住院医师平时若所学知识过于单一，加之缺乏变化和整体思维的训练，将难以处置临床复杂问题。所以，住院医师一定要抓住规范化培训的有利平台和机会，着重训练自己的整体思考能力和辩证思维能力。

3. 医方为何承担主要责任

本案最终以医方承担主要责任而得以调解结案。医方为何要承担主要责任呢？因为通过案例分析可以看出如果医师能及早评估患者腹腔内出血的性质，及时再次手术，患者失血性休克状态是可以逆转的。然而在长达 10 个小时的期间内，医师一直没有采取正确的诊治措施致使机会一再丧失，最终患者死亡，医方过错明显，与患者死亡之间存在必然的因果关系。虽然术后出血是难以避免的并发症，但是这个并发症是可以逆转的，也就是术后出血可以终止，医方承担主要责任是正确的，甚至要承担完全责任。本案属于两因一果。

4. 关于医疗损害纠纷中的因果关系

原因和结果是揭示客观世界中普遍联系着的事物具有先后相继、彼此制约的普遍形式的一对范畴。原因是指引起某一现象的现象，结果是指由于原因的作用而引起的现象。原因和结果是客观的、普遍的辩证关系。

在医疗损害纠纷中也存在着原因和结果的辩证关系。结果是明确的，就是患者的最终损害状态，比如伤残或死亡后果。而原因也是存在的，比如医方过错或者患者自身原因。但是，让人困惑的是每一个案例中的因果关系是非常复杂的，可以表现为一因一果，一因多果，多因一果，多因多果。怎样确定个案的因果关系，需要用逻辑方法进行探索和确定，这些方法主要有：求同法、别异法、剩余法、同异并用法等等。笔者在此介绍前两种方法。

所谓求同法，就是在两个或者两个以上的同类事例中寻求出它们的共同原因的逻辑方法。例如，一名患者肾癌根治术后恢复良好，没有出现任何失血性休克和不良后果，另一名患者肾脏手术后也恢复良好，也没有出现失血性休克和不良后果，由此就可以得出手术后正常恢复是常态，失血性休克不是必然发生的情况。通过比较，可以得出本例患者失血性休克就是异常情况。

所谓别异法，是指在两个矛盾事例中比较出一定的原因产生出一定的结果的逻辑方法。比如，有一名患者肾脏手术后出现了失血性休克，但是医师迅速予以再次手术止血，患者得救了，另一名患者也如此，那就可以得出失血性休克是有抢救机会的。同时也可以说明，发生失血性休克有一定的概率，也就是说，患者发生术后失血性休克不一定是医师的过错，比如术后结扎线脱落、滑脱，患者凝血功能异常等，虽然如此，在现有医学科学技术条件下，针对失血性休克是有救治办法的，如果因医师没有及时救治患者死亡，这时医师过错就是因，医方应承担责任。

由此可见，因果关系分析法是明确医方是否有责任的重要分析方法，也是医师及医方客观审视自己行为的科学方法。

5. 正确理解目前的医患关系

通过本例可以发现，患方思路很清晰，列举问题直指本质。时代已飞速发展，民智大开，人们对自己的身体健康非常关注，当然会关注其中重要一环医疗安全。患者看病，非常在意医师的一言一行，如果患者本身文化层次较高，加上网络信息高度发达，自媒体工具源源不断，患者及家属几乎可以与医师同步思考，当然会发现并归纳出医疗行为的漏洞。在这个时代，作为医师，唯有不断提高才行。所以，我们要适应这个开放的时代，要努力提升自己，尤其要与患者及家属多多沟通，向患者学习，患者就是我们最好的老师。

四、思考题

（1）住院医师如何评估与控制术后出血这一并发症？

（2）如果您是本例患者的夜班医师，一旦决定再次手术，您将如何与家属沟通？请多观察老师与患方的沟通方式。

（3）请您结合第一篇内容，设计一份针对术后出血的外科住院医师法律能力与职业道德建设的风险控制路径图。

五、相关法律链接

《执业医师法》

第二十二条　医师在执业活动中履行下列义务：

（1）遵守法律、法规，遵守技术操作规范。

（2）树立敬业精神，遵守职业道德，履行医师职责，尽职尽责为患者服务。

（3）关心、爱护、尊重患者，保护患者的隐私。

（4）努力钻研业务，更新知识，提高专业技术水平。

（5）宣传卫生保健知识，对患者进行健康教育。

案例 29　双 J 管（泌尿外科）

一、关键词

植入性医疗器械　适应证　安全管理

二、案情简介

1. 诊治经过

7 月 9 日 5:32，患者，男，36 岁，因“右侧腰痛 3 h”急诊，体检右肾区叩痛（±），余无特殊。诊断右腰痛，肾绞痛。尿常规检查：红细胞 40～50/HP。B 超提示：右输尿管上段结石梗阻伴右肾、右输尿管上段积水。右肾结石。予 654－Ⅱ加入生理盐水静滴，口服阿奇霉素、复方金钱草。

9 月 9 日，患者入住泌尿外科。住院病史：主诉突发左腰痛 1 h 余伴尿频、尿痛。专科检查无特殊情况发现，既往有高血压史。B 超提示：右肾盂、右输尿管上段积水；左肾盂、左输尿管上段积水（少量）；右肾结石（直径 6 mm）。尿常规示白细胞 4～6/HP，红细胞 0～1/HP。入院诊断：左肾绞痛，双肾积水，右肾结石;泌尿道感染;高血压。予阿莫维酸钾+生理盐水静滴,硝苯地平控释片(拜新同)口服。9月11日中段尿培养细菌未生长。腹部平片:右侧第一骶孔前可见斑片状致密影,边界清。静脉肾盂造影诊断:右侧输尿管下段结石可能,右侧肾盂、肾盏未显示,右肾功能不全。拟定手术:双侧输尿管镜检+钛激光碎石术。

9月15日15:00手术。术中发现右输尿管中段有一直径0.8 cm黄色质硬结石,左输尿管下段有狭窄环,节段性,长约5 cm左右,过镜稍难。双侧输尿管均留置D-J管。术后诊断:右输尿管结石,左输尿管狭窄,双肾积水,泌尿道感染,高血压。予留置导尿,头孢替安+生理盐水静滴至9月17日,氨甲环酸+糖盐水、潘妥拉唑钠+生理盐水静滴至9月16日。9月18日尿常规镜检白细胞8~12/HP,红细胞满视野。腹部平片双"J"形管置入术后改变。9月21日拔除导尿管,排尿畅。9月22日出院。出院医嘱:①泌尿科门诊随访;②术后1月拔右D-J管;③术后3月拔左D-J管。

9月25日,患者因腰痛前往B院急诊,上腹部CT摄片如图29-1所示。

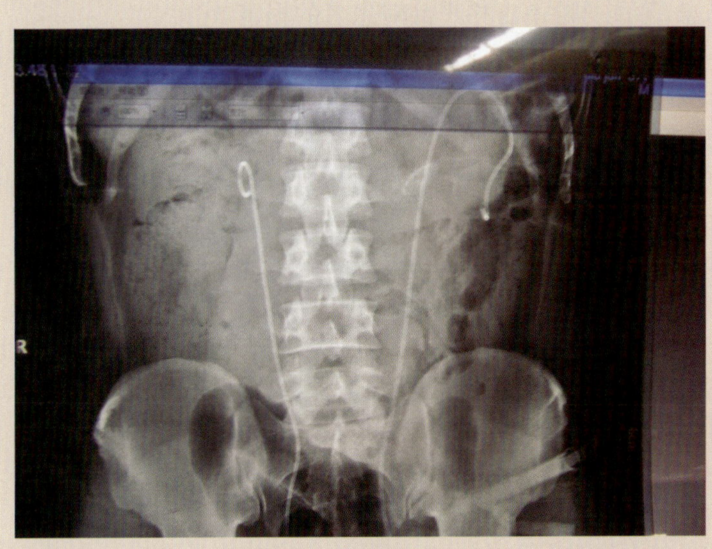

图29-1　上腹部CT摄片

诊断:双肾积水术后,双输尿管置管中;双肾小结石。左肾可见导尿管穿透肾皮质后环绕肾脏。入住B院泌尿外科行左输尿管镜检查+膀胱软镜检查。9F输尿管镜进入膀胱后,找到左输尿管口,置入输尿管导管,输尿管镜顺导管进入输尿管上段见一狭窄环,但能通过输尿管镜,余无异常。X摄片诊断:输尿管镜术后,肾盂肾脏穿通瘘。9月30日出院。10月19日,B院行KUB+IVP静脉肾盂造影示:右侧肾盂明显扩张、积水,右侧肾小盏杯口结构消失,右侧输尿管扩张;左侧左肾盂、肾盏显影良好,肾盏杯口锐利,肾盂无扩张;膀胱充盈良好未见明显充盈缺损。11月9日拔除双J管。

12月2日,患者因仍感腰部疼痛前往他院就诊。超声示:双肾积水伴右肾结石;双侧输尿管上段扩张。12月4日静脉肾盂造影示:左肾不显影,左侧输尿管下段结石可疑。右肾区小斑点样高密度影,右肾小结石可能,右肾盂肾盏扩张。12月10日双肾平扫+增强CT示:①右侧输尿管中下段结石,伴其上段输尿管、左肾盂扩张积水、输尿管炎;②右肾小结石。12月17日行输尿管镜检查,术中左侧输尿管无法置入输尿管镜,遂退镜。12月22日,行超声引导下左肾穿刺造瘘术,引流通畅,尿色微红。12月29日肾动态显影示:①左肾血流灌注低下,右肾血流灌注正常;②左侧肾图曲线呈水平延长线型,右侧肾图曲线呈缓慢下降型;③左侧肾脏肾小球滤过功能中度降低,右侧肾脏肾小球滤过功能呈超滤过。

次年1月7日行肾ECT检查提示:①左肾血流灌注降低,右肾血流灌注正常;②左肾图曲线低水平延长线型,右肾图曲线分泌高峰时间正常,双侧半排时间延迟;③左肾脏肾小球滤过功能中度降低,右肾脏肾小球滤过功能正常。医生建议住院解决输尿管闭塞问题。3月1日行回肠代输尿管术。术中切除15 cm左输尿管,取15 cm回肠与膀胱及近端输尿管吻合。术后2天拔除左肾造瘘管。病理诊断:左输尿管中段黏膜组织慢性炎伴纤维结缔组织增生，管腔狭窄。查肾小球滤过率(glomerular filtration rate，GFR)(正常成人为80～120 ml/min)：左肾为21.7 ml/min，右肾为75.7 ml/min。

2. 医患交涉过程

患者反映9月15日手术后，即感右侧腰腹部疼痛难忍，两天无法睡眠，且尿袋内为明显的血尿，询问医师，医师表示为术后正常反应，未予针对性检查即嘱患者出院。

9月25日，患者因疼痛无法缓解，前往B医院急诊，CT检查后，B院医师告知，左侧双J管已经穿透肾脏，需要马上纠正。患者当天即携带病历到院找手术医师，医师承认肾脏被穿透了，但国庆节后才能手术。无奈之下，患者只能返回至B院。之后多次住院，直至左输尿管被切除，回肠代输尿管，致左肾功能下降，自己最终的肾脏、输尿管损害均由医方造成。医方存在严重过错，应承担完全责任。主要表现为：

(1) 患者无左输尿管置双J管指征，医方却给予置入，并未对置入方式、风险进行相关告知。

(2) 医师术前准备不足，未选择合适的双J管，术中操作不当导致双J管穿透肾脏，损伤输尿管。同时医方未提供双J管信息，不能排除不合格产品对患者的损害。

(3) 患者术后的临床表现、X片检查均提示双J管异常，需要即刻纠正，医方故意隐瞒患者，导致双J管的置入失去了意义，加大了对输尿管和肾脏的损害。

为维护自己权益，患者诉至法院。并保留后续治疗相关费用的诉权。

医方认为，对患者的诊疗行为规范，告知明确，输尿管狭窄的加剧应为难以防范的手术并发症，医方不存在过错。主要理由如下：

(1) 患者入院前后均表现为左腰部疼痛，在行右侧输尿管镜检碎石的同时行左侧输尿管镜检，是明确诊断的需要。

(2) 术中见左输尿管下段节段性狭窄，其上炎症明显(潮红)，故输尿管狭窄诊断明确；扩张所致的多个损伤相连，使损伤范围加大；计划留置双J管3个月，实际只留置2个月，期间还有外院输尿管镜造影，调整更换双J管的操作，也是狭窄加重的原因。

(3) 患者的双J管头端穿出肾盏至包膜下，并未穿透肾脏，无出血、血肿，无尿外渗，已是术后20天，除了腰部胀痛外，无其他不适，医方认为无调整双J管的必要。

(4) 患者输尿管狭窄在拔除双J管后加剧，这种并发症首先是由疾病本身引起，扩张狭窄的同时造成的损伤也是难以避免。扩张术的效果非好即坏，此类并发症难以防范，不能以此认为手术过程中有重大操作失误。

法院据此委托专家鉴定。专家鉴定分析意见认为：

(1) 医院给患者行左侧输尿管镜手术的指征掌握不严。

(2) 在左侧双J管置入过程中出现失误。

(3) 在发现左侧双J管置入导致肾实质穿透损害时未告知患者，未积极、负责随访处理。

(4) 一些医疗文件有欠规范，如门诊病史中仅“右肾绞痛”四字，无处理意见和医师签字，导致医患双方发生“左”、“右”纠纷。

(5) 上述过错导致患者的目前病况，可能存在医疗依赖。但目前肾功能正常(代偿完全)，故归之于三级丙等医疗损害。

(6) 院方在做输尿管镜检中发现患者左输尿管有环形狭窄，存在一定病理基础，故院方承担主要责任。

3. 处置结果

最终，法院判令被告赔偿原告各项损失共计人民币40万元，其中后续治疗费计算20年，每年按照7 500元计算(包括进行肾小球滤过及肾功能等检查的费用)。

三、分析点评

本例是一起医疗器械操作失误、术后处置失误的案例。随着医学科学技术的发展，大量新型医疗器械用之于临床，特别是三类植入或置入器械越来越被广泛应用。在这些器械治病的同时，如何规避风险，发挥最佳作用，是现代医师必须要了解和掌握的内容。

1. 严格掌握医疗器械适应证

根据《医疗器械分类规则》，植入医疗器械是指：任何借助外科手术，器械全部或者部分进入人体或自然腔道中；在手术过程结束后长期留在体内，或者这些器械部分留在体内至少30天以上的器械。植入医疗器械属于高风险医疗器械，有关部委为此多次发文专门指导植入性医疗器械的安全使用。所以，临床医师必须对此有充分的认识和掌握。以本例所涉双J管为例，必须熟悉掌握器械原理与优缺点。

1）双J管原理及示意图

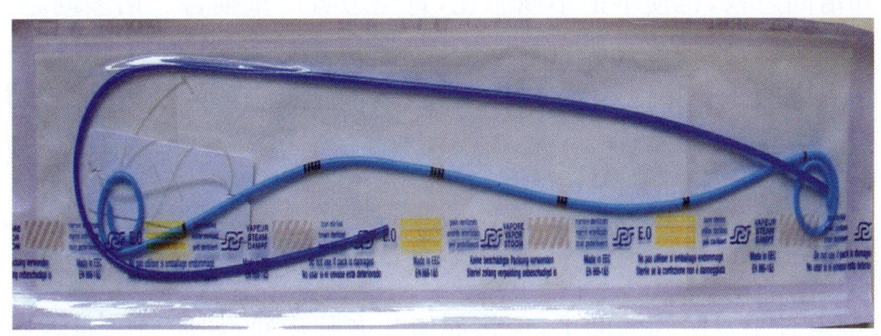

图29－2　双J管

双J管（见图29－2）又称双猪尾管，因两端卷曲，每端形似猪尾而得名。由于其支架和内引流作用，能解除输尿管炎症、水肿造成的暂时性梗阻，防止术后伤口漏尿和输尿管狭窄。同时，集合系统不与外界直接相通，可避免肾造瘘所引起的出血、感染，因无外引流管的限制和不适感，患者可早期下床活动，有利术后康复。

2）双J管适应证

适用于肾结石、输尿管结石、肾积水、肾移植、肾及输尿管良性肿瘤等上尿路手术以及碎石机碎石、输尿管狭窄的扩张等治疗，起到引流尿液、防止输尿管狭窄和粘连堵塞的作用。

3）双J管的优点

（1）在肾盂及输尿管的手术中使用双J管内引流，使患者的术后管理趋于简单化。因导管内置，患者可早期活动，减少了感染机会，护理工作量明显减少，患者术后恢复快，住院时间明显缩短。

（2）由于双J管在取材上的进步，质地柔软、不腐蚀，表面光滑，内径大，管壁薄，弯曲性好，上、下部盘曲在肾盂和膀胱内，有自身固定作用而不易上下移动，患者带管感觉舒适，而且导管扩张效果好，可较长时间留置，有利于肾积水的减少和防止输尿管再次狭窄。

（3）双J管置入、取出方便，如果输尿管狭窄不很严重，膀胱镜下即可完成置管扩张引流。

（4）双J管作为肾、输尿管结石体外碎石术的辅助治疗，可防止嵌顿性石街发生和阻挡较大残石坠入输尿管；可使输尿管适度松弛，尿液通过附壁效应沿支架引流至膀胱，保持尿路畅通；拔除支架时可将积聚于管壁上的结石粉末及小颗粒一同带出，促进结石排净。

4）双J管的缺点

使用双J管可能有感染、结石，形成尿结石等缺点。双J管上移是最常见的并发症，处理相对复杂。

其发生原因可能为：双J管下端插入膀胱过少，下段弯曲不够，膀胱输尿管返流蠕动及双J管刺激膀胱收缩使双J管缓慢向上回缩移动；放置好双J管后退出内芯时，将下段双J管向上推出膀胱等。

本例不仅涉及双J管上移，还涉及输尿管镜检查操作。显然，本例医师在为患者植入双J管时，未全面掌握其适应证与优缺点。

2. 正确术中操作

医师在使用植入性医疗器械前，规避风险的最好办法之一是熟读说明书，并经过严格培训。由于我国目前还缺乏严格的医疗器械操作训练机制，很多医师只能边操作边掌握，隐含了大量风险。但是，医师个人要尽量通过自身努力规避风险，如果在操作前对放置流程不熟悉，难以避免发生并发症。本例患者使用的双J管型号、规格与患者不吻合，术中操作时未及时术中核片。在C臂机摄片提示已有双J管穿透时，优柔寡断，不能及时处理，寄希望于患者术后自愈，或等待2～3个月拔管时再处理，丧失了最佳时机。

3. 术后正确沟通

医师在术后没有正确面对双J管已穿透的现实，未与患者坦诚沟通，未给予正确的处理和选择方案，不仅侵犯患者的知情同意权，也使事情不断恶化，直至患者严重损害。诸多问题的发生，与医师不能正确面对理性沟通有关，所以，医师要克服自身弱点，规避侥幸心理，正确处理，必要时寻求上级医师支持，因为医学来不得半点虚假。一味拖延只会导致问题越来越复杂，甚至终身无法解决。

四、思考题

(1) 在住院医师规范化培训阶段，您将如何学习掌握医疗器械操作？搜索现有资料与条件，设计一份学习掌握时间表及具体内容。

(2) 如果您是本例患者手术医师的助手，您将如何与老师沟通，如何与家属沟通？

(3) 请您结合第一篇内容，设计一份针对双J管使用、管理的住院医师法律能力与职业道德建设风险控制路径图。

五、相关法律链接

1.《医疗事故分级标准(试行)》

(三) 三级丙等医疗事故：器官大部分缺损或畸形，有轻度功能障碍，可能存在一般医疗依赖，生活能自理。例如造成患者下列情形之一的：

17. 永久性膀胱造瘘；

……

2.《医疗器械监督管理条例》

第七十六条　本条例下列用语的含义：

医疗器械，是指直接或者间接用于人体的仪器、设备、器具、体外诊断试剂及校准物、材料以及其他类似或者相关的物品，包括所需要的计算机软件；其效用主要通过物理等方式获得，不是通过药理学、免疫学或者代谢的方式获得，或者虽然有这些方式参与但是只起辅助作用；其目的是：

(1) 疾病的诊断、预防、监护、治疗或者缓解。

(2) 损伤的诊断、监护、治疗、缓解或者功能补偿。

(3) 生理结构或者生理过程的检验、替代、调节或者支持。

(4) 生命的支持或者维持。

(5) 妊娠控制。

(6) 通过对来自人体的样本进行检查，为医疗或者诊断目的提供信息。

第四条　国家对医疗器械按照风险程度实行分类管理。

第一类是风险程度低，实行常规管理可以保证其安全、有效的医疗器械。

第二类是具有中度风险，需要严格控制管理以保证其安全、有效的医疗器械。

第三类是具有较高风险，需要采取特别措施严格控制管理以保证其安全、有效的医疗器械。

案例 30　动脉瘤弹簧圈栓塞术(神经外科)

一、关键词

神经外科安全管理　动脉瘤弹簧圈

二、案情简介

1. 诊疗经过

9 月 12 日 16:10,患者,男,65 岁,因“突发四肢抽搐、头痛”急诊,迅速收治神经外科。病历记载如下:

主诉:突发四肢抽搐,神志改变伴头痛 4 h 余。

现病史:患者 4 h 前无明显诱因下出现四肢抽搐,双上肢屈曲,无牙关紧闭,无口吐白沫,无大小便失禁,无恶心呕吐,当时神志尚清,能与家属正确对答,诉头痛剧烈,以两侧脑门部胀痛为著,呈持续性。在送院途中,患者神志逐渐恶化,出现不能正确对答,胡言乱语,而后烦躁无语,伴小便失禁,呕吐数次,为胃内容物,含咖啡色液体,量中。到院急诊时呈烦躁状态,无四肢抽搐,急摄头颅 CT 示:自发性蛛网膜下出血,血液填充环池,四叠体池,小脑延髓池,脑沟,脑回,充满第三、四脑室,部分充满双侧侧脑室。

既往史:无高血压、糖尿病病史。

体格检查:T 37.5℃, P 68 次/min, BP 198 mmHg/109 mmHg, R 20 次/min,神志昏迷,GCS 评分 1+2+2=5 分,两侧瞳孔等大等圆,2 mm 左右,对光消失,颈抗,两侧鼻唇沟对称,心音适中,心律齐,两肺呼吸音清,未闻及干湿啰音,四肢肌张力正常,四肢肌力无法检查,未见明显自主活动,双侧巴氏征阳性。

拟诊:自发性蛛血,动脉瘤破裂出血?

治疗:积极术前准备,行急诊双侧侧脑室钻孔引流术。

9 月 12 日 17:45,行双侧侧脑室前角钻孔引流术。手术顺利,术后患者病情平稳,昏迷状态。

9 月 13 日 19:00 进行脑血管造影,提示:前交通动脉动脉瘤,约 9.1 mm×5.8 mm,瘤径为 4.5 mm,由左大脑前动脉供血,余血管未见异常。拟行前交通动脉瘤弹簧圈栓塞术。期间,患者神志恢复清楚,能表达自己的感觉。

9 月 15 日 19:30,器材公司送至器材,通知家属开始手术,拟行 ACoA(大脑前交通动脉)动脉瘤弹簧圈栓塞术,手术持续至 16 日 5:00。部分手术记录如下(括号内为笔者添注):

(1) 双侧股动脉 Seldinger(股动脉穿刺术的一种)置入导管鞘,将两根 Guider(导管)分别送至 LICA(左颈内动脉)的颈 2 水平,造影示:ACoA(大脑前交通动脉)动脉粗,约 11.3 mm×5.8 mm,预(计)宽 4.2 mm。

(2) 选支架,配合微导丝,将支架送至大脑前交通动脉,备用,将 plus(推送器)微导管,配合 Transand(运送)微导丝,将推送器送至动脉瘤腔约 1/2 处,经 Guider(导管)造影证实。

(3) 分别选 DCS(弹簧圈)10 mm×300 mm, Matrix(可脱弹簧圈)6 mm×150 mm、5 mm×80 mm,弹簧圈顺利填入动脉瘤,满意。分别造影显载病动脉及双侧 ACA 显影佳,分别解脱。再选 DCS 5 mm×150 mm准备封堵瘤颈,当送入约 10～20 mm 时,发现弹簧圈与推送器分离(弹簧圈在颅内位置不明)。

(4) 撤 plus(推送器),不能将弹簧圈带出动脉瘤,尝试用微导丝做抓捕器,微导丝头端柔软段断于 ICA(颈内动脉)的海绵窦段至上、下缘(但这时抓捕器导丝又脱落在颅内),再尝试微导丝与微导管取抓捕器,约 3 个半小时仍未成功,遂放弃此法。

9月16日6:30，患者被推出手术室，深度昏迷。当日下午，患者即开始出现高热，病情持续恶化。于19日6:50宣布患者死亡。

2. 医患交涉过程

患者家属认为，术前询问医师手术时间，医师告知只需4个小时即可完成手术。手术时间明显延长，且直至16日3:30医师才走出手术室告知家属，手术中出现了问题，在放置第四个弹簧圈时，弹簧圈与导丝脱离，有12～14 cm左右的弹簧丝挂在血管内，医师已经用了3个多小时去钩，但还是钩不出来，结果连钩弹簧的钩子也断在里面了，位置不明。家属要求尸检。尸检中应家属要求对尸体进行X光机摄片，发现有抓捕器残留在患者的颅内，位置较深，初步估计导丝断于左颈内动脉。

法医学法医病理学鉴定文书报告：死者脑动脉瘤瘤体内线团状金属异物伴血栓形成；左颈内动脉至大脑前交通动脉动脉瘤瘤体"间"线状金属异物。

患方遂起诉至法院。原告认为，本案存在医疗器械质量及操作的两大问题：

(1) 质量问题：按照《医疗器械监督管理条例》，植入人体的器械属于第三类医疗器械，必须确保安全、有效。而本案中，先后发生弹簧圈成一直线，后发生导丝断裂，再抓捕器脱落，说明：该类医疗器械安全性、有效性难以控制；该器械设计不合理；该器械器材选材有问题，质量不合格。

(2) 操作问题：第4个弹簧圈在未到指定位置即发生脱落，说明医师的操作失误。在未明确定位时推送或松解，存在瑕疵；尸检证明，第4个弹簧圈已成一直线，说明手术时医师操作失误，严重损伤了周围血管及颅内组织。

被告医方辩称，患者所发生的动脉瘤破裂出血死亡发生率极高，医疗过程中尽管弹簧圈脱落及抓捕器微导丝柔软段断裂，但并未引起相关的并发症，与患者的死亡之间没有因果关系。医院已经积极抗凝、抗血管痉挛、抗感染、降颅高压等一系列的预防、抢救措施。患者最终死亡原因是疾病本身的出血、血管痉挛、脑水肿等综合因素所致。本病例属于"在现有医疗科学技术条件下，发生无法预料或者不能防范的不良后果"，医方不承担赔偿责任。

3. 处置结果

本案最终经法院主持调解，被告医方按照主要责任赔偿原告患方。

三、分析点评

本例为神经外科植入器械失误案例。

1. 神经外科疾病风险及安全管理

神经外科作为外科三级学科，呈现病种多、病情复杂、进展快、预后差等风险。作为神经外科医师必须对神经外科风险有系统性认识，做好安全管理。具体分类如下：

(1) 及时评估风险。神经外科疾病以突发病、重症病为主，患者往往意识障碍，病情常由家属代为陈述，难免有遗漏，所以，神经外科医师要有捕捉疾病风险的能力，要有娴熟的体格检查能力，及时选择相关检查项目。同时，由于信息传播，患方认为脑血管意外疾病虽然看似凶险，但手术效果非常好，所以期望值非常高，医师要能及时评估患方心理风险，不断沟通，降低患方期望值。

(2) 及时观察记录病历。实践中，外科医师的性格偏向于做而忽略写，导致病情变化时未及时记录，无相关处理证据，导致病情观察失误的情况时有发生，所以外科医师也需要有缜密的观察和记录能力。

(3) 及时团队支持。外科手术虽以团队为主，但在涉及术前、术后的时间段，就表现为医师个人处理，尤其是术后并发症处置，基本表现为缺乏会诊能力，不能及时寻求上级医师支持，不能与护士科学合作，不能与患方合作等，所以，医师要有团队意识和能力。

(4) 重视事先沟通。外科手术以事后沟通为主，但是由于神经外科的疾病特点，即进展迅速、变化多端，作为神经外科医师，要善于事先沟通，预先沟通，结合影像片子、图片、模型、病理组织、动漫、视频资料等综合沟通，特别是血管动态风险，要有标准化沟通语言和程序，这样才能有说服力，同时既尊重患方，也提高自我保护能力。

2. 关于动脉瘤弹簧圈栓塞术原理与要求

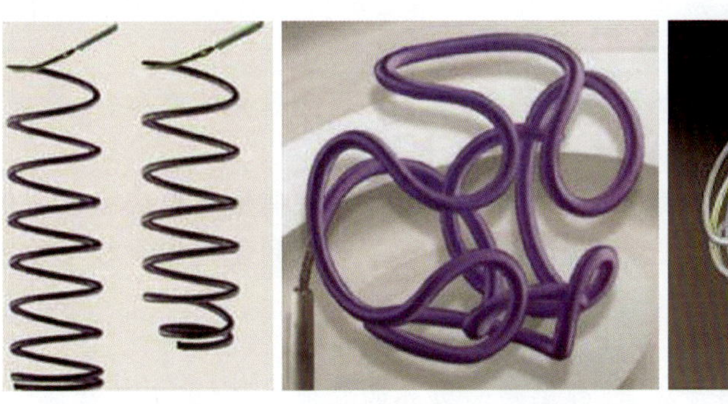
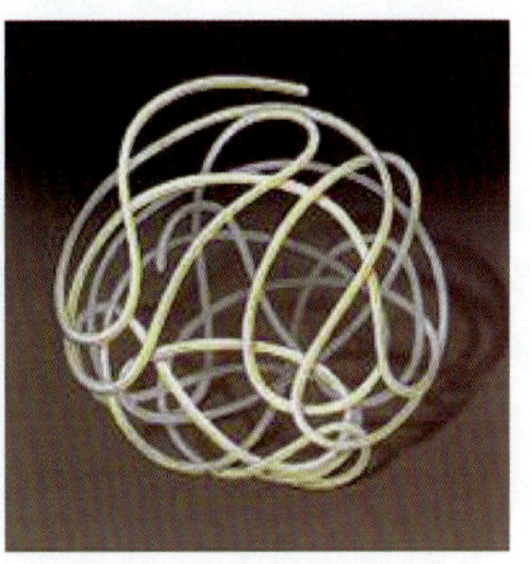

图 30－1　弹簧圈图片

全脑血管造影(DSA)＋可脱性弹簧圈栓塞术，是通过微小导管从股动脉插管，导管从股动脉、腹主动脉、颈内动脉直达脑内动脉的动脉瘤腔内，再从导管内途径送进铂金微弹簧圈(见图 30－1)，将动脉瘤腔栓塞，堵塞动脉瘤的破裂口，使脑动脉瘤出血的可能性降到最小。

动脉瘤弹簧圈栓塞术是一种介入手术，可由神经内科或神经外科医师操作，以神经外科医师操作为多。

动脉瘤弹簧圈操作需要医师熟悉弹簧圈的材料、构造原理、操作原理，掌握适应证，并能及时处置突发情况。

3. 本例属于医师操作不当

因植入医疗器械断裂变形等损坏引发的纠纷，常见原因主要有医疗器械质量问题、医师操作不当、患者体质差异等。本例主要涉及医师术前评估不足，术中操作不当，术中未及时与患者家属沟通的综合过错。所以，提高医师对手术的风险预估，正确选择植入器械，正确处置医疗器械复杂问题是新时期神经外科医师需要掌握的能力。

4. 关于医疗器械跟台员上手术台的问题

目前国内对医疗器械跟台员上手术台没有统一规定，严格意义上，医疗器械跟台人员非医疗人员，不可以上台参与手术，但是由于医疗器械渐趋复杂，手术医师难以短期内掌握器械操作，尤其是复杂的介入术和骨科器械操作，需要器械跟台员的现场指导。目前可以采取的方式是术前手术医师必须熟练掌握操作步骤和突发事件处置方法，器械跟台员可在台下指导，若要上手术台，医院必须有严格的流程、规范，约定跟台的范围、工作内容、突发事件处置及责任承担等。本例涉及医疗器械跟台员术中配合失误，指导不当，加之医师操作生疏，所以术中发生弹簧圈途中分离、抓捕器脱落的操作失误。本例提醒医师，在开展一项新技术前，务必熟练掌握所有内容。

四、思考题

(1) 神经外科住院医师要掌握哪些基本功？

(2) 神经外科住院医师如何识别风险、化解风险、防范风险？

(3) 请您结合第一篇内容，设计一份神经外科住院医师法律能力与职业道德建设的风险控制路径图。

五、相关法律链接

1.《医疗器械监督管理条例》

第三十七条 医疗器械使用单位应当妥善保存购入第三类医疗器械的原始资料，并确保信息具有可追溯性。

使用大型医疗器械以及植入和介入类医疗器械的，应当将医疗器械的名称、关键性技术参数等信息以及与使用质量安全密切相关的必要信息记载到病历等相关记录中。

第三十八条 发现使用的医疗器械存在安全隐患的，医疗器械使用单位应当立即停止使用，并通知生产企业或者其他负责产品质量的机构进行检修；经检修仍不能达到使用安全标准的医疗器械，不得继续使用。

2.《产品质量法》

第四十一条 因产品存在缺陷造成人身、缺陷产品以外的其他财产（以下简称他人财产）损害的，生产者应当承担赔偿责任。

生产者能够证明有下列情形之一的，不承担赔偿责任：

（一）未将产品投入流通的。

（二）产品投入流通时，引起损害的缺陷尚不存在的。

（三）将产品投入流通时的科学技术水平尚不能发现缺陷的存在的。

总结

本章通过10个不同案例阐述了外科住院医师需要掌握的基本法律能力与职业道德。外科亚专业较多，各个医院均有特色。本章受篇幅所限，不能涵盖所有外科科室，如未涉及胸心外科、整形外科、血管外科、肿瘤外科，未涉及腔镜操作，未涉及日间手术风险控制等。虽然如此，以下几点注意事项可供大家共同参考：

(1) 科学评估创伤、感染、肿瘤、畸形和功能障碍等五大类外科疾病的不同表现、特点和风险，正确处置。

(2) 认真制定治疗方案。

(3) 手术本身不是目的，只是手段。

(4) 针对每个患者详细制定围手术期方案。

(5) 科学理性评估并发症，及时采取有效措施处理并发症。

(6) 与患者及家属理性沟通、全面沟通、多角度沟通，特别注重术前沟通，术前沟通效果直接影响患者对术后并发症的理解和接受程度。

(7) 与手术相关科室和人员：麻醉科、急诊科、ICU、检验科、影像科、超声科、病理科、输血科医师建立合作团队，及时寻求内科等科室医师支持，与外科护士达成医护共同体。

(8) 培养循证医学的思维习惯与行为习惯。

(9) 及时启动疑难病例讨论，会诊讨论等，积极寻求各方支持。

(10) 培养规范书写病历、留存证据的习惯。

(11) 善于制定各病种的规范化操作流程。

(12) 熟悉相关医疗器械，培养阅读说明书的使用习惯，搜索资料，掌握使用相关医疗器械的技术。

第十四章
骨科法律能力与职业道德建设

骨科(Orthopaedics)是研究骨骼肌肉系统的解剖、生理与病理，运用药物、手术及物理方法保持和发展这一系统的正常形态与功能。骨科疾病主要包括:骨折、感染、结核、肿瘤、关节炎、骨折增生等。骨科亚专业可分为:创伤骨科、关节与矫形外科、脊柱外科、手外科、骨肿瘤科、运动医学科、康复医学科等。骨院医师规范化培训期间必须掌握骨科常见病、多发病的发病机制、临床特点、诊断鉴别诊断要点、治疗原则以及随访规范。掌握骨科常见手术治疗的手术适应证、手术禁忌证，输血原则，术前准备和术后处理原则，骨科常用药物的适应证、禁忌证、作用机制、不良反应及使用方法，合理使用抗生素等。熟悉骨科复杂疾病的临床特点、诊断与鉴别诊断方法、治疗原则、随访方法，骨科危重患者的识别、救治原则等。了解骨科各亚专业最新的临床和科研进展，严重复合伤的诊疗程序等。要求骨科住院医师必须具备扎实的医学基本功，相应的手术能力，娴熟的法律处置能力，把医学伦理道德融入疾病诊治和与患者相处之中。

案例 31　取内固定

一、关键词

手术分阶段告知

二、案情简介

1. 诊治经过

患者，男，72 岁，两年前曾因“左股骨粗隆骨折”来院行骨折闭合复位股骨近端髓内钉(proximal femoral nail, PFN)内固定术，如图 31－1 所示。8 月 9 日，患者来院，告诉门诊医师两年前手术医师告诉自己如果愈合良好的话可以取钉，现在要求取内固定。予检查摄片提示骨折愈合良好。患者入院。检查情况可，既往无高血压、心脏病史。

8 月 11 日 10:00，行取内固定术。术中取出交锁钉两枚及近端股骨颈钉一枚，取远端股骨颈钉时出现滑丝，致该钉及主钉无法取出。15:00，手术医师告知家属后决定放弃取钉，终止手术。后患者发生左臀部压疮，行切开引流术，住院两月余治愈。

2. 医患交涉过程

患者住院期间，家属向院领导投诉，认为医师存在过错：

(1) 开刀前医师并没有说钢钉取不出来。

(2) 手术前家属曾问过医师手术需要多少时间，医师告知自己大约需要 1 h，可是实际上手术却做了 5 个多小时，患者很痛苦。

(3) 术后并发臀部压疮，导致患者不能下床，又化脓感染。

这一系列的损害给年老的患者带来了极大的伤害，也给家属带来了很大损失，医方存在过错，所以要求医方赔偿 8 万元。

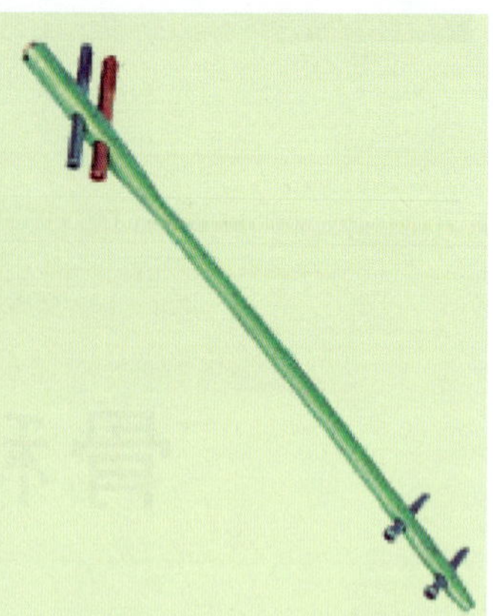

图 31-1 PFN 示意图

医师认为：

(1) 术前谈话告知患方有钢钉取不出的风险，术中也告知患者及家属实际情况及风险，是经家属同意后才放弃取钉，术后患者安返病房。

(2) 臀部压疮是骨科手术难以避免的并发症。医师不是神仙，不可能什么钉子都取出，也不可能什么手术都尽善尽美，所以自己的行为没有过错。

医院召集专家讨论会进行讨论，专家认为：

(1) 门诊医师应认识到老年患者可以不取钉，髓内钉可以终身携带，如果要取钉要让患者自己选择定夺。

(2) 术前医师必须与患方仔细沟通、详细告知。

(3) 如果术中发现异常情况，如医师能及早告知，则虽然髓内钉无法取出但不至于发生臀部压疮的损害后果。

最终，院内专家讨论认为髓内钉未取出属于现有医学科学技术难以避免的情况，但医师存在告知不足的过错，应承担一定的责任。

3. 处置结果

最后，经医患双方坦诚协商，医方一次性赔偿患者 2 万元。本次争议得以解决。

三、分析点评

本例是一起取内固定引发的纠纷。争议不大，但是典型地反映了骨科常见的告知不足现象。为什么要沟通告知？沟通告知的目的是什么？如何进行完整沟通？针对异常情况如何进行沟通告知？

1. 骨科风险特点与安全管理

骨科的治疗目的是恢复骨骼肌肉系统的正常形态与功能。而形态与功能的恢复是有阶段性和差异度的，所以，骨科许多纠纷就集中在术后恢复不满意、术后并发症上，这与医师的操作有关，与现有医学科学技术条件有关，与患者康复训练有关，与植入器械有关，原因很多，但是患者多认为是医师的问题，产生不满，甚至引发纠纷。

作为骨科医师，要了解运动系统特点，了解骨科疾病的演变规律，掌握患者心理，科学有效沟通，及时处置并发症，才能有效控制骨科风险。

(1) 全面评估骨科风险。骨科系统疾病以创伤患者为主，急重杂，并发症多，患者期望值高。如本例患者，入院要求就是取内固定，但是最终结果有取出、未取出、取出过程中断裂等，这时就有患者预期与可能结果之间的差别，差别越大，风险越高，所以，医师要随时评估患者疾病特点、心理认知特点、可能预后特点，及时处置，正确沟通。

(2) 正确有效沟通。在后文“骨科分阶段沟通告知”中将详细阐述。

(3) 正确处置并发症。骨科有坠积性肺炎、褥疮、创伤性关节炎、骨不愈合四大并发症，有创伤性休克、急性骨筋膜间隙综合征、脂肪栓塞等严重并发症，有感染、出血、缺血性坏死等常见并发症，有器械断裂、滑丝、滑脱等器械并发症，等等。骨科并发症非常复杂，有时处理难度已经超越疾病本身，所以，骨科医师尤其在住院医师规范化培训阶段一定要正确了解识别并发症，掌握并发症的处置方法。

2. 骨科分阶段沟通告知

骨科沟通阶段分别为：门诊阶段、入院阶段、术前阶段、术中阶段、术后阶段、出院阶段。每个阶段都有其特殊要求。

1）门诊阶段沟通

作为门诊医师，要善于辩证分析，抓住主要矛盾，提出正确的诊治方案。本例患者虽然要求取内固定，但因患者75岁年龄，有经验的医师会告知患者取钉比不取钉的风险高，会向患者说明病情特点和医疗措施，供患者知情选择。如果患者经过评估选择不取钉，则无随后的风险，如果患者选择取钉，则手术中真的发生取钉不能，患者也会理解。所以，门诊阶段是骨科风险控制的窗口，切不可走过场。

2）入院阶段沟通

作为病房医师，也要善于评估病情，评估风险，抓住主要矛盾，及时提出正确的诊治方案，告知内容类似门诊阶段。与此同时，病房医师应调取患者两年前住院病史以查看是否有特殊情况，充分做好术前准备。

3）术前阶段沟通

这是医师和手术患者能否达成共识，让患者能否最终接受手术风险、分担风险最重要的时刻。然而现实中，手术医师对这一阶段的沟通并未予以足够的重视，很多时候，医师对着知情同意书的内容照本宣科，患者签字就结束，以至于患者根本无法理解手术知情同意书的内容，当然也无法实现告知目的。一旦发生纠纷，医师提出已经告知，患方认为当时医师根本未说，从而产生矛盾。然而，医师也有委屈，因为作为专业性极强的医学术语，让患者在短期内完全掌握，不现实也不可能的，那怎么办呢？在第五章"沟通实践"中，曾提及医师可以综合采用文字、图片、标本、视频资料、其他患者的诊治经过等方式与患者沟通。这就要求医师抓住这几点：

(1) 医务人员要善于归纳重点。每个患者都有其特殊性，医务人员要善于针对患者的特殊情况进行有针对性的告知，这样才能把时间和精力用在刀刃上。比如本例患者高龄，两年前植入PFN，这位患者取内固定手术就存在很多风险：术中出血，术后感染，髓内钉断裂，骨折，髓内钉无法取出等，而其中最有可能发生的是手术局部异常情况，那就是髓内钉和左股骨的损害，所以医师应将告知聚焦在这个主要可能损害上。

(2) 运用多种方式科学沟通。本例手术方式并不复杂，可以通过解读X线片、CT片等解释髓内钉与骨折愈合的关系，可以运用图片、动漫或教学片等方式解释手术操作，运用实例讲述手术可能引发的风险，让患方理解手术的获益和风险，接受与获益伴随而来的风险后果。

(3) 尽量运用通俗化的语言。高明的理论一定是听得懂的理论，好的医师也一定能让患者懂他。所以，医师要以与患者合作攻克难关的出发点来进行术前沟通，效果会非常好。而且要促使患者再思考，允许患者作出不同意见甚至反悔意见。尊重患者是医师的必备修养。同时让患者明白要接受自己的决定可能产生的后果。医师在术前告知上投入的精力越大，术后消耗的负面精力就越少。本例家属投诉的内容就与医师术前沟通过于简单有关。

(4) 沟通留有余地。患者及家属在术前经常会问医师：*我这手术有风险吗？手术大概要多少时间？您是我们的主刀医师吗？××教授能帮我们开刀吗？我这骨头能长好吗？我这腿还能站起来吗？*……无数的问题抛向医师。这时，医师要根据问题的难易程度选择是否回答、如何回答。如手术时间可以回答：*一般要多少多少；×××是您的主刀医师，还有×××*；等等。如果遭遇复杂的问题，可以回答：*手术均有一定的风险，如……，可以这样处理……*。如果遭遇前所未有的问题，则需要停下，评估患者的心理预期，如是否需要启动全科讨论、疑难病例讨论、全院讨论等，切不可听之任之。言为心声，如果患者术前就不信任，那术后必定有风险，比如疼痛、伤口渗血、术后骨牵引等，均会引发纠纷。

4）术中阶段沟通

首先，要有科学精神，客观对待手术。术中发生任何异常情况，手术医师都要及时告知家属，让家属知情，如果允许选择，则须让患方进行选择决定。如本例患者手术进行到取远端股骨颈钉时出现滑丝，时间为10:40，如果医师努力仍无法取出，在11:30左右就需要走出手术室，与家属沟通异常情况，建议家属放弃取钉。这种情况下，医师没有责任。

其次，要密切注意可能产生的术中并发症。本例患者臀部压疮发生原因考虑为手术时间过久引发。所以，医师与护士要密切关注手术进展，注意手术野、神经系统等，注意患者生命体征、体位、体表、体温、出入量等情况，确保患者安全。手术医师、麻醉医师、手术室护士要及时交流沟通，相互尊重，确保以患者为中心。

5）术后阶段沟通

医方要及时告知家属术中未告知的异常情况，术后需配合注意事项，如下肢骨骨折术后要注意观察皮温、足背动脉搏动、皮肤颜色等情况。开具医嘱要与护士沟通，注意药物适应证和配伍禁忌。手术仅仅是治疗方式之一，不是骨科治疗的全部。

6）出院阶段沟通

医方的告知语言要通俗易懂，具有可操作性。如股骨干骨折患者内固定术后出院，医师医嘱："勿过早负重行走。"术后三个月，患者髓内钉断裂，与医方产生纠纷。最后争议焦点为"负重行走"，医方认为髓内钉断裂为患者过早下地行走所致，患者认为医方所言为不要过早搬运重物，根本未告知不要过早下地行走。显然，医师未考虑患者的理解程度，告知过于专业化。有另一种医嘱："①一个月内卧床休息，患肢锻炼方式________________；②若下地，请一定手拄双拐，(左或右)下肢不可以着地行走，如果下地行走容易导致髓内钉断裂、骨折或其他风险；③一个月后及时来医院门诊随访；④有任何不适情况，请随时来院；⑤其他____________。"如果是这样的医嘱，效果如何？

沟通告知不是可有可无，也不是表面功夫，医师一定要掌握其精髓，这样才能既保护患者的合法权益，又保护自身合法权益，因为，毕竟有很多疾病是无法治愈的，有很多功能是不能恢复的。

四、思考题

(1) 骨科住院医师要掌握哪些基本功？

(2) 如果您是这位患者的床位医师，您将如何与患方沟通？请结合不同阶段进行情景演练。

(3) 请您结合第一篇内容，设计一份针对取内固定的法律能力与职业道德建设的风险控制路径图。

五、相关法律链接

《侵权责任法》

第五十五条　医务人员在诊疗活动中应当向患者说明病情和医疗措施。需要实施手术、特殊检查、特殊治疗的，医务人员应当及时向患者说明医疗风险、替代医疗方案等情况，并取得其书面同意；不宜向患者说明的，应当向患者的近亲属说明，并取得其书面同意。

医务人员未尽到前款义务，造成患者损害的，医疗机构应当承担赔偿责任。

案例 32 内固定异常

一、关键词

髓内钉 异常处置

二、案情简介

1. 诊治经过

3 月 5 日，患者，男，28 岁，因"遭遇车祸致右侧股骨粗隆间骨折"，入 A 院三天手术。行骨折闭合复位 PFN 髓内钉内固定术。术中摄片如图 32-1 所示。

显示一枚股骨颈螺钉顶端接近于切出股骨颈皮质。但医师考虑螺钉仍在股骨颈内，可以起固定支持作用，所以，未予取出。术后一周患者出院。患者卧床休息期间，一直感觉右侧大腿部酸痛，偶有刺痛。3 月 31 日，患者来院复查，医师予以摄片，提示右侧股骨粗隆间骨折对位对线好，予以对症治疗。

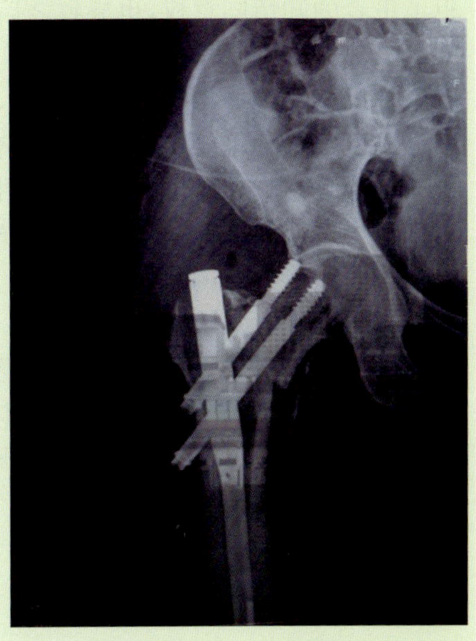

图 32-1 术中 X 线片

6 月 2 日，患者因感觉右侧大腿疼痛，无法忍受，至 B 院检查，提示股骨颈螺钉已经穿透股骨颈皮质，骨折愈合良好。再核查前面片子，显示螺钉移位现象一直存在。

2. 医患交涉过程

患者对 A 医院的医疗行为不满，投诉 A 院侵犯了自己的知情同意权，导致自己一直无法正常进行康复训练，影响了术后健康。而且由于手术当时就显示螺钉穿透骨皮质，经 B 院告知会影响右侧髋关节功能，有可能会致残，要求 A 院给个说法。

A 院对此很重视，迅速组织专家会诊，专家认为目前已经术后三个多月，患者骨质愈合良好，暂时可以考虑不取钉，如果患者疼痛难忍，可以考虑将穿出骨皮质的螺钉取出，保留另一螺钉。

3. 处置结果

9 月 10 日，行取内固定术，术中取出一枚穿透股骨颈皮质的螺钉，其余未取出。患者疼痛缓解。在此期间，医院承担患者的医疗费、误工费、营养费等，待后续费用发生后，再行解决。

三、分析点评

本例为 PFN 股骨近端髓内钉操作失误案例，涉及如何解决操作风险、如何与患者沟通问题。

1. 科学认识髓内钉

髓内钉是骨科常用内固定器械，多适用于长骨骨折。髓内钉操作技术已经趋于成熟。但是任何技术都可能是有缺陷的，这与器械设计原理、操作难易程度、配套条件设备、操作人员、患者个体差异相关。髓内钉的优点已获得临床稳定评价。但是髓内穿钉，尤其是闭合穿钉及锁钉，增加了技术上的难度，可能发生一些并发症。如适应证选择不当引起的并发症，如髓内钉长度选择不当，开放性、创面较大的粉碎性骨折等；与操作技术有关的并发症，如进针点不合适，扩髓太多等；术后并发症，如术后感染，髓内钉断裂等。认识这些风险，是为了及时规避、及时处置相关风险。

2. 正确处置并发症

髓内钉并发症与术前准备、术中操作、术后管理息息相关。本例即涉及整个围手术期。

首先，术前选钉要正确。

本例股骨颈螺钉切出，提示股骨颈螺钉选择型号有误，医师术前预估有偏差。

其次，术中要及时处置突发情况。

髓内钉操作看似简单，其实非常复杂，涉及工具数十种，具有严格的程序和操作要求。如本例患者主钉固定好后，需要进行瞄准、测试、C臂机监视下打入导针至股骨头皮质区，再安装螺钉，C臂机摄正侧位片检查固定位置等。可见股骨颈螺钉的安装与主钉是否安装正确、导针测试是否正确、C臂机监视效果等相关。髓内钉发生切出或移动有时属于难以避免的并发症，手术医师要正确对待，及时告知患者家属，告知处置方法，特别是如何修复，是否可以取出，是否需要更换手术方式等，让患方充分知情选择。

本例医师担心如果当时告知患方，则迅速会引发纠纷；如果当时不告知也许患者术后愈合良好，在拔钉时可以一并解决问题，因为穿透皮质并不多。医师这样的心情可以理解，但是已违反法律规定，侵犯了患者的知情同意权，也导致之后的被动。

第三，术后要正确面对。

如果患方选择不拔出这枚螺钉，则医师需要制订详细的术后康复方案，正确指导患者，必要时电话跟踪或上门指导康复，以防止患者出现更大的损害。

发生问题不是最可怕的，最可怕的是试图掩盖问题，以求侥幸过关，须知医学来不得半点虚假。诚实行医，诚实为人，这是通往医学顶端的必备条件。

四、思考题

（1）在住院医师规范化培训阶段，您将如何学习掌握髓内钉等医疗器械操作？搜索现有资料与条件，设计一份学习掌握时间表及具体内容。

（2）如果您是本例患者手术医师的助手，您将如何与老师沟通，如何与家属沟通？

（3）请您结合第一篇内容，设计一份针对股骨颈粗隆骨折患者的住院医师法律能力与职业道德建设风险控制路径图。

案例33　关节镜检查与手术

一、关键词

关节镜检查　知情同意权

二、案情简介

1. 诊治经过

1月4日，患者，女，50岁，因“行走时左膝关节疼痛”入住医院骨科。

入院病史记载：

主诉：左膝关节行走疼痛30余年，加重半年。

现病史：10余岁时因摔倒致左膝受伤，自行处理好转。后30余年一直有活动后膝关节疼痛，活动时可听到“咔哒”声。近3年来自觉左膝关节有肿胀感，行走时疼痛加重，出现跛行。近半年症状明显加重，行走时疼痛较剧，站立时有疼痛感。

既往史:无高血压病、糖尿病史。

骨科检查:左膝股骨外上髁处有压痛点,伴有外侧关节间隙压痛,左膝屈曲 120°,完全伸直略困难,回旋挤压试验(+)。右膝关节活动正常。双下肢等长,肌力、肌张力正常,感觉正常,足背动脉搏动存在,腱反射可引出。

初步诊断:左膝疼痛待查,半月板损伤?

处理:对症治疗,择期行关节镜检查。

1 月 9 日,医患双方签订手术知情同意书,内容为:术前诊断:左膝关节疼痛待查? 手术目的(空缺);手术必要性(空缺);拟行手术及可能采用的手术方式:膝关节镜;术中可能发生的情况和意外及危险性:①麻醉意外;②伤口感染;③术后复发;④其他。患者承诺:因病经你院医师详细诊断,认为需要手术治疗,以上有关手术目的及意义,可能采用的手术方式,术中危险性,术后可能出现的并发症以及生命危险均由医师向我详细说明,我表示理解与接受,并同意由你院医师为患者实施手术治疗。

1 月 10 日行左膝关节镜术,手术记录:①硬外麻醉成功后,患者取仰卧位左下肢术野常规消毒铺巾,止血带上于大腿中上段,加压 80 kPa。②取左膝外上小切口插入出水管,外下插入关节镜依次观察髌上囊、髌股关节、外侧间隙交叉韧带、内侧间隙,见外侧半月板异常肥厚成盘状半月板。关节面光滑,未见滑膜异常增生。因外侧半月板太厚,故镜下切除困难。取外侧关节间隙处约 3 cm 切开进入,完整切除外侧半月板,冲洗后关闭切口。手术名称:左膝关节镜术+外侧半月板切除。1 月 13 日,术后恢复可,伤口无红肿、渗血、愈合好。左下肢活动感觉正常,出院。出院诊断:盘状半月板(左膝外侧)。

术后患者行走困难,于 4 月 18 日第二次入院。入院查体:左股四头肌萎缩,肌力Ⅳ级,左膝屈 8°,伸 0°,麦氏征,跟臀 test(试验)不能完成,浮髌试验(±),左膝外侧略肿胀。目前情况:患者左股四头肌肌力Ⅳ级,左股二头肌肌力Ⅳ$^+$级,左膝无明显疼痛、肿胀,ROM 伸 230°, 90°。入院诊断:左膝外侧盘状半月板切除术后;创伤性关节炎。予以对症治疗。MRI 平扫:左膝外侧半月板切除术后改变,左膝外侧半月板缺如,内侧半月板信号均匀,形态如常,未见明显异常信号灶;左膝髁间突骨质增生;前后交叉韧带,侧副韧带信号如常;左膝周围软组织无殊;左胫骨后移;左膝外侧关节区域见数个伪影。出院诊断:左膝外侧半月板切除术后改变,左膝关节退行性变。

之后患者多次因左膝疼痛,动时痛甚,行走不能住院,对症治疗稍有好转,但不能行走。

2. 医患交涉过程

患者认为,第一次住院时,医师只是建议行关节镜检查,术前谈话也是关节镜检查而非手术。1 月 10 日,医师在未作任何告知的情况下,擅自为患者施行半月板切除术。术后,患者左膝关节肿胀,疼痛不止,活动受限。虽经多方求医进行康复训练,但最终左膝关节强直,功能完全丧失,生活无法自理。为此,诉至法院。

原告患者诉称,被告没有履行法定告知义务,侵犯了原告的知情同意权,同时根据原告当时的症状,并非必须实施半月板切除手术,被告违反诊疗常规的规定,侵害原告身体健康权。

被告医方辩称,关节镜检查包括治疗,被告在对原告实施关节镜检查时发现原告有半月板增厚症状继而实施关节镜下切除手术符合医疗常规。后由关节镜下手术改为直视下手术,也是根据术中实际情况而定,目的是为原告进行治疗,整个治疗过程没有侵害原告的权利,原告目前活动受限,并非由于手术所致,与原告缺乏功能性锻炼有关。

法院根据原告的请求,委托某法庭科学技术鉴定研究所进行司法鉴定,要求就被告为原告实施关节镜检查时直接进行镜下半月板切除手术继而行直视下手术是否符合医疗常规、被告为原告实施半月板切除手术是否符合手术适应证、原告目前行动障碍的原因、原告是否依赖医疗等进行司法鉴定。

司法鉴定意见认为:

(1) 被告医院对原告的关节镜检查及相应的病历记录存在不足之处;对其半月板切除手术的术前交代不够,缺乏患者或其家属的签字同意。

(2) 原告目前症状,单纯用半月板切除术的术后表现不易解释,需要进一步检查和治疗。

原告对该鉴定结论不服，申请复核，同时对原告的休息、营养、护理及目前伤残等级进行鉴定。

复核鉴定结论如下：

（1）根据送检病史、术前和术后影像资料及手术记录，原告左膝外侧盘状半月板诊断成立。行半月板切除术是允许的。

（2）根据原告术后 MRI 片显示：左膝关节腔外腓侧髌下脂肪垫区域存在异物伪影，此异物何时存在，根据现有的资料难以确定，该异物对关节活动不会产生明显影响。

（3）原告目前左膝活动受限，从术后的影像学资料分析，未发现左膝关节腔内有明显的医源性损伤。

（4）原告目前左膝关节功能丧失大于 50%（<75%），参照《道路交通事故受伤人员伤残评定》4.9.9f之规定，相当于九级伤残。拟订休息、部分护理至今，营养六个月。

（5）送检材料未见被告在对原告行左膝外侧半月板切除术时履行必要的告知义务的记录。据此，认为被告存在过错，对术后产生的后果承担次要责任。

对该鉴定结论，原告提出异议：

（1）鉴定机构在没有针对性的 MRI 影像检查、关节镜检查报告、关节镜镜下检查内容、关节镜检查影像记录盘、保留切除物、切除物的病理检查报告的情况下，仅根据医师在病历上的主观记载内容及记录不全的手术记录，认定原告左膝外侧盘状半月板诊断成立，缺乏客观病历依据。

（2）鉴定机构认定原告左膝关节内存有异物，同时又否定该异物影响关节活动，没有根据。

（3）鉴定机构认定未发现原告左膝关节腔内有明显的医源性损伤，目前膝关节活动受限有多种原因造成，违背客观事实。原告术前膝关节活动自如，术后出现关节活动受限，完全因被告违规操作所致，鉴定机构无视上述事实做出的鉴定意见，不具真实性及合法性。

（4）鉴定机构做出原告膝关节功能丧失大于 50%小于 75%的结论没有依据。

（5）鉴定结论中关于被告应承担次要责任的意见，超出法院授权鉴定范围，要求法院不要采纳。

鉴定专家到庭接受质证，针对上述异议，答复如下：

（1）医学诊断是主观诊断和客观诊断相结合，影像只是辅助检查，无法替代直视观察。关节镜检查是否录像及对切除物进行病理切变检查并不在医疗常规中。本病历中，原告术前一张影像片并不能显示盘状半月板，但根据主观诊断，反映在原告的病史记载中，内容包括原告发病时间、膝关节活动时发出特有响声、膝关节外观检查的症状等，根据客观诊断，反映在关节镜检查手术记录中，半月板太厚符合盘状半月板特征，为此，鉴定报告认为诊断成立。

（2）较小的金属或非金属颗粒在影像平片上无法显现，因原告术前只有一张平片，没有核磁共振影像资料中反映出存在异物，也不能确定是伪影，并未见异物，该伪影可以是金属异物形成，也可以是非金属异物形成，因多张影像反映伪影位置未见移动，可推定为非金属异物，但不能确定。再者，伪影存在于原告关节腔外关节囊内，腜下脂肪垫区域，摩擦相对小，故对关节功能有一定影响，但该影响不大。同样，也因该伪影不在关节腔内，故不构成医源性损伤。

（3）对原告关节功能丧失程度的意见，是基于鉴定人员对原告进行的客观检查与正常关节活动功能相比较得出的结论。

3. 处置结果

法院认为，医学是一门专门科学，在一定的条件下存在它的局限性，医疗活动只要符合目前已知的医疗常规，应该允许其存在一定的医疗风险。本案中，原告因为其左膝疾患至被告处就诊，被告对其做出的诊断及随后的治疗，根据两份鉴定结论意见，均与目前医疗水平相符，被告在纯医疗上没有过错。但作为原告在寻求医疗过程中有选择以何种方式进行治疗或放弃治疗的权利，本案中，被告在为原告实施诊治的过程中，没有向原告说明治疗的方案，履行必要的告知义务，从而使原告失去选择的机会，对手术后产生的后果没有必要的心理准备，均在一定程度上影响手术后的康复。尽管原告目前伤残并不能简单解释为由手术造成，手术与致残之间不存在必然的因果关系，但原告目前的状况终究是在手术后造成，原告被动接受手术治疗后产生了不良后果，故被告对原告因手术而多支出的费用应承担一定的赔偿责任。

原告的损失范围包括：医疗费、误工费、营养费、护理费、交通费、因鉴定产生的相关费用、残疾用具费、残疾生活补助费、律师费。法院最终判决被告赔偿原告上述费用及精神损害抚慰金。

三、分析点评

本例诉讼阶段耗时三年，历经两次复杂的鉴定、鉴定专家到庭质证，开庭无数，而起因则是医师一念之差。据医师事后回忆，当时关节镜检查观察到患者外侧半月板很厚，取出困难，经口头取得患者意见，采取了经外侧膝关节间隙切口进行切除的方式，过程中，向外牵拉半月板非常容易，一拽就出来了，手术顺利。

但是患者认为，医师关节镜检查只开了两个观察切口，没有另下器械进行更仔细的探查，而医师所描述的"一拽就出来"，提示半月板后角在检查时就极有可能有撕裂，所以医师根本未征询患方意见直接切除半月板。可见，本案的争议焦点集中在知情同意与术中操作。有必要对关节镜进行必要的分析。

1. 关节镜基本原理与特点

关节镜是一种观察关节内部结构的直径 5 mm 左右的棒状光学器械，是用于诊治关节疾患的内窥镜。关节镜在一根细管的端部装有一个透镜，将细管插入关节内部，关节内部的结构便会在监视器上显示出来。因此，可以直接观察到关节内部的结构。关节镜不仅用于关节疾病的诊断，还可用于关节疾病的治疗，如图 33－1 所示。

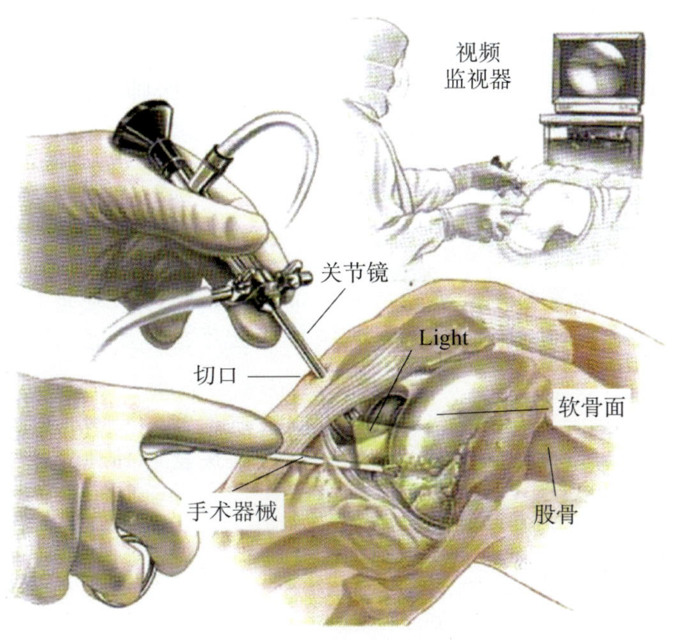

图 33－1　关节镜下手术示意图

关节镜可对病灶进行直视下观察和探查，并具有一定的放大作用，还可行动态观察，具有 CT、MRI 不可替代的作用。然而，关节镜毕竟是一种特殊检查、特殊治疗措施，有一定的风险性，所以，医师在准备对患者进行关节镜检查或操作时，必须尊重患者的知情同意权，充分评估，详细沟通，法定告知。

2. 尊重患者知情同意权

知情同意权，指患者对自己的病情、诊断、治疗的知情和选择权利，特别是在进行手术、特殊检查、特殊治疗等风险操作时，更应得到医师必要的解释、说明，以便于作出判断。

本例患者入院时，与医师约定的是关节镜检查，也就是通过关节镜查明患者关节腔内情况，是否有疑难病灶等，以决定此后治疗方式，而非直接切除关节腔内组织。然而医师在检查中，直接对患者的半月板进行切除，超出术前双方约定，也就超出了患者的知情范围，侵犯患者知情同意权，程序违法，最终直接侵犯了患者的身体健康权。虽然医师认为，关节镜检查可以包括手术，但毕竟属于两个范畴，如果医师需要手术，应该取得患方的知情同意及签字，口头告知没有法律效力。何况本例患者在麻醉中，虽然意识清楚（硬膜外麻醉），但是毕竟会影响判断，医师应该与患者的委托代理人（术前有患者丈夫作为委托代理人签字，关节镜检查中，其丈夫在手术室外等候）知情谈话并签字，以取得有证据效力的签字文书。

在此，简单地介绍一下程序性违法与实体性违法。程序性违法是指违背了规定的医疗程序。医疗程序是指在医疗行为中，医师根据医疗卫生法律法规、诊疗常规等规定的方法、步骤，开展或实施各种诊疗行为。如本例关节镜检查有严格的诊疗规范程序。程序违法常常导致实体违法，也就是程序侵权常导致实体侵权。实体性违法是指因医疗过错导致患者身体产生的实质性损害，比如死亡、伤残等。本例医师未征得患者法定同意，直接行半月板切除术，最终导致了患者左膝关节肿痛强直、功能大部分丧失、九级伤残的损害后果。所以，实体侵权的前提必定是程序侵权，当然，有时程序侵权不一定必然致实体侵权，比如医师胆结石手术术前未告知须行 T 管引流，但术后使用了引流管，最终患者病愈康复出院，严格意义上，医师放置 T 管的行为也属于程序侵权，但未导致实体侵权的损害后果，所以，医师无须承担民事责任。对于这点，医师需要仔细分清并予以准确把握。

四、思考题

（1）在住院医师规范化培训阶段，您将如何学习掌握关节镜等医疗器械操作？搜索现有资料与条件，设计一份学习掌握时间表及具体内容。

（2）如果您是本例患者手术医师的助手，您将如何与老师沟通，如何与家属沟通？

（3）请您结合第一篇内容，设计一份针对关节镜手术的住院医师法律能力与职业道德建设风险控制路径图。

五、相关法律链接

《医疗机构管理条例实施细则》

第六十二条　医疗机构应当尊重患者对自己的病情、诊断、治疗的知情权利。在实施手术、特殊检查、特殊治疗时，应当向患者作必要的解释。因实施保护性医疗措施不宜向患者说明情况的，应当将有关情况通知患者家属。

特殊检查、特殊治疗——有一定危险性，可能产生不良后果的检查和治疗；由于患者体质特殊或者病情危笃，可能对患者产生不良后果和危险的检查和治疗；临床试验性检查和治疗；收费可能对患者造成较大经济负担的检查和治疗。

案例 34　多发伤

一、关键词

多系统损伤　多学科会诊

二、案情简介

1. 诊治经过

患者，男，50 岁，4 月 25 日 14:45 因“车祸”急送 A 院。检查发现：右尺桡骨远端骨折，胸椎 6、7、8 骨折，头面部软组织挫裂伤，胸部外伤。胸片及胸部 CT 提示：少量胸腔积液，胸椎骨折。右腕关节正侧位片示:右尺桡骨远端骨折;头部CT未发现异常。予以简单清创缝合,考虑患者系多发伤建议转院。25日当晚23:00,患者被转入B院,收入骨科病房。

入院病史记载:

主诉:车祸伤7 h伴头胸部外伤、右腕畸形。

现病史:患者7 h前因车祸致头面部、胸背部、右上肢等多处创伤,当时无昏迷,无逆行性遗忘,无大小便失禁,无恶心呕吐,当即送当地医院行清创缝合,头、胸部CT,胸片及右腕正侧位片后转入我院。

既往史:无高血压、糖尿病史。

体格检查:体温37.3℃,脉搏110次/min,呼吸20次/min,血压100 mmHg/60 mmHg,神志清楚,双侧瞳孔等大等圆。左额部、下颌部、颈部多处皮下淤血;颜面部轻度水肿;头部突眼无,眼睑水肿,结膜充血。口腔:唇红润,少量血迹,舌局中。齿:下前牙缺如,上牙横松动,其他阴性。双肺呼吸音粗糙,可闻及痰鸣音;心正常。

专科检查:右腕关节明显畸形,压痛,活动受限,胸背部压痛,腰部活动受限,头面部伤口已清创缝合。

初步诊断:车祸伤:①右尺桡骨远端骨折;②胸椎骨折($T_6 \sim T_7$);③头面部软组织挫裂伤;④胸部外伤。

处理:骨科常规护理,一级护理,告病重,暂禁食,心电监护,持续导尿,低流量吸氧,行右尺桡骨远端骨折平法复位,石膏托外固定术,予以康利必欣等抗感染、补液治疗。同时请胸外科会诊,请脑外科会诊。胸外科会诊意见,考虑胸部外伤不能排除,建议继续观察,必要时复查胸部CT。脑外科会诊意见建议继续复查头颅CT。

4月26日中午,患者感烦躁,查呼吸音粗,13:00请胸外科急会诊,考虑胸腔积液,胸部外伤,13:10予以沐舒坦60 mg,24:00继续予以沐舒坦60 mg治疗。

4月27日凌晨1:00护理记录单:患者神志清楚,呈烦躁状态,双眼睑肿胀明显,持续吸氧。

4:00护理记录单:患者仍烦躁,双瞳孔对光反射存在,双眼睑肿胀。

7:00护理记录单:患者呈烦躁状态。

9:00护理记录单:患者诉背部不适,胸闷,无恶心、呕吐,立即报告医师,给予吸痰,10:00用盐酸氨溴索口服溶液沐舒坦。

12:00护理记录单:患者烦躁不安,持续低流量吸氧,吸痰不合作。急请脑外科会诊,请口腔科会诊。急查头颅CT显示:右颞额部及颜面部软组织肿胀,眼眶干及左侧颞额部皮下积气,筛窦内密度增高,蝶窦及额窦内可见液平,右侧筛骨前缘(Im4)及左侧额窦前额骨骨皮质似欠连续,脑实质内未见异常密度灶。意见:考虑副鼻窦积血。

13:00,患者突发紫绀,神志不清,呼吸、心跳微弱,急送手术室。经气管插管等抢救,患者呈深昏迷状态,术后考虑肺挫伤,创伤性窒息、深昏迷。

2. 医患交涉过程

患方认为,医方存在严重过错,直接导致患者昏迷最终植物人的损害后果。主要表现如下:

首先,医方观察失误。从患者自4月25日23:00入住至27日13:00长达38个小时中,医院针对患者肺部及其他全身情况未进行特殊检查,特别是有针对性的影像检查。针对患者出现的胸腔积液、痰鸣音,医方没有进行病因鉴别,只是在26日13:00才予以沐舒坦治疗,距患者入院已有12个小时。

其次,医方救治失误。在患者持续烦躁、胸闷的情况下,医师仅仅予以沐舒坦治疗,没有考虑患者病情持续变化,没有再次会诊甚至转科治疗,违反诊疗常规。

医方认为,患者系多发伤,病情变化复杂。医师已经充分考虑了可能出现的合并症,及时请胸外科、脑外科、口腔科等进行会诊,及时进行检查,最终因患者病情变化迅速而导致最终结果。医方认可存在不足,愿意与患方调解。

3. 处置结果

医患双方在法院的主持下,进行调解。最终,医方承认存在不足,一次性赔偿患方数十万元。

三、分析点评

本例是一起多发损伤漏诊漏治的案例。多发损伤是指在一次损伤中，伤及两个或两个系统以上者，如神经、循环、呼吸、消化及运动系统等，又称为多系统损伤，可简称为多发损伤、多发伤。多发伤可表现为头颅、颈部、胸部、腹部、骨盆等多处严重受伤，任何一单独组织器官创伤均可致命，所以，多发伤是骨科危急重症，必须引起足够的重视。

1. 完整检查伤情，尽可能还原受伤现场

为什么要还原现场，因为现场伤情直接影响患者多发伤部位、性质、程度及演变。本例患者为车祸伤。车祸当时，患者坐在副驾驶位置，未系安全带，司机疲劳驾驶追尾，而当时患者也处于困倦状态，追尾时，患者被抛向前方，习惯性地用右手去抵挡身体，但是上半个身体已经重重撞击在前面的车前钣制件上，所以当时表现为头面部、胸、背、腰部、右腕部受伤，而下肢却无受伤。然而整个就诊过程中，没有医师关注或还原这一受伤场景及细节，如果能关注一下，也会找到需要关注的重点：头颅部、胸部。曾有专家说道：多发伤患者，最后收治的科室才是骨科。本例就是对这一观点的有力验证。

2. 及时组织多学科讨论会诊

多发伤因其涉及多系统，因此情况复杂，处置困难。这时医师要及时组织多学科讨论，及时会诊。本例也有数次会诊：4 月 25 日深夜 23:00 入院当时请胸外科、脑外科会诊，4 月 26 日 13:00 请胸外科会诊，4 月 27 日 12:00 请脑外科、口腔科会诊，均为急会诊，说明医师已经意识到患者多发伤的情况，需要请相关科室支持。但是，遗憾的是，本例数次会诊，特别是胸外科两次会诊均未提出正确措施。如患者首次就诊时，X 线胸片及胸部 CT 已经提示有少量胸腔积液、胸椎骨折，胸外科医师未进行有针对性的胸穿以查明液体性质，未评估是否需要进行胸腔引流，未评估是否需要立即复查胸部 CT，未详细询问受伤当时情况，未评估患者烦躁对应哪些病因，未评估患者是否需要转入胸外科，等等。可以说，两次会诊，均未解决问题，属于无效会诊，致使抢救最佳时机丧失。会诊失败与会诊医师有关，也与请求会诊医师有关。医师在请求会诊前应当明确自己请求会诊的目的是什么，要解决是什么问题，而非仅以会诊形式本身为目的，完成任务了事。

本例反映医师缺少整体思维能力。随着医学分科越来越细，专科医师在掌握本科核心技术能力的同时，思维不能受限，不能缺少整体思维意识。否则，一旦遭遇患者出现非本专科情况，就容易出现判断失误。本例骨科医师虽然考虑有他科疾病，已经请会诊，但未深入研究，未及时启动全科讨论、全院会诊，最终直接延误了患者的病情，造成严重的损害后果。

四、思考题

(1) 针对多发伤，骨科住院医师应当如何采集病史、评估病情、制定医疗方案？

(2) 如果您是本例患者的住院医师，您将如何运用整体思维解决患者的问题？请综合思考个人解决、小组解决、科室解决、多学科解决方案。

(3) 请您结合第一篇内容，设计一份针对多发伤患者的住院医师法律能力与职业道德建设风险控制路径图。

五、相关法律链接

《医疗机构管理条例》

第三十一条　医疗机构对危重患者应当立即抢救。对限于设备或者技术条件不能诊治的患者，应当及时转诊。

案例 35　胸椎压缩性骨折

一、关键词

告知　赔偿竞合　损失填平原则

二、案情简介

1. 诊治经过

患者，男，54 岁，12 月 7 日 11:00，因"车祸"至医院骨科就诊，门诊病历记载：

主诉：车祸导致头部、腰背部外伤后 1 h。

现病史：外伤之后患者剧烈疼痛伴有局部关节活动受限。诉腰痛，头痛，无胸闷、呼吸困难等不适。

既往史：无高血压、糖尿病史。

查体：神清，精神可，GCS 15 分，腰背部局部轻度肿胀，压痛明显，关节活动略受限，患肢肌力以及皮肤感觉好；胸廓挤压痛(一)；两肺呼吸音清，血压 164 mmHg/96 mmHg。

检查：头颅、胸椎、腰椎 CT 平扫诊断：①左侧上额窦囊肿；②胸椎退行性变，未见明显骨折；③腰椎退行性变，腰椎未见明显骨折。胸椎、腰椎正侧位片诊断：①胸椎轻度退行性变；②腰椎侧弯，退行性改变。

诊断：软组织疾患；头外伤。

处理：痹祺胶囊、虎力散胶囊口服，复方水杨酸甲酯苯海拉明喷雾剂外用，依达拉泰、醒脑静补液。嘱三日后骨科复诊，休息 3 天，不适复诊。

12 月 10 日，患者因腰部疼痛 3 天骨科门诊第一次复诊。病史记载：疼痛为持续性，弯腰时较明显，不伴下肢麻木。查体：颈软，活动好，第 5 腰椎处有压痛，屈曲时明显，下肢活动受限。诊断：损伤。腰椎正侧位片放射学诊断：①胸椎轻度退行性变；②T_{12}(第 12 胸椎)楔形变。处理：开具胸椎 CT；给予仙灵骨葆、妙纳、英太青药物口服及局部热敷等处理，嘱注意休息、门诊随访，病情变化随时复诊。12 月 12 日胸椎 CT 放射学诊断：①胸椎退行性变；②T_{12}椎体压缩性骨折。

12 月 14 日，患者因腰背部疼痛 7 天至骨科门诊第二次复诊。病史记载：疼痛为持续性弯腰时较明显伴下肢麻木，有外伤史。查体：颈软，活动好，第 1 腰椎处有压痛，屈曲时明显，下肢活动受限。诊断胸椎骨折。处理：给予仙灵骨葆、阿法骨化醇、英太青药物及局部热敷，嘱注意休息，门诊随访。

此后患者至医院骨科门诊十余次复诊，均诉腰背部疼痛，无明显缓解，治疗无异。次年 3 月行腰椎 MR 平扫放射学诊断：①腰椎退行性变，L_5～S_1 相邻终板变性，L_5 椎体轻度向前滑脱；②T_{12}椎体楔形变伴椎体信号异常，结合病史符合压缩性骨折表现。至 8 月份，患者仍然腰背部疼痛，稍有缓解，伴双下肢活动不便。

2. 医患交涉过程

患者认为，医方对发生车祸的患者检查后称受伤不重无须特殊处理，让患者回家观察，但几天后患者病情加重，再次到医院检查，发现腰椎错位、胸椎骨折，医方仍未予以正确处置。医方存在过错，必须承担赔偿责任。故诉至法院。

医方认为，患者首诊数天后复诊，CT 检查出现不同于第一次的影像学表现，医方修正诊断，并根据病情给予保守治疗。患者治疗期间没有遵从卧床休息医嘱，骨折加重。目前患者遗留腰痛、下肢麻木，与外伤、本身疾病、未严格遵从医嘱有关。医方诊治符合诊疗规范，不同意赔偿。

被告医方同时认为，原告患者于交通事故发生后，已经由侵权方按照九级伤残支付了赔偿款。若被告有责任，则根据赔偿竞合，应当扣除原告在交通事故中已赔偿部分。

法院据此委托专家鉴定，专家鉴定分析意见：

(1) 初步诊断：根据患者症状、体征及辅助检查，12 月 7 日影像片未见 T_{12} 骨折的征象，故首诊时无确切依据可诊断胸椎压缩性骨折。医方嘱休息、复诊符合医疗常规。12 月 10 日患者复诊，CT 检查显示第 12 胸椎楔形变，12 月 12 日出具影像报告“①胸椎退行性变；②T_{12} 椎体压缩性骨折”正确。

(2) 医方在诊治过程中存在以下过错：患者复诊后诊断胸 12 椎体压缩性骨折，对于胸椎压缩性骨折未超过 1/3 椎体高度可行保守治疗，应绝对卧床休息。据鉴定会现场询问患者，表示医师曾告知卧床，但对卧床的具体要求未详细告知。医方治疗措施不到位，未在病历上明确告知绝对卧床以及未给予石膏或支具固定，仅给予药物治疗，与患者的病情(影像片显示胸椎压缩较前加重)进一步加重有一定的因果关系。

(3) 患者外伤及伤后休息不到位(患者自诉无人陪护)和自身疾病(胸椎退行性变伴侧弯等)是导致患者目前双下肢活动不便的主要原因。

(4) 患者目前双下肢活动不便，需拄拐助行，存在轻微功能障碍。

鉴定结论：本例构成三级戊等医疗损害，医方承担次要责任。

3. 处置结果

法院认为，被告存在告知不足的过错，应当对原告的各项损失承担相应的赔偿责任，综合确定为40%。对于赔偿范围及金额，以填平损失为原则。根据鉴定结论为三级戊等，对应十级伤残，确定赔偿金额。法院最终判令被告赔偿原告医疗费、误工费、营养费、护理费、残疾赔偿金、残疾用具费、交通费、律师费、精神损害抚慰金等共计人民币 6 万余元。

三、分析点评

本例是一起胸椎压缩性骨折处置不当的案例。涉及脊柱外科与康复医学科的专科治疗。本例的医疗过程及诉讼过程涉及以下几个问题：

1. 胸椎骨折治疗与康复

脊柱由 33 个脊椎、23 个有弹力和移动性的椎间盘、韧带、椎间关节连接而成。脊柱损伤是骨科常见外伤。根据诊疗常规，脊柱损伤后首先要判断稳定性：受累脊柱是否稳定，脊髓神经是否受累。判断的依据主要来自于临床表现与影像学检查。本例患者 12 月 7 日首次就诊临床表现及影像学检查无法诊断为胸椎压缩性骨折，所以这一节点不存在过错。

12 月 10 日患者第二次门诊，临床表现为疼痛，压痛，活动受限，影像学表现有第 12 胸椎楔形变。此时，根据诊疗常规，医师应当评估患者脊柱稳定性，评估椎体及椎间盘、关节突关节、椎间韧带的损伤程度。本例为稳定型骨折，可以采用保守治疗方式。若为不稳定型，则需手术治疗。针对胸腰椎骨折正确的诊疗路径如图 35－1 所示：

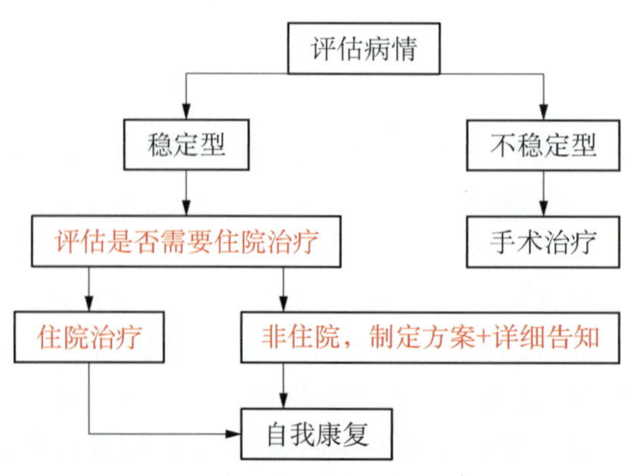

图 35－1 胸腰椎骨折正确的诊疗路径

本例医师针对患者处置措施如图 35－2 所示：

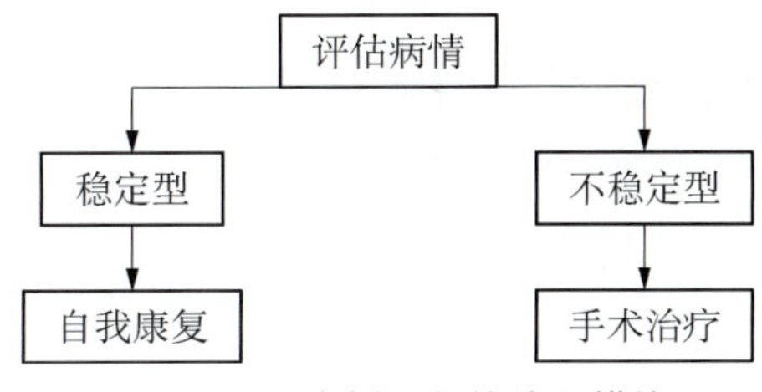

图 35－2 本例医师的处置措施

通过比较，可以发现图 35－2 缺失了医师评估是否需要住院治疗，若不住院，则需制定方案＋详细告知。这两步非常关键，将直接影响患者的愈后。这时，医师需要提出专科意见，最好请脊柱外科医师进行专科会诊以决定诊治方案，详细记录患者自我治疗康复方案。如本例患者需要卧床休息，则需告知其复位修复需要的床、床垫，睡姿，固定器具，练习方法，是否可以下床，若下床则告知下床频率及时间，等等。本例医师未告知这些细节性的措施，一是不熟悉，不具备这样的专业知识；二是忽视或者轻视这些措施，简单化，导致患者的损害后果。回顾一下骨科概念，“骨科主要研究骨骼肌肉系统的解剖、生理与病理，运用药物、手术及物理方法保持和发展这一系统的正常形态与功能。”手术并非唯一方法，药物、物理疗法等也是治疗方法，骨科的目的是恢复骨骼肌肉系统的形态与功能。

2. 关于赔偿竞合与填平原则

骨科患者常与交通事故、工伤事故、其他人身损害等有关，若出现医疗损害赔偿，就涉及是否需要扣除患者之前已获得赔偿部分，如交通事故赔款、工伤保险补偿金等。若扣除，就是赔偿竞合。但是根据《最高人民法院对第三人侵权与工伤赔偿竞合问题的答复》“因第三人造成工伤的职工或其近亲属，从第三人处获得民事赔偿后，可以按照《工伤保险条例》第三十七条的规定，向工伤保险机构申请工伤保险待遇补偿。”也就是说，不同损害赔偿分别计算，不予相互抵扣。实践中，医疗事故涉及交通事故或工伤事故等，法院并不扣除患者已获得的其他赔偿金，所以，不适用赔偿竞合原则，适用损失填平原则。

损失填平原则是指，赔偿为补偿当事人损失，但当事人不得因此盈利。医疗损害赔偿均适用损失填平原则，在计算损失时均以直接损失为依据，不涉及间接损失(如患者所开立公司因患者发生医疗损害停产、停业期间的损失等)。

四、思考题

(1) 针对胸椎骨折患者，骨科住院医师应当如何采集病史、评估病情、制定医疗方案？

(2) 如果您是本例患者的住院医师，您将如何运用整体思维解决患者的问题？请综合思考个人解决、小组解决、科室解决、多学科解决方案。

(3) 请您结合第一篇内容，设计一份针对胸椎患者的住院医师法律能力与职业道德建设风险控制路径图。

五、相关法律链接

《医疗事故分级标准(试行)》

(五) 三级戊等医疗事故　器官部分缺损或畸形，有轻微功能障碍，无医疗依赖，生活能自理。例如造成患者下列情形之一的：

14. 原有脊柱、躯干或肢体畸形又严重加重。

……

案例 36　胫骨平台粉碎性骨折

一、关键词

手术规范　医患沟通

二、案情简介

1. 诊治经过

11 月 20 日，患者，女，40 岁。因“骑电瓶车滑倒致左膝外伤，疼痛，不能站立行走”至骨科就诊。当时经 X 线摄片及 CT 检查：左胫骨平台粉碎性骨折，左膝关节脱位。立即收治入院。专科检查：左膝关节畸形，软组织肿胀，胫骨上段压痛明显，膝关节活动受限，左足背动脉搏动正常，足踝活动正常。初步诊断：左胫骨平台粉碎性骨折。准备急诊手术。

11 月 21 日腰麻下行骨折切开复位内固定术，术中发现：左胫骨髁间、平台、髁间隆突粉碎性骨折，膝关节脱位。手术记录为：术中见膝关节内积血 100 ml 左右，胫骨上端髁间、平台、髁间隆突粉碎性骨折，移位，膝关节半脱位，有多块游离小骨片分离。恢复膝关节脱位，骨折复位，暂固定。选择 5 孔异形钢板作内固定，胫骨髁间隆突骨折用钢绞贯穿内固定。内固定后骨折复位基本满意，相对较稳定。手术内固定在直视及 X 线、C 臂机监视下完成。逐层缝合，关闭切口，伤口内置防负压引流管一根。术后膝部棉垫加压包扎，下肢骨石膏托功能位外固定。安返病房。

12 月 4 日(术后 13 天)，X 线摄片显示：左胫腓骨上端粉碎性骨折，钢板、钢丝内固定中，骨折线侵及关节，骨块纵向分离，关节结构紊乱。摄片诊断：左胫腓骨上端粉碎性骨折伴膝关节脱位。12 月 9 日通知患者出院。出院医嘱：①卧床休息；②2 周门诊随访；③功能锻炼；④药物治疗。患者拄拐出院。

次年 1 月 12 日，患者第一次复查，拆石膏，X 片报告：左胫骨平台骨折，伴左膝关节半脱位，予服药及随访。3 月 11 日，第二次复查，继续 X 线摄片提示：左胫骨上端骨折后，金属内固定中，骨折线侵及关节面，骨折线模糊，左膝关节结构略畸形。诊断：左胫骨上端骨折后，伴左膝关节半脱位。医师处理：休。5 月 10 日，第三次复查，继续 X 线摄片提示：左胫骨陈旧性骨折，伴左膝关节脱位。专科检查：左膝屈曲 $<90°$，局部肿，无压痛，抽屉试验(－)，伸膝尚可，略内翻。处理：休一月。

患者因左膝关节变形，无法屈曲行走，至 B 院检查，以左胫骨平台陈旧性骨折住院，行左膝取内固定＋松解＋脱位纠正＋外固定支架术。

2. 医患交涉过程

患者经多方询问得知，因丧失了最佳的矫正时间，左膝已经无法恢复正常，以后可能须行膝关节融合术或膝关节置换术。与医院交涉无果，诉至法院。患者认为医院存在明显过错：

(1) 患者的左胫骨平台骨折属于胫骨髁骨折五或六型，根据诊疗常规，内固定术后如稳定性不够牢固，须加用外固定。医方未采取正确治疗方式。

(2) 在患者出院后数个月内，医方发现患者持续性左膝关节脱位，未采取任何措施，违反医疗卫生管理法律法规的规定。

(3) 医方违反告知规定，侵犯患者的知情权，丧失最佳治疗时机。

医方认为，医疗行为没有过错：

(1) 患者左膝伤势严重，必然会导致膝关节功能障碍。

(2) 医方采取手术方式及选用器材合理，目的是尽量使骨折复位，但无法保证功能的完全恢复。患者在医院术后膝关节功能恢复良好，左膝关节屈曲 $<90°$。

(3) 手术知情同意书也详细说明了手术可能产生的并发症,提到并发创伤性骨关节炎也会引起关节功能障碍等不适,患者认可签字。

为进一步查证,法院委托进行鉴定。专家分析意见认为:

(1) 患者属于高能量损伤造成的胫骨平台粉碎性骨折,有明确的手术指征,医方采用内固定手术方式选择恰当,急诊手术膝关节面改善,但骨折复位不完全,不符合胫骨平台骨折的治疗原则。

(2) 高能量损伤形成的严重胫骨平台粉碎性骨折,治疗上通常非常困难。患者左膝关节功能障碍,与受创伤严重性和关节面粉碎程度有直接的关系。患者目前的膝关节功能障碍主要与损伤有关,但医方复位不完全对膝关节功能的恢复亦有一定影响。

鉴定结论为:本病例属于三级戊等医疗损害,医方承担次要责任。

患者进行休息、营养、护理三期鉴定。体格检查为:患者拄拐跛行入检查室,左大腿前面经膝至左胫前区可见两处长度分别为 25.5 cm、19.0 cm 的纵行瘢痕,左膝部肿胀畸形,左膝关节僵硬,固定于屈 10°位,伸屈活动均不能,左踝关节背屈活动度为 5°,功能严重受损,跖骨活动尚可。鉴定为休息期限 15 个月,6 个月内可设陪护并适当补充营养。

3. 处置结果

法院最终认为,医疗机构及其医务人员在医疗活动中,必须严格遵守医疗卫生管理法律、行政法规、部门规章和诊疗护理规范、常规,恪守医疗服务职业道德,因过失造成患者人身损害的,应当承担相应的法律责任。本案中,鉴定认为,原告属于高能量损伤造成的胫骨平台粉碎性骨折,有明确的手术指征,被告采用内固定手术方式选择恰当,急诊手术膝关节面改善,但骨折复位不完全,不符合胫骨平台骨折的治疗原则,对原告膝关节功能恢复造成了一定的影响。据此认定原、被告双方的医疗争议构成三级戊等医疗损害。由此可见,被告在医疗活动中存在一定的医疗过失行为,而且该过失行为与原告目前的损害后果之间存在因果关系,因此,被告应当对其过失行为造成的损害后果承担相应的民事赔偿责任。同时,本院也注意到原告目前的状况与其自身原有损伤之间也有直接的联系。可以说,原告目前的损害后果是由被告的过失医疗行为与原告的原有损伤共同作用所造成的。据此,法院确定由被告对原告的损害后果承担 50%的赔偿责任,并保留原告日后主张后续治疗费及其他相关费用的诉讼权利。

双方服判,未再提出上诉。

三、分析点评

本例为一起胫骨平台骨折治疗失误的案例。诚如鉴定专家所言,高能量损伤造成的胫骨平台粉碎性骨折,治疗上通常很困难。如何控制此类风险?

1. 细致全面诊断

胫骨平台骨折根据骨折部位、移位程度可以有不同的分类方法。目前采用的主要是 Schatzker 分型,即六型。如图 36-1 所示:

本例患者根据术中描述"左胫骨髁间、平台、髁间隆突粉碎性骨折,膝关节脱位",应属于Ⅴ型,即双髁骨折,伴不同程度的关节面坍塌和移位,属于高能量损伤。本例医师术前缺乏对患者损伤程度的细致分析,只是笼统诊断为左胫骨平台粉碎性骨折,缺乏科学严谨精神。

2. 综合选择治疗方式

治疗方式有手术与保守疗法。医师应当根据患者个体差异、病情特点选择治疗方式。本例患者必须实施手术治疗。

3. 科学制定手术方案

无论保守还是手术治疗,目的均是尽力恢复一个稳定的、对线与运动良好以及无痛的膝关节,最大限度减少创伤后骨关节炎的发生率。术前要综合评估患者关节面坍塌和移位的区域,有条件的医院最好能建立 3D 模型,术前制定患者手术步骤,画出手术路径图,评估关节面解剖形态的恢复程度等核心

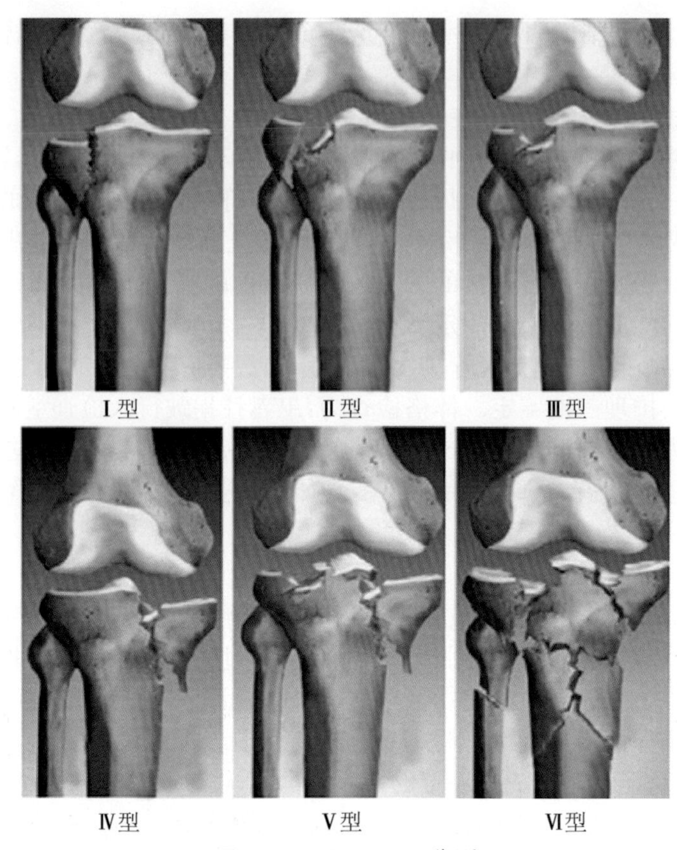

图 36－1 Schatzker 分型

问题，而非简单地一切依靠术中解决，有些问题术中是解决不了的。术前方案制订得越详细周全，术中把握程度也越高，对患者的保护力度也越大。有成就的医师，每个手术都像罗丹在雕塑，沉浸其中，乐此不疲。

4. 术中熟练使用相关设备

本例患者术中内固定后行C臂机摄片，当时只拍摄了正位片，据医师反映，当时受条件所限，无法拍摄侧位片，致使术中无法发现膝关节脱位。如何解决这个问题？首先，本例是切开复位内固定，手术可以尽量在直视下完成，较闭合复位内固定的条件有利得多。其次，关于C臂机摄片，与医师摆放患者体位、是否能熟练操作C臂机有关。第三，目前有医院已经有术中CT检查、术中MRI检查的条件，可以更好地协助医师解决术中检查的难题。

5. 严格依照手术规程

本例通过后期摄片发现，骨折复位不完全，说明手术未遵循手术规程。胫骨平台骨折手术的目的，第一是保证骨折愈合，第二是保留关节功能，第三是保留肌肉功能。本例患者骨折虽然愈合，但膝关节脱位，关节功能丧失，长期也将影响肌肉功能。所以，手术基本功是骨科医师必备能力之一。如果发现完成手术有难度，要及时寻求其他医师支持，每个医师都不可能是完人，更不可能是神，会解决所有问题。

6. 与患方正确沟通

本例患者属于严重胫骨平台骨折，治疗困难。医师在术前、术中、术后要分别沟通。

首先，术前应与患方详细说明病情、将采取的手术方式、内外固定方式、手术可能产生的风险、手术后的康复锻炼等情况，可能产生的预期，不能只是一个签字而已。

其次，术中在实施手术时，如果发现情况复杂，需要及时与患方沟通并签字，告知将采取的方案及可能发生的风险、预期。

再次，术后要与患方说明术中操作情况，术后家属需要观察注意事项，术后恢复方案等。本例患者在术后仍然有机会，可惜医方未正确面对与处置。

患者治疗康复离不开医患合作，所以，医师要视患方为合作者，尊重对方，最终也会获得患方对因医方原因导致预后不良的适度理解。

四、思考题

(1) 针对胫骨平台骨折患者，骨科住院医师应当如何针对个体特点制定医疗方案？

(2) 如果您是本例患者的住院医师，您将如何制定围手术期治疗方案。请尝试画一份手术图谱，根据膝关节模型有针对性地训练手术操作步骤，并评估不足，写出小结。

(3) 请您结合第一篇内容，设计一份针对胫骨平台骨折患者的住院医师法律能力与职业道德建设风险控制路径图。

五、相关法律链接

《医疗事故分级标准(试行)》

(五) 三级戊等医疗事故：器官部分缺损或畸形，有轻微功能障碍，无医疗依赖，生活能自理。例如造成患者下列情形之一的：

10. 一拇指指关节功能不全；
11. 双小腿肌力Ⅳ级(四级)，临床判定不能恢复。大、小便轻度失禁；
12. 手术后当时引起脊柱侧弯30°以上；
13. 手术后当时引起脊柱后凸成角(胸段大于60°，胸腰段大于30°，腰段大于20°以上)；
14. 原有脊柱、躯干或肢体畸形又严重加重。

案例 37　气囊止血带

一、关键词

气囊止血带　围手术期注意

二、案情简介

1. 诊治经过

患者，女，52岁，2月10日因"右侧膝关节疼痛半年"到院就诊，X线摄片提示右侧膝关节退变，MRI检查提示右膝外侧半月板损伤，右膝髌上囊积液。考虑右膝骨关节炎，建议入院行关节镜手术治疗。2月13日，患者入住骨科。入院时检查：患者右侧膝关节无畸形，外侧间隙压痛(+)，活动时伴摩擦感，膝关节研磨试验(-)，抽屉试验(-)，辅助检查提示右膝关节退变，右膝髌上囊积液。2月16日在硬膜外麻醉下施行右膝关节镜下清理术。术中见右膝关节软骨退化，滑膜增厚，外侧半月板前角损伤变性，行半月板成型及膝关节清理术。术后抗炎、消肿治疗。出院随访。术后，患者腰痛，右膝关节疼痛，活动不受限制。

3月13日，患者复诊。主诉：右膝关节肿胀疼痛，无活动受限。检查：右膝关节肿胀，压痛(+)。诊断：膝关节病，予以口服药止痛等对症处理，嘱膝关节制动休息，随访。3月19日，患者腰部疼痛1月，疼痛为持续性弯腰时较明显伴下肢麻木。再次复诊，检查：第5腰椎处压痛，下肢活动受限；CT腰椎退行性改变。诊断：腰椎间盘突出，嘱口服药、局部热敷、休息，随访。后，患者右下肢疼痛，腰痛无改变，出现肿胀麻木。

5 月 22 日 B 院检查：右足背屈肌力下降，趾屈肌力Ⅱ°，右膝、踝反射下降，右侧 L_5～S_2 针刺觉下降，右足肿胀。肌电图：右胫神经完全性损害，伴腓总神经远端轴索变性。9 月 22 日肌电图：右胫神经完全性损害，伴右腓浅神经轴索变性。与第一次检查比较，腓总神经损害较前次检查减轻。

2. 医患交涉过程

患者认为，自己术前除膝关节疼痛外，右侧下肢行走并无其他问题，然而手术以后却出现了无法行走的后果，这完全是因为医师在手术中损伤了自己的右膝关节神经，给自己带来了严重的后果，现在自己每日下肢疼痛无力，根本无法行走，需要依赖轮椅，而且右小腿越来越细，从此就是个残疾人。医方应该承担全部责任。故诉至法院。

医方认为，术前诊断明确，关节镜手术指征成立，手术本身不触及神经，术后患者出现右下肢胫神经损伤、腓总神经损伤的情况，应考虑为患者较消瘦，对止血带耐受性差，患者的神经损伤症状为止血带反应，是一种手术并发症。

针对这一专业问题，法院委托进行司法鉴定。鉴定检查发现患者右下肢膝关节肌力轻度减退 4 级，小腿肌肉萎缩，右踝关节肌力 0 级，右踝背屈跖屈均不能，右小腿、足背、足趾感觉缺失，右踝跟腱反射消失，表明右侧腓总神经、胫神经麻痹。

根据案情、病史资料、各方陈述意见，鉴定专家经过充分讨论认为：

（1）患者因右膝关节痛就诊，医方经检查诊断“右膝关节炎、右膝半月板损伤”诊断明确，患者右膝关节病变情况结合其临床症状，有关节镜检查及镜下处理指征。患者术后出现右下肢神经（胫神经与腓神经）损伤表现，右下肢麻、痛，行走不能（术前可以行走），经检查示右下肢胫腓神经支配区感觉障碍明显，右足背屈跖屈肌力 0 级，右跟腱反射消失，肌电图示胫、腓神经损害。

（2）患者右下肢目前情况与右膝关节镜手术有关，术中使用气囊止血带方式、时间与压力都符合规定，但患者术后出现神经麻痹，分析原因患者比较瘦弱，个体差异，神经耐受性较差，不能承受一般止血带压力及时间；医方对此个体情况未尽到注意义务，医方应承担部分责任（60%左右）。

鉴定结论：医方对患者右下肢功能障碍应承担部分责任（60%左右）。参照《道路交通事故受伤人员伤残评定（GB18667—2002）》第 4.7.1）f 项及附录 A7 项之规定，患者目前右下肢功能障碍属七级伤残。参照《人身损害受伤人员误工损失日评定准则（GA/T521—2004）》相关条款，并结合伤者损伤愈合情况，综合分析认为患者伤后可予以休息 10 个月，护理 5 个月，营养 5 个月。

3. 处置结果

本案最终经法院调解，双方达成调解协议，被告医方一次性赔偿原告患者 20 余万元。

三、分析点评

本例是一起术中使用气囊止血带注意不当而造成患者损害的案例。本案涉及气囊止血带的正确应用及术中注意义务。

1. 气囊止血带

骨科在四肢手术中常用气囊止血带，因为其能暂时阻断血流，创造一个无血、干净、解剖清晰的术野，不仅可以便利手术，而且可以缩短手术时间。气囊止血带作为骨科四肢手术的常用辅助器具，既有优点，也有缺点。应用气囊止血带后，止血带远侧肢体将受到缺血性损害，止血带下的局部组织将受到缺血和压力的双重损害，损伤肌肉、神经、血管等。所以，应用气囊止血带必须随时注意并检查肢体运动系统、神经系统，注意止血部位，止血带规格，肢体周径、局部组织厚薄、局部动脉收缩压，止血带压力值，止血带松紧度，止血带充气时间，止血带降压后情况及特殊处置等。手术室应该设计专门表格对止血带使用进行登记观察。而手术医师也应了解止血带的相关并发症，指导止血带的正确使用。

本例患者身高 155 cm，体重 40 kg，较为瘦弱。皮下脂肪偏少，止血带和神经组织之间缺少有效的缓冲带，正常压力对瘦弱患者就偏大，容易导致压迫并缺氧，而机械性压迫及神经缺氧是导致神经损伤的主要原因。所以，本例医疗操作存在失误。

2. 围手术期注意义务

术中注意内容包括患者情况、手术医师操作、护士操作等。注意义务的标准为诊疗常规、操作指南、操作规范等，但有时缺乏精细化操作标准，如骨科骨骼、肌肉、神经、脂肪、皮肤等形态和功能的前后测定、评估标准，需要医师根据临床经验不断揣摩。标准缺失、检查粗放也是导致本例损害的原因。若有相关量化表格，医师在记录的同时，也可指导护士予以相关注意。统一标准、精细化管理是未来医疗方向。

3. 本例医方承担 60%责任分析

本案是一起多因一果的纠纷。患者右下肢神经损害的原因有医方的原因，也有患者自身比较瘦弱，个体差异性强，神经耐受性较差，不能承受一般止血带压力及时间的原因。综合比较，如果医方正确及时观察注意，可以避免发生本例患者的神经损伤，所以医方承担 60%的责任，接近于主要责任。

4. 骨科医疗器械使用安全

骨科涉及的医疗器械是所有手术科室中最多的，涉及的分类、型号、规格之多，有时骨科医师也不能完全说清。所以，骨科医师务必熟悉掌握医疗器械使用的安全要求。

根据《医疗器械监督管理条例》：

医疗器械是指直接或者间接用于人体的仪器、设备、器具、体外诊断试剂及校准物、材料以及其他类似或者相关的物品，包括所需要的计算机软件；其效用主要通过物理等方式获得，不是通过药理学、免疫学或者代谢的方式获得，或者虽然有这些方式参与但是只起辅助作用；其目的是：

(1) 疾病的诊断、预防、监护、治疗或者缓解。

(2) 损伤的诊断、监护、治疗、缓解或者功能补偿。

(3) 生理结构或者生理过程的检验、替代、调节或者支持。

(4) 生命的支持或者维持。

(5) 妊娠控制。

(6) 通过对来自人体的样本进行检查，为医疗或者诊断目的提供信息。

医疗器械分为三类，管理要求不同。骨科医疗器械涉及一、二、三类。手术刀、剪、钳、气压止血带等属于一类器械，因风险程度低，常规管理即可，也就是执行消毒、检查规定可以确保安全有效。输液泵、止血泵等属于二类器械，具有中度风险，需要严格控制以确保安全有效。骨板、骨钉等内固定材料属于三类器械，具有较高风险，需要采取特别措施严格控制管理以保证其安全有效。

所以，针对一类器械，通常医护人员不会认为其有风险，注意力度不够，就会造成盲区，本例即属于此。但作为骨科医师，针对所有医疗器械，特别是与患者直接接触的医疗器械，务必了解其构造原理、操作原理、使用注意事项等，方能确保使用安全。在骨科领域，因器械使用不当是造成患者损害的原因之一，所以，医师要引起足够的重视。

四、思考题

(1) 针对气囊止血带，医师应当如何针对个体特点制定气囊止血方案?

(2) 如果您是本例患者的住院医师，您将如何制定围手术期气囊使用治疗方案?

(3) 请您结合第一篇内容，设计一份针对四肢骨折患者止血措施的住院医师法律能力与职业道德建设风险控制路径图。

五、相关法律链接

《道路交通事故受伤人员伤残评定》(GA35—1992)

4.7 Ⅶ级伤残

4.7.1 颅脑、脊髓及周围神经损伤致：

f. 单瘫(肌力 4 级)；

案例 38 手腕骨折不配合治疗

一、关键词

患者不配合诊疗 法律后果

二、案情简介

1. 诊治经过

患者，女，48 岁，有糖尿病、糖尿病视网膜病变、骨折疏松、心律失常、肾功能不全病史。10 年前有 T_{12} 压缩性骨折、腰椎压缩性骨质史。

3 月 28 日 3:50，因"手腕部骨折"至创伤科急诊，诉摔伤 30 min，予骨科会诊。骨科 4:35 会诊，检查：左腕肿胀，压痛(+)，活动受限。X 线：左桡骨远端骨折。诊断：左桡骨远端骨折。处理：①复位+石膏。②复片：掌倾角良好，轻度短缩。③三天后复诊。3 月 31 日复诊，左腕部石膏托固定中，处理：复片，随访。4 月 14 日复诊，处理：①拍 X 线片：有短缩成角畸形。②手术治疗(拒！)签字：*某某某(此处为患者名字)*。③更换石膏，再拍片：位置同前。④予接骨片口服；随访。

5 月 13 日至 B 院门诊。检查：目前石膏托固定，解除石膏托固定见左腕关节畸形，向桡侧歪斜，桡骨下端压痛，旋转功能受限。摄片复查示左桡骨下端骨折，骨折断端向掌侧移位。处理，接骨膏外敷，功能锻炼。现左腕肿胀，腕关节旋转受限，功能锻炼中。

2. 医患交涉过程

患者认为，自己在家属的陪同下到医院创伤骨科急诊，经拍片，确诊为左手桡骨远端骨折。骨科医师数分钟推拉复位即称已经复位，并给患者上石膏固定，然后又拍片，医师阅片后称没有完全复好，不过长长也许会好，让患者回家。3 月 31 日，患者复诊时，医师看片后说位子没有对好，患者要求重新复位，但医师拒绝，并约十天后来院更换石膏。4 月 7 日和 10 日，患者感左手手指麻木，手掌及手臂肿胀疼痛，要求医师认真处置病情，均被医师推辞。患者左手畸形，一直疼痛，功能几乎完全丧失。医师不负责任造成患者损害，应承担相应的法律责任。为此，患者诉至法院。

医方辩称，根据病历记载，4 月 14 日医师要求患者进行手术治疗，但是患者拒绝并签字。患者属于不稳定性骨折，最好的治疗方式是手术，而患者至 B 院拆除石膏后的治疗也未进行手术，只是理疗。说明患者自己耽误了治疗，所以，不同意赔偿。

为进一步查证，法院委托鉴定，经专家鉴定，分析意见认为：

(1) 医方对患者的诊断明确，左桡骨远端粉碎性骨折，移位，急诊采取闭合手法复位石膏外固定符合诊疗常规，复位后 X 线片复查对位对线尚可。

(2) 二周后门诊随访，医方已发现此骨折属不稳定性骨折，有继续移位倾向，建议手术治疗，但患者不考虑手术治疗并签字，加之此后患者近一个月时间未去医院随访，以致骨折发生再移位，导致左腕关节骨折畸形愈合及功能障碍之结果。

鉴定结论：患者与医院医疗争议不构成医疗损害。

3. 处置结果

法院审理认为，由于原告在诊疗过程中拒绝手术导致最终后果，属于患者不配合医疗机构进行符合诊疗规范的诊疗情形，被告已尽相关告知义务，医方不承担赔偿责任，最终判决驳回原告诉讼请求。

三、分析点评

本案是一起因患者不配合诊疗导致损害的纠纷，本案最终判定医方不承担赔偿责任，也就是医方无责。哪些情况下患者有损害，但医方无责呢？

1. 法律规定

《侵权责任法》第六十条规定：

“患者有损害，因下列情形之一的，医疗机构不承担赔偿责任：

（一）患者或者其近亲属不配合医疗机构进行符合诊疗规范的诊疗；

（二）医务人员在抢救生命垂危的患者等紧急情况下已经尽到合理诊疗义务；

（三）限于当时的医疗水平难以诊疗。

……”

当出现患方不配合治疗，医方已经尽到合理诊疗义务，医疗水平所限，则医方不承担赔偿责任。

2. 患方不配合诊疗的法律分析

在医疗行为中，患者有权利也有能力表达自己的观点和主张，可以接受或拒绝某项诊治方案，如果出现损害后果，医方是否承担法律责任，根据《侵权责任法》第六十条规定，还得具体问题具体分析。

(1) 患者不配合治疗，在哪种情况下医方不担责？只要医方无过错就不担责。本例中 4 月 14 日医师考虑患者左腕有短缩成角畸形，建议患者手术治疗，患者拒绝并签字，医师随后予以更换石膏及接骨片口服，并嘱患者随访。这种情形医方就不承担法律责任。因为证据已经充分证明了这两个事实，一患者不配合，二医方已经尽到了合理的诊疗义务，无过错，所以医方无责。

(2) 患者不配合治疗，在哪种情况下医方仍需担责？医方有过错。假设本例出现了这种情形，在 4 月 14 日患者拒绝手术后，医方未予其他治疗，则医方就有过错，仍应担责。

所以患方不配合治疗医方无责的前提是医方也无过错，医方的处理符合诊疗规范即可。

3. 如何证明患方不配合诊疗

要有证据。本案 4 月 14 日患者拒绝手术并有相关签字件，这就是证据，就有证明力。若患方拒绝治疗并拒绝签字，医师要在病历中记录：“患者拒绝治疗并拒绝签字”，并给予后续治疗方案与风险告知。

四、思考题

(1) 针对患者拒绝治疗的情况，您将如何与患者沟通并书写病历？

(2) 如果患者拒绝治疗，您是否可以就此结束？为什么？

(3) 您如何理解并掌握《侵权责任法》第六十条？请进行情景演练扮演不同角色，掌握相关沟通技巧。

五、相关法律链接

《侵权责任法》

第六十条　患者有损害，因下列情形之一的，医疗机构不承担赔偿责任：

（一）患者或者其近亲属不配合医疗机构进行符合诊疗规范的诊疗；

（二）医务人员在抢救生命垂危的患者等紧急情况下已经尽到合理诊疗义务；

（三）限于当时的医疗水平难以诊疗。

前款第一项情形中，医疗机构及其医务人员也有过错的，应当承担相应的赔偿责任。

总结

本章通过 8 个不同案例阐述了骨科住院医师需要掌握的基本法律能力与职业道德。骨科分科较多，本章受篇幅所限，不能涵盖所有分支，如未涉及手外、肿瘤、脊柱、矫形、康复等，也未能涉及器械跟台、感染等问题。虽然如此，以下几点注意事项可供大家共同参考：

(1) 科学评估骨科疾病，特别是骨科创伤急救的不同表现、特点和风险，正确处置。

(2) 认真制定治疗方案。

(3) 手术不是目的，只是手段。

(4) 针对每个患者详细制定围手术期方案。

(5) 科学理性评估并发症，及时采取有效措施处理并发症。

(6) 注意患者及家属的期望值，与患者及家属理性沟通、全面沟通、多角度沟通，特别注重术前沟通，术前沟通效果直接影响患者对术后并发症的理解和接受程度。

(7) 注意掌控多发伤患者的风险。

(8) 与手术相关科室和人员：麻醉科、急诊科、ICU、检验科、影像科、超声科、病理科、输血科医师建立合作团队，及时寻求其他科室医师支持，与骨科护士形成医护共同体。

(9) 培养循证医学的思维习惯与行为习惯。

(10) 培养规范书写病历、留存证据的习惯。

(11) 熟悉相关医疗器械，培养阅读说明书的使用习惯，搜索资料，掌握使用相关医疗器械的技术。

(12) 掌握三类医疗器械使用规定。

第十五章 妇产科法律能力与职业道德建设

妇产科学(Obstetrics and Gynecology)是研究女性特有的生理、病理变化以及生育调控的一门临床医学学科，由产科学与妇科学组成。产科学是研究女性在妊娠期、分娩期及产褥期全过程中孕产妇、胚胎及胎儿所发生的生理和病理变化，并对病理改变进行预防、诊断和处理的学科。妇科学是研究女性在非妊娠期生殖系统的生理和病理变化，并对病理改变进行预防、诊断和处理的学科。妇产科主要处置与普通妇科、妇科肿瘤、生殖内分泌、计划生育、妇女保健等相关疾病，以及围产医学处理。妇产科住院医师规范化培训期间必须熟悉妇科、产科、计划生育科及辅助生殖等亚专业各种常见病、多发病的发病机制、临床特点、诊断与鉴别诊断要点、治疗原则，了解妇产科少见和疑难病症的临床特点、诊断与鉴别诊断及治疗原则，完成妇产科常见小型手术，掌握危重患者的抢救原则。要求妇产科住院医师必须具备扎实的医学基本功，相应的手术能力，娴熟的法律处置能力，把医学伦理道德融入疾病诊治和与患者相处之中。

案例 39　输卵管切开取胚术

一、关键词

输卵管妊娠　替代医疗方案　围手术期管理

二、案情简介

1. 诊治经过

患者，女，28 岁，1 月 19 日 11:00，因“停经腹痛”入住妇产科。入院病史记载：

主诉：停经 48 天，不规则阴道流血 7 天，伴下腹痛 3 天。

现病史：患者平素月经规则，4 天/30 天，量中，无痛经。Lmp：12 月 4 日，量如常。1 月 12 日无明显诱因下阴道少量出血，咖啡色，到院门诊，查尿 HCG(+)，血 β-HCG>1 000 mIU/ml，B 超宫腔内未见孕囊。1 月 17 日阴道少量出血，伴轻微下腹痛，呈阵发性，来院。妇检：左附件区扪及 30 mm×30 mm 包块，压痛(±)；B 超提示子宫左侧旁见 32 mm×25 mm 大小包块。内见孕囊，胚芽 4 mm，见心管搏动，提示左输卵管妊娠。拟左输卵管妊娠收住院。

既往史：患者 5 年前人流一次，4 年前右输卵管切开取胚术，3 年前右输卵管妊娠经腹行右输卵管切除术，1 年前行宫腔镜输卵管通液术。

查体：T 37℃，P 80 次/min，呼吸 20 次/min，血压 120 mmHg/80 mmHg，腹软，腹部正中见一纵行 5 cm手术瘢痕。妇检：左侧附件增厚，压痛(+)。

诊断：左侧输卵管妊娠。

处理：急诊手术。1 月 19 日 15:40 全麻腹腔镜下行左侧输卵管切开取胚术+子宫肌瘤剥除术。术中见子宫常大，后壁下段见突起直径 2 cm，位于肌壁间。左侧输卵管壶腹部增粗、肿胀，扭曲呈团块状 4 cm×4 cm×3 cm 大小，紫蓝色，表面无破口，伞端见凝血块，右侧输卵管缺如，腹腔内积血及血块 200 ml。术中纵行切开输卵管壶腹部取出组织及血块，检查示绒毛样组织。送病理检查示：胎盘组织，子宫平滑肌瘤。术后用抗生素对症治疗治疗三天，体温正常。1 月 20 日复查血 β-HCG>1 000 mIU/ml，1 月 21 日复查血 β-HCG 11 211 mIU/ml(稀释)，1 月 22 日复查血 β-HCG>1 000 mIU/ml，1 月 24 日出院，医嘱：①门诊随访；②随访血 β-HCG。

2 月 10 日，患者首次门诊复查，B 超检查：盆腔内未见异常。嘱复查血 β-HCG，但医师不确定患者是否采血检查。2 月 12 日患者感下腹隐痛第二次门诊复查，检查血 β-HCG>1 000 mIU/ml，医师建议入院，并开具入院证，但患者拒绝入院并签字。

2 月 14 日，患者因腹痛至 B 院，B 超提示：左侧附件区见中低混合回声包块 60 mm×15 mm，界欠清，与子宫粘连，子宫后方见游离液性暗区 22 mm。诊断为左附件包块，左输卵管持续妊娠可能。当日行腹腔镜探查转开腹手术，术中见子宫正常，子宫后壁与乙状结肠致密粘连，左附件包裹成团，粘连于左侧盆壁，与肠管致密粘连，无法分清输卵管与卵巢。游离左输卵管，壶腹部增粗 5 cm×3 cm×3 cm，分离时破裂，管腔内见血块和坏死组织。行左输卵管切除术，并取子宫后壁坏死组织活检。术后予以检测血 β-HCG 了解有无绒毛种植，予以 MTX(甲氨蝶呤)50 mg 肌注。术后随访血 β-HCG 进行性下降，尿 HCG 转阴。2 月 18 日病理诊断：左输卵管妊娠，子宫后壁为凝血块，肠壁赘生物为变性坏死组织。2 月 20 日，B 超双下肢动脉血管内膜光滑，血流通畅，未见明显斑块。2 月 24 日出院，出院诊断：左侧输卵管持续妊娠，盆腔粘连。

2. 医患交涉过程

患者认为两次手术痛苦是因医方行为不足造成，所以起诉至法院。具体理由为：

(1) 未向妊娠囊内注入甲氨蝶呤 50 mg 或进行肌肉注射甲氨蝶呤 50 mg。

(2) 在手术后第四天血 β-HCG 还在 1 000 mIU/ml 的水平，医方没有采取任何补救措施，具有原则性过失。

(3) 医方没有履行全面告知、如实告知义务。出院小结“出院后用药及建议”部分应该注明：几日内随访血 β-HCG 并至阴性。“治疗结果”应该注明治愈还是未愈，等等。

以上过失与患者发生持续性妊娠及最终开腹左输卵管切除术和腹腔粘连分解术产生的危害结果存在因果关系。

医方认为，医疗行为不存在过错，具体理由为：

(1) 患者客观存在左输卵管妊娠并强烈要求保留生育功能，医方在这种情况下采取保留左侧输卵管的手术是无奈的。

(2) 医师已经在术前反复向患者告知保留输卵管的治疗风险，特别提及有可能出现持续性宫外孕，术后有出血、绒毛残留等可能，需要药物治疗或者再次手术。出院时医师一再告知患者“出院一周必须随访”，但是患者未按照医嘱及时复诊。在 2 月 10 日至 2 月 14 日之间，延误病情，最终丧失了保留输卵管的机会。

(3) 医方及时采取了预防措施：术中仔细操作；术后及时监控血 β-HCG，即术后 72 h 血 β-HCG 要下降 20%，术后 12 天血 β-HCG 要转阴。患者于术后第三天测血 β-HCG 11 211 mIU/ml(稀释)，与术前比较下降 50%，出院第 16 天 B 超：盆腔未见异常，监测血 β-HCG，但是患者当天未做，也未告诉门诊医师。

为进一步查明事实，法院委托进行专家鉴定，首次鉴定分析意见认为：

(1) 患者因停经、阴道出血、下腹痛等主诉,到院就诊,1 月 19 日诊断为左输卵管妊娠,急诊入院。因考虑患者没有生育过,而在腹腔镜下行左输卵管保守性手术,医方的诊治过程符合常规。

(2) 腹腔镜下输卵管妊娠切开取胚术中局部注射 MTX,应该根据患者术中具体情况而定,该患者术中没有注射 MTX 并无不当。

(3) 患者因持续性宫外孕而于 2 月 14 日再次手术切除了左侧输卵管,这是患者自身疾病发展所致,与医方的医疗行为不存在因果关系。

(4) 医方在处理患者的疾病过程中存有缺陷:对持续性宫外孕的认识不足,在术后患者血 β - HCG 高达 11 211 mIU/ml 时,让患者出院;在 2 月 10 日的门诊记录中没有持续性宫外孕的诊断。

鉴定结论:本病例不属于医疗损害。

患者不服,申请再次鉴定,专家鉴定分析意见认为:

(1) 1 月 19 日患者因左侧输卵管妊娠接受腹腔镜下保守性手术治疗符合诊治原则。

(2) 患者术后三日血 β - HCG 仍大于 1 000 mIU/ml,1 月 24 日医方给予患者出院,嘱患者出院一周随访。但时值假期,医方未适时安排复诊计划,致使患者未能达到复诊目的。医方对患者的随访计划存在不够重视及对患者可能会发生的情况沟通不够详尽。

2 月 10 日复诊(术后 21 天)时,由当事人向鉴定会的专家所提供的血 β - HCG 8 379 mIU/ml 及门诊诊断为“月经期?”的资料,医方对持续性的宫外孕认识不足,使患者失去可能继续保存输卵管的机会,以致医方的诊疗行为与患者再次手术切除输卵管之间存在一定的因果关系。

(3) 根据送鉴材料及鉴定会现场询问,患者既往有流产、多次宫外孕病史。此次发生持续性宫外孕是左侧输卵管切除的主要原因。

结论:双方争议构成三级丁等医疗事故,医方承担轻微责任。

3. 处置结果

法院认为,公民享有生命健康权,由于过错侵害他人生命健康权的,应当承担民事责任。法院认为被告医院的行为构成侵权,应承担 20%的赔偿责任。法院据此判决被告医方赔偿原告患者共计人民币 7 万余元。

三、分析点评

本例是一起输卵管妊娠处置不当的案例。随着女性流产率的增加,输卵管妊娠的发生率不断增加,再次发生率更是呈高发趋势。如何处理此类患者,是临床困惑之一。那怎么办呢?

1. 正确诊断

输卵管妊娠占异位妊娠的 95%左右,是妇产科常见急腹症。典型症状为停经后腹痛与阴道流血,妇科检查宫颈举痛、附件包块,血 β - HCG 增高,B 超未见宫内妊娠囊,有附件包块等。详细询问病史、妇科检查、相关辅助检查等是确保诊断正确的必要措施。

2. 替代方案告知

《侵权责任法》第五十五条规定:

“医务人员在诊疗活动中应当向患者说明病情和医疗措施。需要实施手术、特殊检查、特殊治疗的,医务人员应当及时向患者说明医疗风险、替代医疗方案等情况,并取得其书面同意;不宜向患者说明的,应当向患者的近亲属说明,并取得其书面同意。

医务人员未尽到前款义务的,造成患者损害的,医疗机构应当承担赔偿责任。”

对法条进行释义,就是当需要对患者实施手术、特殊检查、特殊治疗时,医师应当告知患者医疗风险及替代方案等情况。针对妇产科而言,就是在对患者实施腹腔镜或开腹手术、剖宫产、刮宫术、取环术、后穹窿穿刺、输卵管造影、宫腔镜检查等时,医师应当告知患者相关医疗风险,根据需要告知替代医疗方案。所谓替代医疗方式,是指某种情况下可以选择、可以替代的医疗方案,如保守或非保守,手术方式选择,治疗方式选择等。

根据输卵管妊娠临床路径，手术方式为行腹腔镜下或开腹输卵管切除术或输卵管切开取胚术。一般而言，患者会选择输卵管切除术，但是有强烈生育要求的女性，则会选择输卵管切开取胚术以保留生育功能。本例患者左输卵管妊娠就诊，之前右侧输卵管已被切除，无孩子，有强烈保留左侧输卵管的要求，医师在此情况下，予以行左输卵管切开取胚术，既是基于临床路径，也是基于患者的要求，同时也尊重了患者的知情同意权。

3. 严格围手术期管理

围手术期管理分为术前、术中、术后。本例主要涉及术后管理，即术后注意、告知与处理。

关于术后注意：本例患者术后血 β-HCG 偏高，虽有下降，但仍属异常。虽然术中取出绒毛样胎盘组织，但不能排除残存绒毛组织继续生长致输卵管破裂出血的可能，所以需要继续进行评估，进行病因鉴别，采取对症治疗措施，必要时甚至需要再次手术。

关于术后告知：针对患者术后持续异常表现，医师必须与患者进行详细沟通，特别是进行病因分析的详细沟通，以使患者了解自身病情进展，掌握治疗阶段，最终若再次手术，接受治疗结果。本例患者特殊性在于，若患者左侧输卵管切除，则其生育能力遭受强烈打击，所以，需要医师不断与患者进行沟通。若通过这些方式，患者最终仍然需要再次手术切除左侧输卵管，则医方没有过错，也无须承担法律责任。

4. 本例医师的困惑分析

判决后，手术医师非常委屈，因为若无当时患者的恳求，医师不会对其行切开取胚术，会倾向于输卵管切除术。当时目的就是尽量保留患者的生育功能，救死扶伤，但最后却被患者起诉，医方败诉，无法理解，无法接受。这种情况在妇产科并不罕见，也就是出于好心最后却不得“好报”，反映医师还未充分认识现代法治社会。法治社会追求规则，若有规则约束，则必须符合规则，在规则无法触及的领域，由道德约束。本例医师出于好心为患者选择保留生育功能的输卵管切开取胚术，也是有法律支持即诊疗常规、临床路径支持的，若医师选择临床路径之外的其他手术方式，则需经医院伦理审查并严格签署知情同意书方可实施，一般情况下不得超越法律法规。

而本例医师承担责任则是由于术后的处理不当，没有充分注意患者的病情，没有做好术后管理，特别是告知与注意义务，以致未及时发现、处理持续性宫外孕。所以，在这点上，医师并不“委屈”。术前处置正确并不意味着术中、术后处置一定正确，医师的行为切忌缺乏理性思维、循证思维，以免“为山九仞，功亏一篑”，须全过程管理规范。在涉及器官不可逆损害时，医师应给予患者全面资料客观评估，使患者理性选择治疗方案，接受治疗后果。所以，医师的行为需要适度中立与保守。

四、思考题

（1）针对输卵管妊娠患者，妇产科住院医师应当如何识别病情，根据诊疗常规制定医疗方案？

（2）如果您是本例患者的住院医师，您将如何制定围手术期管理方案。请制定分阶段管理方案。

（3）请您结合第一篇内容，设计一份针对输卵管妊娠患者的住院医师法律能力与职业道德建设风险控制路径图。

五、相关法律链接

1. 输卵管妊娠临床路径(2009 年版)

（一）适用对象

第一诊断为输卵管妊娠(ICD-10:O00.101)

行腹腔镜下或开腹输卵管切除术或输卵管切开取胚术(ICD-9-CM-3:66.6201/66.6202/66.0101/66.0102/66.0201/66.0202)

（二）诊断依据

根据《临床诊疗指南-妇产科学分册》(中华医学会编著，人民卫生出版社)

(1) 症状：停经后腹痛、阴道流血。

(2) 妇科检查：宫颈举痛、附件包块。

(3) 辅助检查：尿 hCG 阳性或血 hCG 值升高，超声提示。

(三) 治疗方案的选择

根据《临床诊疗指南-妇产科学分册》(中华医学会编著，人民卫生出版社)

(1) 一般支持治疗：输液、输血(必要时)。

(2) 手术方式：输卵管切除术或输卵管切开取胚术。

(3) 手术途径：经腹腔镜或开腹。

2. 《医疗事故分级标准(试行)》

(四) 三级丁等医疗事故：器官部分缺损或畸形，有轻度功能障碍，无医疗依赖，生活能自理。例如造成患者下列情形之一的：

13. 一侧卵巢缺失，一侧输卵管缺失；

……

案例 40　盆腔包块

一、关键词

感染源　感染途径　病情评估

二、案情简介

1. 诊治经过

11 月 5 日，患者，女，48 岁，因“腹痛发热”急诊入住妇产科。住院病案记载：

主诉：下腹痛 3 天，加剧伴发热 1 天。

现病史：患者 3 天前无明显诱因下出现下腹痛症状，呈阵发性坠胀感，能忍受。现腹痛加剧，肛门坠胀感，伴发热，阴道分泌物呈脓性。平素月经规则，末次月经 9 月 29 日。

既往史：无痛经史，无避孕措施。

体检：体温 38.4℃。妇科检查：阴道　畅，后穹窿无触痛，分泌物量多，呈脓性，臭味不明显；宫颈光，口闭，质软，举痛(＋)；宫体　前位，略大，质地中等，活动可，压痛(＋)；附件　双侧增厚，压痛明显。

血常规：白细胞计数 15.3×10^9/L，中性粒细胞百分比 88%。B 超：子宫 48 mm×50 mm×46 mm，宫体形态规则，前壁回声不均匀，左卵巢 40 mm×40 mm×31 mm，贴宫体，右卵巢 36 mm×32 mm×33 mm，贴宫体，子宫后凹未见积液。提示：左卵巢不均质增大，子宫腺肌病可能。白带常规：脓细胞(＋＋＋)，BV 阳性。

入院诊断：①腹痛待查：盆腔炎可能；②子宫腺肌病可能；③细菌性阴道病。予静脉点滴抗感染；甲硝唑栓阴道塞药，支持等治疗。

11 月 8 日，患者感下腹坠胀痛，下腹轻压痛。11 月 9 日，患者有阴道出血，似月经来潮，仍感下腹坠胀痛。当晚体温 38.5℃，自觉头痛、咽痛不适，加用抗病毒药物补液治疗。11 月 10 日，复查 B 超提示：子宫 54 mm×55 mm×54 mm，宫颈长 29 mm，宫体形态不规则，回声不均匀，宫内膜厚 6 mm，子宫前壁肌间见回声紊乱区 21 mm×20 mm×21 mm，其内见点状血流，后壁回声不均匀，子宫左侧见不均质偏强回声 50 mm×39 mm×51 mm，未见血流信号；宫体右侧见不均质偏强回声 42 mm×42 mm×41 mm，未见血流信号。提示：宫体双侧不均质偏强回声待查，子宫腺肌病。11 月 11 日，医师查房时考虑患者炎性包块可能，补液抗感染效果不明显，建议行腹腔镜诊治术。患者协商同意后反悔，要求继续抗炎保守治疗。11 月 12 日，患者阴道出血基本干净。11 月 15 日，复查 B 超提示：子宫前位，厚 53 mm，长 60 mm，宽 56 mm，宫颈长 32 mm；宫体形态不规则，回声分布不均匀，宫内膜厚 12 mm，子宫前壁间见回声紊乱区 27 mm×29 mm×30 mm，内见点状血流信号，宫体左侧见分房弱回声 42 mm×71 mm×70 mm，右侧见分房弱回声 65 mm×56 mm×65 mm，子宫后窝积液 19 mm。提示：①子宫腺肌症；②双侧卵巢内膜样囊肿？③盆腔积液。11 月 25 日再次复查 B 超，包块增大。患者及家属商量后选择腹腔镜诊治术并签字。

11 月 26 日在全麻下行腹腔镜诊治术。术中见：子宫略大，形态饱满，表面未见明显突起，子宫后凹封闭，子宫后壁与肠管片状致密粘连，双侧输卵管炎性水肿、僵硬、伞端未见，与同侧卵巢粘连包裹。左卵巢结构显示不清，右卵巢约 3 mm×4 mm，分解粘连时均流出黄色稠厚脓液。遂行盆腔脓肿引流＋盆腔粘连分解＋双侧输卵管切除术。术中出血 100 ml，术后予以抗感染、止血、补液治疗。11 月 27 日起腹腔引流管予灭滴灵液 200 ml 每日盆腔冲洗。术后患者无腹痛腹胀主诉，无阴道出血。病理诊断报告：左、右输卵管慢性炎。复查血常规：白细胞计数 11.9×10^9/L，中性粒细胞百分比 79.9%，淋巴细胞百分比 10.9%。12 月 3 日出院，出院诊断：①盆腔炎、盆腔脓肿；②子宫腺肌病；③细菌性阴道病、阴道炎；④双侧输卵管慢性炎；⑤生殖道支原体感染。出院医嘱：①1 月内禁同房，盆浴；②1 月后妇科门诊随访，如有腹痛或阴道出血即诊；③注意休息，子宫腺肌病定期随访；④3 月后复查 UU(解脲支原体)。

出院后半月患者出现下腹痛，呈持续性。外院检查提示：子宫肌腺症；左卵巢旁混合性包块(炎性可能)；右卵巢旁轻度包裹性积液。

2. 医患交涉过程

患者认为被错误切除了双侧输卵管造成卵巢与子宫粘连，导致术后下腹痛，严重尿频，现在还需要行全子宫、卵巢切除术，说明医师不应该行腹腔镜手术而应当保守治疗。为此，患者到医院理论，长期不满，医患双方均疲惫不堪。后患者起诉至法院，并要求保留后续治疗费的诉请。

医方认为诊疗行为符合法律法规及诊疗常规。患者出院后反复腹痛与自身疾病盆腔炎有关，属于患者自身病情、体质造成的不良后果，与医疗行为无因果关系。因此不同意赔偿。

法院委托进行鉴定，专家鉴定分析意见认为：

(1) 患者入院时有下腹痛伴肛门坠胀感，B 超提示盆腔包块伴积液，腹腔镜探查时见双侧卵巢有黄色稠厚脓液，故医方的盆腔炎诊断正确，腹腔镜诊治有手术指征。

(2) 依据送鉴的病历资料，患者阴道分泌物检查有支原体阳性反应，盆腔炎症为上行性感染所致，故切除双侧输卵管有手术指征。

(3) 患者的腹部疼痛与盆腔内浆膜、脏器(子宫肌层、卵巢)，腹膜后结缔组织炎症有关，系由自身急性盆腔炎逐渐转变而来，同时累及尿路周围组织，导致产生尿路刺激症状，与医方的手术医疗行为没有因果关系。

(4) 医方对患者盆腔炎预后及转归告知不够详尽，存在一定的不足。对此类盆腔炎疾患，必要时可行全子宫＋双侧卵巢切除，方能达到较为理想的临床效果。

鉴定结论：本病例不属于医疗损害。

患者对此鉴定结论不服，认为专家未明确这三个问题：①医院未对子宫病灶切除，也属于医疗过错，为何鉴定报告未明确？②专家曾问医院是否做细菌培养，医院无法找出培养结果，也属于医疗过错，为何鉴定报告未提及？③其他医院认为患者下腹两侧疼痛，与术后卵巢粘连有关，为何鉴定报告未提及。要求专家到庭接受质证。经法院发函，专家就患者提及的问题提供补充意见：

(1) 患者的盆腔炎是上行性感染，即病原菌由外至内，由阴道上升至盆腔，所累及的器官组织包括生殖道各脏器(输卵管、卵巢、子宫)，盆腔的壁层及脏层浆膜，以及腹膜后的蜂窝组织。

(2) 盆腔炎有脓肿形成且保守疗法失败，应该做全子宫及双侧附件(卵巢＋输卵管)切除，但应考虑患者的年龄及技术能力本身，若无法切除腹膜后蜂窝组织，术后仍可存在腹痛及盆腔痛。

(3) 理论上每一个感染患者，在抗生素治疗前即应该做一系列细菌培养，包括厌氧菌培养，而临床现实情况是细菌培养均在开始应用抗生素以后，而且厌氧菌培养受医院条件所限。

(4) 浆膜面炎症引起的盆腔粘连无法避免，以及腹膜后蜂窝组织炎症，常引起长期性的盆腔、腹部疼痛或不适感，需要较长时间的治疗。

3. 处置结果

法院认为，公民的生命健康权受法律保护，公民、法人由于过错侵害他人人身的应当承担民事责任。尽管鉴定报告原、被告之间的争议未构成医疗损害，但由于被告对原告盆腔炎预后及转归告知不够详尽，存在一定的过错，故应酌情赔偿由此造成的医疗费、误工费、住院伙食补助费、护理费、精神损害抚慰金等费用。因原告目前的病情与被告的医疗行为没有因果关系，故原告要求被告赔偿残疾赔偿金、后续治疗费及治疗原发病的医疗费的请求，于法无据，法院难以支持。最终，法院判决被告赔偿原告各项损失共计人民币 2 万元。

原告不服上诉，经二审法院调解，最终双方达成协议，患者服判。

三、分析点评

本例是一起盆腔包块、盆腔炎治疗争议的案例。盆腔炎性疾病是常见的女性上生殖道感染性疾病，若未能得到及时彻底治疗，可导致不孕、输卵管妊娠、慢性盆腔痛，炎症反复发作，从而严重影响女性生殖健康，甚至引发女性心理疾病、家庭危机。所以，盆腔炎是妇科不属于疑难杂症的“疑难杂症”，因盆腔炎治疗引发的纠纷常常拖延不决，旷日持久，不仅患者难以解脱，医方也受波及影响日常工作。所以，针对盆腔炎性疾病患者，医师必须全面、谨慎、细致对待。

1. 全面评估病情

由于盆腔炎病情复杂，后遗症多，所以医师在诊治各环节要全面、细致、科学。

1) 尽可能明确病原体与感染途径

盆腔炎的病原体有外源性及内源性两个来源，不同的病原体表现有同有异，治疗方式有一定的差别。外源性病原体主要为性传播疾病的病原体，如沙眼衣原体、淋病奈瑟菌、支原体等。内源性病原体来自于原寄居于阴道内的微生物群，包括需氧菌及厌氧菌。本例患者阴道分泌物检查有支原体阳性反应，考虑盆腔炎病原体为外源性感染。虽然本例患者入院后病情演变为盆腔脓肿，70%～80%的盆腔脓肿可以培养出厌氧菌，但是就如专家所言，一是患者已经使用抗生素，二是厌氧菌培养受条件所限，本例虽然没有培养厌氧菌，但是不影响治疗。然而，作为临床医师，要尽可能对盆腔炎、盆腔脓肿患者进行细菌培养，以获得足够的循证依据、实证依据。

盆腔炎的感染途径有沿生殖道黏膜上行蔓延、经淋巴系统蔓延、经血循环传播和直接蔓延 4 种途径，不同感染途径临床表现有一定的差异性，处置方式也有一定的不同。本例患者的临床表现考虑为由外至内，由阴道上升至盆腔的上行性感染，所以手术方式以切除双侧输卵管为主，是切断感染途径的正确治疗方式。

2) 尽可能明确受累组织、脏器

因为盆腔炎、盆腔脓肿感染源、感染途径不同，病变累及的组织器官也有差异，其病理表现也有差异性，虽然有时差异极小，但是医师仍然要尽可能地通过询问病史，特别是性生活史、手术史、卫生习惯史，详细体格检查，全面辅助检查，有时医师需要与超声医师共同检查，查看图片及动态表现，后穹窿穿刺或其他有针对性的穿刺检查等，查明病因、病变组织、病变器官、病变范围，才能制定详细的治疗方案。

2. 全面评估治疗方案

盆腔炎患者，根据其临床表现、临床症状，可以选择门诊、住院治疗等。住院治疗包括支持疗法、抗生素治疗、手术治疗等。而其中手术治疗对患者影响最大，所以需要进行全面评估。如本例患者，就要全面评估子宫、输卵管、卵巢、周围组织脏器的病理情况，究竟采取哪种手术方式，切除范围多少，是否需要辅助方法等。必要时可以启动疑难病例讨论制度，全科或全院会诊，以集思广益，减少术后并发症，减轻患者后遗症。

3. 与患者细致科学沟通

盆腔炎、盆腔脓肿患者术前期望值高，术后后遗症多，所以，往往会对医疗行为不满。医师要特别重视与此类手术患者的沟通。具体包含以下几方面：

1）选择可理解的沟通方式

建议采用图片、文字形式综合告知。如，绘制女性生殖系统图(见图 40－1)：

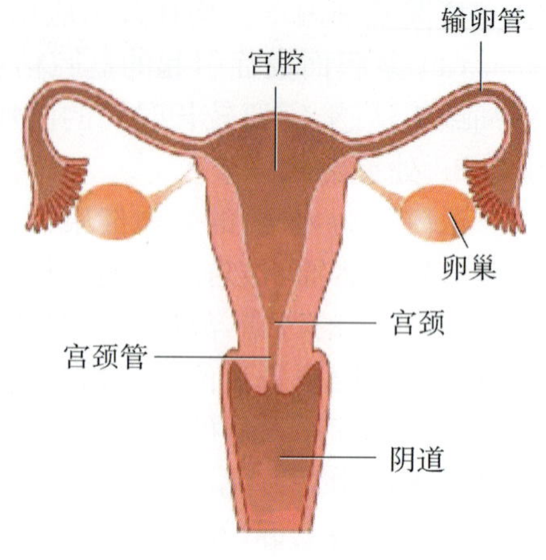

图 40－1 女性生殖系统图

以图为例，告知患者盆腔炎的感染源、途径、病理、病情演变、治疗方式、疾病转归、手术范围、手术方式、可能发生的并发症、后遗症，等等。可以使患者直观理解疾病，了解医疗方案，正确面对疾病，接受治疗效果与后果。文字为理性沟通，图片、影像资料、影视资料为感性沟通，两者结合，沟通效果会产生几何级数的飞跃。

2）全面告知手术方式

手术是不可逆的治疗方式，一旦切除组织、器官，不可再生。所以，医师要与患者全面沟通。术前遵循全面告知替代医疗方案的原则。如，可以向本例患者告知：①剖腹探查＋双侧输卵管切除＋引流术；②剖腹探查＋双侧输卵管切除＋子宫/次全子宫切除＋引流术；③剖腹探查＋双侧输卵管切除＋子宫/次全子宫切除＋双侧卵巢切除＋引流术；④其他。这种告知方式属于全面告知，具有证据效力。当然，具体手术进行过程中，医师仍然要尊重患者知情同意权，建议手术医师术中请家属观看并再签字，以规避风险。

3）客观告知各种治疗方式可能结果

以本例患者为例，医师在保守治疗无效的情况下，决定对患者进行腹腔镜手术，这时需要结合病史及手术方式，全面告知患者可能的结果、后期表现，以及以后需要采取的治疗方式。在这点上，以坦诚、客观、科学为原则，无须缩小风险，也无须夸大风险，因为大家都在寻求问题解决的道路上，手术仅是治疗手段，不是治疗目的，也不是终结者，不可能解决所有问题。这个理念，医师必须时刻与患者交流并沟通，并能说服患者。

4. 关注患者后期治疗方案

盆腔炎、盆腔脓肿患者后遗症多，所以医疗方案要延伸至患者出院。医师要以“见彼苦恼，若己有之”的感同身受之心，关怀患者。医师在力所能及的范围内，应该给予患者尽可能多、尽可能细致全面的出院医嘱，如出院后治疗方案、康复方案，性伴侣治疗，出院后心理治疗等，减少患者负面情绪，积极面对人生，正确治疗。

比较案例 39，为什么案例 39 建议医师与患者要保持中立趋于保守，而本案例又提出医师要关怀体贴患者，这并不矛盾，因为两者情况不同。在法律有明确规定的情况下，医师的行为必须遵循法律法规、诊疗常规，在法律没有规定的情况下，医师要遵守伦理道德，尽可能用专业知识和能力帮助患者。案例 39 因为全过程有诊疗规范，医师未遵守，一味以保留输卵管为目的，忽视其他风险，这样的“爱”是“无原则之爱”。而本案例是因为现有医学科学技术条件有限，有些疾病无法治愈，病情却很痛苦，就需要医师要尽可能帮助患者，提出专业意见，这个意见是需要有仁爱之心的，因为没有标准去衡量究竟怎样做才是最好的，完全出于医师的爱心，这样的“爱”就是大爱。

四、思考题

(1) 针对盆腔炎、盆腔脓肿患者，妇产科住院医师应当如何评估病因、病理、病情，识别风险，根据诊疗常规制定医疗方案？

(2) 如果您是本例患者的住院医师，您将如何制定围手术期管理方案。请制定分阶段管理控制方案。

(3) 请您结合第一篇内容，设计一份针对盆腔炎、盆腔脓肿患者的住院医师法律能力与职业道德建设风险控制路径图。

五、相关法律链接

《侵权责任法》

第五十五条 医务人员在诊疗活动中应当向患者说明病情和医疗措施。需要实施手术、特殊检查、特殊治疗的，医务人员应当及时向患者说明医疗风险、替代医疗方案等情况，并取得其书面同意；不宜向患者说明的，应当向患者的近亲属说明，并取得其书面同意。

医务人员未尽到前款义务的，造成患者损害的，医疗机构应当承担赔偿责任。

案例 41 胎残

一、关键词

胎盘残留 主要责任

二、案情简介

1. 诊治经过

患者，女，30 岁，10 年前患系统性红斑狼疮。1 年前孕 3 月余因不良妊娠曾行钳刮术。

6 月 7 日，患者因“停经 35 天”至妇产科门诊检查，尿妊娠试验(+)。7 月 2 日彩超检查：宫腔内见胚囊 18 mm×18 mm×27 mm，未见原始心管搏动。提示：宫内妊娠(约 7W1D)，建议复查。

7 月 14 日，患者因“下腹阵发性疼痛，伴阴道出血”到妇产科检查，超声诊断：早孕未见胎心搏动，随访。检查：会阴垫上见鲜血迹。考虑已有胚胎发育不良，患者要求终止妊娠。当日行刮宫术，术中刮出组织约 20 g，见绒毛样组织，未见胚胎。7 月 16 日，患者发热，阴道少许流血，到妇产科门诊，检查：体温 40℃，下腹部无压痛，无反跳痛，予以抗感染治疗。7 月 19 日，患者阴道出血量略多，伴腹胀再次复诊，超声诊断：宫内少量积血，双卵巢未见异常，处理予立止血 1 ml 静推。

7 月 28 日(术后 14 天)，患者因持续不规则阴道流血伴腹胀入住 B 院，B 超诊断：后穹窿积液。即行清宫术，术中刮出物 20 g，似胎盘组织，出血少。病理检查诊断：宫腔变性胎盘组织。7 月 30 日出院，出院诊断：人流不全，胎盘残留。

2. 医患交涉过程

患者认为，自己 10 年前确诊患有 SLE(系统性红斑狼疮)，所以每次就诊均十分小心。医方在本次处理中存在明显过错，未注意患者的具体情况。主要表现为：

(1) 术前违反注意义务。经治医师未考虑患者原有病情、是否有手术禁忌证，诊断不明确，就仓促手术，导致手术失败。

(2) 手术违反操作常规，患者妊娠 10 周，应选择吸引术及钳刮术，而医师施行的是清宫术，造成患者术后 14 天在 B 院手术后才治愈。

(3) 术后处理违反诊疗常规，术后患者高热出血，医方未进行针对性检查和病因鉴别，只是予以一般抗感染和止血治疗，直接造成患者损害后果。

医方认为，对患者术前、术中、术后医疗处理并无不当，部分胎盘残留致再次清宫。对稽留性难免流产在医学上也不允许勉强追求一次性清宫彻底而造成子宫穿孔、出血并发症，故不同意承担责任。

法院受理后，委托进行鉴定。专家鉴定分析意见认为：

(1) 患者停经 60 天，B 超示：宫腔内见胚囊 18 mm×18 mm×27 mm，未见原始心管搏动，因阵发性腹痛伴阴道流血就诊。医方考虑为胚胎发育异常，予清宫术有手术指征。

(2) 因患者伴有高危手术因素（患 SLE 10 年），术前医方未尽注意告知。术后并发高热及阴道流血，医方未及时正确处理，以至 14 天后在他院行二次刮宫，术后病理报告为“变性胎盘组织”，清宫不全诊断成立。

鉴定结论：本病例属于四级医疗损害，医方承担主要责任。

3. 处置结果

法院认为，原告作为患者至被告处就诊治疗，被告作为医方应按照诊疗常规积极妥善地为患者进行治疗，并尽力为患者提供良好的就医环境和医疗服务。现因被告对原告术前未尽注意义务，术后又未及时正确处理，存有过错，法院确认被告按 80%的比例承担赔偿责任。最终判令被告赔偿原告各项损失共计人民币 2 万余元。

三、分析点评

本案是一起流产后医方对胎盘残留处置不当导致患者损害的案例。胎盘残留是人流并发症之一，有时难以避免，若人流后胎残都要承担责任，医师难以接受。实际情况是这样吗？不尽然，需要具体问题具体分析。

1. 流产后胎盘残留的正确处理方式

胎盘残留是指流产或引产后有部分胎盘样组织残留宫腔，胎残是流产或人流术不可避免的并发症，其病理发生原因具有客观性。虽然如此，医方对胎残必须有正确的处理方式。根据诊疗常规，一旦发现胎残，医方应当采用刮宫术清除宫腔内残留物，并给予抗生素预防感染。若患者拒绝，则需签字，告知后续注意事项。具体流程如图 41－1 所示。

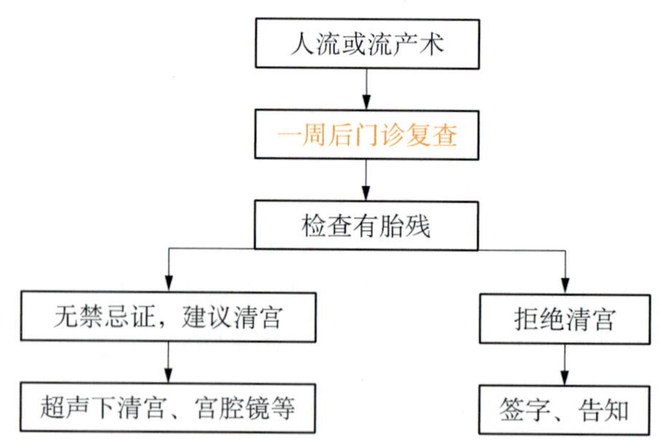

图 41－1 人工流产手术流程

胎残后清宫务必清除宫腔内残留物，以超声下清宫或宫腔镜方式为主。如果这次清宫仍残留胎残，则难以规避法律责任。

本例患者 7 月 19 日复诊，系术后 5 天，医师未考虑患者 SLE 病史，未进行病因鉴别以正确处置，此后未再嘱患者复查 B 超以明确病因，最终仍因胎残由他院处理。因此医方治疗原则失误，原因是医师缺乏循证医学的能力。

2. 医方为什么承担主要责任？

造成本例患者胎残的原因有：一是医方未对患者进行病因鉴别，针对患者高热及阴道流血处置不当，一是患者自身有 SLE、胚胎发育不良等病理原因，两者都能导致患者胎残反复出血甚至大出血。本例医方之所以承担主要责任，是因为两次复诊医师处置不当，所以责任较大，应承担主要责任。

四、思考题

(1) 针对胎盘残留患者，医师应当如何评估病因、病理、病情，识别风险，根据诊疗常规制定医疗方案？

(2) 如果您是本例患者的住院医师，您将如何制定围手术期管理方案。请制定分阶段管理控制方案。

(3) 请您结合第一篇内容，设计一份针对胎残患者的住院医师法律能力与职业道德建设风险控制路径图。

五、相关法律链接

《医疗事故分级标准(试行)》

四、四级医疗事故

系指造成患者明显人身损害的其他后果的医疗事故。例如造成患者下列情形之一的：

16. 产后胎盘残留引起大出血，无其他并发症。

案例 42　产前诊断

一、关键词

产前诊断　错误出生

二、案情简介

1. 诊治经过

孕妇，28 岁，怀孕后到某妇保院定期进行产前检查。孕 18 周时超声检查描述：宫内见一胎儿，胎儿双顶径 49 mm，腹径 51 mm，股骨长 27 mm，肱骨 27 mm，胎心探及，胎心律齐，胎动好。羊水最大深度 60 mm，透声好，因胎儿体位关系，胎儿颜面部显示不清。提示：胎儿单活胎，臀位。4 周后再次复查超声提示胎儿偏大，医师建议孕妇至 B 院行产前诊断及相关彩超检查以核对孕周，但孕妇未采纳。后定期复查超声，无异常提示。足月后因臀位、瘢痕子宫性剖宫产术。分娩一女婴，体重 3 450 g，Apgar 评分 8－9－9，检查提示新生儿多发畸形：一侧面裂，双耳副耳(右耳外耳道堵塞)，隐性脊柱裂？肠道畸形？

2. 医患交涉过程

患方认为，医方对孕妇的产前检查违反诊疗常规，没有及时发现胎儿存在多种畸形；医方在产前检查中没有履行必要的风险告知，致使患方丧失了选择终止妊娠的机会，直接导致畸形儿的错误出生；医方未告知孕妇做大畸形筛查，与畸形儿的出生有直接因果关系，诉至法院，要求医方赔偿医药费、残疾赔偿金、精神损失费等损失。

医方认为，孕妇孕期在医院检查期间未能检出胎儿畸形，为目前检查技术或常规规范所允许范围，医方在孕妇 20 周时已经履行相关告知，建议孕妇进一步产前诊断超声检查，但孕妇未遵医嘱；患儿颌面部畸形、骶椎隐裂、双耳异常、动脉导管未闭、卵圆孔未闭畸形原因复杂，与诊疗行为无关；医方在诊疗常规中没有违反法律法规规范的行为，不存在过错，不同意赔偿。

庭审中，法官归纳本案争议焦点为医方产前检查是否已经履行相关法律法规，是否存在过错，与患儿畸形之间是否存在因果关系。为进一步查证，法院委托鉴定，专家分析认为：

（1）医方在对孕妇的诊疗过程中未违反诊疗操作常规，依据现有医学技术发展水平，难以在产前检查中发现所有的胎儿异常。

（2）根据相关技术规范，在妊娠 16～24 周时超声检查应筛查出致命性软骨发育不全、无脑儿、脑膨出、开放性脊柱裂、胸腹壁缺损内脏外翻、单腔心等六大致死性畸形。患儿现有颌面多发畸形不属于在产前检查中必须且能够筛查出来并达到法定引产的范畴。

（3）患儿多发畸形（耳、面裂、下颌骨缺如）的后果可以受遗传、环境等诸多因素影响，此系自身先天性发育不良的结果，与医疗行为之间不存在因果关系。

综合鉴定意见为：①本例不属于对患者人身的医疗损害；②医院在医疗活动中对胎儿发生畸形可能性的解释不够，但与患者的人身损害结果不存在因果关系。

3. 处置结果

法院最终认为，超声产前检查是产前诊断的重要内容之一，包括对胎儿生长发育的评估，对高危胎儿在超声引导下的标本采集和对某些先天性缺陷的诊断。整个孕期内，孕妇一般需要进行多次超声检查，每个时间段超声检查的目的各有不同。其中，系统筛查胎儿畸形的时间一般为 16～28 周。依照《超声产前诊断技术规范》的相关规定，中孕期超声检查应当检出的致命胎儿畸形包括致命性软骨发育不全、无脑儿、脑膨出、开放性脊柱裂、胸腹壁缺损内脏外翻、单腔心等。尽管超声检查能发现被检查者胎儿畸形，但受被检查者各种因素包括孕妇、孕周以及胎儿体位、羊水、胎儿活动、胎儿骨骼声影等多因素影响，许多器官或部位可能无法显示或显示不清，超声显像也不可能将胎儿的所有结构都显示出来。因此，即便进行最为详尽的筛查，仍不能检出所有的胎儿畸形。对此，医疗机构的医务人员有义务向被检查者给予必要的说明，以保护被检查者的知情同意权。本案中，原告怀孕期间在被告医院行超声检查，检查结果均未发现异常。但原告分娩后体检发现患儿多发畸形等。本起医疗事件经鉴定，已明确被告医院在超声检查过程中存在告知不足的医疗过错，及医方在未检出胎儿具有上述六大致死性畸形的情形下，没有向被检查者告知受超声检查的局限性，不排除有其他不易发现的胎儿发育缺陷的可能性，侵犯了原告的知情同意权。鉴于此，被告因未履行告知义务并由此造成原告的精神损害，应当给予原告一定的精神赔偿，具体数额由本院根据实际情况予以酌定。关于原告主张的医药费、残疾赔偿金，因患儿多发畸形系其先天性生长发育缺陷所致，与被告医院的超声检查间没有因果关系，故本院不予支持。综上所述，依照《中华人民共和国侵权责任法》第六条第一款、第二十二条、第五十五条之规定，判决被告赔偿原告精神损害抚慰金 2 万元，其他诉讼请求不予支持。

三、分析点评

本例是一起畸形儿错误出生的案例。近年来，因强制婚检措施的取消，畸形儿出生呈上升趋势，造成患儿和家庭极大痛苦，本例涉及产前检查和产前诊断，那么，针对产前检查和产前诊断有哪些法律法规，医院的正确流程是什么呢？

1. 熟悉产前检查及产前诊断法律规范

现有法律法规包括《母婴保健法》《母婴保健法实施办法》《产前诊断技术管理办法》及配套附件，各地制定的相关规范，相关学会制定的操作规程等。这些法律规范是医师针对孕产妇保健，特别是产前诊断的行为规范，具体规定有哪些？

（1）《母婴保健法》第十七条规定："经产前检查，医师发现或者怀疑胎儿异常的，应当对孕妇进行产前诊断。"

（2）《产前诊断技术管理办法》第二条规定："本管理办法中所称的产前诊断，是指对胎儿进行先天性缺陷和遗传性疾病的诊断，包括相应筛查。产前诊断技术项目包括遗传咨询、医学影像、生化免疫、细胞遗传和分子遗传等。”

(3)《产前诊断技术管理办法》第四条规定：“产前诊断技术的应用应当以医疗为目的，符合国家有关法律规定和伦理原则，由经资格认定的医务人员在经许可的医疗保健机构中进行。”

(4)《产前诊断技术管理办法》第十七条：“孕妇有下列情形之一的，经治医师应当建议其进行产前诊断：……②胎儿发育异常或者胎儿有可疑畸形的；……⑤年龄超过35周岁。”

(5)《母婴保健法》第十八条规定：“经产前诊断，有下列情形之一的，医师应当向夫妻双方说明情况，并提出终止妊娠的医学意见：①胎儿患有严重遗传性疾病的；②胎儿有严重缺陷的；③因患严重疾病，继续妊娠可能危及孕妇生命安全或者严重危害孕妇健康的。”这就是孕妇的健康生育选择权。

(6)《产前诊断技术管理办法》附件6、超声产前诊断技术规范：“三、超声产前诊断应诊断的严重畸形”“根据目前超声技术水平，妊娠16～24周应诊断的致命畸形包括无脑儿、脑膨出，开放性脊柱裂、胸腹壁缺损内脏外翻、单腔心、致命性软骨发育不全等。”

总结这些规范，产科医师必须掌握产前检查、产前诊断、大畸形筛查等概念，及时对有关孕妇作出诊断与处理，并告知孕妇相关产前诊断机构、产前诊断的目的、后续处理办法等，并且需要持续关注此类孕产妇。

2. 错误出生与法律后果

1）错误出生

错误出生与错误生产不是一个概念。所谓错误出生是指畸形儿的错误出生。所谓错误生产是指在分娩过程中新生儿受到伤害出现产伤的情况。

错误出生的原因有医方原因与患方原因两种。医方原因为医师没有及时进行产前检查，没有及时发现需要进行产前诊断的因素，没有及时告知并实施产前诊断技术，侵犯患方知情同意权和健康生育选择权，等等。患方原因为自身遗传、疾病、环境等因素造成畸形儿，或者患方拒绝不配合医疗行为，等等。

2）错误出生常见表现与医方法律后果

(1) 患儿系六大畸形，医方有过错，承担主要甚至完全责任。

(2) 患儿系六大畸形以外重大畸形，如单侧肢体缺如，医方有过错，承担主要责任。

(3) 患儿系较小畸形，医方有告知不足，如本例医方承担侵犯患方知情同意权的轻微责任。

(4) 患儿系较小畸形，医方也有告知不足但不担责。

(5) 患儿有畸形，医方无过错，如医方正确履行注意义务、告知义务，畸形儿的出生是由于现有医学科学技术条件不足或患方自身原因而造成，则医方不承担法律责任。

3. 关于错误出生的赔偿范围

目前各地判决标准不统一，有仅仅判决赔偿精神损害抚慰金，也有另加判决赔偿患儿的残疾赔偿金、医药费、护理费等项目。

四、思考题

(1) 针对孕妇产前诊断，医师遵守哪些流程？

(2) 如果您是本例孕妇的住院医师，您将如何制定孕期管理方案。请制定分阶段管理控制方案。

(3) 请您结合第一篇内容，设计一份与孕妇产前诊断有关的住院医师法律能力与职业道德建设风险控制路径图。

案例 43　产前检查

一、关键词

核心制度　孕周观察　产科注意

二、案情简介

1. 诊治经过

孕妇，35 岁，曾经在十年前因“臀位”行剖宫产术。8 月 5 日，孕妇再次怀孕到院产前检查，A 医师给予第一次产检记录：月经规则，5/30 天，末次月经 3 月 9 日，经期经量同以往，预产期：12 月 16 日。经反复询问胎动后病历记录“孕 4^+ 月感胎动”。12 月 4 日，孕妇第六次产检，B 医师对孕妇检查后记录：根据 5 月 21 日尿 HCG(－)，B 超(－)，5 月 31 日尿 HCG(＋)，故推算 LMP：5 月 1 日。EDC：次年 2 月 8 日，现孕 30^{+2} 周。当日门诊 B 超提示单胎臀位，双顶径 92 mm，腹径 98 mm，股骨 65 mm，羊水指数 194 mm，胎盘成熟Ⅱ～Ⅲ级。12 月 12 日孕妇再次产检，A 医师认为孕妇已临近预产期，建议孕妇入院待产。门诊诊断：“G_2P_1 孕 39^{+3} 周，臀位，瘢痕子宫”。

入院产科检查：无宫缩，宫高 34 cm，腹围 104 cm，RST 位，胎心 150 次/min。B 超提示：LSA，双顶径 91 mm，腹径 90 mm，股骨 66 mm，羊水暗区 68 mm，胎盘Ⅱ$^+$级。拟择期剖宫产。12 月 17 日，因 NST 评分 7 分，行剖宫产术。16:30 剖宫产 LST 位助娩一男婴，Apgar 评分 8～9 分，体重 2 650 g。

男婴出生后 20 min 出现呻吟，新生儿科医师给予胎龄评估 36 周左右，考虑患儿“早产儿(适于胎龄儿)、呼吸窘迫综合征(新生儿肺炎)？缺血缺氧性脑病”送入新生儿高危室置于辐射台保暖，予 SpO_2 监护、禁食、头孢噻肟钠抗感染、维生素 K_1 预防出血等处理，测微量血糖 3.3 mmol/L，SpO_2 示 91%。查体：体温不升，反应可，哭声响，有呻吟，前囟平，双瞳孔对光反射灵敏，见鼻煽，唇红，两锁骨轮廓清。胸廓对称，呼吸 55 次/min，稍促，见吸气性三凹征，心音有力，律齐，未闻及杂音，两肺呼吸音稍低，腹软，肝肋下 2.5 cm，质软，脾肋下未及，脐部无渗血，四肢肌张力正常，拥抱反射(＋)。观察半小时，SpO_2 有下降趋势达 85%，予以鼻导管吸氧(0.5 L/min)，SpO_2 立即上升至 93%～95%。考虑患儿病情风险，转儿童专科医院。经治疗好转出院，出院诊断：湿肺、呼吸衰竭。后因缺血缺氧性脑病、颅内出血、支气管肺炎、先天性心脏病等多次住院。

患儿 2 岁后行儿童发育测验报告：儿童发育商(DQ)52～67 分(90～110 分为正常值，之上为良好至优秀，之下为偏低至异常)，社会适应能力(SM)8 分(8.5～11.5 分为正常值，之上强，8.5～7 分为边界值，之下考虑缺损)。

2. 医患交涉过程

患方认为医方误判预产期，12 月 17 日胎儿并未足月就施行剖宫产术致患儿过早娩出，并导致湿肺、HIE、颅内出血等严重后果。故诉至法院要求赔偿。

医方认为剖宫产指征成立，手术时机选择适宜，手术顺利。所以不存在过错。

庭审中，法官归纳争议焦点为：被告医方是否误判了预产期导致提前剖宫产，患儿目前状态与医方行为有无因果关系？为进一步辨清，法院委托进行鉴定。经专家鉴定认为：

(1) 孕妇行剖宫产，住院期间医师未能认真询问病史，未认真阅读门诊病史(该院 12 月 4 日门诊病历对孕妇月经周期及早孕确诊时间均有记录，且已纠正预产期为次年 2 月 8 日)，仅依据 B 超检查结果判断孕周并选择剖宫产，导致新生儿早产出生，经儿科医师评判为胎龄 36 周。后转儿童专科医院，诊断：新生儿呼吸窘迫综合征、先天性心脏病、颅内出血等疾病，这些疾病与新生儿早产直接相关。

(2) 该患儿先天性心脏病随着生长发育自行愈合属于正常生理现象。

鉴定结论:本案例构成三级丁等医疗损害(边缘智能),医方承担完全责任。

3. 处置结果

最终,在法官主持下,医患双方调解结案。

三、分析点评

本例是一起产前检查失误导致预产期判断不当而提前剖宫产致新生儿损害的案例。本案提示无论在门诊还是病房,无论是观察还是治疗阶段,无论哪位医师都必须尽到审慎的注意义务。本案应掌握哪些原则呢?

1. 掌握医院规章制度

1) 首诊负责制

首诊负责制是指首诊医师必须详细询问病史,进行体格检查、必要的辅助检查和处理,并认真记录病历。对诊断明确的患者应积极治疗或提出处理意见;对诊断尚未明确的患者应在对症治疗的同时,及时请上级医师或有关科室医师会诊。本例存在首诊不负责的过错:

首先,本例A医师对病史采集简单、机械,没有遵循实事求是的原则,特别没有注意尿HCG、B超报告以及孕妇关于胎动的主诉,当时场景:

医师问:胎动是什么时候?
孕妇答:记不清了。
医师问:是不是四个多月?
孕妇答:好像是的。

A医师病历应该记载为:胎动时间开始不详。但本例中医师直接记载为:“孕 4^+ 月感胎动”,对胎动时间的记载没有遵循客观原则,没有进行客观分析。

其次,A医师没有注意B医师对孕周的调整,丧失了纠错机会。这种情况在临床上并不罕见,表现为忽略其他医师的辛勤劳动,不尊重同事,最终酿成大错。

2) 三级查房制度

三级医师查房制度是指:

(1) 住院医师查房,要求对所管患者进行系统查房。要求重点巡视急危重、疑难、待诊断、新入院、手术后的患者;检查化验报告单,分析检查结果,提出进一步检查或治疗意见;核查当天医嘱执行情况;给予必要的临时医嘱、次晨特殊检查的医嘱;询问、检查患者饮食情况;主动征求患者对医疗、饮食等方面的意见。

(2) 主治医师查房,要求对新入院、急危重、诊断未明及治疗效果不佳的患者进行重点检查与讨论;听取住院医师和护士的意见;倾听患者的陈述;检查病历;了解患者病情变化并征求对医疗、护理、饮食等的意见;核查医嘱执行情况及治疗效果。

(3) 主任医师(副主任医师、科主任)查房,要解决疑难病例及问题;审查对新入院、重危患者的诊断、诊疗计划;决定重大手术及特殊检查治疗;抽查医嘱、病历、医疗、护理质量;听取医师、护士对诊疗护理的意见;进行必要的教学工作;决定患者出院、转院等。

本例产科病房三级医师均没有对病史重新分析判断,以门诊诊断为病房诊断,这就是为什么会出现一路错下去的原因。本例提示我们必须具备严谨负责的医疗精神。

2. 各司其职

本例孕妇先后与A医师、B医师,病房其他医师,病房护士,病房助产士多位人员接触,可是除B医师外没有人注意孕妇的特殊病情,没有做出调整,这就是典型的无人负责现象,所以医师既要有规范意识，同时要有规范执行力，否则，再好的制度也是零。不仅患方受损，医方也要为此承担法律责任。

3. 与患方合作

本例无论是A医师还是B医师均存在不能与患方有效沟通的能力，A医师沟通缺乏客观科学严谨精神，B医师缺乏理解尊重重视精神。如果B医师在调整孕周后，及时告诉孕妇，让孕妇掌握自己的预产期（注意，这名孕妇为经产妇，能理解预产期的含义），则无论A医师还是病房医师认为其足月时，孕妇本人均会告知医师，也可以引起医师足够的警觉，及时调整孕周，不至于发生后期损害。所以，尊重患方，善于沟通，有时就是保护自己。

4. 本例医方为什么要承担完全责任？

通过因果关系可以发现，在孕妇整个就诊过程中，患方没有相应的医学知识来判断特殊的妊娠时间，所以需要得到医务人员的专业帮助和支持。可是虽然B医师对孕妇的孕周做出了调整，但是并未告知孕妇本人，也未采取足够的措施让他人知晓，其他医务人员也未注意到，所以提早剖宫产是医方造成的，患者没有过错。虽然12月17日这天NST评分7分，但是医方没有采取其他治疗措施以纠正，直接实施剖宫产，使患者失去了选择机会，所以医方的过错是非常明显的，应承担完全责任。

四、思考题

（1）针对孕妇产前检查，医师遵守哪些流程？

（2）如果您是本例孕妇的住院医师，您将如何制定产前检查、产房管理方案。请制定分阶段管理方案。

（3）请您结合第一篇内容，设计一份与孕妇产前检查有关的住院医师法律能力与职业道德建设风险控制路径图。

五、相关法律链接

《医疗事故分级标准（试行）》

（四）三级丁等医疗事故：器官部分缺损或畸形，有轻度功能障碍，无医疗依赖，生活能自理。例如造成患者下列情形之一的：

1. 边缘智能

…… ……

案例 44　死胎

一、关键词

胎心监护图　产科绿色通道

二、案情简介

1. 诊治经过

孕妇，女，30岁，生育史：0-0-0-0，末次月经3月6日，预产期：12月13日。6月11日孕$13^{+4/7}$周到医院产科首次产检，门诊医生按照规范实施诊查，测甲状腺激素：FT3 4.34 pmol/L，FT4 10.48 pmol/L，TSH 2.631 0 IU/ml（偏高），甲状腺球蛋白抗体小于10 IU/ml，甲状腺过氧化物酶抗体9.2 IU/ml，考虑亚临床甲状腺功能减退，定期随访。孕期共产检11次，孕期中胎心胎动好，宫高、腹围、血压正常。6 月 11 日查白带常规：霉菌(＋)，清洁度(Ⅳ)，予克霉唑 1 粒塞阴道治疗，孕期中其他各项化验正常。

12 月 4 日，孕妇孕 $38^{+5/7}$ 周，无腹痛，无阴道见红，无阴道流水，自觉胎动正常，来院常规产检。测血压正常，胎心 145 次/min。8:15 胎心监护基线波动型，胎心率 144 次/min 左右，NST 评分 6 分，频发 VD(变异减速)，一过性心动过缓，最低 104 次/min，持续 6 min。予以吸氧，10:20 复查胎监未闻及胎心，B 超检查：LOA(左枕前)，双顶径 94 mm，腹围 365 mm，羊水暗区 20 - 22 - 44 - 50 mm，羊水指数 136 mm，股骨 67 mm，胎盘成熟Ⅱ级，胎盘正常。未见胎心，胎动无。以死胎入院。

入院时查体：腹隆，无宫缩，宫高 33 cm，腹围 99 cm；胎心未及。骨盆外测量：26 - 29 - 19 - 13 cm。肛查：先露 H(高)，—2 位，胎膜未破，宫开指尖，宫颈已容受。入院诊断：G1P0 孕 $38^{+5/7}$ 周，LOT，死胎。入院当日建议人工破膜，患者及家属表示要求商量后决定。12 月 5 日上午因宫缩弱再次征求患者及家属意见后予人工破膜引产，于 12 月 5 日 12:55 阴道分娩一死男婴，体重 3 250 g，分娩时见脐带绕左脚一圈，绕颈一圈，紧，松开后颈部及左脚部均见勒痕，Apgar 评分 0 分，5 min 后胎盘自娩，胎盘胎膜完整，羊水量中，色黄。胎盘外观正常，称重 650 g，脐带长 45 cm，无脐带水肿、扭转、打结，术中出血 190 ml。产后予促子宫复旧治疗，回奶治疗，产后一般情况好，产后 7 天出院。

胎儿尸检报告：①宫内窒息(羊水吸入重度)；②胸膜点状出血；③多器官自溶(消化道、肝、肾上腺等)。死亡原因：宫内窒息。

2. 医患交涉过程

患方认为，医方存在诸多过错以致错过抢救时机，主要表现为：

(1) 医方违反首诊负责制，在胎儿已经出现宫内窘迫的情况下，首诊医师未对孕妇及时进行必要的检查及治疗，以致胎死腹中。

(2) 医方违反门诊工作制度。

(3) 医方未及时做出胎儿宫内窘迫的诊断，未对胎儿窘迫进行针对性治疗，以致错过抢救时机。故诉至法院，要求医方承担法律责任。

医方认为，医方不存在过错，理由为：

(1) 医方对孕产妇的孕期检查、入院后诊治处理等过程无违反相关法律法规及诊疗操作常规。

(2) 孕产妇突发胎死宫内与胎位脐带缠绕有关，与医方诊疗行为无因果关系。

为进一步查明事实，法院委托进行鉴定，鉴定分析说明：

患者孕 38^{+5} 周到院行常规产检。8:45 胎监不满意，10:20 复查胎监未闻及胎心。当日患者因死胎入院，次日娩出一死胎。

根据送检病史，专家分析讨论如下：

(1) 医方对于胎心监护异常图形认识不足，孕妇 8:45 胎监图形表现：频发减速，胎心基线消失，类似正弦波。应考虑为胎儿急性缺氧表现可能。而医方对此图形所代表的临床意义无认识，仅认为是胎监轻度异常的表现。故而对此重视不够，仍然让患者吸氧，排队复查胎监，以致延误了抢救时机(及时行剖宫产分娩)，2 h 后 B 超提示宫内死胎。

(2) 住院期间医方诊疗行为符合规范。患者入院后，医方予以人工破膜引产，娩出一死胎后，予以促宫缩、回奶等治疗。经上述治疗后，产妇出院。

(3) 本例胎儿死亡为脐带绕颈、绕足各一圈导致窒息死亡，此系胎儿本身原因所致，并且胎心监护图形表现不够典型，也为诊断带来一定的困难。

鉴定意见：本例属于对患者人身的四级医疗损害，医方承担主要责任。

3. 处置结果

法院据此作出判决。

三、分析点评

本例是一起胎心监护处置不当的案例。产科是高危科室，历年在纠纷中排列第一，核心问题与胎心监护不当、产程处置不当、并发症观察处理不及时、合并症处理失误相关。胎心音监护识别能力是产科医师的核心能力之一。

1. 正确评估胎心监护

胎心率监护图是应用胎心率电子监护仪将胎心率曲线和宫缩压力波形记下来供临床分析的图形。胎心监护图可以了解胎儿宫内储备能力，以便医师正确处理。正确阅读胎心率监护图是产科医师必备的基本能力。本例孕妇12月4日8:15的胎心监护图如图44-1所示。

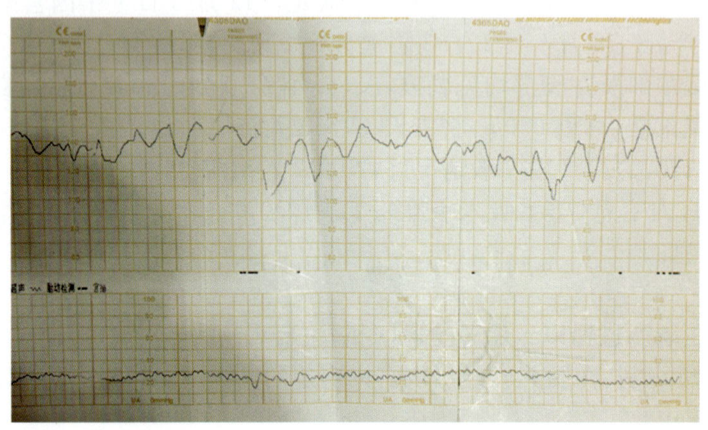

图44-1 胎心监护图

诚如专家所言，医师未对该胎心监护图形进行正确分析，未定量分析胎心率、基线率、摆动幅度、胎动与胎心率的关系等，对频发减速认识不足，以致贻误抢救时机。

2. 随时发现问题的敏锐力

产科有一特殊现象，孕产妇从不认为自己是患者，认为自己是健康人，而医师也有这种倾向，所以疏于观察、分析异常情况。在看似程序化甚至“流水化”的工作下，有时就有遗漏发生。比如本例，医师事后反馈当时看到这份胎监图时也认为不妥，但是每天有这样的图形出现，吸氧后也没有发生问题，所以，医师给予本例孕产妇也是吸氧处理。这实际上反映了基本概念不清，在长期的工作中，对一些核心概念一直似是而非，缺乏发现问题的敏锐力，以致发生问题。然而，敏锐力须来自基本概念清晰，如果没有清晰的概念，就不会有正确的判断，当然推理就会失误。

3. 及时启动绿色通道

产科随时有风险，所以练就了产科医师雷厉风行的工作作风。但产科医师在处置突发情况时，重于个人解决，缺乏集体合作意识和能力，不能及时寻求科室、医院的支持，导致救治不足也时有发生。比如本例，医师曾经考虑让患者直接入院吸氧观察，但是需要协调，医师感觉较为不便，所以放弃了这一方法。当然，也有可能，医师在患者首次胎心音监护后就立即将孕妇急诊送入院，急诊剖宫产，但最终仍是死胎。如果这种情况，医方有责任吗？没有，因为流程正确，医方没有过错，所以没有责任。医疗侵权责任适用过错原则，没有过错，则没有责任。

本例医师为什么没有及时启动绿色通道呢？因为疏忽？也不尽然。通常认为，绿色通道的启动是源于患者处于危急重症，患者有症状和体征表现，但产科有其特殊性，有时就表现为孕产妇没有特殊症状与主诉，但是胎儿已经宫内窘迫，随时可能胎死宫内。所以，作为产科医师，要了解并掌握本科特点，掌握危急重症的标准，随时启动绿色通道，切不可姑息等待。

4. 及时与孕产妇及家属进行高危沟通

实践中，一旦出现胎儿宫内窘迫，医师总是急于抢救，忽略高危沟通，一旦剖宫产出现死胎、新生儿重度窒息或死亡，或远期出现幼儿脑瘫等，家属会返身责怪医师，没有客观告知，如果当时告诉有那么多的风险，家属就会考虑放弃了，等等。医师很委屈。怎么办呢？这一工作需要有系统工程。

(1) 重视孕妇学校。孕妇学校是很好的公共沟通方式，医方要引起足够的重视，医师要积极参与孕妇学校的宣教、沟通工作。

(2) 重视产前检查。如前所述，产前检查要理性、客观、细致、全面。

(3) 及时沟通高危因素。经过一系列产前检查包括必要的产前诊断，医师与孕妇已经达成很好的合作模式，医师要及时指导孕妇，宣传科学理念，告知各种可能风险，让孕产妇及家属建立科学精神，理性面对怀孕风险，接受不良后果。当然，医师也要及时识别风险、评估风险，正确处置风险。

四、思考题

(1) 针对孕妇胎心音监测，医师应遵守哪些流程，如何正确阅读胎监图？

(2) 如果您是本例医师，您将如何处理？请分别制定胎心音监护前、中、后管理控制方案。

(3) 请您结合第一篇内容，设计一份与胎心音监护有关的住院医师法律能力与职业道德建设风险控制路径图。

案例 45 产后出血

一、关键词

分娩期并发症 围产期风险

二、案情简介

1. 诊治经过

3 月 15 日 16:00，产妇，20 岁，因“停经 9 月，双胎，腹痛，阴道流水”急诊入住产科。查宫高 42 cm，腹围 110 cm，宫口开 2 指，胎膜已破，规律宫缩，B 超提示双胎。产妇之前在外地产检，具体产检情况不详。18:45 行急诊剖宫产术。术中吸出羊水 800～1 000 ml，色清，LOT/ROT 助娩二女，体重分别为 2 950 g 与 3 000 g。胎盘娩出完整。术中出血 350 ml，19:30 术毕按压宫底压出积血约 100 ml，予对症处理。

20:30，患者阴道出血，称重 800 ml，血压 120 mmHg/80 mmHg，心率 88 次/min，宫底脐平，质软。予以对症，并输红细胞悬液 4 单位。急查血常规、凝血四项。

21:00，心率 108 次/min，呼吸 24 次/min，血压 144 mmHg/98 mmHg。血 Rt：红细胞计数 2.4×10^{12}/L[正常值$(3\sim4.5)\times10^{12}$/L]，血红蛋白 61 g/L(正常值 110～150 g/L)；凝血四项延长，纤维蛋白 0.997 g/L(正常值 2～4 g/L)，措施联系纤维蛋白原。

21:40，患者又出血称重 670 ml，计算出血共计 1 920 ml。予以补液对症处理。

23:20，患者又出血称重 750 ml。

23:30，患者出现血不凝。心率 136 次/min，BP 68 mmHg/32 mmHg。

23:50，立即准备手术，气管插管后心跳停止。次日 0:00 宣布患者死亡。死亡原因考虑产后出血，失血性休克致死。患方拒绝尸体解剖。

2. 医患交涉过程

产妇死亡后，家属立即封存病史，并爆发严重冲突。经有关部门介入，双方开始面对面磋商。患方认为，医方如果能早期发现、早期检查并早期启动抢救措施，产妇不会死亡，所以医方存在观察不当、治疗不当的过错，应承担完全法律责任。医方承认存在不足，对患方所指出的过错，医方并无太大异议，对损害等级，双方均认为构成一级甲等医疗损害，可是在承担责任的比例上，医方认为患者的最终结果是手术的并发症之一，基于这一点，医方承担的责任是次要责任。双方差异明显偏大。于是患方申请启动医疗纠纷调解。

3. 处置结果

医疗纠纷人民调解委员会在调解进行过程中，咨询专家进行论证，专家认为，医师已经观察到患者产后大出血，但是处理失误，没有及时启动再次手术，导致病情贻误，医方应承担主要责任。医调委据此征询医患双方的意见，双方仔细考虑后认同了专家的意见，最终医方同意承担 70%的主要责任。

本案得以通过医调委以调解的方式解决。

三、分析点评

本例是一起产后大出血致孕产妇死亡的严重不良事件。本例教训深刻，事件发生后，当事医师非常后悔。我们要思考的是为什么会发生此事，如何防范此类事件？

1. 正确评估分娩期并发症

分娩期并发症是指在分娩过程中出现的严重威胁母婴生命安全的并发症，如产后出血、羊水栓塞、子宫破裂等，是导致孕产妇死亡的主要原因。

本例产妇因产后出血死亡。产后出血是指胎儿娩出后 24 h 内失血量超过 500 ml，剖宫产时超过 1 000 ml，是严重分娩期并发症，居孕产妇死亡原因之首。产后出血的原因主要有子宫收缩乏力、胎盘因素、软产道裂伤及凝血功能障碍。本例产妇双胎，剖宫产术中出血 350 ml，术后 2 h 内又大量出血，宫底软，凝血功能异常，经对症处理效果不明显，此时医师应当立即启动再次手术方案，必要时切除子宫。但本例医师却拖延不决，事后医师回顾认为产妇较为年轻，如果保守治疗有效则尽量不要切除子宫。显然，医师的临床判断发生了重大失误，没有抓住主要矛盾，纠结于保留患者的生育功能，致使抢救机会丧失。属于重大误判。

2. 及时启动危急重症抢救

本例产妇术后 1 h 即出现阴道出血 800 ml，血压 120 mmHg/80 mmHg，心率 88 次/min，宫底脐平，质软。此时，医师应该立即诊断患者为产后出血，结合患者双胎剖宫产史，应该立即评估患者为危急重症患者，可迅速启动疑难病历讨论，请示上级医师，同时通知手术室做好准备，随时手术治疗。但是，本例医师未启动这些程序，属于不能正确识别患者病情轻重缓急，不能有效运用院内资源，不能有效组建抢救团队。

3. 随时与家属进行高危沟通

作为一名成熟的产科医师，当患者于 20:30 又出现阴道流血 800 ml 时，医师应当立即对患者进行修正诊断，同时及时告知患方相关情况，明确告知其即将采取的方案，可能发生的后果，需要家属配合注意事项等，必要时下发病危通知单。但是，本例医师均未实施，属于法律意识极度缺乏，法律能力极度欠缺。

4. 正确识别围产期风险

围产期是指从妊娠满 28 周(胎儿体重≥1 000 g 或身长≥35 cm)至产后 1 周。围产期保健直接影响母婴健康。详尽的产前检查有利于产程及产后处理。本例产妇急诊来院时诉在外地产检，但具体产检情况不详，医师结合双胎，应将其纳入高危孕产妇管理系统，随时注意观察。事后再次询问家属，该产妇受条件所限根本未进行产前检查，是否存在其他疾病已不得而知。所以，医师在处置高危孕产妇时，要有风险评估意识，及时纳入路径管理，及时寻求团队支持，及时采取果断措施。完整的围产期管理包括产前、产中、产后。有时医师思维会局限在产前、产中处理，忽略产后观察与处理，酿成大错，本例就是如此。这就要求医师平时经常演练、分析，掌握规律，才能临场随机应变。

5. 如何处置患方封存病历?

本例产妇死亡后，家属迅速要求复印封存病史。如何处置?

《侵权责任法》六十一条规定：

“医疗机构及其医务人员应当按照规定填写并妥善保管住院志、医嘱单、检验报告、手术及麻醉记录、病理资料、护理记录、医疗费用等病历资料。

患者要求查阅、复制前款规定的病历资料的，医疗机构应当提供。”

根据现有法律规定，患方随时有权要求复印、封存病历，医方压力很大，但法律规定具有强制性，所以医师要正确认识。如果抢救记录尚未完成，则可以在抢救记录完成后 6 h 内据实补记完成。病历资料是重要的证据，医师书写病历要符合法律规定，具体可参照第四章“病历与证据”内容。

四、思考题

(1) 针对产后出血，医师应遵守哪些流程，如何选择保守与手术治疗?

(2) 如果您是本例医师，您将如何处理? 请结合各时间点分别分析。

(3) 请您结合第一篇内容，设计一份诊治产后出血的住院医师法律能力与职业道德建设风险控制路径图。

案例 46　新生儿臂丛神经损伤

一、关键词

新生儿产伤　防范措施　责任程度

二、案情简介

1. 诊治经过

12 月 18 日 13:20，孕妇，28 岁，因 G_2P_1 孕 39^{+4} 周，胎膜早破，入院待产。入院体格检查：体温 37.3℃，脉搏 80 次/min，呼吸 20 次/min，血压 120 mmHg/70 mmHg；胎位 LOA，胎心 140 次/min，胎动好；宫高 37 cm，腹围 113 cm，初步估计胎儿 3 900 克。据当日 B 超检查报告：胎儿位置头位，胎心规则，胎动存在，股骨长 72 mm；双顶径 91 mm；胎盘位置左侧壁；胎盘成熟度Ⅱ级；羊水最大暗区 57 mm，清晰度清；提示：宫内单活胎。入院诊断：G_2P_1 孕 39^{+4} 周，胎膜早破。予以相关检查、监护、待产及抗感染处理。12 月 18 日 14:00 产程开始，19:00 宫口开全，行胎吸术，20:25 分吸出一女婴，肩难产。新生儿体重 4 400 g，青紫窒息，心率 120 次/min，肌张力差，给予吸氧，心脏按压，人工呼吸，气管插管。1、5、10 minApgar 评分分别为 3、3、8 分。

12 月 18 日 22:00，患儿因病情危重被转入儿童专科医院住院治疗，于次年 1 月 8 日出院。出院诊断为：新生儿窒息、缺血缺氧性脑病、颅内出血、气胸、右臂丛神经损伤、吸入性肺炎、肝血肿、肾上腺出血、巨大儿。后经骨科检查，患儿右侧臂丛神经严重损伤，行右臂丛神经修复术。患儿此后生长发育略落后，抬头略差，会看，会笑，会伸手取物，但不够灵活。

2. 医患交涉过程

患方认为，医方存在明显过错，主要表现为：

(1) 医方 B 超项目检查不全面，数据测量不准确，医师经验欠缺，巨大儿被漏诊，产科医师选择错误的分娩方式，最终造成患儿严重损害后果。

(2) 医方在胎头负压吸引术中牵引时间过长，加重损害后果。

(3) 医方疏于履行注意义务并在第二产程延长的情况下处置不当。据此，提起诉讼，要求医方赔偿各项损失并保留后续治疗费的诉讼请求。

医方认为，医方不存在过错。主要理由为：

(1) 在对产妇施行胎吸术的整个过程中，医疗行为符合诊疗常规，与患儿目前的状况无因果关系。

(2) 在对产妇施行胎吸术前，与其丈夫作了谈话并签字，其中明确告知术中术后可能发生的问题，包括新生儿产伤、新生儿头颅血肿等。患儿目前的症状属于并发症，非医疗过错造成。

(3) 患儿出生时，因体重达 4 400 g，属于巨大儿，肩难产，出头位 3 min 后胎儿娩出，属于临床无法预料的医疗意外，因此造成的臂丛神经损伤属于难以避免的并发症，非医疗过错。此事发生后，医院及时采取了积极的救治措施，及时予以气管插管、人工呼吸，并及时转入专科医院进一步治疗，而且目前患儿的右臂丛神经也在恢复之中，后果并非如患方所讲的这般严重。医院认为不存在过错，故不同意赔偿。

为查明事实，法院委托进行鉴定。经鉴定分析认为：

(1) 医院对产妇产前胎儿体重估计不足，未能较早作出巨大儿的诊断。产妇在第二产程延长伴胎头下降受阻发生头位难产时，医方认识不足，经阴道产应用胎吸指征和时机掌握不符合规范。

(2) 产妇在分娩中发生肩难产时，医方应急措施和方法不完善，直接导致新生儿颅内血肿及右臂丛神经损伤后果。

(3) 依据现有资料及现场医学检查，目前患儿智力低下，不存在脑瘫的临床表现。

鉴定结论：本病例属于二级丙等医疗损害，医方承担主要责任。

法院另行委托三期鉴定。结论为：出生时有肩难产，后诊断为右臂丛神经损伤，其休息时限 22 个月，需长期设置陪护，营养时限为 12 个月，是否构成医疗依赖，以临床专科医师的意见为准。

3. 处置结果

法院认为，医疗机构及其医务人员在医疗活动中，违反医疗卫生管理法律、行政法规、部门规章和诊疗护理规范、常规，过失造成患者人身损害的，应当承担相应的损害赔偿责任。本案中，双方争议的焦点主要在于造成原告损害后果，被告承担责任的大小。本院认为，被告在为产妇做分娩手术时存在过错，理应对原告患儿的损害后果承担主要责任。

原告主张的医疗费、住院伙食补助费、护理费、残疾赔偿金、交通费、精神损害抚慰金等损失，赔偿项目在法律规定的范围内。医疗费，按实际发生的金额计算。住院伙食补助费，本院应予支持。陪护费，考虑出生婴儿本身需要父母护理，故本院按 16 年计算支持。伤残等级参考《医疗事故分级标准(试行)》按四级计。最终，依法判令被告医方赔偿原告患儿各项损失共计人民币 30 余万元。

一审判决后，原、被告服判，均未提出上诉。

三、分析点评

本例是一起因分娩不当致新生儿臂丛神经损伤的案例。本例涉及新生儿产伤的防范与处理。主要包括以下内容：

1. 新生儿产伤

新生儿产伤是指分娩过程中因机械因素对胎儿或新生儿造成的损伤。高危因素有产程延长、胎位不正、急产、巨大儿、产妇骨盆异常及接产方式不当等。常见新生儿产伤有：头颅血肿、锁骨骨折、臂丛神经麻痹(损伤)、面神经麻痹(损伤)等。所以,防范产伤的发生是产科医师的任务之一。

2. 新生儿产伤防范

防范新生儿产伤的措施来自于科学严谨的产前检查以及提高产程处理技术。

(1) 提高产前判断能力。通过产前检查掌握产道、胎儿数据。其中评估胎儿情况、头盆情况等是重点。本例产妇入院时宫高 37 cm,腹围 113 cm,若用传统公示计算胎儿属于巨大儿,若用精细化方式应监测胎儿双顶径、腹围、股骨颈等,本例缺少腹围、胸围、头围等数值测量,而产科医师也未向超声医师提出,导致产前判断失误。

(2) 提高产程处理技术。本例产妇为经产妇,第二产程延长,医师缺少对产力、产道、胎儿的重新评估,盲目施行胎吸术,而在胎头娩出 3 min 后胎儿才娩出,未遵守规范的分娩机转,这一系列失误直接导致新生儿臂丛神经损伤。

3. 患儿臂丛神经损伤的法律责任分析

1) 首先评估损害等级

本例为二级丙等医疗损害,对应伤残等级四级伤残。根据规定,该医疗损害是指患者存在器官缺失、严重缺损、明显畸形情形之一,有严重功能障碍,可能存在特殊医疗依赖,或生活不能自理的情况。

本例患儿经鉴定会现场体检情况记载:神清,哭声正常。眼球活动可。哭时鼻唇沟基本对称。右上肢短小变细,肌张力低下,针刺时可见右手轻度活动,肌力约Ⅱ°,上肢不能活动。下肢肌力正常,腱反射对称,病理征(一),针刺觉存在。下肢行走步态基本正常。对照标准,属于二级丙等医疗事故中的"16.单肢两个大关节(肩、肘、腕、髋、膝、踝)功能完全丧失,不能行关节置换"情形,因此,认定本病例属于二级丙等医疗损害。对应伤残等级四级。

2) 客观确定医疗损害责任程度

损害责任应当综合分析医疗过失行为在医疗损害后果中的作用、患者原有疾病状况等因素,判定医疗过失行为的责任程度。医疗损害中医疗过失行为责任程度分为:

(1) 完全责任,指损害后果完全由医疗过失行为造成。

(2) 主要责任,指损害后果主要由医疗过失行为造成,其他因素起次要作用。

(3) 次要责任,指损害后果主要由其他因素造成,医疗过失行为起次要作用。

(4) 轻微责任,指损害后果绝大部分由其他因素造成,医疗过失行为起轻微作用。

本例经专家认定产前胎儿体重估计不足,未能较早作出巨大儿的诊断。产妇在第二产程延长伴胎头下降受阻发生头位难产时,医方认识不足,经阴道产应用胎吸指征和时机掌握不符合规范;产妇在分娩中发生肩难产时,医方应急措施和方法不完善,直接导致新生儿颅内血肿及右臂丛神经损伤后果,最终认定医方承担主要责任。这是充分考虑医方可以在产前进行干预,产中措施正确可阻止新生儿右侧臂丛神经的损伤,同时考虑新生儿本身是巨大儿,有一定肩难产的发生率,致使右侧臂丛神经损伤并发症的发生,综合考虑而得。

当然,鉴定结论是鉴定专家依据自己的专业知识结合客观事实的综合判断,具有一定的主观性,因此,鉴定结论允许有一定的判断范围。

4. 发生新生儿产伤后的面对

一旦发生新生儿产伤,尤其是剖宫产产伤,直接属于四级医疗损害,医师非常担心,有时不自觉地会采取掩盖手段,这是万万不可的。因为,发生错误情有可原,但掩盖错误就不可原谅。所以,如果一旦发生新生儿产伤,医师一定要理智面对,正确告知家属原因与处置方法,若自身沟通有困难,可以寻求主任或者护士长的支持,理智沟通,及时纠正,防止损害后果加重。毕竟相当一部分产伤是可以治愈的。如本例新生儿臂丛神经损伤,医师可以通过查阅相关资料,给患方提出正确的治疗措施,积极康复,以促使患儿治愈或好转。

四、思考题

(1) 针对孕妇产程处理,医师应遵守哪些流程,如何识别并处置异常产程?

(2) 如果您是本例医师,您将如何处理?请分别制定产前、产中、产后管理控制方案。

(3) 请您结合第一篇内容,设计一份与防范新生儿臂丛神经损伤有关的住院医师法律能力与职业道德建设风险控制路径图。

五、相关法律链接

《医疗事故分级标准(试行)》

(三) 三级丙等医疗事故:器官大部分缺损或畸形,有轻度功能障碍,可能存在一般医疗依赖,生活能自理。例如造成患者下列情形之一的:

23. 颈部或腰部活动度丧失50%以上。

24. 腕、肘、肩、踝、膝、髋关节之一丧失功能50%以上。

25. 截瘫或偏瘫,肌力Ⅳ级(四级),临床判定不能恢复。

26. 单肢两个大关节(肩、肘、腕、髋、膝、踝)功能部分丧失,能行关节置换。

27. 一侧肘上缺失或肘、腕、手功能部分丧失,可以手术重建功能或装配假肢。

28. 一手缺失或功能部分丧失,另一手功能丧失50%以上,可以手术重建功能或装配假肢。

29. 一手腕上缺失,另一手拇指缺失,可以手术重建功能或装配假肢。

30. 利手全肌瘫,肌力Ⅳ级(四级),临床判定不能恢复。

31. 单手部分肌瘫,肌力Ⅲ级(三级),临床判定不能恢复。

32. 除拇指外3指缺失或功能完全丧失。

……

四、四级医疗事故

系指造成患者明显人身损害的其他后果的医疗事故。例如造成患者下列情形之一的:

15. 剖宫产术引起胎儿损伤。

……

总结

本章通过8个不同案例阐述了妇产科住院医师需要掌握的基本法律能力与职业道德。妇产科亚专业越来越细,受篇幅所限,不能涵盖所有亚专业,如未涉及妊娠合并症、恶性肿瘤、生殖医学、微创操作等。虽然如此,以下几点注意事项可供大家共同参考:

(1) 掌握妇产科常见病、多发病的不同表现、特点和风险,正确处置。

(2) 综合掌握妇科不同治疗方式、特点及局限性。

(3) 手术不是目的,只是手段。

(4) 科学理性评估并发症,及时采取有效措施处理并发症。

(5) 掌握围产期保健基本理论与临床实践。

(6) 了解产力、产道、胎儿的相互关系,掌握相关评估方法与科学检测方法。

(7) 掌握胎心监护图。

(8) 正确处理产程。

(9) 掌握分娩期并发症的不同表现,及时采取正确的处理方式。

(10) 与患者及家属理性沟通、全面沟通、多角度沟通。既尊重患者、关爱患者,同时又能保持理性,遵守原则。

（11）与相关科室和人员：麻醉科、急诊科、ICU、检验科、影像科、超声科、病理科、输血科医师建立合作团队，及时寻求内外科医师支持，与妇产科护士达成医护共同体。

（12）妇幼保健院医师掌握如何迅速启动院外会诊、支持程序。

（13）规范书写病历，及时留存证据。

（14）掌握妇产科用药原则，规范用药、合理用药，及时请相关科室尤其是内科指导用药。

（15）产科与新生儿科协同合作，及时处置高危新生儿。

第十六章 儿科法律能力与职业道德建设

儿科学(Pediatrics)是一门研究小儿营养、生长发育规律、提高小儿身心健康水平和疾病防治的综合性医学学科。它的服务对象从胎儿到青少年,其生理、病理、疾病表现等方面与成人不同,具有动态生长和发育的特点。学科范围包括:儿童保健、围生医学、新生儿、感染、消化、呼吸、心血管、泌尿、血液及肿瘤、神经、精神心理、内分泌、免疫、遗传代谢、急救、康复、营养等。儿科住院医师规范化培训期间应当掌握正确的临床工作方法,准确采集病史、规范体格检查、正确书写病历,对儿科的常见病、多发病的病因、发病机制、临床表现、诊断及鉴别诊断、治疗与预防等有较详细的了解,并能独立处理,熟悉相关诊疗常规、诊疗技术和临床路径。要求儿科住院医师具备扎实的医学基本功,娴熟的法律处置能力,把医学伦理道德融入疾病诊治和与患者相处之中。

案例 47 新生儿呼吸窘迫综合征

一、关键词

新生儿疾病特点 病因鉴别

二、案情简介

1. 诊治经过

8 月 18 日 13:00,产妇,27 岁,孕 39^{+3} 周,强烈要求剖宫产娩一女婴,体重 3 415 g, Apgar 评分 1 min、5 min 均为 10 分,羊水清,量中。16:10 患儿(女婴)因"面色发绀 1.5 h"入儿科病房。住院病案记载:

患儿出生后曾吸管吸出口咽粘液 20 ml。今下午 16:00 患儿出现面色发绀,略有呻吟,哭声欠畅。

入室后检查:体温 36.1℃(R),呼吸 63 次/min,心率 132 次/min,神志清,足月儿貌,面色略苍白,略有气急,有呻吟,唇周发绀,无明显吸气性凹陷。全身皮肤、黏膜无黄染,无瘀斑、瘀点、皮疹。前囟平软,双瞳等大等圆,口腔黏膜光滑,颈部无抵抗,胸廓无畸形,双侧呼吸运动对称,心律齐,心音有力,未闻及病理性杂音。两肺呼吸音粗,未闻及明显啰音。腹软,不胀,未扪及包块,肝肋下 1.5 cm,质软,脾肋下未扪及,脐部干,四肢肌张力正常,觅食反射(+),拥抱反射(+),握持反射(+)。

入院诊断:新生儿湿肺,新生儿吸入性肺炎。当即摄胸腹联合片,影像学表现:胸廓对称,两肺纹理增多、粗,并模糊,伴部分斑点状阴影,两肺透亮度增加。心形如常,两隔影低,肋膈角变深。膈下内脏位置无异常，肠道充气无异常。影像学诊断：符合新生儿湿肺，伴吸入性肺炎，建议随访复查。血气分析：pH7.27，Beb－6.7 mEq/L，BBP40.1 mEq/L，$TCO_2$21 mmol/L，AB19.7 mEq/L，SB 19.2 mEq/L，$PO_2$17 mmHg，Sat. $O_2$20.2%，C－$O_2$3.4 ml%，P50 32 mmHg。血常规：白细胞计数 23.95×10^9/L，中性粒细胞百分比 72.1%，血清总二氧化碳 20 mmol/L，血糖 6.3 mmol/L，血钾 5.5 mmol/L。予以禁食，维生素 K_1 1 mg 静脉推注防新生儿自然出血症，10%GS100 ml 静滴维持 12 h，适当吸氧。

8 月 18 日当晚 20:30，心电监护患儿呼吸频率 30～70 次/min，心率 120～150 次/min，血压 64 mmHg/34 mmHg，经皮测氧饱和度 80%～85%，予头罩吸氧。

8 月 19 日 6:30，患儿在头罩吸氧下，仍有气急，有呻吟，无惊厥，无呕吐，大、小便已解。体检：神志清，反应尚可，哭声欠畅，面色略苍白，有气急，有呻吟，胸骨下轻微细凹，唇周发绀不明显，肺部呼吸音粗，未及明显啰音，心脏未及明显杂音，心电监护呼吸 40～80 次/min，心率 120～150 次/min，血压 68 mmHg/43 mmHg，经皮测氧饱和度 90%，予继续头罩吸氧，密切观察患儿病情变化。

9:00 主任查房，考虑患儿气急明显，有吸气性凹陷。病情危重，告病危，复查胸片，行 NCPAP(鼻塞式持续气道正压通气)治疗，给予头孢他啶静脉点滴。心脏超声检查：重度肺动脉高压；房间隔缺损。11:00 患儿 NCPAP 吸氧中气急仍较明显，有发绀，略有呻吟。考虑颅内出血不能排除，予以甘露醇静滴降低颅内压。13:00 患儿 NCPAP 吸氧中气急仍较明显，面色发绀明显，心电监护下心率 140～150 次/min，呼吸 80～110 次/min，氧饱和度 70%左右，血压 68 mmHg/32 mmHg，略有呻吟，哭声轻，吸凹明显，两肺呼吸音粗，未闻啰音。复查血气分析，考虑有代谢性酸中毒，予碳酸氢钠纠酸，并行机械通气。向家属说明病情高危，患儿随时有生命危险。15:10，患儿氧饱和度 50%左右，心率 130 次/分左右，呼吸 80 次/分左右，予加压给氧，氧饱和度仍未上升，渐降至 30%～40%，心脏出现Ⅳ级 SM。15:20，患儿心率、呼吸下降为 0，予心外按压、肾上腺素等抢救，无效，于 15:50 宣告患儿临床死亡，死亡诊断：先天性心脏病，新生儿湿肺，新生儿吸入性肺炎。

后进行尸体解剖，尸检报告病理诊断：①新生儿状态；②肺透明膜形成，伴部分肺不张，肺淤血；③动脉导管未闭(直径 0.6 cm)，卵圆孔未闭(直径 1 cm)；④脑蛛网膜及脑组织内血管扩张淤血，部分有漏出性出血；⑤部分心肌纤维空泡变性，心肌间质血管扩张充血；⑥肝淤血，伴肝细胞水样变性；⑦肾小管上皮水样变性，伴间质血管扩张淤血及红细胞漏出；⑧肾上腺被膜及部分皮质出血；⑨其他脏器(胸腺、甲状腺、脾、胃肠等)淤血及漏出性出血。报告为：患儿因肺透明膜形成，伴部分肺不张，肺淤血，符合新生儿呼吸窘迫综合征，并有动脉导管粗大未闭和卵圆孔未闭，导致各脏器组织缺氧，终因呼吸衰竭而死亡。

2. 医患交涉过程

患方认为，医方存在如下过错：

(1) 医方未切实履行医务人员职责，在剖腹产后近 3 h 患儿没有得到及时正确的诊治，导致发生吸入性肺炎。

(2) 已有气急、面色欠佳、唇周发绀近 2 h 的患儿转入儿科病房后，医方仍然没有予以积极有效的诊疗，使患儿病情逐渐加重。

(3) 医方没有给予针对性湿肺和吸入性肺炎积极有效的诊治，使患儿病情进展恶化，发生严重缺氧、酸中毒，导致发生呼吸窘迫综合征，动脉导管卵圆孔开放，持续肺动脉高压，最终不治身亡。

患方认为医方应承担全部责任，故诉至法院。

医方认为，医疗行为不存在过错。具体理由如下：

(1) 选择性剖宫产呼吸窘迫综合征是造成患儿死亡的做主要原因。

(2) 医方的诊断思路正确，不存在对湿肺严重程度认识不足的问题。

为进一步查明事实，法院委托进行鉴定，鉴定分析意见认为：

(1) 医方对于无子宫收缩，未临床的足月妊娠孕妇实施选择性剖宫产，尽管患方拒绝阴道分娩，坚决要求剖宫产，没有剖宫产指征。但无医疗指征的、未临产的选择性剖宫产(家属要求)与新生儿湿肺发生有关，为主要原因。

(2) 经剖宫产分娩的患儿至新生儿室相隔 3 h，期间新生儿状况及处置无记录可追索；同时患儿出现面色发绀 1.5 h 入住儿科，有依据表明在 3 h 后予以面罩吸氧治疗；医方对足月新生儿呼吸窘迫综合征的认识不足，纠正低氧血症的措施不力，存在医疗不当。

(3) 患儿死亡主要原因为肺透明膜病致持续性肺动脉高压、低氧血症、呼吸衰竭，除过早选择性剖宫产有使肺成熟度欠佳的致病原因外，尚与动脉导管粗大(直径达 0.6 cm)自身状况有关，因此医方的上述医疗行为失当起相对次要左右。

(4) 医方的医疗文书记录有多处不符合《病历书写基本规范》之处，如住院床号、性别、时间等书写错误，表明日常工作不甚严谨和规范。

鉴定结论：本例构成一级甲等医疗损害，医方承担次要责任。

3. 处置结果

法院据此认定被告医方应对原告患方承担次要责任并按照 40%的比例进行赔偿。

三、分析点评

本例是一起选择性剖宫产新生儿呼吸窘迫综合征致死亡的案例。本例涉及新生儿疾病风险控制。主要内容如下：

1. 新生儿及新生儿疾病特点

新生儿系指脐带结扎到出生后 28 天内的婴儿。新生儿期各器官发育尚不完善，生理功能也还没有健全，容易患病，但往往症状不典型，难以早期诊断，容易误诊误治，且因病情变化较快，病死率较高。但是新生儿疾病也有其特点，如窒息、产伤、感染、畸形是新生儿期的主要疾病。所以要求儿科医师必须熟练掌握新生儿疾病特点，详细询问、观察病史，认真体检，不断进行病因鉴别，就能正确诊治。

2. 重视病史及病因鉴别

本例 8 月 18 日 16:10 患儿入住儿科病房时，医师诊断为新生儿湿肺，新生儿吸入性肺炎。新生儿湿肺与新生儿呼吸窘迫综合征(RDS，又称为肺透明膜病)早期确实难以鉴别，但是随着时间的推移，两者开始区分。医师要结合病史及病情演变不断进行鉴别诊断。本例事后分析，可以发现医师忽略了这些病情：

(1) 患儿出生史。患儿为母亲选择性剖宫产出生，其母当时无宫缩，说明患儿可能还未到成熟阶段，虽然属于足月儿，但也有可能肺表面活性物质缺乏，容易引起肺透明膜病。

(2) 病情演变史。20:30 患儿入住儿科 4 h 仍有气急、呻吟、唇周发绀，虽然胸片提示为新生儿湿肺，但是患儿表现介于新生儿湿肺与 RDS 之间，而患儿经皮测氧饱和度偏低，应考虑为 RDS，医师需要严密监测病情。必要时应该进行科内疑难病例讨论，请示汇报二线备班医师等，但是，医师未予进行。

(3) 严密监测夜间变化。本例患儿自 8 月 18 日 20:30 至 8 月 19 日 6:30 之间无特殊处理，没有及时复查胸片，没有及时复查血气分析等，致使漏诊漏诊，处理不当，特别是纠正低氧血症的措施不力。机械通气和应用 PS(肺表面活性物质)是治疗 RDS 的重要手段，目的是保证通换气功能正常，待自身 PS 产生增加，RDS 得以恢复。所以，医师要正确掌握疾病的病因、病机、临床表现、检查与鉴别诊断，才能正确诊断，正确治疗。基本功是根本。

四、思考题

(1) 针对 RDS 患儿，儿科住院医师应当如何识别病情，进行病因鉴别，正确诊治？

(2) 图 47-1 是一张 RDS 患儿肺部 X 线片，请问您如何区分 RDS 与新生儿湿肺的胸部 X 线片？儿科医师是否有必要掌握阅片能力？

(3) 请您结合第一篇内容，设计一份针对 RDS 患儿的住院医师法律能力与职业道德建设风险控制路径图。

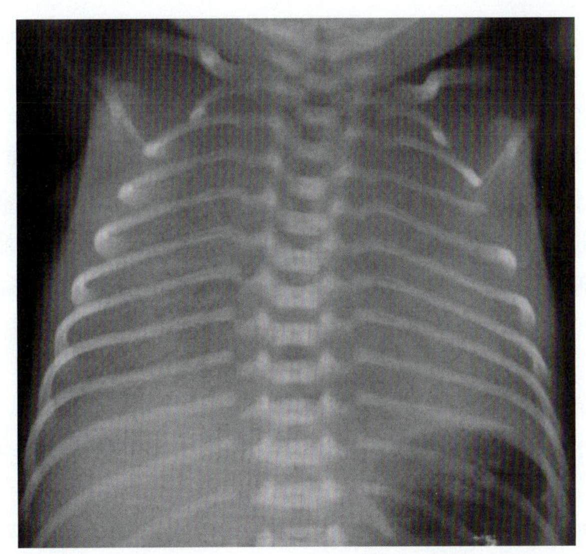

图 47-1　RDS 患儿肺部 X 线片

五、相关法律链接

《侵权责任法》

第五十七条　医务人员在诊疗活动中未尽到与当时的医疗水平相应的诊疗义务，造成患者损害的，医疗机构应当承担赔偿责任。

案例 48　呕吐窒息死亡

一、关键词

儿科法律风险　儿科沟通

二、案情简介

1. 诊治经过

11 月 24 日 10:20，患儿，10 月龄大，因“呕吐、发热”赴儿科就诊。门诊病史记载：

主诉：呕吐半天伴发热。

现病史：患儿呕吐 5 次，为胃内容物，有发热，昨日大便稀烂，今日大便未解，无咳嗽，无腹痛、腹泻，胃纳减，无惊厥，无明确不洁饮食。

既往史：无特殊，无药物过敏史。

查体：神志清，精神反应可，呼吸平稳，无明显脱水貌，无皮疹，咽部略红，无渗出。肺部无啰音，心率 110 次/min，呼吸 24 次/min，腹软，不胀，未及包块，无压痛，无肌紧张，肠鸣音正常。

血常规：白细胞计数 10.27×10^9/L，中性粒细胞百分比 52.8%，血红蛋白 125 g/L，血小板 396×10^9/L。C-反应蛋白＜1 mg/L。超声：腹腔内淋巴结稍大，余腹腔充满肠气反射，内未见明显块物回声。

诊断：呕吐？

处理：给予磷酸素钠、维生素 B_6、10%氯化钠、醒脾养儿颗粒，补液共 200 ml。嘱患儿次日复诊，若呕吐不止急诊。

17:30，患儿静滴完毕回家。

11 月 25 日 11:00，家长发现患儿无反应，面色苍白，口唇青紫，皮肤瘀斑，送院急救，查无生命体征，气管插管吸出约 20 ml 黄色黏液，抢救后宣告死亡。死亡诊断：异物吸入性窒息。

尸检报告：尸检发现部分细支气管腔及肺泡腔内有异物阻塞，异物内含脂滴及黏液等。两肺见广泛淤血水肿、灶性肺萎陷及出血。考虑患儿因吸入导致窒息死亡，肠道、脾及扁桃体淋巴组织反应提示患儿生前有感染。

2. 医患交涉过程

患方认为，患儿之死系医方过错造成，主要表现为：

(1) 医方未详细了解病情，未对患儿进行基本的体格检查，对患儿可能存在的疾病未及时诊治，存在误诊漏诊。

(2) 医方未对患儿及时收治入院或留观，仅给予补液治疗，对回家后特别要注意和交代的事项如禁食等没有告知。

医方认为，医疗行为正确，不存在过错。理由为：

(1) 诊断正确，治疗合理，告知充分。

(2) 患儿系呕吐物误吸导致窒息死亡，属于意外事故，系家长监护不当，与医疗行为无关。

法院为进一步查明事实，委托进行鉴定，鉴定分析意见认为：

(1) 诊断及治疗符合临床思路：患儿因呕吐、发热至儿科就诊。血常规：白细胞计数 10.27×10^9/L，中性粒细胞百分比 52.8%，超声：腹腔内淋巴结稍大，余腹腔充满肠气反射，内未见明显块物回声。根据临床表现、血常规和腹部超声检查，医方诊断“呕吐”(待查)并给予患儿抗生素等药物及补液治疗符合临床诊疗常规。根据以上临床资料，患儿胃肠炎可能大，肠梗阻诊断依据不足，后尸检亦未证实肠梗阻，禁食非必须。

(2) 死亡原因：尸检报告“发现部分细支气管腔及肺泡腔内有异物阻塞，异物内含脂滴及黏液等。两肺见广泛淤血水肿、灶性肺萎陷及出血。考虑患儿因吸入导致窒息死亡。”印证了医方的死亡诊断“异物吸入性窒息”。此属意外事件，与医方医疗行为不存在因果关系。

(3) 不足之处：医方病史书写不够规范，患儿补液结束后医方未再予诊视。但此与患儿十几小时后在家呕吐窒息死亡无因果关系。

鉴定意见：本例不属于对患儿人身的医疗损害。

3. 处置结果

法院酌定判令被告补偿原告 5 万元。

三、分析点评

本例是一起患儿呕吐窒息死亡的意外事件。通过本例需要注意以下事项：

1. 儿科法律风险与控制

(1) 诊治对象属于无民事行为能力人或限制民事行为能力人。儿科诊治的对象为青春期前儿童，所以法律主体性质特殊，病史主诉以家长或其他亲属、陪同者为主，容易忽略患儿本人的感受。作为儿科医师要适时询问患儿，注意患儿的主诉。当然本例患儿才 8 月龄，尚无语言表达能力。

(2) 注意监护人行为。监护人包括配偶、父母、子女；兄弟姐妹、祖父母、外祖父母等。儿科特指父母、祖父母、外祖父母。孩子一旦患病，家长心情非常焦虑，往往失去判断力，这时医师要注意与家长的沟通方式，仔细询问，仔细倾听，同时注意告知注意事项。鉴于儿科疾病有类似性，建议儿科制作公共告知内容，可以减轻医师的工作压力。如本例患儿呕吐就诊，医师可以让患儿家长看有关呕吐的注意事项与诊疗流程，让患儿监护人有章可循。

2. 注意儿科沟通内容与方式

本例患儿考虑胃肠炎可能，治疗与饮食控制是关键，虽然不需要禁食，但是医师应当根据治疗效果重新评估患儿，指导家长相关注意事项。本例在此有不足之处。

3. 注意儿科疾病治疗原则

儿科疾病治疗原则包括护理、饮食治疗、药物治疗与心理治疗等。其中饮食治疗指导是指根据病情选择适当的饮食，不当的饮食可使病情加重，甚至危及生命。本例患儿系胃肠炎，医师在用药同时应当予以正确的饮食指导。

4. 儿科病历书写

前一案例及本例均提及病历书写问题。本例患儿初次就诊时，电脑病历卡纸，医师只得再打印一份粘贴在病历上，后期患儿抢救无效死亡后，家长认为该打印病历系事后伪造添加，为此事争执不已。所以，专家认定病历书写不规范。那如果医师遭遇此事怎么办？从证据的合法性角度，若因卡纸重新打印病历，粘贴件与病历卡请加盖骑缝章，以免使患方产生疑虑。这就是证据合法性、关联性的要求。否则，就有伪造、篡改风险。

四、思考题

(1) 针对呕吐患儿，儿科住院医师应当如何识别病情，根据诊疗常规制定医疗方案？

(2) 如果您是本例患者的门诊医师，您将如何处理病历瑕疵？

(3) 请您结合第一篇内容，设计一份针对胃炎患儿的住院医师法律能力与职业道德建设风险控制路径图。

五、相关法律链接

《侵权责任法》

第五十八条　患者有损害，因下列情形之一的，推定医疗机构有过错：

(一) 违反法律、行政法规、规章以及其他有关诊疗规范的规定；

(二) 隐匿或者拒绝提供与纠纷有关的病历资料；

(三) 伪造、篡改或者销毁病历资料。

案例 49　药物过敏致死

一、关键词

药物不良反应　儿科急救

二、案情简介

1. 诊治经过

患儿，男，3 岁，6 月 3 日因“咽痛”就诊，医师考虑患者咽炎，予静注抗生素头孢呋辛一天量。6 月 4 日 9:45，患儿因咽痛复诊，医师继续给予头孢呋辛 1.5 g+5%葡萄糖 250 ml 静滴。患儿静滴同时，母亲喂患儿香蕉少许。患儿静滴头孢呋辛数分钟后，突然出现烦躁、呕吐、口唇发紫等情况，并用小手掏自己的喉咙，母亲迅速呼叫医师护士，医师护士立即赶至，当时发现患儿已身体强直，护士立即抱起患儿，让母提着输液瓶至抢救室抢救，这时患儿心跳骤停，医师立即予以心肺复苏，同时迅速通知麻醉医师，但医师数次气管插管失败，待麻醉医师赶到时，患儿已心跳停止，抢救无效死亡。死亡原因考虑头孢呋辛过敏反应休克致死。

2. 医患交涉过程

本起事件发生后，患方对医方的抢救治疗提出异议，认为医方没有尽到应尽的抢救义务。在过敏反应发生后，医师不是就地抢救，而是跑了一段距离至抢救室，当时没有迅速更换液体，而是继续让头孢呋辛输入患儿体内，医师的抢救能力明显不足，连气管插管都不会，几次都未成功，医方存在过错，要求承担全部责任。

医方认为患儿的情况属于过敏反应，属于临床难以预料难以防范的风险，一旦发生严重的过敏反应，抢救余地和时机很少，所以不同意赔偿。

3. 处置结果

本案引发极大冲突。最后，经医调委主持调解，医患双方达成了调解协议，医方承担次要责任。

三、分析点评

本例是一起头孢呋辛过敏反应休克致死亡的案例。药物过敏反应是非常严重的药物不良反应，虽不常见，但是一旦发生轻则皮疹、发热，重则肝肾功能损害、休克甚至死亡，所以，不可轻视。

1. 药物不良反应

根据《药品不良反应报告和监测管理办法》，药品不良反应，是指合格药品在正常用法用量下出现的与用药目的无关的有害反应。药物不良反应表现为药物的副反应、毒性反应、后遗反应、停药反应、过敏反应等。

2. 儿科用药风险控制

儿童因各项机能发育不完善，对药物毒副作用耐受差，更容易发生药物不良反应。控制措施有：

(1) 严格掌握适应证。可用可不用者，不用。注意儿科用药特点与计算方式。

(2) 详细阅读说明书，了解药物的理化性质、毒副作用和不良反应。

(3) 注意药物禁忌证。

(4) 合理选择给药途径。

(5) 科学沟通。许多患儿家长缺乏对儿科疾病的认识，点名要求输液，输注抗生素，违反用药原则，有时医师感觉很难沟通。虽然如此，医师仍要积极沟通。同时，医师、医院要通过多种途径宣传合理用药、正确用药的科学常识，以减轻临床工作压力。

3. 从本例看儿科急救

通过本例抢救行为可以发现，当时医护人员以为患儿是香蕉窒息所致，忽略了药物过敏反应，致使抢救发生原则性失误，同时也反映医护人员基本功不足。当时的抢救原则应是立即就地平卧，更换液体，迅速皮下注射肾上腺素，迅速实施 CPR（心肺复苏）。本例需要立即对患儿进行胸外按压、开放气道、建立呼吸。本例患儿已经出现心脏骤停，能否开放气道和实施有效的人工通道是儿童心肺复苏成功的关键措施之一。患儿药物过敏已致急性喉头水肿窒息，甚至需要气管切开。但是医师抢救行为明显没有按照规范流程，技能生疏，操作失误，最终发生严重的后果。

当然，也有可能医务人员抢救操作正确，但患儿最终仍然死亡，那医方有责任吗？没有责任。因为这种情况属于医务人员在紧急情况下已经尽到合理诊疗义务，医方没有过错，所以不承担法律责任。本例医方急救能力明显不足，使患儿失去了抢救时机，所以医方要承担一定的责任。

四、思考题

（1）一旦发生药物过敏性休克，儿科住院医师应当如何急救？请制定急救流程并正确演练。

（2）儿科医师用药应遵循哪些原则？

（3）请您结合第一篇内容，设计一份针对儿科急救的住院医师法律能力与职业道德建设风险控制路径图。

五、相关法律链接

《侵权责任法》

第六十条　患者有损害，因下列情形之一的，医疗机构不承担赔偿责任：

（一）患者或者其近亲属不配合医疗机构进行符合诊疗规范的诊疗；

（二）医务人员在抢救生命垂危的患者等紧急情况下已经尽到合理诊疗义务；

（三）限于当时的医疗水平难以诊疗。

前款第一项情形中，医疗机构及其医务人员也有过错的，应当承担相应的赔偿责任。

案例 50　预防接种

一、关键词

儿童保健　计划免疫

二、案情简介

1. 诊治经过

患儿，女，八个月大。3 月 29 日接医院疫苗接种室预约通知，接种麻疹疫苗与乙脑疫苗。4 月 8 日，患儿因“身上出现红疹，皮肤瘙痒”至儿科就诊，门诊病历卡记载：头部、会阴部皮疹一日。诊断：特异性皮炎。予以对症处理。又至眼科就诊，眼科门诊病史记载：右眼分泌物多 4 天，诊断：急性结膜炎。5 月 13 日，至眼科再次就诊，门诊病历记载：3 月 29 日接种麻疹疫苗和乙脑疫苗，2～3 天后出现皮疹，反复出现，既往有鹅口疮。检查结膜充血，外耳湿疹，血常规：白细胞计数 $6.5\times10^9/L$，淋巴细胞百分比 75.7%，中性粒细胞百分比 17.1%，血小板 $380\times10^9/L$。诊断：双眼结膜炎，外耳湿疹，血小板增高待查。予对症治疗。

2. 医患交涉过程

患方认为，患儿严重的过敏反应是接种麻疹疫苗和乙脑疫苗后的不良反应。医方在注射疫苗前没有履行告知义务，没有仔细询问病史如是否有鸡蛋过敏史，未告知麻疹疫苗和乙脑疫苗的禁忌证，医方未尽应尽的注意义务，应承担完全法律责任。故患方诉至法院。

医方认为，患儿的过敏反应不符合麻疹疫苗类型，医方已经尽到口头告知义务，故不同意赔偿。另外，患儿 2 岁时又接种了麻疹疫苗与乙脑疫苗，均无过敏反应，所以，前次过敏与疫苗无关。

法院为进一步查明事实，委托进行鉴定。鉴定分析意见认为：

（1）患儿 8 月龄，接种疫苗后发生过敏性皮疹。过敏性皮疹的原因有多方面，包括空气、食物、环境等因素，但是不能排除接种疫苗引起过敏。

（2）医方在实施疫苗接种时没有按照预防接种工作规范要求对患方进行书面告知及签字，有违规定。

(3) 患儿发生过敏性皮疹与医方没有进行书面告知与签字并无因果关系:①麻疹、乙脑疫苗是国家规定接种的一类疫苗,只要没有禁忌证均应当接种。②即使是过敏性体质儿童也可以暂缓接种后补种。③根据患方陈述患儿在疫苗接种前并无过敏病史。④现有资料没有显示患儿 2 年后接种同类疫苗后发生不良反应的记录。

鉴定结论:本例不构成医疗损害。

3. 处置结果

法院最终认为,被告医方在接种过程中未进行书面告知和签字,有违相关规定,应承担合同违约责任,具体赔偿金额由法院根据案情酌定。最终,判令被告医方赔偿原告患方 5 000 元。

三、分析点评

本例是一起疫苗预防接种告知不当引发的纠纷。疫苗预防接种属于儿童保健内容,在这个领域,儿科医师需要注意哪些内容呢?

1. 了解儿童保健与具体措施

儿童保健属于儿科学与预防医学的分支,为两者的交叉学科。主要是研究儿童各年龄期生长发育的规律及其影响因素,促进儿童健康成长。儿童保健的具体措施有护理、营养、计划免疫、儿童心理卫生等。计划免疫作为儿童保健重要内容之一,是根据小儿的免疫特点和传染病发生的情况而制订的免疫程序,通过有计划地使用生物制品进行预防接种,以提高人群的免疫水平、达到控制和消灭传染病的目的。

根据国家规定,疫苗分为两类。第一类疫苗,是指政府免费向公民提供,公民应当依照政府的规定受种的疫苗,包括国家免疫规划确定的疫苗,省、自治区、直辖市人民政府在执行国家免疫规划时增加的疫苗等,一类疫苗接种表如表 50-1 所示;第二类疫苗,是指由公民自费并且自愿受种的其他疫苗。

表 50-1 一类疫苗接种表

疫苗名称	0月龄	1月龄	2月龄	3月龄	4月龄	5月龄	6月龄	7月龄	8月龄	18月龄	18~24月龄	2周岁	3周岁	4周岁	6周岁
乙肝疫苗	√	√					√								
卡介苗	√														
脊髓灰质炎减毒活疫苗			√	√	√									√	
百白破疫苗				√	√	√					√				
白破疫苗														√	
麻风、麻疹疫苗									√						
麻腮风疫苗											√				
A群流脑疫苗							√(间隔3月)√								
A+C群流脑疫苗													√	√	
乙脑减毒活疫苗									√			√			
甲肝减毒活疫苗											√				

2. 掌握接种流程

根据卫生部《预防接种工作规范》规定：

“5.2.3　接种前告知和健康状况询问

5.2.3.1　接种工作人员在实施接种前，应当告知受种者或者其监护人所接种疫苗的品种、作用、禁忌、不良反应以及注意事项。告知可采取口头或文字方式。

5.2.3.2　接种工作人员在实施接种前，应询问受种者的健康状况以及是否有接种禁忌等情况，并如实记录告知和询问情况。

5.2.3.3　受种者或者其监护人要求自费选择接种第一类疫苗的同品种疫苗的，接种单位应当告知费用承担、异常反应补偿方式以及本章 5.2.3.1 的内容。”

本例采取口头告知方式，没有违反卫生部规定，但从证据效力而言，除非患方认可，否则口头告知没有证据效力。建议医师在涉及重要事项时，以书面签字告知为主。

3. 科学认识不良反应

根据卫生部《预防接种工作规范》，预防接种可发生一般反应，也就是在预防接种后发生的，由疫苗本身所固有的特性引起的，对机体只会造成一过性生理功能障碍的反应，主要有发热和局部红肿，同时可能伴有全身不适、倦怠、食欲不振、乏力等综合症状。注射减毒活疫苗后出现发热反应的时间稍晚，个别受种者在注射麻疹疫苗后 6～10 天内会出现中度发热，有类似轻型麻疹样症状。

4. 科学理性沟通

本例患儿 3 月 29 日接种麻疹、乙脑疫苗当晚即出现脸上、身上有细小红疹，家长第二天赶往医院询问是否有问题，医师告知没有问题，是正常反应。然而之后患儿过敏反应越来越重，家长四处投医，非常疲惫，对医师认为没有问题的说法不满，家长不断投诉，最后引发很大的纠纷。本例提醒医师，要谨言慎行，对未见患儿本人的咨询不可随意“打包票”，说话要留有余地，同时建议患儿到院检查。

四、思考题

(1) 当家长咨询有关儿童保健内容时，儿科住院医师如何处置？

(2) 若出现疫苗接种反应，儿科医师应如何处置？

(3) 请您结合第一篇内容，设计一份针对预防接种的住院医师法律能力与职业道德建设风险控制路径图。

五、相关法律链接

《疫苗流通和预防接种管理条例》

第二十五条　医疗卫生人员在实施接种前，应当告知受种者或者其监护人所接种疫苗的品种、作用、禁忌、不良反应以及注意事项，询问受种者的健康状况以及是否有接种禁忌等情况，并如实记录告知和询问情况。受种者或者其监护人应当了解预防接种的相关知识，并如实提供受种者的健康状况和接种禁忌等情况。

医疗卫生人员应当对符合接种条件的受种者实施接种，并依照国务院卫生主管部门的规定，填写并保存接种记录。

对于因有接种禁忌而不能接种的受种者，医疗卫生人员应当对受种者或者其监护人提出医学建议。

案例 51 儿童康复训练

一、关键词

康复训练

二、案情简介

1. 诊治经过

患儿,男,17 月,1 月 11 日,因“不能正常站立行走”至儿科检查,病史记载:出生后 3 月余抬头,10～11 月独坐,不能扶站,站立时无足尖着地,能自拿小馒头进食,能说较多单词。查体:神清,能独坐,不能翻身,站立时无足尖着地,左下肢膝关节前屈,四肢肌张力不高,双下肢肌力低下(Ⅲ级),腱反射未引出。巴氏征(一),踝阵挛(一)。无家族史,出生时无抽搐。诊断:运动发育迟缓,安排患儿至康复科进行小儿康复训练。

康复科医师进行训练前评估:FMQ(精细运动发育商)76,GMQ(粗大运动发育商)64。2 月 22 日,开始对患儿进行感觉统合训练和 PT 功能训练(有压手、俯卧、撑肩等运动),持续半小时。每日训练。

3 月 6 日,患儿因双手旋转不能到儿童骨科就诊,检查:双前臂旋后不能,手指活动良好。摄片影像学表现:左尺桡骨远端双骨折,左桡骨远断端向掌侧、尺侧成角,左尺骨断端对位对线尚可,可见骨痂形成;右尺桡骨远端双骨折,右桡骨远断端向掌侧、尺侧成角,右尺骨断端对位对线尚可,可见骨痂形成。影像学诊断:双侧尺桡骨远端骨折(陈旧性),可见骨痂形成。医师建议入院手术。经主任检查,考虑骨折在愈合中,有残余畸形目前腕关节活动无受限,可暂不处理,一月后复诊。患儿活动受限。

2. 医患交涉过程

患方认为,医师暴力训练致使患儿双侧尺桡骨远端骨折。在 2 月 22 日第一次持续训练半小时后,患儿即哭闹剧烈,双手抖动不止。但医师看后,认为无妨碍,嘱继续进行 PT 功能训练。2 月 23 日训练前,家长反映患儿双手腕硬肿,但医师说是正常反应,仍每日训练。至 2 月 28 日,患儿双手腕已明显不能转动。3 月 6 日,家长多次反映后,医师才建议至骨科检查。自 2 月 22 日至 3 月 6 日,长达 13 天的时间,家长多次反映患儿哭闹,双手抖动,红肿,僵硬,畸形,但医师却疏于观察和检查,不但不停止,反而一再以双手为支点进行强力训练,使损害更加严重。患方为此诉至法院,要求医方赔偿。

医方辩称,患儿在医院进行小儿康复常规诊治和训练过程中,未出现任何骨折的症状和表现,整个康复过程顺利,医院不存在漏诊、漏治和暴力训练。

法院委托鉴定。专家鉴定分析意见认为:

(1) 医方未能证明患儿骨折与康复治疗无关。

(2) 此种骨折应对患儿的远期手功能无明显影响(患儿未到现场接受检查),因此不构成医疗损害。

(3) 院方在诊治过程中未详细告知,故有一定不足。

鉴定结论:本病例不属于医疗损害。经司法鉴定,患儿需要酌情给予营养 90 日,陪护 90 日,不需要继续治疗。

3. 处置结果

本案经法院主持调解,原被告双方达成调解协议。

三、分析点评

本例是一起儿童康复训练不当的案例。随着现代医学的发展,儿科治疗方式呈多样化趋势。医院不仅设立以儿内为主的传统儿科，还设立儿外科、儿骨科、康复中心等。若不熟悉儿科的相关特点，则会引发纠纷。本例即是如此。通过本例，医师主要需要掌握以下几点：

1. 注意病史采集

儿科病史陈述以家长或监护人为主，作为医师，要随时认真听取家长反映，特别是特殊情况，不可固执己见，先入为主。如本例患儿第一天训练后，即出现哭闹不安，双手抖动不已。作为医师应该注意这些细节，详细检查，必要时请会诊以明确诊断。

2. 注意各种治疗方式的优缺点

用药、手术、理疗、康复训练均有优缺点，作为医师，要正确掌握适应证，注意禁忌证，注意操作过程中的并发症，及时发现、及时处理，以免患儿病情加重，引发不良后果。本例患儿出现双侧尺桡骨完全性骨折，与医师训练剂量过重有直接关系，所以，医师要随时注意患儿的具体情况，及时调整，严密观察。

3. 病历书写正确

本例自 2 月 21 日至 3 月 6 日的治疗时间内，医师只有在 2 月 21 日有病历书写，之后均无记录，既不能及时发现患儿异常情况，也不能证明医方的治疗情况，所以，本例病历书写存在严重瑕疵。医师要养成正确书写病历的良好习惯。

四、思考题

(1) 作为儿科康复医师，对患儿进行检查、评估、治疗应当遵守哪些规程？

(2) 如果您是本例患儿的康复医师，您将如何操作？请根据时间节点详细分析。

(3) 请您结合第一篇内容，设计一份针对儿童康复训练的住院医师法律能力与职业道德建设风险控制路径图。

总结

本章通过 5 个不同案例阐述了儿科住院医师需要掌握的基本法律能力与职业道德。受篇幅所限，不能涵盖所有儿科科室，尤其是儿科重症监护案例，但是以下几点注意事项可供大家参考：

(1) 科学评估儿童不同时期普通疾病与危急重症的表现和风险，正确处置。

(2) 培养规范书写病历、留存证据的习惯。

(3) 注意儿科患者特点，与监护人或其他家长有效沟通。

(4) 培养循证医学的思维习惯与行为习惯。

(5) 及时启动疑难病例讨论，会诊讨论等等，积极寻求各方支持。

(6) 善于制定各病种的规范化操作流程。

(7) 掌握儿科用药注意事项，合理用药，规范用药。

(8) 掌握儿科急救技术。

第十七章

精神科法律能力与职业道德建设

精神病学(Pathergasiology)是一门研究精神障碍的病因、发病机理、病象和临床规律以及预防、诊断、治疗和康复等有关问题的医学学科。精神科主要疾病有脑器质性精神障碍、躯体疾病所致精神障碍、精神活性物质所致精神障碍、精神分裂症、偏执性及其他精神病性障碍、心境障碍、分离性障碍、神经症性障碍、应激相关障碍、心理因素相关生理障碍、人格障碍与性心理障碍、精神发育迟滞、心理发育障碍、儿童少年期行为和情绪障碍等。精神科住院医师规范化培训期间应当掌握正确的临床工作方法,准确采集病史、规范体格检查、正确书写病历,掌握精神科常见病、多发病的诊断、治疗、康复方案,同时应加强相关学科的基本能力培训,以提高对精神病患者,特别是慢性精神病患者的躯体疾病的处置能力。要求精神科住院医师具备扎实的医学基本功,娴熟的法律处置能力,把医学伦理道德融入疾病诊治和与患者相处之中。

案例 52　诊断之争

一、关键词

民事法律地位　诊断流程

二、案情简介

1. 诊治经过

2 月 9 日,患者,女,60 岁,因"家庭纠纷",患者被儿子、丈夫送至某精神卫生中心。其丈夫诉患者平时生活懒散,有时冲动打人,说话前言不搭后语,总认为他人在害他,怀疑家人,持续有 20 余年之久,家人实在无法忍受,陪同患者前来就诊咨询。病史记载精神检查:

一般检查:

(1) 意识:意识清,患者对环境和自我意识清晰。

(2) 定向:时间、地点、人物均好。

问:这是什么地方? 答:精神病院。

问:我做什么工作? 答:医师。

问:今天几号? 答 2 月 9 日。

(3) 仪态：端整，衣着整洁。

(4) 接触：简单接触尚可，深入交谈，格格不入，拒绝感明显。

(5) 注意力：被动注意力集中，主动注意力尚可。

感知：未引出明显的幻觉、错觉、感知综合障碍。

问：你看到东西变形吗？答：没有。
问：吃东西有异味吗？答：没有。
问：墙上有什么东西？答：你们的东西？
问：没有人时听得到东西吗？答：没有。
问：皮肤上有异常感吗？答：没有。

思维：思维贫乏，有猜疑、被迫害妄想，非血统妄想。

问：你好吗？答：我不好。
问：家里人待你好吗？答：不好，他们天天骂我。
问：有人捉弄你？答：他们捉弄我，总是翻我的东西。
问：有人在饭里放毒吗？答：我天天盯着，他们不敢。要是被我发现，我就杀了他们。
问：有人看不起你？答：我老公从来没有看起我，我儿子也看不起我。
问：有什么东西控制你吗？答：他们不让我和别人说话。
问：你对医师有什么要讲的？答：我没病。
问：今天为什么到医院来？答：他们强迫我来的，夹着我来的，告诉我说是来咨询的。

情感：情感反应平淡，面容刻板，偶尔嗤笑，偶尔流泪……

问：你对什么东西感兴趣？答：没什么。
问：你目前心情如何？答：不开心。
问：高兴的事有吗？答：没什么。
问：心里不高兴的事有吗？答：没什么。
问：面孔为什么没有表情？答：没有。
问：看到有什么好笑的吗？答：没有。

意志行为：行为活动无特殊异常，比较刻板。

继续询问检查，患者抵触，不配合，起身就走，由家属完成后期询问。

初步诊断：精神分裂症。

2. 医患交涉过程

患者9个月后离婚，受到刺激，认为是精神分裂症这个不当诊断造成家庭关系愈加紧张，最终离婚，同时使自己在社会上遭受了极不公平的待遇，遭人歧视，被人指点。多次到医院要求重新诊断，撤销该病名，但医方未撤销。患者认为，自己在单位及居委会生活、工作及处理周围关系中均正常，有周围证人可作证。同时认为，精神分裂症的诊断必须要求精神障碍持续至少3个月，还要求患者的自知力丧失或不全，并达到造成社会功能明显受损或现实检验能力受损或无法进行有效交谈的严重程度。而医方在短短的数分钟内即草率作出诊断，不仅违反了医疗规范的检查义务，同时也严重侵害了公民的名誉权，使其遭受极大打击。因此，患者起诉至法院，请求法院依法撤销被告医方对原告患者的“精神分裂症”诊断，判令被告消除影响，恢复名誉。

被告医方认为，被告行为符合法律规定，诊断正确，请求法院依法驳回原告诉请。

法院应原告患者申请，委托司法鉴定机构对原告是否患有精神分裂症进行司法鉴定。鉴定结论：被鉴定人（原告）患有精神分裂症。

3. 处置结果

法院据此驳回原告诉讼请求。患者上诉，二审维持原判。

三、分析意见

本例是一起精神障碍诊断纠纷。患者最终败诉，但本案历时三年，患者对二审也不服，后又申诉，在申诉过程中因病死亡。通过本例，需要分析为什么会引发这一纠纷，如何规避，临床应该遵守哪些流程？

1. 精神障碍患者的特殊民事法律地位

根据《民法通则》，凡不能辨别自己行为的精神病患者是无民事行为能力人，由其法定代理人代理民事活动；对于不能完全辨认自己行为的精神病患者规定为限制民事行为能力人，他们可以进行与他们的精神健康状态相适应的民事活动。因此，已被诊断为精神障碍的患者可由法院宣告其为无民事行为能力人或限制民事行为能力人，对于未经宣告前，是否可以独立进行民事活动，法律并无禁止性规定，可见是允许的，只是若产生不良后果，则由其监护人承担法律责任。再往前退一步，需是患者已被诊断为精神障碍患者，即法律所言精神病患者。在未经诊断前，不可以妄断某人为精神障碍患者。所以，精神障碍的诊断并非仅限医学范畴，还涉及社会学、伦理学等，诊断一旦做出，还将影响对该患者的社会声誉判断，这也是有些真正精神障碍患者不愿意就诊的原因之一。

2. 精神障碍患者的诊断流程

根据《精神卫生法》（实际上这部法律出台前讨论很久，可见其难度）精神，精神障碍的诊断遵循自愿、科学、标准原则，除法律另有规定外，不得违背本人意志进行确定其是否患有精神障碍的医学检查。本例患者在首次就诊时，由其丈夫及儿子陪同，但患者表现为拒绝，不合作，表示自己没病，这时，医师应当意识到患者不配合，此次就诊违背患者本人意志，患者并未发生伤害自身或危害他人的危险行为，医师应当暂时中止这次诊疗行为，劝患者家属观察一段时间再来就诊。尊重患者是医师进行诊疗活动应遵守的基本伦理规范。

3. 严格遵守相关法律规范

根据中国精神障碍分类与诊断标准（CCMD 系统），本例患者符合精神分裂症的症状标准与病程标准。医师诊断正确，最终司法鉴定也认定患者为精神分裂症。本例在纯医学上医师没有过错，但在伦理上医师存在侵犯患者人格尊严的问题。《宪法》第 38 条规定，中华人民共和国公民的人格尊严不受侵犯。凡是具有我国国籍的自然人都是中华人民共和国公民。公民的民事权利能力始于出生，终于死亡，非经法定程序剥夺，任何公民均享有公民基本权利，包括人格尊严权。所以，精神障碍患者虽然其民事行为能力受限制，但是民事权利不受限制。医师应当尊重精神障碍患者的人格尊严权。

四、思考题

（1）作为精神科医师，应当如何对患者进行病史采集、专科检查、特殊检查，应当遵守哪些规程？

（2）如果您是本例患者的医师，当遭遇患者不合作时，您将如何沟通、如何操作？

（3）请您结合第一篇内容，设计一份针对精神分裂症患者的住院医师法律能力与职业道德建设风险控制路径图。

五、相关法律链接

《精神卫生法》

第二十七条　精神障碍的诊断应当以精神健康状况为依据。

除法律另有规定外，不得违背本人意志进行确定其是否患有精神障碍的医学检查。

第三十七条　医疗机构及其医务人员应当将精神障碍患者在诊断、治疗过程中享有的权利，告知患者或者其监护人。

案例 53　阿尔茨海默病并发脑血管意外

一、关键词

及时发现　固定证据

二、案情简介

1. 诊治经过

患者，男，74 岁，有长期高血压及脑梗死病史。因“记忆减退 4 年，伴有行为紊乱”，10 月 17 日第二次入住某精神卫生中心，入院诊断为阿尔尔次海默病（混合型）、高血压Ⅲ期。予以精神科护理常规，一级护理，甲磺酸双氢麦角毒碱片（喜得镇）、肠溶阿司匹林、珍菊降压片、佳静安定等治疗。于 10 月 20 日改为二级护理，患者此后病情处于稳定状态。

次年 1 月 7 日 5:30 左右，护理员在给患者梳洗后发现患者仍昏睡不醒，呼之不应，随即通知护士、医师。经医师检查患者意识丧失，处于昏迷状态，瞳孔大小不等，考虑脑血管意外。即通知家属送 B 院，作头颅 CT 等检查，诊断：脑出血，自发性硬膜下血肿。立即行开颅血肿引流术，但患者仍因病情危重，于 1 月 31 日死亡。死亡诊断为：右额颞创伤性硬膜下血肿。

2. 医患交涉过程

患者家属认为，患者为右额颞创伤性硬膜下血肿，属于医院管理不当引起，属于医疗过错，故诉至法院，要求医院赔偿。

医方认为，医疗行为正确，不同意赔偿，具体理由如下：

(1) 医院管理正确，不存在致其头部外伤的行为。医院结合精神专科医院的特殊情况，安排受过专门培训的护工对患者进行日常护理，相关护理病史记录也符合规定。医院在患者住院的整个期间，未发生击伤患者头部的不当行为，患者不仅有专业护工照料，而且有护士进行医疗护理。

(2) 患者右额颞硬膜下血肿是因皮质静脉自发破裂而造成。在 B 院的整个住院病史中均无患者头部外伤的病史记载；头颅 CT 片中，无头部软组织肿胀、颅骨骨折的阴影；体格检查中未发现有头部及躯体其他部位外伤痕迹的记录；手术记录中也无患者头皮损伤、肿胀、淤血、大脑皮质组织挫伤的痕迹记录。

(3) 根据医院录像监控记录显示：患者脑出血发生在凌晨 5:30 左右，此前，患者一直平卧于床，无跌倒，更无他人殴打患者的情况。

(4) 根据诊疗常规，蛛网膜下腔出血的病因一般分自发性和损伤性两大类，可以推断，头颅出血也可有自发性和损伤性两种。针对患者的右额颞硬膜下血肿，无外伤的病史及相关检查证明，结合患者长期患有高血压及脑梗死病史，患者的硬膜下血肿是因皮质静脉自发破裂而造成。

为进一步查明事实，法院委托进行鉴定，鉴定分析意见认为：

(1) 患者因阿尔次海默病（混合型）、高血压Ⅲ期入院，医院予以精神科专科治疗，治疗原则正确，符合诊疗常规。

(2) 1 月 7 日，患者出现昏睡不醒，呼之不应，被诊断脑出血，自发性硬膜下血肿，结合录像监控记录，应考虑病因为患者老年，脑萎缩，使潜在的硬脑膜下腔增大，从而使桥静脉破裂，考虑硬膜下血肿是因皮质静脉自发破裂而造成。虽然死亡诊断为右额颞创伤性硬膜下血肿，但因无尸检，所以考虑为推测性诊断。

（3）医方诊断及时，处理及时。

鉴定结论：本病例不属于医疗损害。

3. 处置结果

法院最终驳回原告诉讼请求。

三、分析处置

本例是一起脑器质性精神障碍患者并发躯体疾病后如何处置的案例，通过本例，需要掌握对精神病患者，特别是慢性精神病患者的躯体疾病的处置能力。

1. 及时发现异常，善于随时处置

住院精神疾病患者一般为慢性精神疾病患者，表现为长期病、慢性病，其治疗方案相对固定，患者病情相对稳定，治疗护理模式较为单一，但是，患者由于原有疾病及长期服用药物的风险，会逐渐形成尚未出现症状的病理改变，一旦发生，往往使医师猝不及防，临床上有遗漏检查血糖、血压、血生化、超声等情况，也有未及时进行体格检查的情况，致使漏诊漏治。所以，精神科医师需要定期评估患者情况，注意其合并症表现，随时观察是否有并发症。

2. 培养团队

精神疾病患者尤其是住院患者，需要长期观察与治疗，对医师护士的要求极高，但任何人总有疲惫懈怠的时候，所以需要培养一支高素养、紧密合作的团队。本例 1 月 7 日 5:30 护理员梳洗后发现患者昏睡不醒，呼之不应，可以认为，该护理员已经达到专科护士的观察能力了，这是科室平时培训的成绩。所以，医师护士要随时培养相关人员的能力，包括观察能力、汇报能力、非医学处置能力等，有助于控制临床风险。

3. 正确告知家属

实践中，精神障碍患者入院时，医方会与家属即监护人签署一份病情告知书或知情同意书，在整个住院期间，若家属不来探望则以电话联系为主，家属探望也只是按期探望而已，缺少平时的有效沟通与签字，一张告知签字表贯穿患者整个住院期间，风险极高。所以，医师需要定期评估患者病情及风险，及时与患者家属沟通，沟通其治疗情况，合并症与并发症情况，让患者家属随时了解风险，接受可能发生的风险结果。本例患者家属之所以起诉，原因之一即是患者一直病情平稳，怎么会突然发生硬脑膜下血肿呢？一定是医院治疗照顾不当造成的，表面上是家属怀疑，实际上反映医患双方平时缺乏有效沟通，医师未提前打“预防针”。

4. 善于收集证据

本例有一份关键证据，即病房录像监控。通常医院病房的录像监控头安装于走廊，房间内不会安装。但精神专科有其特殊风险，如容易发生患者自杀、自伤、互殴等，所以许多精神卫生中心在病房房间内安装录像监控头，关于这一点，法律没有明文规定必须或禁止安装。从实际效果来看，安装录像监控较不安装对医院管理有利，因为精神专科病房以大病房为主，患者较多，医师护士不可能 24 h 在病房内巡视，通过录像监控可以有效观察病情，及时发现异常情况，同时也可以及时固定证据，有利查清事实。但录像监控也是一柄双刃剑，若医疗行为不规范，则也是一份证据，虽然有时医方可以不提交，因为没有义务自证自己有过错，但是，法院可以要求医方提交，而且现代信息科技必要时也可以调取出被删除或覆盖的数据，所以，规范行医是根本。

5. 正确有效维权

精神专科医院精神障碍患者合并或并发躯体疾病，常常需要请外院医师会诊或转院，有时就会出现对本院不利的诊断，如本例患者死亡后 B 院诊断右额颞创伤性硬膜下血肿，这成了一份对医方不利的证据。医方如何应对？这是一个非常现实的问题。在这时，需要医方根据循证医学和实证精神，正确分析，查找资料，寻找有说服力的证据，才能说服专家，说服法院，有效维权。所以，在任何时候，医师都要客观、冷静，一切以证据说话，不偏不倚，正确面对。

四、思考题

(1) 针对精神障碍患者并发躯体疾病，作为精神科医师应当如何采集病史、正确处置？

(2) 如果您是本例患者的医师，当遭遇外院不利诊断时，您将如何应对？

(3) 请您结合第一篇内容，设计一份针对精神障碍患者并发躯体疾病的住院医师法律能力与职业道德建设风险控制路径图。

案例 54 精神分裂症合并肠梗阻

一、关键词

药理机制 并发症 合并症

二、案情简介

1. 诊治经过

患者，男，54 岁，5 年前被诊断为：精神分裂症、糖尿病、高血压，长期入住某精神专科医院，予以氯氮平、二甲双胍、珍菊降压片、丹参片等治疗。1 月 28 日护士记录：8:45 患者坐于走廊椅子上，面色较苍白，神情较萎靡，见其衣服上有呕吐物，颜色较黑，问其有何不舒服？称胃不舒服，头有点晕，即扶患者卧床休息，测血压 180 mmHg/100 mmHg，并同时通知医师。当天住院病史记录：患者今出现头晕伴呕吐，呕吐物为黑色，脸色灰暗，血压 180 mmHg/100 mmHg，心率 96 次/min，律齐，腹部略有凸起，腹硬伴肌卫，故电话通知家属外院会诊，并予珍菊降压片每次 2 片每日二次口服。11:55 记录：家属来院，告知病况，去外院会诊。12:05 护士记录：患者中午未进食，其哥哥来院并带患者步行离院去外院就诊。

13:06，患者至 B 院急诊。诉反复呕吐半天。今晨起进食后出现反复呕吐约 10 余次，呕吐液体部分呈黑色，伴头晕、胸闷、乏力，伴腹痛，今解稀便 1 次，黄色，量少，无胸痛，无晕厥，目前腹痛无好转。昨晚起患者出现腹胀、恶心、呕吐症状。检查：神清，血压 120 mmHg/65 mmHg，对答尚切题，心率 100 次/min，齐，腹部膨隆，有压痛，肠鸣音明显减低。诊断呕吐待查：消化道梗阻合并消化道出血。予血常规、血生化、腹部 B 超、心电图、腹部立卧位平片、胸片检查。告知病情危重。

13:51 心电图示窦性心动过速(140 次/min)，14:00 超声示右肾小结石，胆囊炎，14:19 摄片诊断：两下肺外压性膨隆不全，小肠梗阻，彩超描述：腹部充满气体反射，未见确切块影，耻上腹水不明显。患者胸片拍完后突发呕吐、倒下、神志不清。14:40 急诊病史记载：即刻患者突发神志不清，呼吸停止，心音消失，血压测不出，立即气管插管，吸出大量咖啡色液体，带有菜叶，胸外心脏按压、电除颤 3 次，多次予肾上腺素、多巴胺、阿拉明抢救。心电图始终为一直线，15:10 宣告临床死亡。死亡诊断：窒息，肠梗阻。

患者死亡后进行尸检。法医病理司法鉴定分析说明：经解剖检验见，被鉴定人会咽部声门及气管上段见团块状黄绿菜叶样物，食道上段亦有多量碎菜叶，两者一致，可确定为呕吐物误吸入气管所致；肠部肠管扩张，肠壁变薄，回肠内可见肠壁附着紧密的粪块梗阻，故被鉴定人肠梗阻诊断明确，存在呕吐后呕吐物误吸入气管的病理性基础。系统剖验未见其他脏器存在明显病变，被鉴定人生前除精神疾病外，亦无其他明确病因及相应症状；同时，尸体检验过程中，未见任何机械性损伤痕，故可排除被鉴定人其他器质性疾病或机械性损伤致死的可能。被鉴定人无服毒、中毒史，尸检亦未见中毒性改变，故基本可排除中毒死亡的可能。

综上所述：被鉴定人可排除机械性损伤、中毒或其他器质性疾病导致的死亡，其死亡原因为呕吐物误吸入气道导致的窒息死亡；呕吐物误吸导致窒息与死亡之间存在直接因果关系。

2. 医患交涉过程

患方认为，精神专科医院存在明显过错，表现为1月28日10:18，家属接到精神专科医院电话，讲患者身体不适，其哥11:35赶到医院，被告知患者昨天就开始呕吐，有10余次，呕吐物是黑色的，并有医师讲本来昨天晚上就要通知你们家属送患者去外院看病的，可是时间太晚了所以没通知。又有医师讲今天又吐了2次，呕吐物全是黑色的。医院极不负责任，未对患者及时采取措施，及时治疗，导致肠梗阻加重。

而B院医师看到患者肚子鼓得很大，未采取及时正确的抢救治疗措施，在做心电图、B超、拍片过程中，患者时而躺下，时而坐起，时而站立，致使胸片拍完后突然呕吐倒下，据尸检鉴定结论，患者是呕吐物误吸引起窒息死亡，因此B院有责任。患方诉至法院，要求两家医院承担连带赔偿责任。

精神专科医院认为，患者住院5年，诊断正确，治疗符合常规，病情控制稳定。本次突发躯体疾病，医方告知及时，要求家属立即转院是正确的，诊疗没有过错。不同意赔偿。

B院认为，患者来院生命体征平稳，神志清楚，诊断尚不明确，初步考虑呕吐待查：消化道梗阻合并消化道出血，予以安排相关检查，待进一步处理，且专门安排人员（护工）全程陪同推送患者完善检查。在患者突发神志不清时，立即予以心肺复苏抢救，气管插管后吸出大量咖啡色液体、菜叶等胃内容物，最终抢救无效死亡。医方诊治措施正确，符合诊疗常规。不同意赔偿。

为进一步查明事实，法院委托进行鉴定。鉴定分析意见认为：

针对精神专科医院：

(1) 患者在医院住院期间发生呕吐，后至B院急诊，抢救无效死亡。根据送检的尸体解剖报告，患者死于呕吐物吸入气道导致的窒息，有机械性肠梗阻存在。患者1月28日已出现呕吐症状，尸体解剖提示回肠内大量粪块梗阻，据此推断发生机械性肠梗阻的时间应超过24 h而非当日发病，但医方1月28日前对相关征象没有任何记录，观察不仔细，导致延误了肠梗阻的诊断及治疗，与患者死亡之间有一定的因果关系。

(2) 患者为精神分裂症，长期服用抗精神病药物，此类药物会产生肠麻痹等不良反应，且精神病患者主诉不明，给早期诊断带来困难。

针对B院：

(1) 1月28日，患者因反复呕吐半天到院急诊。患者入院时查体：腹部膨隆，有压痛，肠鸣音明显减低，肠梗阻临床表现已明显。医方虽告知病情危重，但未采取相应的胃肠减压及预防呕吐误吸的措施；且对于认知障碍的精神病患者，无医务人员陪同前往检查，患者在检查过程中发生窒息（据鉴定会现场询问医患双方）。医方过失与患者死亡之间存在直接因果关系。

(2) 患者为精神分裂症，其所患肠梗阻在检查过程中突然发生病情变化，进展快，给抢救成功带来一定难度。

综合鉴定结论：本例构成一级甲等医疗损害，医方承担主要责任，其中精神专科医院承担主要责任的30%，B院承担主要责任的70%。

3. 处置结果

法院据此判决。

三、分析点评

本例是一起精神分裂症合并症被漏诊，治疗不当的案例。通过本例，需要掌握精神分裂症精神障碍患者的治疗特点及应当履行的注意义务。

1. 精神分裂症患者的治疗特点

精神分裂症的治疗采取综合性措施，在疾病不同阶段，治疗有差异性。急性期患者症状丰富，以药物治疗为主，必要时配以电休克治疗。疾病缓解期（症状动摇、消退），药物维持治疗配合心理治疗。疾病衰退期以家庭、社会支持为主，药物治疗为辅。

2. 掌握相关药物药理机制及不良反应

本例患者长期服用抗精神病药物氯氮平，其药理机制为系二苯二氮杂卓类抗精神病药，对脑内5-羟色胺(5-HT2A)受体和多巴胺(DA1)受体的阻滞作用较强，对多巴胺(DA4)受体也有阻滞作用，对多巴胺(DA2)受体的阻滞作用较弱，此外还有抗胆碱(M1)，抗组胺(H1)及抗a-肾上腺素受体作用，锥体外系反应及迟发性运动障碍较轻，一般不引起血中泌乳素增高。能直接抑制脑干网状结构上行激活系统，具有强大镇静催眠作用，用于治疗多种类型的神经分裂症。

根据氯氮平药物说明书，其不良反应有：镇静作用强和抗胆碱能不良反应较多，常见有头晕、无力、嗜睡、多汗、流涎、恶心、呕吐、口干、便秘、体位性低血压、心动过速等。而阻滞M胆碱受体的药物，可呈现抑制腺体分泌、散大瞳孔、加速心率、松弛支气管平滑肌和胃肠道平滑肌等作用，临床上用作散瞳药、制止分泌药和解痉止痛药等。所以，专家分析意见认为长期服用抗精神病药物会产生肠麻痹等不良反应。作为精神科医师，不仅要掌握治疗原则，药物适应证，更要掌握药物药理机制及不良反应、禁忌证等，进行路径推演和逻辑思维分析，以此指导病情观察和处置。

3. 履行特殊注意义务

精神分裂症患者急性期症状表现丰富，足以引起医师注意，诊治失误较少。但至缓解期或衰退期，精神症状相对平缓，有时并发症或合并症较多，这时是对精神专科医师的挑战期。因慢性精神病患者躯体疾病的处置能力不当而引发的纠纷并不算少，归结原因多为注意不当，主要是对躯体疾病的症状表现不熟悉，对患者的主诉未予重视，未定期检查药物或其他治疗方式的不良反应，未定期进行相关检查，对异常生命体征不能正确分析等，造成漏诊漏诊、误诊误治。本例患者1月28日前病程记录简单，仅记载精神科专科检查内容，没有其他详细的体格检查，在1月27日已经发现患者呕吐物呈黑色，没有及时检查，进行病因鉴别，没有及时处置，贻误抢救时机。

4. 并发症与合并症

前一案例为并发症，本例为合并症。并发症与合并症有何区别？

并发症是指一种疾病在发展过程中引起另一种疾病或症状的发生，后者即为前者的并发症，如消化性溃疡可能有幽门梗阻、胃穿孔或大出血等并发症。如前例阿尔茨海默病脑萎缩，使潜在的硬脑膜下腔增大，从而使桥静脉破裂，考虑为硬膜下血肿是因皮层静脉自发破裂而造成，属于并发症。

合并症是指在特殊的生理状况下或者一种疾病在发展过程中，合并发生了另外一种或几种疾病，后一种疾病不是特殊的生理状况或前一种疾病引起的。如妊娠合并原发性高血压、糖尿病合并乙型肝炎等。本例肠梗阻考虑为合并症。并发症与合并症的区别在于前后两种疾病之间有无因果关系。有因果关系的就是并发症，无因果关系的就是合并症。

了解合并症与并发症的目的是为了及时了解掌握疾病的演变规律，及时发现并分析相关症状、体征，及时进行病因鉴别，正确处置。

5. 善于监督外院行为

本例若B院正确处置，患者有生还希望。但是B院未正确评估患者为危急重症，未及时开启绿色通道（具体内容请参见第十章“急诊科法律能力与职业道德建设”），未分清检查的轻重缓急，未尽量采用抢救室就地检查，检查时未携带相关抢救器材，无医务人员陪同检查，等等，致使患者最终发生窒息死亡。本例患者转至B院时，只有患者哥哥陪同，精神专科医院未派人陪同，不符合转院规则，同时也未能向家属提供专业医学意见，存在不足。作为医方，随时要尊重患者，尊重生命，若能派人陪同，若能及时监督B院医师行为，则患者结局将大相径庭。

四、思考题

(1) 针对精神分裂症患者并发躯体疾病，作为精神科医师应当如何采集病史、正确处置？

(2) 如果您是本例患者的医师，当患者在外院诊治时，您作为陪同医师将如何应对？

(3) 请您结合第一篇内容，设计一份针对精神分裂症患者合并躯体疾病的住院医师法律能力与职业道德建设风险控制路径图。

五、相关法律链接

《医院工作制度与岗位职责》

三十五、急诊室工作制度

6. 对危重不宜搬动的患者，应当在急诊室就地组织抢救，待病情稳定后再由抢救医师护送至病房。对须立即进行手术的患者应当及时送手术室施行手术。急诊医师应当向病房或手术医师直接交班。

案例55　抑郁症患者自杀

一、关键词

自杀　管理防范措施

二、案情简介

1. 诊治经过

患者，男，48岁，患抑郁症10余年，长期服用盐酸帕罗西汀片治疗。因"感觉活着没意思，经常产生轻生念头"被家人于10月12日送院，入住精神科。入院后继续服药治疗，医师建议使用改良电休克治疗，但患者家属拒绝。10月20日凌晨2:30，患者吊死在厕所的柱子上，经抢救无效死亡。经法医中心尸体检验，死因为自缢。

2. 医患交涉过程

患方认为，医方没有尽到审慎的注意义务，所以要求医方承担完全赔偿责任。故诉至法院。

医方认为，患者入院后，医院建议患者监护人采用电休克治疗，但是监护人拒绝，仍坚持要求服药治疗。患者入院后采取的管理模式是精神科专科管理模式，护士每15～30 min巡视一次，病房有录像监控，但是患者平时需要上厕所时，厕所不在录像监控范围内。医院调取录像显示，10月20日2:00护士巡视病房，2:05患者走出病房上厕所，后仔细查看录像发现患者将鞋子脱掉，赤脚走到厕所，故而没有响声。2:30护士再次查看病房，未发现患者，紧急查找发现患者已经用一根绳子绕住脖子吊死在厕所的一根柱子上，后经抢救无效死亡。患者脱鞋走路就是为了求死，与医方无关，故不同意赔偿。

3. 处置结果

法院审理后认为，患者自杀身亡与患者疾病之间存在一定的因果关系，患者经常有轻生念头，其求死欲望强烈，这是抑郁症疾病的表现，而且患者采用脱鞋轻声走路的方式就是为了求死。原告(患者监护人)在患者的死亡上也有一定的过错，据有关医学文献记载，电休克疗法是治疗抑郁症的最有效的方法，其拒绝被告（医方）电休克治疗的较好治疗模式，与患者的死亡之间也存在一定的因果关系。被告在患者入院时没有对患者随身物品进行审慎全面仔细的检查，致使患者藏匿绳子多日未被发现，被告存在管理防范不足的过错，应承担10%的轻微责任。最终，法院判令被告承担10%的赔偿责任。

三、分析点评

本例是一起抑郁症患者在院自杀而引发纠纷的案例。随着压力增加，人群中精神疾病发病率明显上升，然而知晓率、就诊率、识别率却不高，致使有些患者拖延不治，最终酿成意外。本案涉及患者自杀，如何防控？如何处置？法律后果是什么？

1. 必要的管理防范措施

管理防范措施是安全保障义务内容之一，是指医疗机构必须采取足够的保障措施防范患者风险。各科室管理防范措施有共性也有个性，而精神科需要采取更为严格的安全管理措施。针对抑郁症患者，管理防范措施表现为在患者住院期间需要24 h监护，对其周围环境、所带物品、身穿衣物等都要进行全方位无缝化检查，去除所有风险因素。本案的自杀工具是一根绳子，经查明是住院当日患者悄悄带入病房，之后一直未被发现。如果医护人员、护工能仔细寻找，应该能发现。同时，本例患者自杀倾向非常强烈，其入院理由就是“感觉活着没意思，经常产生轻生念头”，属于重症抑郁症，医师未对患者情绪变化、意志行为活动、认知、情感活动等进行正确评估，未采取足够的综合治疗措施控制其疾病倾向，也存在一定的过错。

2. 患方拒绝治疗的法律后果

抑郁症患者一般比较敏感，容易出现负性自动想法，总是往坏处想。同时，抑郁症不仅严重困扰患者本人，也因此给家庭带来沉重负担，包括经济与精神层面，所以，医师与抑郁症患者及其家属交谈要掌握一定的原则和方法。本例患者入院后，医师即建议使用改良电休克治疗，但患者家属拒绝，至今不知晓家属拒绝的原因。根据《侵权责任法》第六十条，因患方不配合诊疗造成不良后果的，医方无过错的，医方不承担法律责任，也就是由患方接受并承担不良后果。本例最终医方承担10%轻微责任即是这一原因。遭遇患方拒绝诊疗时，医方需要及时书写病历，让患方签名、签署理由，同时还要继续采取相关诊治措施，并告知不利后果。

3. 患者自杀与医方法律责任分析

发生患者自杀，医方的法律责任不一。分析如下：

（1）住院患者自杀身亡，医方有不足，则承担一定的法律责任。

（2）住院患者自杀身亡，医方发现有遗书等患者求死证据，则医方不承担法律责任。

（3）门诊患者自杀身亡，医方有诊治不足，则承担一定的法律责任。

（4）门诊患者自杀身亡，医方无诊治不足，则不承担法律责任。

（5）院外患者（即未与医院办理诊疗手续的患者）在医院自杀身亡，医院不承担法律责任。

四、思考题

（1）针对抑郁症患者，作为精神科医师应当如何综合评估、正确处置？

（2）如果您是本例患者的医师，当患者自杀倾向非常严重时，您将如何应对？

（3）请您结合第一篇内容，设计一份针对抑郁症患者的住院医师法律能力与职业道德建设风险控制路径图。

五、相关法律链接

《侵权责任法》

第六十条　患者有损害，因下列情形之一的，医疗机构不承担赔偿责任：

（一）患者或者其近亲属不配合医疗机构进行符合诊疗规范的诊疗；

（二）医务人员在抢救生命垂危的患者等紧急情况下已经尽到合理诊疗义务；

（三）限于当时的医疗水平难以诊疗。

前款第一项情形中，医疗机构及其医务人员也有过错的，应当承担相应的赔偿责任。

总结

本章通过4个案例阐述了精神科住院医师需要掌握的基本法律能力与职业道德。受篇幅所限，不能涵盖所有精神科疾病类型，但是以下几点注意事项可供大家参考：

(1) 科学评估精神障碍患者的不同表现和风险，正确诊断、治疗与制定康复方案。

(2) 培养规范书写病历、留存证据的习惯。

(3) 注意精神科患者特点，与监护人及时有效沟通。

(4) 培养循证医学的思维习惯与行为习惯。

(5) 及时启动疑难病例讨论，会诊讨论等等，积极寻求各方支持。

(6) 善于制定各病种的规范化操作流程。

(7) 掌握精神科用药注意事项，合理用药，规范用药。

(8) 注意精神障碍患者的合并症与并发症。

(9) 注意躯体疾病的诊断、治疗，并正确监督其他科室、医院的治疗流程。

第十八章

麻醉科法律能力与职业道德建设

麻醉学(Anesthesiology)是一门研究临床麻醉、生命机能调控、重症监测治疗和疼痛诊疗的科学,是一门涉及面广、整体性强的临床医学,与临床各学科关系密切,更是临床各学科特别是外科手术医疗的基础。麻醉的基本任务在于消除手术所致的疼痛问题,麻醉方法有全身麻醉、局部麻醉、椎管内麻醉、复合麻醉等。麻醉科根据医疗技术特点分为:普通外科麻醉、心胸外科麻醉、神经外科麻醉、小儿麻醉、妇产科麻醉、口腔麻醉、眼耳鼻咽喉科麻醉、骨科麻醉、手术室外麻醉、重症监测治疗、疼痛诊疗和体外循环等亚专业。麻醉科住院医师需要掌握监测、调控、支持人体基本生命功能的基本理论、基本知识和基本技能,掌握各科室手术常用的麻醉方法的实施和管理及常见麻醉后并发症的处理原则等。要求麻醉科住院医师具备扎实的医学基本功,娴熟的法律处置能力,把医学伦理道德融入疾病诊治和与患者相处之中。

案例 56　麻醉意外

一、关键词

麻醉意外　辅助用药　麻醉记录

二、案情简介

1. 诊治经过

患者,男,45 岁,7 月 7 日因“摔伤致左髋部疼痛,髋关节活动障碍 1 h”入住医院骨科。入院查体:左下肢呈外旋位约 70°,对比右侧下肢有所短缩约 3 cm,左髋及左大腿处肿胀明显,左髋部及股骨近端叩击痛阳性,足跟纵向叩击痛阳性,左髋关节主动活动受限,被动活动有剧痛,左下肢末梢血运感觉正常。X 线摄片示:左股骨粗隆间骨折,伴有大小转子撕脱、分离、移位;骨小梁稀疏,骨皮质菲薄。入院诊断:①左股骨粗隆间骨折(EvansⅣ型);②骨质疏松症。予以卧气垫床、消肿止痛及止血对症处理。7 月 8 日心电图检查正常范围。下肢血管彩超:左侧股动脉、腘动脉、胫后动脉及伴行静脉血流通畅。CT 检查:左股骨粗隆间粉碎性骨折(EvansⅣ型)。

7 月 10 日拟在腰硬联合麻醉下行左股骨粗隆间骨折闭合复位＋PFNA(改进股骨近端髓内钉)内固定术。9:13 麻醉开始,应用芬太尼 50 μg,0.5%布比卡因 11 mg。9:30 平面测定 T_{10} 痛觉消失,T_8 痛觉减退,骨科安置体位牵引。9:45 患者突发抽搐、双眼上翻、抽泣样呼吸,予面罩加压给氧,随后患者血氧波形突然消失，心脏骤停，血压测不出，偶有心率30～50次/min，立即给予胸外心脏按压，气管插管，应用山莨菪碱、麻黄素、去甲肾上腺素、甲强龙、地塞米松等药物。9:55内科、ICU医师参与抢救。10:05并发室颤予除颤治疗，10:15恢复窦性心律，患者处于深昏迷状态。待患者平稳后行骨折闭合复位髓内钉内固定术。16:20手术结束，16:45肺部及脑部CT未见明显栓塞。

18:00患者转入ICU，持续深昏迷状态，呼吸机辅助通气中。查体：体温37.9℃，血压100 mmHg/70 mmHg，呼吸30次/min，呼吸表浅，右侧瞳孔直径约2 mm，光反射明显减弱，左侧有眼疾具体不详，心率100次/min，律齐无杂音，左下肢外翻，双侧各种反射消失。给予心电监护、呼吸机辅助通气、抗感染、营养脑细胞、治疗脑水肿、止咳化痰、纠治电解质紊乱、营养支持等对症处理。8月5日14:55，患者突然出现心跳停止，呼吸机无自主呼吸，经抢救后15:25宣告死亡。死亡诊断：①心脏呼吸骤停复苏后，昏迷(GCS3分)：脂肪栓塞？麻醉意外？缺氧性脑病？②肺部感染，感染性合并低血容量性休克；③左股骨粗隆间骨折(EvansⅣ型)；④骨质疏松症；⑤应激性溃疡伴出血，失血性贫血；⑥电解质紊乱(低钠低氯血症)。

医方建议尸检，但患方拒绝，尸体放置医院冷柜。

2. 医患交涉过程

患方认为，医方诊断失误导致患者死亡，医方未及时全面履行医疗救治义务，故诉至法院，要求赔偿。

医方认为，患者的死亡原因考虑脂肪栓塞，属于现有医学科学技术条件难以避免难以防范的风险，意外发生后，医方积极采取了相应的治疗措施。医方没有过错，不同意赔偿。

为进一步查明事实，法院委托进行鉴定，鉴定专家分析说明认为：

(1) 手术指征明确。患者有外伤后左髋关节疼痛、活动障碍病史，查体：左下肢呈外旋位约70°，左髋关节主动活动受限，被动活动有剧痛，X线摄片及CT检查均提示左股骨粗隆间骨折(EvansⅣ型)。医方诊断明确，采取手术治疗符合骨科诊疗常规。

(2) 医方采用腰硬麻醉符合诊疗常规，麻醉药品用法用量在合理范围，操作规范。

(3) 医方抢救措施存在不足。麻醉记录欠详细。麻醉意外发生后，判断和处理经验欠缺，致心肺复苏的及时和有效性不足，导致患者存在较长时间的缺血缺氧状态，与患者的昏迷及死亡结局有一定的因果关系。

(4) 患者在麻醉过程中出现心跳呼吸骤停的原因，因本病例未行尸体解剖，具体死因不明。脂肪栓塞多见于大面积软组织挫伤伴骨折、手术中开髓加压时或术后发生，且致死性的脂肪栓塞、肺栓塞表现为难以纠正的持续性低血压及低氧血症。患者不属上述情况，抢救后血氧饱和度恢复正常。患者麻醉后约15 min出现呼吸心跳骤停，临床表现符合使用麻醉药物后呼吸循环抑制，麻醉意外可能性大。

麻醉意外属于目前医疗条件下难以完全避免的少见且严重并发症，与个体体质特异性也有一定关系，抢救到位也存在不能完全避免不良结局的情形。

鉴定结论：本例属于一级甲等医疗损害，医方承担次要责任。

3. 处置结果

经法院主持，原、被告双方调解结案。

三、分析点评

本例属于一起麻醉意外救治不当的案例。通过本例需要掌握麻醉意外的注意事项及操作流程。

1. 麻醉意外与麻醉并发症

麻醉并发症是指由麻醉引起的组织损伤或病态反应。麻醉意外是指因麻醉造成的患者死亡或者严重组织损伤、致残。麻醉意外是严重的并发症。麻醉极易发生并发症，因为麻醉状态下，机体对外界的反映呈过度增强或显著抑制，自主调节机制部分或全部丧失，自我保护功能严重受损，很容易因各种原因而导致死亡或伤残。所以，麻醉工作的危险性不言而喻。麻醉意外发生原因与解决办法关系图如图56－1所示。

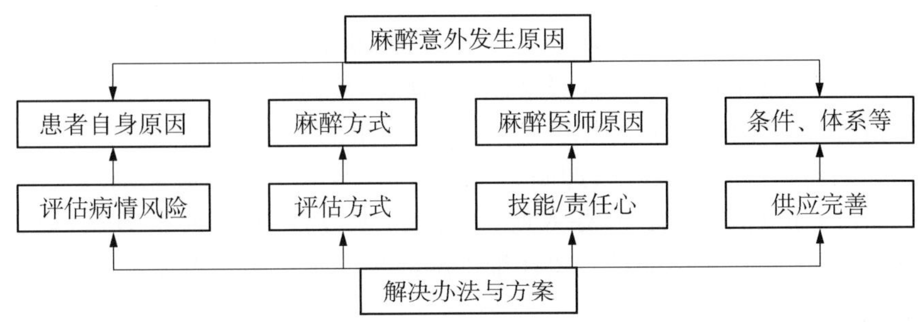

图 56－1 麻醉意外发生原因与解决方法关系图

通过图56－1可以发现，控制麻醉意外发生的重要因素是麻醉方式与麻醉医师的技能与责任心。

2. 椎管内麻醉

椎管内有两个可用于麻醉的腔隙，即蛛网膜下腔和硬脊膜下腔。将局麻药注入上述腔隙中即能产生下半身或部位麻醉。根据局麻药注入的腔隙不同，分为蛛网膜下腔阻滞（简称腰麻，见图56－2）、硬膜外腔阻滞（见图56－3）、腰麻-硬膜外腔联合阻滞，统称为椎管内麻醉。

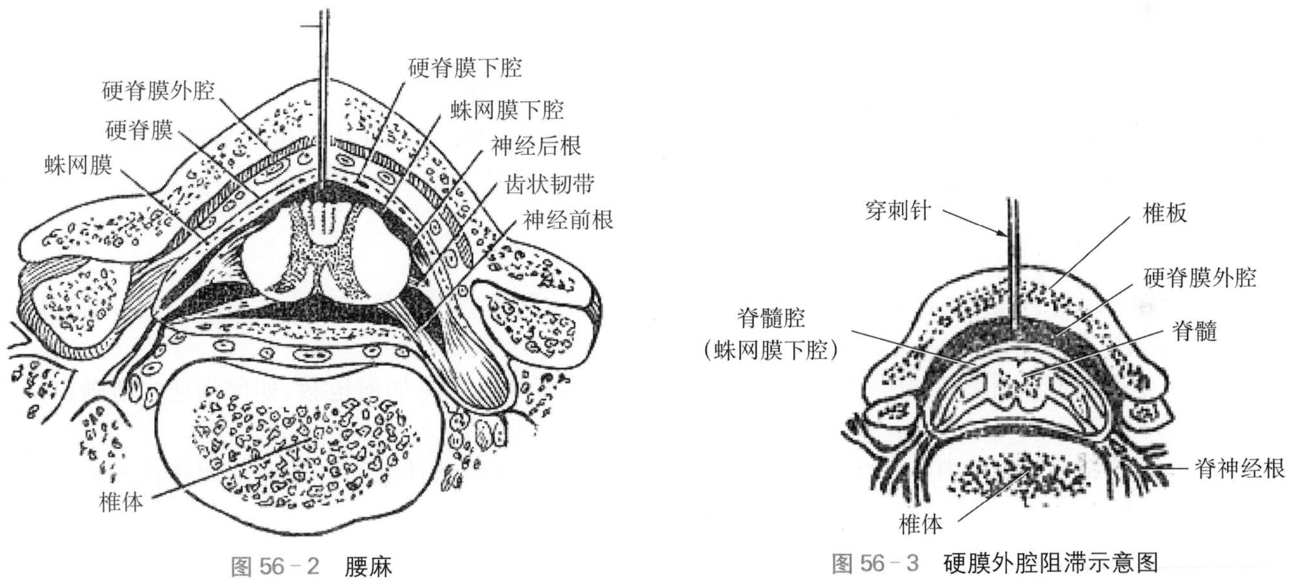

图 56－2 腰麻

图 56－3 硬膜外腔阻滞示意图

椎管内麻醉可提供适当的麻醉和较好的肌松效应，术后可提供良好的镇痛，因此在临床麻醉中应用较多。但是，椎管内麻醉也有较多的并发症甚至发生麻醉意外，所以，麻醉医师要能及时发现并发症及意外，正确处置。

3. 正确评估麻醉意外

本例患者采用腰硬联合麻醉，麻醉后30 min突发抽搐、双眼上翻，抽泣样呼吸，SPO_2 50％，麻醉医师立即予面罩加压给氧，随后患者血氧波形突然消失，心脏骤停，血压测不出，偶有心率30～50次/min，给予胸外心脏按压，气管插管等，根据相关抢救原则，此时治疗原则为维持循环、呼吸功能稳定，支持生命安全。治疗方式有：①立即停止用药；②呼吸道维护和管理：吸氧，面罩加压给氧，气管插管人工呼吸；③给予血管药物；④给予呼吸兴奋剂等。

但本例患者发生麻醉意外时，恰逢骨科医师安置体位牵引，所以麻醉医师考虑为脂肪栓塞，虽然应用山莨菪碱、麻黄素、去甲肾上腺素、甲强龙、地塞米松等药物，但因为纠结于脂肪栓塞，所以心肺复苏有效性不足，未尽抢救原则。通过本例可以发现，麻醉医师不仅要掌握麻醉专业相关知识，同时也要掌握其他专业知识特别是与生命意外有关的医学知识。

4. 了解辅助药物相关风险

本例麻醉辅助用药芬太尼，芬太尼为阿片受体激动剂，属强效的麻醉性镇痛药。根据芬太尼药品说明书及药理机制，芬太尼严重不良反应为呼吸抑制、窒息及心动过缓，如不及时治疗，可发生呼吸停止、循环抑制及心脏停搏等，与所有的强效阿片类制剂同，最严重的不良反应为肺通气不足。而硬膜外阻滞或脊髓麻醉中滥用辅助药物容易造成呼吸抑制。有专家指出，应尽可能避免采用硬膜外麻醉辅加氯胺酮或大剂量哌替啶、异丙嗪（杜非合剂）或芬太尼、氟哌啶（氟芬合剂）的麻醉方法，以免发生麻醉意外。本例为芬太尼单独辅助，医师在使用前也需要详细了解药物的副作用与不良反应，规避风险。

5. 详细书写麻醉记录

麻醉记录为表格式文书，根据《病历书写基本规范》，麻醉记录是指麻醉医师在麻醉实施中书写的麻醉经过及处理措施的记录。麻醉记录应当详尽书写，内容包括患者一般情况、术前特殊情况、麻醉前用药、术前诊断、术中诊断、手术方式及日期、麻醉方式、麻醉诱导及各项操作开始及结束时间、麻醉期间用药名称、方式及剂量、麻醉期间特殊或突发情况及处理、手术起止时间、麻醉医师签名等。

本例发生麻醉意外后，麻醉医师只是简单记录用药，对患者病情缺乏详细记录和分析，以致不能系统整理思路，进行病因鉴别，一定程度也制约了抢救思路，容易导致误诊误治。所以，发生麻醉并发症尤其是麻醉意外后，医师必须详细书写病历，不仅可以留下抢救证据，利于医方举证，也可以切实有效保护患者，同时在书写的过程中，可以不断调整思路，使思维缜密，判断正确。

6. 善于团队合作

一旦发生麻醉意外，麻醉医师在抢救的同时要及时与手术医师沟通，查看病史，不断进行病因鉴别，同时迅速组织抢救团队。抢救团队要综合涵盖相关科室，若有条件，不可缺少麻醉领域的专家，因为麻醉用药非常专业和特殊，有该专业专家支持，可以更有效地抢救患者。

四、思考题

(1) 作为麻醉科医师，应当如何对患者进行病史采集、专科检查？选择麻醉方式，选择麻醉用药，应当遵守哪些标准与规程？

(2) 如果您是本例患者的医师，当患者出现呼吸心跳骤停时，您将如何抢救、如何沟通？请画出抢救流程图。

(3) 请您结合第一篇内容，设计一份针对麻醉意外的住院医师法律能力与职业道德建设风险控制路径图。

五、相关法律链接

中华人民共和国卫生行业标准 WS 329—2011

《麻醉记录单》

6.3.12　麻醉期间并发症、特殊事件或突发情况及处理

6.3.12.1　麻醉期间所有并发症、特殊事件或突发情况及处理均应详细、准确、真实记录。

6.3.12.2　因抢救患者，未能及时书写麻醉期间特殊事件或突发情况及处理，应当在抢救结束后 6 h 内据实补记，并加以注明。内容包括病情变化情况、抢救时间及措施、参加抢救的医务人员姓名及专业技术职称等。

6.3.12.3　若麻醉期间未出现并发症、特殊事件或突发情况，应记录为：无特殊情况。

案例 57 术前访视

一、关键词

麻醉风险评估表 术前访视

二、案情简介

1. 诊治经过

患者，男，64 岁，因"咳嗽、咯血"入院，CT 检查提示：右肺下叶占位，提示恶性肿瘤，右肺下叶局限性肺气肿，左肺上叶纤维灶。肺功能报告：肺通气功能减退。3 月 8 日拟行胸腔镜下肺部手术。3 月 7 日，麻醉医师予术前访视，患者神志清，呼吸急促，两肺呼吸音粗，血氧饱和度为 88%～90%，医师告知家属风险，家属仍然要求手术，签字。3 月 8 日行全麻下胸腔镜下右肺下叶切除术。麻醉诱导后，血压饱和度降至 80%，立即予以抢救，术中患者氧饱和度在 90%～95%，予以对症处理。术毕患者血氧饱和度维持不稳，血压不稳，转 ICU，抢救无效死亡。死亡原因考虑：肺癌、肺栓塞？

2. 医患交涉过程

患者死亡后，家属认为医方存在明显不足，明知存在手术禁忌证仍然进行全麻手术，违反诊疗常规，造成患者死亡，因此应承担全部责任。但患方不愿意起诉，向医调委提起调解申请。

医方认为，对患者术前评估正确，麻醉医师术前已将患者评估为 ASAⅢ级，已充分告知术中可能发生的并发症和风险，并采取了相应预案。手术医师手术方式正确。患者最终死亡考虑是肺栓塞可能，但因患方不同意尸检，所以无法明确死因，为此应由患方承担责任。

3. 处置结果

本案经医调委委托专家咨询，专家认为患者属于高危Ⅳ级手术，术前麻醉准备不够充分，告知不够详尽，所以认定医方承担轻微责任。最终经医调委调解，医方承担 10%的赔偿责任。

三、分析点评

本例为一起麻醉术前访视发现问题，已做预案，但最终仍然发生麻醉并发症的案例。那麻醉医师从本案可以得到哪些经验教训呢？

1. 麻醉风险评估表的意义

通常择期手术，麻醉医师会做术前访视，术前访视的目的就是对患者进行风险评估，及时发现问题，分析问题，作出决定。其中 ASA 病情分级非常重要。

ASA（美国麻醉师协会）分级是根据患者体质状况和对手术危险性进行的分类，于麻醉前将患者分为五级：

第Ⅰ级，患者正常健康。

第Ⅱ级，患者有轻度系统性疾病，无功能受限。

第Ⅲ级，患者有严重系统性疾病，日常活动受限，尚未丧失生活能力。

第Ⅳ级，患者有严重系统性疾病，已丧失生活能力，随时存在生命危险。

第Ⅴ级，无论手术与否，生命难以维持 24 h 的频死患者。

针对 ASA 分级，制定相应麻醉预案：

第Ⅰ级，患者对麻醉和手术的耐受良好，正常情况下没有什么危险。

第Ⅱ级，患者对一般麻醉和手术可以耐受。

第Ⅲ级，有一定风险，对麻醉期间可能发生的并发症要采取有效措施，积极预防。

第Ⅳ级，施行麻醉和手术风险很大。

第Ⅴ级，手术是孤注一掷，麻醉和手术异常危险。

本例患者经评估，属于ASA第Ⅲ级，有一定风险。而患者拟试行的手术属于Ⅳ级高危手术。麻醉医师为此制定麻醉计划书：

(1) 按照操作常规实施全身麻醉并做好风险防范措施。

(2) 做好麻醉前准备：麻醉机、监护仪、麻醉包、药品、插管等。

(3) 根据手术及患者具体情况做有创监测：动脉压、中心静脉压等。

(4) 全身麻醉患者麻醉诱导及维持应平稳，应用气管插管、喉罩等方法应确保患者气道通畅，通气功能正常。注意循环功能的稳定，合理的容量治疗及血管活性药物的使用。

这份麻醉预案应属于完备，为何最终仍然存在风险呢？

2. 注意手术风险

任何手术均有风险。本例患者系肺癌手术。手术均有适应证与禁忌证。肺癌的手术禁忌证包括心、肺、肝、肾功能不全、全身情况差的患者。本例患者术前肺功能报告，肺通气功能减退，应属于肺功能不全，严格意义应属于肺癌禁忌证。所以，当麻醉医师做术前访视时，不应以手术为唯一目的，应以患者情况为客观评估标准，需要对手术进行把关，与手术科室医师综合评估，制定安全方案。不能勉强手术，以致发生严重麻醉意外。

3. 掌握沟通要素

本例麻醉医师术前访视患者血氧饱和度为88%～90%，属于低氧血症，此时医师应督促临床医师再次进行血气分析，若明确为低氧血症，应考虑患者全面风险极大，结合患者手术指征及禁忌证，麻醉医师应与手术医师沟通明确，建议不考虑手术，与患方明确沟通终止手术。所以，麻醉医师在围手术期管理中不仅是一位助手，更是一位合作者，应该以高度负责的精神，以主人翁的精神参与到手术风险的控制之中，预估风险，防范风险。

4. 患方签字件的法律效力

许多医师认为，患者已经签署麻醉知情同意书，知情同意书中已经说明麻醉中可能发生的并发症和意外，针对患者的特殊风险也做了详尽的告知，家属签字后，若一旦仍然发生相应并发症和意外，医方没有责任。这是不对的。医方履行告知义务不能排除其他义务，也就是医方仍然要尽相应的注意义务和诊疗义务。所以，一纸文书是一份证据，但不能排除医方的法定诊疗义务。当然，若无患方签字件，医方直接对患者进行手术、特殊检查或特殊治疗，则责任更大，因为《侵权责任法》第五十五条已有明确规定。本例专家咨询之所以认为医方承担轻微责任，是因为医方已经预估患者风险，也做了告知及预案，但在手术禁忌证上有违常规，结合患者自身疾病因素，综合认定医方承担轻微责任，是比较客观的。

四、思考题

(1) 作为麻醉科医师，应当如何对患者进行术前访视，术前评估，术前沟通，应当遵守哪些标准与规程？

(2) 如果您是本例患者的麻醉医师，将会如何处理？

(3) 请您结合第一篇内容，设计一份针对术前访视的住院医师法律能力与职业道德建设风险控制路径图。

五、相关法律链接

第五十五条　医务人员在诊疗活动中应当向患者说明病情和医疗措施。需要实施手术、特殊检查、特殊治疗的，医务人员应当及时向患者说明医疗风险、替代医疗方案等情况，并取得其书面同意；不宜向患者说明的，应当向患者的近亲属说明，并取得其书面同意。

医务人员未尽到前款义务，造成患者损害的，医疗机构应当承担赔偿责任。

第五十七条　医务人员在诊疗活动中未尽到与当时的医疗水平相应的诊疗义务，造成患者损害的，医疗机构应当承担赔偿责任。

案例 58　麻醉断管

一、关键词

导管断裂

二、案情简介

1. 诊治经过

患者，女，因“子宫肌瘤”入住妇产科，5 月 25 日上午在连续性硬膜外麻醉下行子宫肌瘤挖除术，麻醉过程中意外发生一次性导管折断、残留于硬膜外，两次尝试取出但失败。子宫肌瘤手术顺利，术后患者无头痛、腰痛等情况，经胸腰椎 MRI 检查，未见残留导管显影。请麻醉科及骨科专家会诊，建议根据患者情况观察随访。患者家属商量后，决定暂不手术取出，观察随访。6 月 2 日出院。

2. 医患交涉过程

本起事件发生后，医方积极组织专家对患者会诊，严密观察患者病情，客观告知，患方对医方态度满意，但是担心会发生远期并发症，要求医院适当赔偿。

3. 处置结果

经协商，医患双方达成一次性赔偿协议。

三、分析点评

本例是一起麻醉导管断裂意外事件正确处理的案例。通过本例，可以获得如下经验教训：

1. 麻醉导管断裂常见原因

根据医师经验，导管折断一般原因是置管出穿刺针前端后有阻力，退管时折断；导管质量太差或反复使用；穿刺困难者有导管卡在骨关节间隙，退管困难；置管过长，超过 3 cm 在硬膜外腔盘结；等等。

2. 防止导管断裂的措施

术前应仔细检查导管质量，规范操作。硬膜外腔内插入导管如图 58－1：

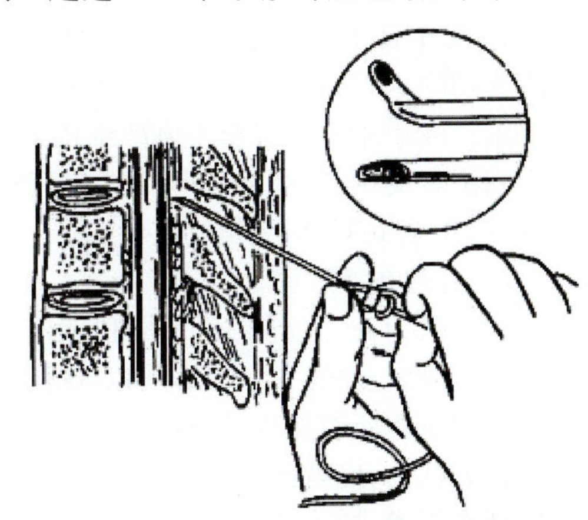

图 58－1　硬膜外腔内插入导管示意图

对于拔管困难者，应把患者改为侧卧位，嘱患者放松肌肉，再谨慎拔管，也可于 1～2 天后再拔出。若断端在皮下可触摸到，切小口，可用血管钳分离取出；经 MRI 证实导管断在椎管内而患者又无症状则放弃取出，但应随访是否有神经症状，如有严重神经症状则应手术取出。

3. 发生导管断裂后的处理程序

导管断裂属于医疗器械临床使用安全事件，根据法律规范，一旦发生不良事件，首先要停止使用，保留不良器械，及时汇报，同时需要如实告知患者，不得误导患者。告知内容包括：发生经过、发生原因、可能损害、如何处置、远期处置等。本例正是因为如实告知，积极善后，所以后期处理较为顺畅，患方并未提出过分要求，此事也得以一次性了解。曾有另一起同类案例，当时医方并未如实告知，事后患方仍然知道了真实情况，质问医师，质问医院领导，导致医方非常被动，最后高额赔偿。所以，在任何时候，医师都要有法律意识，伦理道德，才能正确处置突发事件，也给医院处置留下空间。

四、思考题

(1) 作为麻醉科医师，硬膜外穿刺应当遵守哪些标准与规程？

(2) 如果您是本例患者的麻醉医师，将会如何处理？

(3) 请您结合第一篇内容，设计一份针对导管断裂医疗器械不良事件的住院医师法律能力与职业道德建设风险控制路径图。

五、相关法律链接

《医疗器械临床使用安全管理规范(试行)》

第十七条　医疗机构临床使用医疗器械应当严格遵照产品使用说明书、技术操作规范和规程，对产品禁忌证及注意事项应当严格遵守，需向患者说明的事项应当如实告知，不得进行虚假宣传，误导患者。

第十八条　发生医疗器械临床使用安全事件或者医疗器械出现故障，医疗机构应当立即停止使用，并通知医疗器械保障部门按规定进行检修；经检修达不到临床使用安全标准的医疗器械，不得再用于临床。

案例 59　跳台

一、关键词

手术室安全管理

二、案情简介

1. 诊治经过

10 月 1 日 15:10，患者，女，75 岁，因“急性胆囊炎、胆囊结石”在 A 手术间急诊手术，行全麻下腹腔镜胆囊切除术。15:30，B 手术间有患者因脾破裂也需急诊手术，因节假日人手较少，麻醉医师需兼顾两台手术。A 手术间患者全身麻醉维持正常，手术正常，麻醉医师转至 B 手术间开始进行麻醉。16:00，A 手术间患者突然心跳骤停，巡回护士立即呼叫麻醉医师，迅速进行心肺复苏，心跳恢复，但患者术后出现深昏迷，送至 ICU，后呈植物人状态。

2. 医患交涉过程

患方认为，医方严重不负责任，没有规范操作，应该由一名麻醉医师负责一台手术，患者在全麻状态下如何能跳台至另一手术间，所以，医院应该承担全部责任。现在患者处于植物人状态，家属无法接受，要求医院承担所有医疗、护理、营养费用。患方既不申请调解，也不起诉法院，将患者放置在医院。

医方认为，麻醉医师暂时离开 A 手术间只是观察另一患者，并未疏于对本患者的观察，实践中，麻醉医师在手术进行中有进出手术间的情况，患者心跳骤停是因为手术牵拉胆囊，导致迷走神经反射所致。患者属于急诊手术，术前无法做更多评估与检查，所以，患者的最终状态属于自身体质原因，与医方无关。医方保留起诉患方追诉相关医疗费的权利。

3. 处置结果

患者已在医院住院一年多，仍处于植物人状态，诊疗中。

三、分析点评

本例涉及麻醉安排与麻醉中管理问题，涉及节假日手术安全管理及人员管理的问题。如何应对？

1. 掌握麻醉科相关法律法规、规章制度

(1) 责任麻醉医师。按照卫生部麻醉科质量控制标准，临床麻醉实行责任麻醉医师负责制。不具备独立从事临床麻醉工作资质的医师必须在上级医师的指导下开展相应的工作。一位责任麻醉医师最多同时监管两台麻醉，但每台均需有一名下级麻醉医师。

(2) 重点环节管理。对于涉及安全隐患的重点环节需加强管理和控制。如麻醉诱导期、麻醉清醒期、送返患者、麻醉交接班等。

(3) 麻醉安排。麻醉科接到手术通知单后，由专门负责的麻醉科医师根据临床麻醉分级管理规定、手术种类、麻醉难易程度、患者状况、麻醉科医师的技术水平及业务能力予以合理安排，必要时向科主任报告麻醉安排情况。

(4) 麻醉过程中质量控制。对所有接受麻醉的患者全程监测脉搏血氧饱和度和心电图，无创或直接动脉压。麻醉期间，麻醉医师不得擅自离开工作岗位。

等等。

2. 善于处置突发事件

节假日、双休日、夜班、交接班是医疗风险高发期，人手少、急诊患者多，特别是手术患者多，必然会出现麻醉医师缺乏的现象。怎么办？

(1) 评估轻重缓急，合理安排手术。

(2) 若都需手术，则需立即向科主任、院领导汇报，请求支援，切不可跳台手术。

(3) 急诊患者仍然需要进行术前评估，评估主要矛盾和风险。比如本例 A 手术间患者为老年女性，急性胆囊炎、胆囊结石，需要施行全麻下腹腔镜手术，术前需要评估是否有其他疾病，特别是心肺疾病，以做好预案。而 B 手术间患者为脾破裂，同样需要全麻，在进入手术室前，也需要进行术前评估。

(4) 正确安排人员。手术科室发出手术通知单后，麻醉科医师就应该安排好人员，不能自己违规跳台，必要时与临床科室协调错峰手术。麻醉科医师应该果断处置，切忌做无原则的迁就。

(5) 术中严密观察患者，关注手术进程，随时与术中保持有效沟通。本例 A 手术间患者心律失常为全麻并发症，其实在医师牵拉胆囊早期患者就出现心律减慢，但是因为麻醉医师不在患者身边，而手术医师注意着显示器，无人注意患者，以至于发生严重的心跳骤停，引发严重后果。如果本例麻醉医师术中密切观察患者，就会要求外科手术医师立即停止操作，必要时静脉注射阿托品等抢救，本例患者就不会发生如此不良后果，以至于后期无法处置。

四、思考题

(1) 作为麻醉科医师，手术安排与观察应当遵守哪些标准与规程？

(2) 如果您是本例患者的麻醉医师，将会如何处理？

(3) 请您结合第一篇内容，设计一份针对全身麻醉过程中的住院医师法律能力与职业道德建设风险控制路径图。

五、相关法律链接

《医院工作制度与人员岗位职责》

五十一、麻醉科工作制度

4. 麻醉医师按计划实施麻醉，严格执行技术操作常规和查对制度，在麻醉期间要坚守岗位，术中密切监测患者的病情变化，及时做出判断和处理，严格三级医师负责制，遇有不能处理的困难情况应当及时请示上级医师并与手术医师商量配合处理。术中认真填写麻醉记录。

总结

本章通过4个案例阐述了麻醉科住院医师需要掌握的基本法律能力与职业道德。麻醉科风险较大，但受篇幅所限，本章不能涵盖所有问题，但是以下几点注意事项可供大家参考：

(1) 科学评估不同麻醉方式的适应证、并发症和意外风险，正确处置。

(2) 掌握麻醉药与麻醉辅助用药的药理机制、临床应用、副作用与不良反应。正确用药。

(3) 掌握不同麻醉操作技术。

(4) 掌握不同医疗设备、器械的操作原理及操作方法。

(5) 科学评估术前访视目的、风险，科学制定预案。

(6) 正确制定麻醉期间和麻醉恢复期的监测和管理流程。

(7) 善于与相关科室沟通，科学评估临床风险，把控风险。

(8) 培养循证医学的思维习惯与行为习惯。

(9) 及时启动疑难病例讨论，会诊讨论等等，积极寻求各方支持。

(10) 培养规范书写病历、留存证据的习惯。

(11) 严格遵守责任麻醉医师负责制。

第十九章

中医科法律能力与职业道德建设

中医学(Traditional Chinese Medicine)以阴阳五行作为理论基础,通过望闻问切,分析病因病机,辨证论治,通过中药、针灸、推拿、按摩、拔罐、气功、食疗等多种治疗手段,使人体达到阴阳调和而康复。根据《中医住院医师规范化培训标准(试行)》,中医住院医师规范化培训的目标,是为各级各类医疗机构培养合格的中医住院医师。通过培训,使其具有良好的职业道德,掌握扎实的中医基础理论、专业知识、临床技能和必要的西医知识与技术,能独立承担常见病、多发病及某些疑难危重病证的诊疗工作。住院医师规范化培训涉及中医内科、中医外科、中医妇科、中医儿科、针灸科、推拿科、中医康复科、中医骨伤科、中医耳鼻喉科、中医眼科,以及辨识各类中药饮片及了解品种调剂。要求中医科住院医师具备扎实的传统医学基本功,熟悉现代医学诊断,有娴熟的法律处置能力,把医学伦理道德融入疾病诊治和与患者相处之中。

案例 60　失眠

一、关键词

中医诊断　西医诊断　语言处方

二、案情简介

1. 诊治经过

患者,男,38 岁,因"失眠"前来中医门诊要求服用中药治疗。有乙肝大三阳史。检查:患者脸色萎黄,舌苔白腻,脉弱。诊断:慢性乙肝。考虑肝脾不和,需疏肝解郁,予逍遥散汤剂加减,七天疗程。嘱随访。

患者服用一周后,失眠略有好转,但是胃纳查,精神差,自行复查肝功能,显示 ALT、AST 升高。

2. 医患交涉过程

患者认为是医师用药不当,造成自己乙肝病情恶化,与医院交涉无果,起诉至法院,要求赔偿。

医方认为,医师辨证施治正确,没有过错,不同意赔偿。

法院委托进行鉴定,鉴定分析意见认为:

(1) 医师在诊治过程中,慢性乙肝诊断正确,中医辨证用药符合诊疗规范,所用药物对肝脏无损害。

(2) 患者在治疗过程中,谷丙转氨酶升高原因可能为:慢性乙肝的病程特征及转归表现;患者在发病期没有得到必要的休息。

(3) 医师对患者用药期间缺乏足够的沟通，致使患者对治疗产生过高期望值。

鉴定结论：本例不属于对患者的人身损害。

3. 处置结果

法院最终驳回原告诉讼请求。

三、分析点评

本例为一起中医诊治纠纷。中医作为传统医学，具有独立体系，如何既顺应传统，又兼顾现代，这是中医面临的现实挑战。

1. 综合采纳中医、西医诊断方式

中医诊断，是从整体出发，运用辨证的理论与方法，以识别病证、推断病情，给防治疾病提供根据。其基本内容就是四诊、八纲和证候分类。

(1)“四诊”是指“望、闻、问、切”。望诊是通过查看的方式了解病体外部的变异和体内的病变情况；闻诊是以听的方式，从患者的言语、咳嗽、呼吸等声音了解内在病情；问诊是通过询问沟通了解疾病经过与患者自我感知的痛苦过程；切诊是通过按患者脉搏和身体其他部位，以诊断查看患者体内外情况。通过四诊，可以明白患者整体变化。

(2)“八纲”是“表里、寒热、虚实、阴阳”。八纲是通过分析归纳四诊所获得的一切资料。表里是分别疾病的病位与病势的浅深；寒热是分别疾病的属性；虚实是分别邪正的盛衰；阴阳是八纲的纲领，居领袖地位，是从总的方面，也就是最根本的方面分别疾病的属性，为治疗疾病提出总的方向。

(3) 证候分类，是根据伤寒、温病和内科学的病变规律制定的辨证分类方法。伤寒分六经辨证，温病分卫气营血或三焦辨证，内科病分脏腑经络辨证。三者相辅相成，互为整体。

中医诊断是在中华民族传统文化基础上发展而来的一座宝库，所以深受群众喜爱。

西医诊断，是运用医学基本理论、基本知识和基本技能对疾病进行诊断的学科。其基本内容包括病史采集、症状和体征、体格检查、实验室检查和辅助检查。

(1) 病史采集，即问诊，是通过医师与患者进行提问与回答了解疾病发生与发展的过程。

(2) 症状和体征。症状是患者病后对机体生理功能异常的自身体验和感觉，如瘙痒、疼痛、胀闷、恶心和眩晕等，症状是病史的重要组成部分，研究症状的发生、发展及演变，对作出初步诊断或印象发挥重要的作用。体征是患者的体表或内部结构发生可察觉的改变，如皮肤黄染、肝脾肿大、心脏杂音等。体征对临床诊断的建立可发挥主导作用。

(3) 体格检查，是医师用自己的感官或传统的辅助器具(听诊器、叩诊锤、血压计、体温计等)对患者进行系统的观察和检查，揭示机体正常和异常征象的方法。

(4) 实验室检查，是通过病理、化学和生物学等实验室方法对患者的血液、体液、分泌物、排泄物、细胞取样和组织标本等进行检查，从而获得病原学、病理形态或器官功能状态等资料。

(5) 辅助检查，如心电图、肺功能和各种内镜检查，以及临床上常用的各种诊断操作技术等。

西医诊断是诊断内科疾病以及其他临床各科的基础。

中医诊断与西医诊断各成体系，但并不排斥，核心思想是一致的，即通过收集临床数据，建立临床思维，正确判断，对患者进行系统评价，以促进疾病康复，提高生活质量。所以，无论是中医医师还是西医医师，都应该吸收对方的优点，兼收并蓄，博采众长。

2. 与现代环境与时俱进

在中医传统文化中，很少有患者挑战或质疑医师的行为。但是本例患者肝功能复查 ALT、AST 升高后，把矛头直指医师，多次到中医科交涉，医师非常郁闷，因为许多年来，没有患者质疑过自己。中药治疗以调理为主，该患者也是逍遥散加减，逍遥散是成熟方剂，已经历史验证，怎么会影响患者肝功能，医师实在无法理解患者的行为。

这反映了医师的内敛性格，缺乏对现代医患关系的认识和把控能力。现在的医患关系之所以如此纠结，有很多原因，其中之一是患者权利意识提升，在信息不对称的情况下，患者害怕被侵权，加上转型期的社会环境，人们由熟人社会走向陌生人社会，人们之间缺乏传统宗族社会的约束和支持，一切要靠自己，当然对身体非常关注，对身体的丝毫变化都非常敏感。这是社会的必然现象，也是从传统走向现代的必经现象。作为医师，必须了解并理解这种社会现象，同时有针对性地调整自己的行为，以符合现代理念。

本例医师正确的流程是，不仅要进行中医诊断，也要注意患者的既往史，特别是乙肝大三阳病史，注意该疾病的病因病机，病理病程，与患者科学沟通。如："目前的治疗以调理失眠为主，疏肝理气，同时你也要注意休息，调理身体，不要过于操劳，尤其不要做重体力活，要调理情志，自己要开朗些。随时要定期复查肝功能，若出现任何异常，要及时就诊，进行治疗。"等等。寥寥数语，看似简单，实际上是一种语言处方，这不是可有可无的，而是治疗必备内容，与药物处方同等重要。

3. 语言处方与沟通模板

前往中医科的患者以慢性病为主，其调理需求较多，所以，医师不仅要照顾其疾病需求，也要注意其心理需求，建议探索沟通模板，并制定语言处方标准化操作流程(Standard Operation Procedure, SOP)，可以有效提高患者满意度。

4. 善于识别风险

虽然中医科疾病以慢性病为主，但其中也有症状并不严重的危急重症，如何在平时较为平静的工作环境中及时识别出重症患者，中医医师需要掌握必备的西医检查手段和方式，及时评估病情，评估风险，及时会诊甚至转诊，以免贻误病情，影响患者康复。

所以，无论是中医医师还是西医医师，都要以科学精神为根本，彼此尊重，互相依靠，为患者的健康不断探索。

四、思考题

(1) 作为中医科医师，应当如何应用中医诊断方式与西医诊断方式，应当遵守哪些标准与规程？

(2) 如果您是本例患者的医师，当患者对您的行为不满时，您将如何应对、如何沟通？

(3) 请您结合第一篇内容，设计一份针对中医门诊的住院医师法律能力与职业道德建设风险控制路径图。

五、相关法律链接

1.《中医药条例》

第十二条　中医从业人员应当遵守相应的中医诊断治疗原则、医疗技术标准和技术操作规范。

全科医师和乡村医生应当具备中医药基本知识以及运用中医诊疗知识、技术，处理常见病和多发病的基本技能。

2.《医院工作制度与人员岗位职责》

六十四、中医科工作制度

1. 各级医院都应当设立中医门诊，有条件的医院应当开设中医病房或中西医结合病房，加强中医科室的建设，继承、发展、整理、提高祖国医药学遗产。

3. 中医可按患者病情签署诊断、病假、死亡等有关医疗证明书。根据理、法、方、药的原则，按照"中医或中西医结合病历(包括门诊病历)基本规划"要求认真及时书写病历。病历记载要完整、准确、整洁，要签全名。

案例 61 肝硬化

一、关键词

中药饮片　中药审方

二、案情简介

1. 诊治经过

4 月 28 日，患者，女，45 岁，因“肝硬化六年，腹水两年，食欲尚可”前往中医科治疗。医师开具处方，嘱咐患者将一贴药全部煎好，分别放置在 5 个大碗中，然后每天分三次服用一碗。28 日晚，患者服用后出现尿量增多，大便稀薄，食欲减退。5 月 15 日，患者复诊，医师继续开具处方，患者配药。5 月 16 日，患者服药后呕吐，腹泻、头昏、无力。5 月 29 日，患者处于濒死状态住院对症治疗。6 月 4 日，患者死亡。死因为：循环衰竭，多脏器功能衰竭。

2. 医患交涉过程

患方认为，医方存在明显过错，最终造成患者死亡。

(1) 没有诊疗思路。医师处方草率，未行望闻问切。患者虽患有肝硬化 6 年，但平时尚可以进行一般的体力劳动。病历记载只有寥寥数笔，看不清其辨证施治思路。医疗行为不符合中医诊治原则及内科治疗原则。

(2) 中药剂量严重违反药典规定。医师为患者开具的处方中含有 35 味中药，全部超出《药典》的法定最高用量，而且是超出多倍。其中许多中药因超量使用而具有毒副作用，如：

第一味中药熟附片 50 g，而法定用量是 3～15 g，而且规定入汤剂应先煎 30～60 min，以减低其毒性。注意事项规定，本品辛热燥烈，有毒，故非阴盛阳衰之证不宜服用。

第二味中药淡干姜 70 g，而法定用量是 3～10 g，注意事项规定，本品辛热燥烈，阴虚有热忌用。

槟榔 20 g，而法定用量是 6～15 g，注意事项规定，脾虚便溏者不宜服用。

莱菔子 80 g，而规定用量 6～10 g，注意事项规定，本品能耗气，气虚者慎用。

利水药葶苈子、大腹皮、车前子、猪茯苓、泽泻、赤小豆等均超出法定用量多倍，许多药均有耗气的不良反应。

(3) 煎服方法存在失误。中药的服用方法非常重要，临床配药均为一贴一煎，然而医师却让患者一贴煎好后放置家中分五天 15 次服用，不仅会发生霉变，而且药物之间也易发生化学反应，在中药的服用方法中至今还未有此种方法。不符合《中药学》的规定。

(4) 中药房未履行审方义务。《药品管理法》规定，对有配伍禁忌或者超剂量的处方，应当拒绝调配；必要时，经处方医师更正或者重新签字，方可调配。中药房明知处方用量严重超标，应当拒绝调配。如果按照处方计算，一贴中药总量为 1 243 g，但患方称重一贴中药总量为 1 955 g，超出 700 多克。《药品管理法》规定，销售药品必须准确无误，并正确说明用法、用量和注意事项。医方存在严重过错。

患方诉至法院，要求赔偿。

医方认为，医师所用方剂为经验方，具体剂量与患者个人病情有关，其配伍符合规定，不存在过错，不同意赔偿。

法院委托鉴定，鉴定分析意见认为：

(1) 患者因肝硬化腹水就诊，医方开具中药治疗，患者服药后腹泻，最终死亡。

(2) 医院在为患者的诊治过程中，医生对患者病情观察不够仔细，估计不足，与病情相关的必要临床检查和有关事项未向家属交代清楚，病案记录不完整、不规范，医生处方不正规，抄方明显。

(3) 几味中药剂量超出药典规定剂量。

(4) 患者死亡与其自身疾病、未及时就诊、未正确治疗有关。

鉴定结论：本病例不构成对患者人身的医疗损害。

3. 处置结果

法院认为，根据法律规定，因医患纠纷而提起的侵权损害赔偿必须符合侵权行为的构成要件，即判令医院承担赔偿责任必须具备医院主观上存有过错、客观上实施了违法行为并且发生了损害后果，违法行为与损害后果之间存有因果关系。被告医师对原告患者病情观察不够仔细，估计不足，与病情相关的必要临床检查和有关事项未向家属交代清楚，病案记录不完整、不规范，医师处方不正规，抄方明显。被告不按常规用量使用药物，存有一定过错，是造成原告损害的原因之一。根据部分原因承担部分责任的精神，由法院酌情确定被告承担责任的具体数额。最终法院判令被告承担10%的轻微责任。

三、分析点评

本例是一起诊疗不规范、处方不规范、不按常规用量使用药物的案例。通过本案，需要掌握如下事项：

1. 诊断明确

本例医师未注意患者肝硬化腹水，未进行望闻问切，未行八纲辨证，病因病机不明即下处方，医疗行为不规范。

2. 正确看待验方

验方是指医师在长期诊疗行为中形成的经验用方。所谓千方易得，一效难求。本例医师验方确实对某些患者有疗效，但验方也是针对具体情况来定，如果不能辨证施治，滥用验方，长此以往，不仅侵犯患者的权益，也终将损害自己的声誉，透支大家对中医的信任。医圣张仲景著《伤寒论》，基本处方一百一十三方，三百九十七法。一至二味、三至四味中药处方居多，八味中药就算大方了，最大的处方是薯蓣丸，二十一味中药，这样的处方历经两千余年，至今仍在临床应用。

本例处方洋洋洒洒35味中药，似乎包罗万象，实则辨证不明，心中无谱，不仅违背中医诊疗常规，也违背《黄帝内经》《伤寒杂病论》等医典精髓，违背传统根本。

3. 用药遵循法律法规

国家中医药管理局《中药处方格式及书写规范》规定：

第八条　中医处方应包含这些内容：

(1) 一般项目，包括医疗机构名称、费别、患者姓名、性别、年龄、门诊或住院病历号、科别或病区和床位号等，可添列特殊要求的项目。

(2) 中医诊断，包括病名和证型(病名不明确的可不写病名)，应填写清晰、完整，并与病历记载相一致。

(3) 药品名称、数量、用量、用法、中成药还应当标明剂型、规格。

(4) 医师签名和/或加盖专用签章、处方日期。

(5) 药品金额、审核、调配、核对、发药药师签名和/或加盖专用签章。

第九条　中药饮片处方的书写，应当遵循以下要求：

(1) 应当体现“君、臣、佐、使”的特点要求。

(2) 名称应当按《中华人民共和国药典》规定准确使用，《中华人民共和国药典》没有规定的，应当按照本省(区、市)或本单位中药饮片处方用名与调剂给付的规定书写。

(3) 剂量使用法定剂量单位,用阿拉伯数字书写,原则上应当以 g(克)为单位,“g”(单位名称)紧随数值后。

(4) 调剂、煎煮的特殊要求注明在药品右上方,并加括号,如打碎、先煎、后下等。

(5) 对饮片的产地、炮制有特殊要求的,应当在药品名称前面写明。

(6) 根据整张处方中药味多少选择每行排列的药味数,并原则上要求横排及上下排列整齐。

(7) 中药饮片用法用量应当符合《中华人民共和国药典》规定,无配伍禁忌,有配伍禁忌和超剂量使用时,应当在药品上方再次签名。

(8) 中药饮片剂数应当以“剂”为单位。

(9) 处方用法用量紧随剂数之后,包括每日剂量、采用剂型(水煎煮、酒泡、打粉、制丸、装胶囊等),每剂分几次服用、用药方法(内服、外用等)、服用要求(温服、凉服、顿服、慢服、饭前服、饭后服、空腹服)等内容,例如:“每日 1 剂,水煎 400 ml,分早晚两次空腹温服”。

(10) 按毒麻药品管理的中药饮片的使用应当严格遵守有关法律、法规和规章的规定。

从这些规范中可以发现,针对中药饮片的管理非常详尽。本例医师开具中药饮片不符合规范,未考虑其规定剂量、剂型、服用方法等,诚如患方所言,没有章法。

4. 关于中药审方

本例还涉及中药师审方问题。中药审方,是指中药师在配方操作之前对中药处方所写的各项内容进行全面认真审阅、核准的过程,是中药调剂工作的首要环节,是提高配方质量、保证患者用药安全有效的关键。中药审方包括:审核药名,如“天麻”写成“升麻”;审核用量用法适宜性,如附子需要先煎;审核辨证用药;审核配伍组方;等等。中药审方可以及时发现问题、纠正问题,中药师工作非常重要。本例中药师未尽谨慎的审方义务,所以也存在过错。

综上,本例过错属于系统性过错,也就是整个中医诊疗、用药、调剂环节都发生了问题,患者服用后腹泻呕吐,复方时,医师仍然抄方,未引起足够的重视,错上加错,酿成大错。

四、思考题

(1) 如果您是本例患者的医师,您将如何辨证施治?

(2) 作为中医科医师,应当如何应用验方,中药饮片组方应当遵守哪些标准与规程?

(3) 请您结合第一篇内容,设计一份针对辨证施治的中医师法律能力与职业道德建设风险控制路径图。

五、相关法律链接

《药品管理法》

第三十二条 药品必须符合国家药品标准。中药饮片依照本法第十条第二款的规定执行。

国务院药品监督管理部门颁布的《中华人民共和国药典》和药品标准为国家药品标准。

国务院药品监督管理部门组织药典委员会,负责国家药品标准的制定和修订。

国务院药品监督管理部门的药品检验机构负责标定国家药品标准品、对照品。

案例 62　肛周脓肿

一、关键词

局限思维　整体思维

二、案情简介

1. 诊治经过

患者，男，25 岁，9 月 2 日因"肛周化脓出血，发热 39℃"至某中西医结合医院肛肠外科就诊，诊断为肛周脓肿，右下肢蜂窝炎，丹毒？予青霉素钠静滴、PP 粉坐浴等治疗。9 月 4 日，患者因高热急诊，被诊为肛周脓肿，右下肢气性坏疽，收治入院，急诊在全麻下行肛周脓肿引流，右下肢全长切开减压术。术中发现右下肢皮下、肌筋膜间隙存有大量气肿，大腿肌肉大片坏死。术后入监护室床边隔离，给予抗感染、纠正水电解质、全身营养治疗，给予伤口开放，双氧水换药等治疗。患者病情未见好转，9 月 6 日因全身多器官系统衰竭，抢救无效死亡。

2. 医患交涉过程

患方认为，医方漏诊患者糖尿病及酮症酸中毒，延误治疗；术前检查不充分，术中反复大量使用葡萄糖溶液，术后患者出现代谢性酸中毒、糖尿病酮症酸中毒的临床表现，医方治疗不当，使用胰岛素用量不足。医方存在过错，故诉至法院，要求医方承担赔偿责任。

医方认为，诊断明确，手术规范，患者死亡系感染严重，病情凶险所致，不存在过错，不同意赔偿。

法院为进一步查明事实，委托进行鉴定，鉴定分析意见认为：医方在抢救治疗过程中，对糖尿病酮症酸中毒认识不足，处理不及时。属于一级甲等医疗损害，医方承担次要责任。

法院据此判决被告承担相应赔偿责任。

三、分析点评

本案是一起漏诊糖尿病酮症酸中毒导致误治的案例。本例揭示了目前中医、西医存在的共性问题：思维局限。我们需要思考是什么、为什么、怎么办？

1. 医师思维局限狭隘

本案患者病情特殊，9 月 2 日就诊前并不知自己患有糖尿病，肛肠外科医师以肛周化脓感染为自己的治疗对象，在患者尿常规检测尿糖 1 000 mg/dl，酮体 150 mg/dl，pH 值 5 的时候，未注意患者的整体情况，未进行鉴别诊断，开具的抗生素静滴液都是 5%葡萄糖液，之后的配液也是葡萄糖，用药原则性失误，源头就是医师"见病不见人"。

2. 思维局限的形成原因

医学作为一门自然科学，需要通过解剖、生理、病理、组织胚胎、药理、诊断学等层层抽丝剥茧的"解剖式学习"才能掌握，逐渐进展为系统学习，诊治疾病学习。若在诊治疾病阶段，不进行理性思维，不进行归纳整理，不进行评判式思维，则必将"头痛医头，脚痛医脚"，无法联系整体，产生误诊误治、漏诊漏治。本例即是如此，肛肠外科医师关注的是"肛周脓肿"，"右下肢蜂窝炎，丹毒？"进展为"右下肢气性坏疽"，不了解实验室检查的作用是什么，不能及时发现阳性病理表现，忽略整体，以致用药错误，引发严重后果。

3. 从中医宝库中学习

中医主张辨证施治，主张在整体观点的指导下，根据患者一系列的证候加以分析综合，求得疾病的本质和症结所在。同样的症状，中医与西医的思维方式不同，处理方式也不同。如咳嗽、发热，西医要进行微生物-病原学分析，根据病因、病理，分别诊断为普通感冒、病毒性咽炎、疱疹性咽峡炎等，进行对症治疗。同样是感冒、发热，中医将其分为风热型、风寒型，治疗原则以辛热解表或辛凉解表等。两者并不互相对立，若没有现代医学，许多疾病无法治疗治愈，若失去传统医学，许多疾病无法调理固本。所以，两者应互为伙伴，携手共行。本例是中西医结合医院医师，但是反映出医师已经忘记了整体思维。

很多西医医师无法理解“治未病”，认为没病怎么算病呢？也有一些医师提出，所谓的“未病”实际是病前态，是现有医学检测手段暂时不能检查出的疾病态，不管何种论点，若一味刻舟求剑只能适得其反，陷入经院哲学的怪圈，不如放下包袱，谦虚包容，互相借鉴，共同成长。

4. 辩证看待传统文化

中医学是从中华民族传统文化中生长出来的瑰宝，要认识中医，离不开对传统文化的理解。孔子早就提出君子不器，也就是君子不可囿于一技之长，不可拘泥于教条形式。因为，“器者，各适其用而不能相通。成德之土，体无不具，故用无不周，非特为一才一艺而已。”所以，作为一名专业人才，若有无限的度量，虚怀若谷，永不满足，必能成为大家。

四、思考题

(1) 如果您是本例患者的医师，您将如何辨证施治？

(2) 作为中西医结合医师，应当如何认识中医与西医的区别与联系？

(3) 请您结合第一篇内容，设计一份针对肛周脓肿的中西医医师法律能力与职业道德建设风险控制路径图。

总结

本章通过3个案例阐述了中医科住院医师需要掌握的基本法律能力与职业道德。中医博大精深，但受篇幅所限，本章不能涵盖所有问题，但是以下几点注意事项可供大家参考：

(1) 中医师需要掌握四诊八纲、证候分类理论知识与实践能力。

(2) 掌握中药饮片与中成药的药理机制，正确用药。

(3) 掌握西医诊断技术。

(4) 了解西医药品的相关知识。

(5) 正确与患者沟通，善于开具语言处方。

(6) 善于与相关科室沟通，科学评估临床风险，把控风险。

(7) 及时启动疑难病例讨论，会诊讨论等等，积极寻求各方支持。

(8) 培养规范书写病历、留存证据的习惯。

(9) 增强中医文化自信，科学宣传中医知识。

(10) “正气存内，邪不可干；邪之所凑，其气必虚。”既是一种病理现象，也是一种社会现象。我们要以小见大，从自身做起。

第二十章 医技科法律能力与职业道德建设

医技科室是指运用专门的诊疗技术和设备，协同临床科室诊断和治疗疾病的技术科室。按工作性质和任务，可分为以诊断为主、以治疗为主、以供应为主。医技科室是医院的技术支持系统，是医院的重要组成部分。各科住院医师规范化培训期间，都需要熟悉相关医技科室的工作流程，掌握相关工作能力，把控临床与医技的衔接部位，善于沟通，有娴熟的法律处置能力，在检验、医学影像、超声检查、病理诊断时，在放射治疗、核医学、医用氧舱治疗时，把医学伦理道德融入和患者的相处之中。

案例63 CT读片

一、关键词

核片　玻璃门

二、案情简介

1. 诊治经过

9月6日0:50，患者，女，60岁，因"前额部阵发性疼痛4天，加剧20 min，伴呕吐1次"急诊。体检：神清，对答切题，颈软，双瞳直径0.15 cm，光反射(+)，伸舌居中，两肺音清，心率86次/min，血压167 mmHg/101 mmHg，腹软，肌力Ⅴ°，NS(－)。诊断：高血压头痛待查。头颅CT检查报告：颅骨完整；脑实质内无明显密度及形态异常改变区；脑室、脑池、脑沟无明显异常；中线结构居中。提示：颅脑CT平扫未见明显异常，请结合临床，短期随访。处理：入抢救室，心电监护，给予合贝爽等治疗。

1:47，患者无呕吐不适，血压157 mmHg/89 mmHg。

2:00，血压164 mmHg/102 mmHg。

2:15，患者有头痛无呕吐，无意识障碍，无偏瘫等不适症状。心率83次/min，律齐，血压149 mmHg/90 mmHg。

2:30，血压156 mmHg/91 mmHg。目前相关辅助检查提示，血钾3.4 mmol/L，钠132 mmol/L，无视物变化，复视等。给β-七叶皂代钠、心痛定片治疗。

3:00，血压147 mmHg/87 mmHg。

3:30，血压148 mmHg/85 mmHg。

4:00，血压143 mmHg/82 mmHg。

4:30,血压 148 mmHg/85 mmHg。

5:00,血压 146 mmHg/84 mmHg。

6:00,血压 146 mmHg/88 mmHg。

6:20,体温 37.8℃,心率 86 次/min,呼吸 20 次/min。

7:00,血压 152 mmHg/84 mmHg。

7:30,患者诉有头痛,无呕吐,颈软,双瞳直径 0.2 cm,心率 80 次/min,律齐,血压 153 mmHg/80 mmHg,肌力Ⅴ°,NS(—)。

7:50,血压 152 mmHg/84 mmHg,心率 88 次/min,呼吸 20 次/min。

8:15 收住院。8:20,在处置过程中患者突然神志不清,出现鼾声呼吸,每分钟约 6 次左右,口吐白沫,无四肢抽搐。无呕吐,立即予测血压 240 mmHg/130 mmHg,同时发现瞳孔直径约 1 mm,光反应迟钝,立即予 20%甘露醇 250 ml 快速静滴,同时予高流量吸氧,心电监护。

8:25,患者心电监护示:呼吸停止,心率 30～40 次/min,血压 50 mmHg/30 mmHg,氧饱和度测不出。立即予以抢救措施,诊断:脑出血(脑疝);高血压 3 级(极高危)。9:40,转入 ICU 病房,诊断:急性出血性脑血管病(蛛血? 脑出血? 脑疝形成?);高血压 3 级(极高危);应激性溃疡。9 月 8 日,对 9 月 6 日的头颅 CT 平扫检查核片:影像表现颅骨完整;脑实质内无明显密度及形态异常改变区;CT 平扫枕大池及四脑室密度增高,出血可能。9 月 13 日,宣布临床死亡。死亡诊断:蛛网膜下腔出血(脑疝);高血压 3 级(极高危);应激性溃疡。

2. 医患交涉过程

患者死亡后,家属携 9 月 6 日 CT 片前往他院请专家读片,诊断为蛛网膜下腔出血。患方认为医师缺乏临床经验和工作责任心,对常见病不能采取正确治疗措施,存在明显失误。家属提出几个细节:

(1) 在抢救期间家属再三询问急诊医师,患者有高血压史,有家族史,出现剧烈头痛、呕吐、便感,是否有脑出血的可能,希望医师不要误诊,但急诊医师置之不理。

(2) 患者在昏迷抢救时,家属又问急诊医师为什么当时不核片,医师认为按 CT 诊断报告来抢救患者,并没有任何过失。

(3) 家属之后拿着 9 月 6 日的 CT 片子,问放射科医师为什么当时看不出来,为什么当时不立即核片,放射科医师回答核片要等主任上班,周末主任不上班,所以无法核片,只能等 9 月 9 日。

医方存在明显的过错,故诉至法院,要求医方承担完全责任。

医方认为,患者死亡与其病情特殊有相当的因果关系,疾病的发生、发展以及骤然变化,临床较难预测和防范。患者入院时头颅 CT 片子有值得斟酌之处,但患者的死因与其自身疾病有较大关系,医方不同意承担完全责任。

为进一步查明事实,法院委托进行鉴定,专家分析意见认为:

(1) 患者因前额部阵发性疼痛加剧至医院就诊,行 CT 检查后医院放射科未能及时作出“蛛网膜下腔出血”的正确诊断,临床医师未能根据患者的相关症状作出鉴别诊断,延误了对患者的及时、正确治疗,是患者最后因蛛网膜下腔出血而死亡的重要原因。

(2) 蛛网膜下腔出血是一种较为凶险的神经系统疾病,临床治疗后仍有较高的病死率,患者原有疾病也是其最后死亡的原因之一。

鉴定结论:本病例属一级甲等医疗损害,医方承担主要责任。

3. 处置结果

法院审理认为,医疗机构及其医务人员在医疗活动中,违反医疗卫生管理法律、行政法规、部门规章和诊疗护理规范、常规,过失造成患者人身损害的,应当承担相应的损害赔偿责任。本案中,本起病例经鉴定,被告对患者 CT 检查后未能及时作出“蛛网膜下腔出血”的正确诊断,临床医师未能根据患者的相关症状作出鉴别诊断,延误了对患者的及时、正确治疗,是导致患者最后因蛛网膜下腔出血而死亡的重要原因。同时,患者死亡与其原有疾病也有因果关系。综合上述两个方面,本院认定被告对原告方的损害承担 80%的赔偿责任。

三、分析点评

本例是一起放射科诊断报告失误，临床诊断失误的案例。本例反映了医技科室存在的问题，以及医技科室与临床科室之间衔接不畅的共性问题。如何解决？

1. 医技与临床的关系

随着现代医学的发展，临床诊断需要愈来愈多的医技检查报告。那医技与临床是什么关系？相信大家都会回答，是辅助诊断、辅助治疗的关系，临床诊断除了实验室检查、辅助检查之外，还需要病史采集、症状与体征采集、体格检查等综合信息，需要医师运用评判性思维，发现主要矛盾，进行轻重缓急判断，才能进行正确诊断。所以，医技检查报告本身不是目的，只是确诊疾病的一个手段，把手段当目的，就会犯刻舟求剑、机械思维的错误。本例即是如此。

急诊医师把CT报告当做诊断疾病的报告，忽略患者的病史、症状表现、血压监测报告等临床信息，机械思维，没有自己读片，自己进行病因鉴别，没有请求二线备班支持，没有科内讨论，即使是夜班期间，仍然可以通过电话请示的方式进行疑难病历讨论，总之，本例医师缺乏评判性思维和整体意识，既缺乏应有的临床知识，也缺乏处置疑难问题的临床技能，与患者最终死亡有一定的因果关系。从本例可以看出，思维决定行为，思维决定结局。

2. 医技需要把控临床医师

虽然医技是辅助诊断与治疗科室，仍是重要的科室。在临床实践中，往往可以发现医师的申请单书写非常简单，常见寥寥数笔：头痛待查，检查头颅CT；腹痛，检查腹部CT；腰痛，检查腰部CT；等等。给予放射科或其他医技科室阳性资料极少，使医技科室医师在做诊断时难以下笔，有时的结论就是：显影增高；密度增高待查；包块性质待定；液性暗区性质待定；等等。以至于临床医师也无从下笔，成了每一个字都看得懂，但每一句话都看不懂的“天书”，双方都不愿承担责任。

显然，双方都需要改变。医技科室需要把控医师的申请单，需要医师写出相应的病史、阳性症状与体征等，若有可能直接通过医院HIS系统调阅患者的资料。最简洁的办法还是需要临床医师把阳性指征概括清楚，以更好地安排检查部位与方法。若遇复杂疑难病案，医技科室必须主动与临床医师沟通，详细询问相关病史，及时准确定位，使用正确的检查方法，并尽可能地减少患者来回奔波。以患者为中心，是所有医师包括医技科室医师的核心任务。数据与胶片不是医师关注的重点，病情与患者才应是关注的重点。

3. 打通医技与临床之间的玻璃门

医技医师与临床医师是如此熟悉又如此陌生。熟悉是因为彼此依靠，彼此知道大名；陌生是因为大家联系的纽带限于检查申请单、片子或数据、报告单，彼此甚至互不认识。这是医学发展的瓶颈，若大家没有更多的交流，对患者不利，对自身也不利。在一些伦理会上，常看到很多临床科研项目，涉及彼此的内容，其实本院已经非常成熟，但是还有科室在申请，因为事先“不知道”！所以，科室与科室之间需要打开玻璃门，彼此“串门”才行。

(1) 医技医师走入临床。建议采用类似执业药师查房制度，医技科室走入临床，指导医师填写申请单，了解检查部位，了解平扫与增强的原理，了解读片的基础知识，善于阅读常见病与多发病的片子，了解3D成像基本原理，了解CT值的不同含义，了解影像学表现所代表的不同临床诊断，等等。医技科室医师需要“培养”支持临床医师。同时，医技科室也要了解临床医师的困难，要会阅读相关病史，了解如何检查患者，了解临床医师的读片困境，不断换位思考，以更好地进行检查和出具报告。毕竟，如果连临床医师都看不懂的报告，似乎也并不太高明。

(2) 临床医师走入医技。建议采取临床医师定期到相关医技科室学习交流的制度。临床医师需要了解自己开具相关检查的真正意义和目的，而非似是而非。需要了解相关机器设备的基本构造、基本原理，如何读片，患者如何检查，需要做哪些准备工作，为什么要做这些准备工作，检查风险有哪些，检查的适应证和禁忌证有哪些，如何开具申请单，医技医师的优势在哪里，劣势在哪里，如何让检查更及时明确，等等。如果不了解就会出错。例如，患者 80 岁，心梗，临床医师安排冠状动脉 CTA，最终患者死亡。这就是典型的违反禁忌证的案例。所以，作为临床医师一定要全面了解掌握现代医技技术，临床离不开医技，但前提是知己知彼。不了解现代技术，只能跛行，关键时刻就会摔跤，而医学是开不得半点玩笑的。尊重生命，必须要有相应的知识和技能才能实现。

4. 关于放射科核片制度

根据医学影像科工作制度，放射科实行每天由主治医师以上人员主持的集体读片制度，确保诊断质量，经常研究诊断和投照技术，解决疑难问题，不断提高工作质量。

本例核片需要由主任进行，显然放射科缺乏相关制度，检查医师缺乏相关意识，以至于违反常规。随着信息传播技术的提高，这样的问题可以得到很好的解决，比如通过医院 PACS 系统，放射科医师与临床医师可以同时读片，比如利用 iPad、iPhone 等，医师可以将疑难片子发给其他医师，进行阅片会诊，等等。随着工具的提升和普及，随时阅片、复片、核片得以实现。但是，前提是初检医师必须及时发现问题，才能分析问题，才能得以解决问题。所以，医技科室医师需要实现读片质量及能力同质化。

同时，与临床密切合作是医技科室的根本任务。医技科室医师的关注点应投照覆盖技术与患者，因为所有的技术毕竟是为“人”服务的。

5. 随时关注患方的主诉与质疑

“智者千虑必有一失，患者千虑必有一得”。在医患关系中，智愚关系随时转换。由于客观所限，有时医师确实不能体会患者与家属对病体的感受，所以，医师需要鼓励患者说出来，以尽可能地掌握足够的临床数据与信息，随时进行鉴别诊断、修正诊断，正确治疗。同样，医师也要重视患方的质疑，因为面对疾病，医患是合作者，互相探讨是必须的，患方对医师行为因焦虑产生质疑，情有可原，医师要善于捕捉其中的有利信息，及时调整方案，沟通要留有余地，比如可以说：“您说的情况很重要，我会及时关注，和放射科医师联系，再阅读一下片子，查看是否有遗漏，我们的目标是一致的，就是治疗疾病。”等等。同时，回顾自己行为，是否需要改进，启动相关程序等。如果流程正确，患者仍然病情恶化，甚至死亡，医方无责。同样，医技医师也需要正确对待患方的质疑，每一次医学的进步都离不开患者的推动，许多医学技术进步的背后都有惨烈的故事，所以，任何医师都要敬畏生命，尊重患者。以虚怀若谷之心，不断进步。

四、思考题

（1）作为放射科医师，应当如何把控医疗质量，应当遵守哪些标准与规程？

（2）如果您是本例患者的急诊医师或放射科医师，当患者对您的行为不满，提出质疑时，您将如何应对、如何沟通？

（3）请您结合第一篇内容，设计一份针对读片、复片、核片的住院医师法律能力与职业道德建设风险控制路径图。

五、相关法律链接

《医院工作制度与人员岗位职责》

一一二、医学影像科（室）工作制度

3. 工作人员要严格执行患者识别规范、查对程序和技术操作常规，并要了解病情。

4. 建立与完善医学影像操作常规与图像质量控制标准，重要摄片由医师和技术员共同确定投照部位及技术。特检摄片和重要摄片待观察湿片合格后，患者方可离开。建立患者确认程序，确保检查正确无误，保障患者安全。

案例 64 宫外孕

一、关键词

责任心 法律意识

二、案情简介

1. 核片前

患者,女,28 岁,4 月 6 日 23:00 因"腹部隐痛"到院急诊,请妇产科会诊,病史记载:停经 35 天,腹部隐痛一天。体检:下腹部轻压痛,无反跳痛,无肌卫。妇科检查:阴道畅;宫颈光;宫颈举痛(±);宫体轻压痛;附件:右侧轻压痛,无包块,左侧无压痛。诊断:腹痛待查:宫外孕? 盆腔炎? 阑尾炎? 予以 B 超检查,提示子宫附件正常,盆腔少量积液。予以 CT 检查,子宫附件正常,盆腔少量积液。嘱留观,但患者拒绝,签字后回家,嘱腹痛加剧随诊。

2. 核片后

4 月 7 日 7:30,放射科例行核片,发现该患者 CT 提示子宫右上方有不均质软组织密度包块,有小片状较高密度影,考虑出血灶,结合病史,考虑宫外孕可能较大。放射科医师立即打电话给患者,要求其立即到院复查。患者正在家睡觉,不愿意前来,放射科医师询问地址,告知患者,医师可以来接她到院。患者这时觉得事态严重了,立即到院。9:00 患者到院,妇科检查:宫颈举痛(+);子宫压痛(+)。附件:右侧增厚,压痛(+),左侧(-)。后穹窿穿刺,见不凝血。立即决定急诊手术。10:30 行腹腔镜下手术,术中见右侧输卵管增粗,呈紫蓝色,伞端出血,腹腔积血约 300 ml,行右侧输卵管切除术。术后予以抗感染等治疗。病理报告:右侧输卵管妊娠。4 月 13 日,患者出院。

三、分析点评

本例是一起放射科医师及时核片、及时处置医疗安全不良事件的案例。通过本例,可以发现医师需要具备纠错能力,科室需要有纠错机制。

1. 核片的重要性

CT 诊断是技术人员和放射科医师综合努力的结果。误诊原因可分为技术原因和专业知识原因,技术原因有仪器校准问题、肢体摆放问题、伪影原因、造影覆盖、探测窗及宽度等因素;知识原因有放射科医师未能正确识别图像,检查部位不正确等。所以,需要每天对片子进行集体读片,就是综合大家的能力,及时发现问题,纠正问题。

2. 纠错的重要性

通过核片,及时发现问题,是第一步。第二步则是如何有效纠错。本例患者经过核片发现为宫外孕,而宫外孕有随时破裂出血,甚至有生命危险。此时医师立即告知妇产科医师,并立即电话通知患者,在患者拒绝时,坚持要求患者来院。本例告诉我们,只要有高度的责任心,有些技术失误仍然可以得到有效纠正和弥补。

3. 假设不同情况

若患者在 4 月 7 日上午拒绝来院,最终出现严重后果甚至死亡,那医方有责任吗? 需要具体情况具体分析:

(1) 医师仅电话通知,但患者未来院,最终出现损害后果,则医方因缺乏必要证据,需要承担一定的法律责任,以轻微责任为主。

(2) 医师不仅电话通知，另发短信，直至上门请患者，患者仍未来院，最终出现损害后果，则医方无须承担责任。因为此时属于患者不配合而造成的损害后果，且医方已有足够证据证明自己无过错。所以，医师要有证据意识。

综上所述，医师必须综合有业务能力、责任心和法律证据意识及能力。

四、思考题

(1) 作为放射科医师，应当如何把控妇产科 CT 检查质量，应当遵守哪些标准与规程？

(2) 如果您是本例患者的放射科医师，您会如何处理此事，如何沟通？

(3) 请您结合第一篇内容，设计一份针对 CT 纠错的住院医师法律能力与职业道德建设风险控制路径图。

五、相关法律链接

《侵权责任法》

第六十条　患者有损害，因下列情形之一的，医疗机构不承担赔偿责任：

(一) 患者或者其近亲属不配合医疗机构进行符合诊疗规范的诊疗；

(二) 医务人员在抢救生命垂危的患者等紧急情况下已经尽到合理诊疗义务；

(三) 限于当时的医疗水平难以诊疗。

前款第一项情形中，医疗机构及其医务人员也有过错的，应当承担相应的赔偿责任。

案例 65　超声检查

一、关键词

执业主体　行为边界

二、案情简介

1. 诊治经过

9 月 7 日，患者，女，33 岁，因"不孕不育症"行胚胎移植术，后予保胎治疗。9 月 27 日，尿 HCG(妊娠试验)阴性。11 月 18 日 B 超检查：双胎，GS1 估测孕龄为 92 天左右，胎心胎动好；GS2 估测孕龄为 88 天左右，右侧宫角妊娠可能大。

11 月 26 日，患者复查 B 超，报告为：①双胎妊娠；②一胎宫内妊娠，一胎位于右侧宫角，有向宫腔内生长趋势，建议随访。超声医师留置患者查看一夜，没有问题，嘱患者回家休息。

12 月 13 日，患者因下腹痛再次直接至该 B 超医师处检查，嘱无大碍回家继续观察，未出报告。

12 月 14 日 7:00，患者因神智不清 4 h，昏迷半小时急诊，被诊断为：失血性休克，深昏迷；宫角妊娠破裂；双胎妊娠。立即急诊手术，术中见腹腔涌出大量暗红色血液及血块，量约 3 500 ml，右侧宫角破裂，破口不规则，直径约 5 cm，活动性出血，行次全子宫切除术。但因出血量过多，抢救无效，于 12 月 14 日 16:00 死亡，死亡原因考虑失血性休克，宫角妊娠破裂。

2. 医患交涉过程

患方认为，B 超医师诊疗行为违法，属于越权行医，直接导致患者最终死亡，所以，医方应承担完全责任。

医方认为，患者自身未及时诊疗，导致最终死亡，与医疗行为无关，所以不同意赔偿。

法院为进一步查明事实，委托进行鉴定，专家分析意见：

(1) 患者系试管婴儿术后，发现双胎妊娠，其中一胎为宫角妊娠。医方对多次B超提示的宫角妊娠的危害性、严重后果认识不足且未充分履行告知义务，未给予留院观察，违反产科诊疗常规。

(2) 医方在医疗管理上存在职责分工不明确，各项记录不完整，规章制度执行不规范的缺陷。

(3) 患者最终死亡原因是由于宫角妊娠破裂，失血性休克，医方的上述医疗过失行为，使患者失去了及时抢救的时机，二者之间存在着直接的因果关系。

(4) 患者及其家属在多家医疗机构诊治，应对宫角妊娠的后果严重性有所认识，但在腹痛加剧、昏厥时却未能及时就诊，延误了抢救的时机。

鉴定结论：最终认定本案属于一级甲等医疗事故，医方承担主要责任。

3. 处置结果

法院认为，医方违反法定注意义务，医疗主体存在不规范现象，最终判决医方承担70%的主要责任。

三、分析点评

本例是超声医师主体不规范的案例。通过本例，需要掌握以下几点注意事项：

1. 医师主体法律规范

《执业医师法》第十四条规定，医师经注册后，可以在医院、预防、保健机构中按照注册的执业地点、执业类别、执业范围执业，从事相应的医疗、预防、保健业务。未经医师注册取得执业证书，不得从事医师执业活动。

超声医师的执业范围是超声影像专业，工作性质是配合临床医师，但不可替代临床诊治。本例发生原因为熟人，故B超医师自行为患者检查，自行将患者留置查看一夜，自行嘱咐患者回家，自行替代临床医师的工作，违反超声科工作制度。作为B超医师，合法的医疗程序应该在临床医师开具检查单的前提下，为患者进行相应的检查，治疗措施应该由临床医师提出，否则就是主体违法。遵守法律规范是医师行为的基本点。判决后，当事B超医师受到卫生行政主管部门暂停执业6个月的行政处罚，非常严重，值得警示。

2. 掌握行为边界

医技科室需要为患者提供诊断意见，同时需要监督医师行为，但是不可越权，需要时时注意权利边界，谨言慎行。为什么？

本例患者系公司中层管理者，研究生学历，已经历3个月的诊疗，应当能了解基本的孕期知识，在出现腹痛且进行性加剧的情况下，按照常识应当立即就医，但患者仍然延误，为什么？因为患者求子心切，因为患者相信超声医师的判断，即宫角妊娠一胎有向宫腔内生长趋势，所以，患者主观认为腹痛无大碍，再加上深夜瞌睡，以致贻误病情。所以，医师切勿违反常规，言辞必须以科学为依据，尊重循证医学，尊重常识，切不可因为熟人就放弃原则，一叶障目。

四、思考题

(1) 作为超声科医师，应当如何把控超声检查质量，应当遵守哪些标准与规程？

(2) 如果您是本例患者的超声科医师，您会如何处理此事，如何沟通？

(3) 请您结合第一篇内容，设计一份针对超声科的住院医师法律能力与职业道德建设风险控制路径图。

五、相关法律链接

《执业医师法》

第三十七条：医师在执业活动中，违反本法规定，有下列行为之一的，由县级以上人民政府卫生行政部门给予警告或者责令暂停六个月以上一年以下执业活动；情节严重的，吊销其医师执业证书；构成犯罪的，依法追究刑事责任：

（一）违反卫生行政规章制度或者技术操作规范，造成严重后果的；

（二）由于不负责任延误急危病重患者的抢救和诊治，造成严重后果的；

（三）造成医疗责任事故的；

（四）未经亲自诊查、调查，签署诊断、治疗、流行病学等证明文件或者有关出生、死亡等证明文件的；

（五）隐匿、伪造或者擅自销毁医学文书及有关资料的；

（六）使用未经批准使用的药品、消毒药剂和医疗器械的；

（七）不按照规定使用麻醉药品、医疗用毒性药品、精神药品和放射性药品的；

（八）未经患者或者其家属同意，对患者进行实验性临床医疗的；

（九）泄露患者隐私，造成严重后果的；

（十）利用职务之便，索取、非法收受患者财物或者牟取其他不正当利益的；

（十一）发生自然灾害、传染病流行、突发重大伤亡事故以及其他严重威胁人民生命健康的紧急情况时，不服从卫生行政部门调遣的；

（十二）发生医疗事故或者发现传染病疫情，患者涉嫌伤害事件或者非正常死亡，不按照规定报告的。

案例 66 病理标本

一、关键词

病理检查　流程处置

二、案情简介

1. 诊治经过

患者，男，33 岁，3 月 11 日，因“阴茎肿块”至医院泌尿外科就诊。检查：右侧腹股沟淋巴结手触可及，收住入院。行阴茎肿块活检术，病理示：阴茎分化型鳞癌。3 月 15 日，行阴茎癌部分阴茎切除＋双侧腹股沟淋巴结活检术。术中见：左侧直径 0.5 cm 淋巴结，质地软，右侧直径 1.0 cm 淋巴结，质地硬，周围少许粘连。3 月 22 日病理报告：阴茎浸润性鳞癌 1～2 级，切端未见肿瘤累计，送检左腹股沟淋巴结 1/1，右腹股沟淋巴结 0/1。3 月 27 日，行左侧腹股沟淋巴结清扫术。同日病理报告：(左侧腹股沟)淋巴结未见肿瘤累及。术后伤口恢复，4 月 4 日出院。

7 月 15 日，患者因右腹股沟肿块，入院手术。行右侧腹股沟淋巴结清扫术。病理示：①右髂腹股沟纤维结缔组织中转移性-高分化鳞癌结节；②阴茎癌术后，右腹股沟转移性鳞癌。后患者出现肺部转移症状。

2. 医患交涉过程

患者认为，医方存在严重失误，导致患者丧失最佳治疗时机，病情严重恶化，造成重大损失，特诉至法院，要求赔偿损失。

医院辩称，针对患者的诊断正确，依据淋巴结活检结论为患者施行左侧腹股沟淋巴结清扫术符合医疗常规，医院提供的诊疗服务无过错，故不同意患者的诉讼请求。

案件审理过程中，法院委托首次鉴定，分析意见认为：

(1) 医院在整个医疗过程中未违反医疗卫生管理法律、行政法规和诊疗护理规范、常规。

(2) 阴茎癌行部分切除术，同时按常规行双侧腹股沟淋巴结活检术，根据左侧淋巴结阳性的病理报告行左侧淋巴结清扫术符合诊疗常规。

(3) 目前患者的病情症状与阴茎癌发展自然规律相符，与医院的诊疗行为无直接因果关系，因此，本病例不构成医疗损害。

此时，原告患方通过审查病史发现，3 月 22 日病理报告示左侧腹股沟淋巴结有肿瘤累及，而 3 月 27 日术后病理报告却为左侧腹股沟淋巴结未见肿瘤累及。这两份报告前后矛盾，必有一假。原告通过法院调取被告医院病理检查申请单发现，送检医师在病检申请单上记载：“带线为右侧腹股沟淋巴结，不带线为左侧腹股沟淋巴结”。推断应该是医师在 3 月 15 日行双侧腹股沟淋巴结活检术后，将两侧活检腹股沟淋巴结放置在一个容器中，而非标明编号和姓名分别放置在不同容器中，以致左右搞错，引发后期一系列损害后果。

为此，原告向法院申请进行司法复核鉴定。复核鉴定分析说明认为：

(1) 据医院病理申请单记录：右侧检材(带线)组织结节 1.5 cm×1.0 cm，左侧检材(不带线)组织结节 0.5 cm×0.5 cm。而病理切片中组织大者为左侧，有鳞癌浸润；组织小者为右侧，无肿瘤浸润。结合医院 B 超和临床检查结果，上述描述与病理切片组织的标识不相符，致临床清扫腹股沟淋巴结左右位置有误，故院方存在过错。

(2) 对阴茎癌行一侧阳性淋巴结清扫未违反诊疗常规。

(3) 医院病理诊断提示被鉴定人(患者)阴茎癌细胞已浸润肌层，且一侧淋巴结已有转移，说明已为晚期肿瘤。医院先后对被鉴定人(患者)实施左右淋巴结清扫术后，其病理切片中淋巴结均未检见肿瘤细胞，仅在其右侧腹股沟纤维结缔组织中检见鳞癌浸润。目前其肺部鳞癌病变，考虑为血行转移所致，符合阴茎癌病变发展过程。故院方存在的上述过错与被鉴定人(患者)阴茎癌转移之间无因果关系。

结论为：医院在对患者的诊疗过程中存在过错；该过错与其阴茎癌肺转移无因果关系。

原告对鉴定书确认被告在进行病理活检时将左、右腹股沟淋巴结搞错一节无异议，但认为被告既然在活检中将左、右侧颠倒，那么依据错误的病理活检结论施行左侧腹股沟淋巴结清扫当然也是错误的。原告在被告处就诊时已出现癌细胞淋巴结转移的现象，被告未及时对实际已受累及的右侧腹股沟淋巴结进行清扫，是导致癌细胞转移至肺部的直接原因，故复核鉴定认为原告的癌细胞转移是通过血行进行，被告的过错与原告受到的损害无因果关系的结论，原告不能认同。为此，原告申请鉴定人到庭作证。鉴定人到庭参加质证认为，患者“肺部鳞癌病变”“考虑为血行转移所致”仅是倾向性意见，并不具有唯一性和排他性。

3. 处置结果

法院最终认为，原告因病至被告处就诊，原、被告之间即确立医疗服务合同关系，被告理应为原告提供恰当乃至优质的医疗服务。被告为原告施行的腹股沟淋巴结清扫术实际位置有误，被告方存在明显的错误，而原告阴茎癌业已肺部转移。通过鉴定人对于复核鉴定结论的当庭解释和原、被告质证，表明鉴定人确认原告至被告处就诊时，已有癌细胞淋巴转移，原告又是中、晚期癌症，那么即使现在临床上没有查证原告的盆腔、腹部乃至纵隔有淋巴转移，但实际应已有极高比例的癌细胞淋巴转移。鉴定人认为，原告“肺部鳞癌病变”“考虑为血行转移所致”仅是倾向性意见，并不具有唯一性和排他性，以现在的医学理论，无法绝对排除癌细胞是通过淋巴转移的可能，故鉴定人据“肺部鳞癌病变”“考虑为血行转移所致”的倾向性意见，得出被告“过错与原告的阴茎癌肺部转移无因果关系”的结论，法院不予采信。被告对其存在的过错给原告造成的损失应承担相应的赔偿责任，但原告的病情主要源于自身原发的癌症，其至被告处就诊时，已有癌细胞淋巴转移的事实，如鉴定人所述，即使被告医疗中将原告两侧腹股沟淋巴结都进行了清扫，同样不能避免癌细胞向肺部转移，更何况根据原告现在的症状，其癌细胞转移更大的发展应是通过血行转移所致，故原告自身的病情及癌症病程的发展应是原告癌细胞肺部转移的主要原因，被告的过错是次要原因。据此法院判决被告承担30%的赔偿责任。

三、分析点评

本例是一起病理标本采集、检查流程失误的案例。因病理检查失误而引发的纠纷并不罕见，通过本例，需要掌握病理检查相关流程。

1. 病理检查正确流程

病理诊断有“金标准”之称。根据实验室诊断与基础治疗相关常规，医师在送检标本时，必须详细填写病理申请单，核对申请单与标本容器上之编号和姓名是否一致，然后载明病史与标本采取部位。病理科医师接收标本后，依次进行脱水、包埋、切片、染色、镜检等，然后作出诊断。

2. 本例流程处置失误表现

(1) 第一步：手术医师放置标本违规。对照常规，本例手术医师对患者切下的双侧淋巴结应当置于不同的容器中，分别编号，写明姓名、符号等信息，然后送检。但是医师却将左右两侧两个淋巴结置于一个容器中，以丝线为标志分别左右，违反常规，因为一旦丝线脱落则无法分清左右。

(2) 第二步：病理医师接收处置违规。根据诊疗常规，如医师填写过于简单或缺少重要项目，不能反映患者真实病情，病理科医师可将申请单退回送检医师重新填写。本例病理科医师显然未履行应尽的注意义务，不仅未退回不符规定的标本而且出具了错误报告，导致后续一系列过错。当然也不排除病理科医师自己处置标本的过程中发生失误。

(3) 第三步：临床医师未复核病检报告。虽然病理诊断是诊断金标准，但是临床医师仍然需要对病理检查进行复核评判，对照临床其他资料进行审查。本例时间节点对照表如表66-1所示。

表66-1 临床时间节点对照表

<table>
<tr><th>时间</th><th>右侧腹股沟淋巴结</th><th>左侧腹股沟淋巴结</th></tr>
<tr><td>3月14日B超</td><td>见9 mm×5 mm低回声光团，有包膜</td><td>见5 mm×3 mm低回声光团</td></tr>
<tr><td rowspan="2">3月15日阴茎部分切除术＋双腹股沟淋巴结活检术</td><td>1.0 cm淋巴结，质地硬，周围少许粘连</td><td>0.5 cm淋巴结，质地软</td></tr>
<tr><td colspan="2">病理申请单描述：带线为右侧淋巴结，不带线为左侧淋巴结，置于同一容器中。</td></tr>
<tr><td colspan="3">上述情况均提示病变在右侧</td></tr>
<tr><td>3月22日病理报告单阴茎侵润性鳞癌1—2级</td><td>无肿瘤累及</td><td>有肿瘤累及</td></tr>
<tr><td>3月27日左腹股沟淋巴结清扫术</td><td></td><td>病理报告单左腹股沟淋巴结九枚，未见肿瘤累及</td></tr>
<tr><td colspan="3">上述情况提示右侧无病变，左侧病变由有到无</td></tr>
</table>

表66－1反映患者右侧腹股沟淋巴结在病理检查前存在病变，但病检后却消失，左侧在病检前不考虑有病变，但病检后却出现，在行左侧腹股沟淋巴结清扫术后病变又消失，前后矛盾，医师应考虑是否存在环节错误，应与病理医师沟通联系，同时应进行病案讨论，仔细比对。但是均未进行。

通过本例可以发现，作为医师，应时时刻刻遵守流程，同时不断评估，比对病历资料，对病情有完整认识，及时纠错，克服形式主义，方能正确处置病与患。

四、思考题

(1) 作为病理科医师，应当如何把控病理检查质量，应当遵守哪些标准与规程？

(2) 如果您是本例患者的病理科医师，您会如何处理此事，如何沟通？

(3) 请您结合第一篇内容，设计一份针对病理科的住院医师法律能力与职业道德建设风险控制路径图。

五、相关法律链接

《医院工作制度与人员岗位职责》

八十九、病理科主任职责

九十、病理科主任(副主任)医师职责

九十一、病理科主治医师职责

九十二、病理科住院医师职责

3. 负责书写病理检查报告和诊断，参加计算机采图发报告。

九十三、病理科细胞学医师职责(试行)

九十四、病理科主管技师职责

九十五、病理科技师职责

1. 在科主任领导和技师长指导下进行工作。

2. 负责并参加门诊、病房或技术室的常规病理、快速冷冻、特殊染色及免疫组化等技术工作，并保证合乎技术操作规范。

3. 负责和参加收取送检材料，登记收费和管理病理报告取送等工作。

4. 负责蜡块、切片、登记、病理报告等原始资料的及时归档和借还工作。

……

总结

本章通过4个不同案例阐述了医技科室可能发生的问题。医技科室涉及面广，技术含量高，受篇幅所限，本章不能涵盖所有医技科室，但是以下几点注意事项可供大家参考：

(1) 医技科室与临床科室之间是相互支撑的关系。

(2) 医技科室医师需要及时审查临床医师的申请单，特别是病史资料，需要解决的主要矛盾。

(3) 在申请单存在问题时，医技科室医师必须及时与临床医师沟通、反馈，必要时予以调整。

(4) 注意患者主诉、症状与体征表现，防止发生检查相关并发症。

(5) 必要时与患方签署书面知情同意书。

(6) 医技科室与临床科室相互沟通，打通玻璃门。

第二十一章

其他科法律能力与职业道德建设

住院医师规范化培训涉及医院诸多科室，本书行文至此已近尾声，但仍有许多科室未涉及，如耳鼻咽喉科、口腔科、眼科、血液科、移植科、感染科、传染科、康复科、核医学科、老年科等，有些科室如肿瘤科、ICU 案例已融合在其他科室之中。虽然如此，本书其他章节案例所分析的思路可供所有科室医师运用，所以，虽有遗憾但终究遗憾不大，也可稍作欣慰。本章以 4 个案例为切入点，阐述住院医师在其他科室中需要掌握的基本临床知识、临床技能与临床思路，并在处理具体病案时，将法律能力与职业伦理道德融入其中。

案例 67　白内障

一、关键词

手术操作　术后处置

二、案情简介

1. 诊治经过

8 月 12 日，患者，男，61 岁，因“白内障”在医院眼科就诊。检查：右眼视力 0.02，左眼视力 0.1，右眼光定位准确，红绿色觉正常。泪道冲洗通畅，眼压正常(16)。8 月 20 日行右眼白内障 phaco＋IOL 术(超声乳化及人工晶体植入术)。术中超声乳化晶体核过程，右眼晶状体后囊破裂，停止乳化，娩出余核，植入＋9.0 人工晶体。术后局部应用庆大霉素、地塞米松处理，静脉点滴 20％甘露醇 250 ml＋地塞米松 5 mg。

8 月 21 日检查：右眼视力 FC/50 cm，切口闭合好，角膜轻度水肿，前房深度正常，Tyn(＋)，瞳孔约 3 mm，瞳孔领见皮质，IOL 在位，眼压 Tn。予以冲洗皮质，典必殊每一小时滴右眼。

8 月 29 日检查：右眼视力 0.3，角膜(透)明，前房深，Tyn(±)，IOL 在位，后囊混，眼底模糊，NCT24、20 mmHg。9 月 21 日，右眼视力 0.4，－1.00DS→0.6。10 月 5 日右眼术后一月半，眼红，视力下降，检查：右眼视力 0.01，睫状充血(＋)，角膜后羊脂状 KP(＋＋)，前房 Tyn(＋)，上方纤维素样渗出，瞳孔光反射存在，IOL 表面渗出(＋＋)，前房玻璃体混，眼底糊，NCT36 mmHg，予以氟米龙、噻吗心安眼水滴眼及醋氮酰胺片口服，随访。

次年 2 月 4 日，患者因右眼内炎，玻璃体混浊，眼底模糊，在 B 院行右眼玻璃体切割术＋眼内注药术,3 月 2 日行右眼玻璃体腔注药术,右眼人工晶体取出+玻璃体腔注药术。

2. 医患交涉过程

患者认为,医方存在明显过错,直接造成患者术后一系列损害并致右眼失明,左眼也受牵连。诉至法院,要求赔偿。具体理由如下:

(1) 术前违反法定的注意义务。根据眼科诊疗常规,对白内障施行手术前必须进行完整的眼部检查,包括晶状体检查、眼超声检查、电生理检查等,但医方未进行全面详细的检查,在不清楚患者是否存在禁忌症的情况下盲目手术,违反法定注意义务。

(2) 术中操作违规,侵犯患者知情同意权。医师术中操作不当,暴力损伤晶状体后囊,致其穿破,造成术后一系列损害后果的发生。同时术中发生后囊破裂后,未告知患者及其家属,侵犯患者的知情同意权。

(3) 术后处理违规。术后第一天,患者即出现角膜红肿,此后长达数月的时间内,患者眼部均持续红肿疼痛,医院均未予正确处理,仅予抗生素治疗,未使用对症的激素治疗,未及时进行会诊处理,未及时转诊,反复不当的治疗,拖延患者的病情,致其眼部病情损害后果一再加重。经劳动能力鉴定,患者已丧失劳动能力。同时,因为长期服用激素,患者目前肝功能严重受损。

医方认为,诊断明确,不存在过错,不同意赔偿。具体理由如下:

(1) 手术具备指征,术前已告知手术风险。

(2) 晶体后囊破裂属于手术常见并发症,术后对并发症的处理及时处置,且在病历中均有记载,不存在侵犯患者知情同意权。

(3) 患者有决定就诊医院的选择权和决定权,医方不存在拖延患者病情的行为,医方不存在过错。

为进一步查明事实,法院委托进行鉴定,经专家鉴定分析意见认为:

(1) 医方在为患者试行白内障手术过程中,术前进行了相关检查,并履行了风险告知义务,符合医疗常规。

(2) 医方术中操作没有违反医疗常规,白内障手术中后囊膜破裂是常见的难以避免的并发症之一。

(3) 但患者术眼出现前房渗出,术后较长时间高眼压、葡萄膜炎,尤其 10 月 5 日发展至眼内炎时,与残留晶体皮质有关,医方采取的治疗措施尚不够有力,存在一定的医疗过失,与患者目前的眼部情况有一定的因果关系。

(4) 患者因服药所致损害,目前缺乏足够证据。

鉴定结论:本病例属于四级医疗损害,医方承担次要责任。

3. 处置结果

法院最终依法判决。

三、分析点评

本病例是一起眼科白内障手术后处置不当的案例。通过本例可以发现,眼科术前告知及注意、术中处置、术后处置及沟通等非常重要。

1. 白内障 phaco+IOL 术基本手术图谱

第一步:超声乳化浑浊的晶体(见图 67-1)

第二步:将残余的晶体皮质吸除(见图 67-2)

第三步:植入人工晶体(见图 67-3)

第四步:人工晶体植入后-正面看(见图 67-4)

第五步:人工晶体植入后-详细位置(见图 67-5)

第六步:人工晶体植入后-侧面看(见图 67-6)

通过手术图谱可以发现,医师在手术操作时一定要做到路径清晰,解剖层次分明,才能尽量避免术

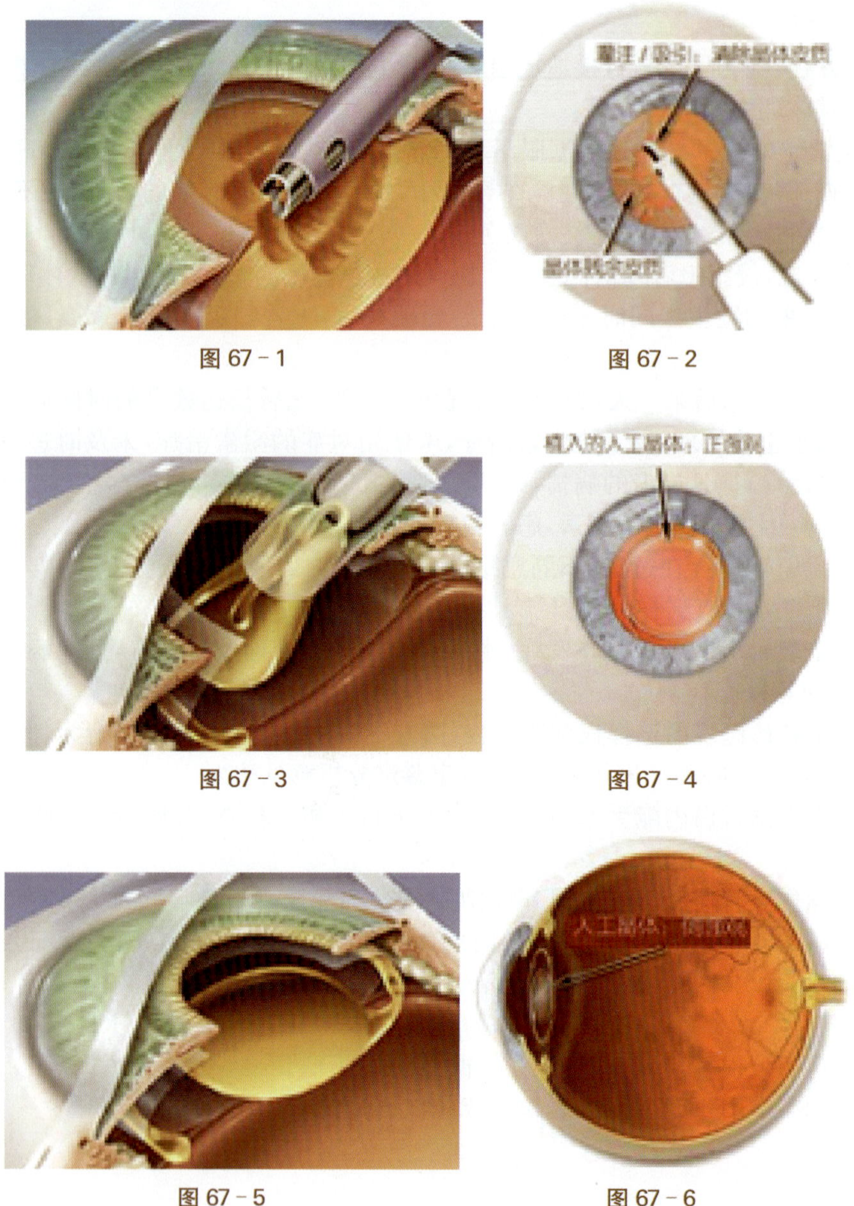

图 67 - 1

图 67 - 2

图 67 - 3

图 67 - 4

图 67 - 5

图 67 - 6

中并发症。

2. 术中意外处置

本例患者术中超声乳化晶体核过程中，右眼晶状体后囊破裂，又残留晶体皮质。根据相关报道，后囊破裂多与操作技术能力相关，当然这也是难以避免的并发症，但是就本例而言，医师的手术熟练程度是非常重要的，如果熟练，可以尽量避免。所以，住院医师需要在培训阶段通过模型、临床可接触手术，尽量培训自己扎实的手术能力。

3. 术后正确处置

本例患者涉及术中后囊破裂的正确告知及术后的处置。本例医师缺少对患者病情的正确评估，未鉴别后囊破裂的原因，术后未及时指导患者康复，在病情逐渐加重的过程中，未及时进行病因鉴别，特别是未与术中情况结合分析，未及时诊断患者眼内炎，处置失误。未及时告知患者可替代方案。显然，医师需要掌握扎实的专业知识，才能在临床处置中游刃有余。

四、思考题

（1）作为眼科医师，应当如何把控手术质量，应当遵守哪些标准与规程？

（2）如果您是本例患者的眼科医师，您会如何处理此事，如何沟通？

（3）请您结合第一篇内容，设计一份针对白内障 phaco＋IOL 术的住院医师法律能力与职业道德建设风险控制路径图。

五、相关法律链接

《医疗事故分级标准（试行）》

（五）三级戊等医疗事故：器官部分缺损或畸形，有轻微功能障碍，无医疗依赖，生活能自理。例如造成患者下列情形之一的：

3. 双眼结构损伤，较好眼闪光视觉诱发电位（VEP）＞120 ms（毫秒），矫正视力＜0.6，视野半径＜50°；

四、四级医疗事故

系指造成患者明显人身损害的其他后果的医疗事故。例如造成患者下列情形之一的：

案例68　龋齿

一、关键词

局部麻醉　安全保障义务

二、案情简介

3月5日10:00，患者，男，40岁，因“龋齿”至口腔科就诊，医师检查后考虑需要拔牙，为其注射麻醉药后嘱其自行配药。口腔科位于医院三楼，药房位于二楼，患者在出口腔科门后因为避让他人，加上麻醉药所造成的神志恍惚状态，不小心从三楼坠下，落在一楼门厅地面，造成股骨干骨折，胸部肋骨骨折，脑外伤，经抢救后脱离生命危险。数月后，患者痊愈出院。此事发生后，经协商，医方一次性赔偿患者人民币十万元，并承担所有医疗费用。

三、分析点评

本例是一起流程不畅案例。通过本例需要掌握哪些内容？

1. 关于局部麻醉

龋齿麻醉属于局部浸润麻醉，其方法为将局麻药注射于手术区组织内，阻滞神经末梢而达到麻醉作用。虽属于局麻，但是患者仍然有酸麻胀等感觉，有时甚至昏昏沉沉，此时，患者应该休息，不宜外出处置他事。之所以会发生本例意外，究其原因是在平时的工作中，口腔科医师未遵守规范流程，如此操作已成习惯，导致损害发生。所以，医师必须掌控每步操作流程及相关风险，时时以患者安全为中心。

2. 关于口腔科服务设施

口腔科一般面积偏小，很少有宽敞的患者休息室，以致患者在麻醉后不能得到很好的休息，有时会发生跌倒、摔伤、碰触等意外事件。故而，医师需要以人为本，及时向医院提出相关要求，以配备相关设施和人力，防范风险。

3. 关于安全保障义务

《侵权责任法》第三十七条，规定了公共场所管理人的安全保障义务。所谓安全保障义务，是指环境提供者要确保接受者的人身和财产等安全。医院作为公共场所，要履行安全保障义务，确保患者人身安全。本例因医院设施布局有限，以致患者在倚靠扶手时直接摔下，属于未尽安全保障义务的过错，应承担完全责任。

四、思考题

(1) 作为口腔科医师，应当如何确保患者安全，应当遵守哪些标准与规程？

(2) 如果您是本例患者的口腔科医师，您会如何操作？

(3) 请您结合第一篇内容，设计一份针对口腔科的住院医师法律能力与职业道德建设风险控制路径图。

五、相关法律链接

《侵权责任法》

第三十七条　宾馆、商场、银行、车站、娱乐场所等公共场所的管理人或者群众性活动的组织者，未尽到安全保障义务，造成他人损害的，应当承担侵权责任。

因第三人的行为造成他人损害的，由第三人承担侵权责任；管理人或者组织者未尽到安全保障义务的，承担相应的补充责任。

案例 69　膝关节置换感染

一、关键词

洁净手术室　感控

二、案情简介

1. 诊治经过

患者，男，60 岁，因"患系统性红斑狼疮 20 余年，双膝关节畸形，无法行走"到医院就诊，被诊断为系统性红斑狼疮性关节炎。因左膝较严重，行左膝关节置换术。术后两天，患者左膝关节出现肿胀疼痛，出现渗液，经细菌培养为金黄色葡萄球菌。一个月保守抗感染治疗无效，行一期翻修术，将人工膝关节假体取出，经清创抗感染处理后重新植入。继续抗感染、理疗等治疗，患者左膝关节肿胀疼痛，又出现窦道。

2. 医患交涉过程

患者要求医方承担后续治疗费、营养费、护理费等。医方认为术后感染是难以避免的并发症，任何一个关节置换术都有这个风险，所有不同意赔偿，但同意补偿患者一定费用。

后期，患者发现手术间非百级手术间等问题，不符合标准，故长期住院。

三、分析点评

本例是一起感染纠纷。引起感染的原因可有手术室、器械、医师操作、患者自身原因等因素。本例存在哪些问题：

1. 关于洁净手术室

手术室有相应的规范和标准，医院需要提供洁净手术室，目前有条件的医院手术室均为层流洁净手术室。所谓层流洁净手术室是指采用空气洁净技术对微生物污染采取程度不同的控制，达到控制空间环境中空气洁净度适于各类手术之要求，并提供适宜的温度和湿度，创造一个洁净舒适的手术空间环境。按照《医院洁净手术部建筑技术规范(GB50333—2002)》，手术室按照空气洁净度分为四个级别，Ⅰ级特别洁净手术室 100 级，Ⅱ级标准洁净手术室 1 000 级，Ⅲ级一般洁净手术室 10 000 级，Ⅳ级准洁净手术室 300 000 级，也就是俗称的百级、千级、万级、三十万级手术室。不同级别的手术室适用的手术不一样，如关节置换手术、器官移植手术及脑外科、心脏外科和眼科等手术，必须在Ⅰ级特别洁净手术室进行。但是，本例患者手术时因百级手术间在维修，手术在万级手术间进行，如果在低标准手术室开展这类手术就很容易发生感染等不良情况。

2. 感染类案例通常处理困难

类似本例患者这样的感染损害，一旦发生，处理很难，分析其原因：一是损害后果迁延漫长，患者非常痛苦，而且久治不愈，甚至愈来愈重；另一是医院也很难判断原因，因为这涉及医师管理、手术室管理、感染控制管理、器械设备管理等环节。所以，一旦发生，医患双方往往无法达成一致，成了双方难解的疙瘩，有时甚至引发巨大的冲突。所以，作为临床医师，必须了解相关感染控制知识与技能，严格遵守流程。

四、思考题

(1) 请注意临床行为中是否有违反感染控治规定，您将如何处置？

(2) 以清创缝合为例，说明整个流程中的感控流程，并分析其原因。

(3) 如果患者出现术后感染，您将如何处置？

五、相关法律链接

《医院洁净手术部建筑技术规范(GB50333—2002)》

表 3.0.2　1 洁净手术室分级

等级	手术室名称	手术切口类别	适用手术提示
Ⅰ	特别洁净手术室	Ⅰ	关节置换手术、器官移植手术及脑外科、心脏外科和眼科等手术中的无菌手术
Ⅱ	标准洁净手术室	Ⅰ	胸外科、整形外科、泌尿外科、肝胆胰外科、骨外科和普通外科中的一类切口无菌手术
Ⅲ	一般洁净手术室	Ⅱ	普通外科(除去一类切口手术)、妇产科等手术
Ⅳ	准洁净手术室	Ⅲ	肛肠外科及污染类等

3.0.3　洁净手术室的等级标准的指标应符合表

3.0.3 1洁净手术室的等级标准(空态或静态)

等级	手术室名称	沉降法(浮游法)细菌最大平均浓度手术区	周边区	表面最大染菌密度(个/cm²)	空气洁净度级别手术区	周边区
Ⅰ	特别洁净手术室	0.2个/30 min 90皿(5个/m³)	0.4个/30 min 90皿(10个/m³)	5	100级	1 000级
Ⅱ	标准洁净手术室	0.75个/30 min 90皿(25个/m³)	1.5个/30 min 90皿(50个/m³)	5	1 000级	10 000级
Ⅲ	一般洁净手术室	2个/30 min 90皿(75个/m³)	4个/30 min 90皿(150个/m³)	5	10 000级	100 000级
Ⅳ	准洁净手术室	5个/30 min 90皿	(175个/m³)	5		300 000级

注:1浮游法的细菌最大平均浓度采用括号内数值。细菌浓度是直接所测的结果,不是沉降法和浮游法互相换算的结果。

案例70 医疗器械临床试验

一、关键词

流程 受试者权益

二、案情简介

某厂家设计一款艾灸仪,请医院康复科做临床治疗与观察。某日,患者,女,55岁,因"关节炎"来康复科,医师建议其免费使用该仪器,在使用过程中,患者发生Ⅱ°烫伤。

事后患者得知该仪器为临床试验阶段,要求医方赔偿。

最终医方赔偿患者2万元。

三、分析点评

本例为一起医疗器械临床试验纠纷案例。随着医学的发展,对新型医疗器械和设备的需求与日俱增,大量的新型医疗器械推向临床。在这种情况下,把控相关流程,维护受试者(患者)权益,是医师的基本任务。

1. 熟悉相关流程及法律法规

医疗器械进行临床试验,必须由申办者(通常指医疗器械制造者)向医院伦理委员会递交详细资料,包括:临床试验方案;研究者手册;知情同意书文本和其他任何提供给受试者的书面材料;招募受试者和向其宣传的程序性文件;病例报告表文本;自检报告和产品注册检验报告;研究者简历、专业特长、能力、接受培训和其他能够证明其资格的文件;临床试验机构的设施和条件能够满足试验的综述;试验用医疗器械的研制符合适用的医疗器械质量管理体系相关要求的声明;等等。

凡是开展医疗器械临床试验的必须经过医院伦理委员会的审批,医师不得接受厂家的私自委托。

经伦理委员会审批同意后，再开展相关临床试验工作。

2. 严格保护受试者权益

开展医疗器械临床试验，必须严格保护受试者权益，必须与受试者签署知情同意书，严格按照临床试验方案实施临床试验，若出现不良事件甚至严重不良事件，必须立即上报并分析原因，必要时终止研究。严格遵守《赫尔辛基宣言》。

3. 违规进行医疗器械临床试验的后果

若违规实施医疗器械临床试验，医方对患者的损害承担全部责任，同时要承担其他责任。所以，临床医师一定要有基本法律法规意识、伦理道德意识，以患者安全为中心，尊重患者，尊重法律。本例就是医师缺乏相关意识造成患者损害的案例。

四、思考题

(1) 临床医师进行临床试验或科研时，应当如何搜索相关法律，尊重受试者(患者)权益？

(2) 在开展临床试验或科研时，应当如何遵守赫尔辛基宣言？

(3) 开展临床试验或科研的流程是什么，您如何遵守？

五、相关法律链接

1.《医疗器械临床试验质量管理规范》

第三条　本规范所称医疗器械临床试验，是指在经资质认定的医疗器械临床试验机构中，对拟申请注册的医疗器械在正常使用条件下的安全性和有效性进行确认或者验证的过程。

第四条　医疗器械临床试验应当遵循依法原则、伦理原则和科学原则。

第十三条　医疗器械临床试验应当遵循《世界医学大会赫尔辛基宣言》确定的伦理准则。

第十四条　伦理审查与知情同意是保障受试者权益的主要措施。

2.《世界医学大会赫尔辛基宣言》

涉及人体对象医学研究的道德原则

4. 医学进步取决于对人体对象进行实验的研究。

5. 在涉及人体对象的医学研究中，应优先考虑人体对象的健康幸福，其次考虑科学和社会的利益。

6. 涉及人体对象医学研究的最主要目的是改善预防、诊断和治疗措施以及加强对病因和疾病发生的理解。即使是最经久的预防、诊断和治疗方法也必须不断地由科学研究来检验它们的有效性、效率、易利用性和质量。

7. 在目前的医学实践和研究中，大多数预防、诊断和治疗措施涉及风险和压力。

8. 医学研究应服从道德标准以增进对人性的尊重，保护人的健康和权利。某些实验群体易受伤害，需特别保护。必须认识到那些经济和医学上处于劣势人们的特别需求。应特别关心那些无能力同意或拒绝、那些可能被迫同意、那些本身不能从研究受益以及那些对他们研究同时还提供医疗保健的人们。

总结

本书已到了尾声，虽然列举了70个案例，但也只是沧海一粟。临床千变万化，从医学生到临床医师要走漫长的路，如何走得顺畅、高效，这是每个规范化培训期间的住院医师都在思考的问题。我想，唯有学习、实践、再学习、再实践，不断总结提升，才能攀登高峰。本书也是遵循这一认识论的规律，从实践中来，到实践中去，认识、实践、再认识。希望大家通过本书发现法律的力量，找到法律的规律，抓住伦理的核心，在医疗实践中，将法律与伦理道德融合其中，收获的将不仅是患者的安全，也是自己的安全，更是医患和谐的春天。